马克思主义哲学的历史与逻辑

赵阵 蔡珏◎著

中国社会科学出版社

图书在版编目（CIP）数据

马克思主义哲学的历史与逻辑／赵阵，蔡珏著 . —北京：中国社会科学
出版社，2023. 10

ISBN 978 - 7 - 5227 - 2528 - 4

Ⅰ . ①马…　Ⅱ . ①赵…②蔡…　Ⅲ . ①马克思主义哲学—研究
Ⅳ . ①B0 - 0

中国国家版本馆 CIP 数据核字（2023）第 166655 号

出 版 人	赵剑英
责任编辑	刘　洋
责任校对	周　昊
责任印制	王　超

出　　　版	中国社会科学出版社
社　　　址	北京鼓楼西大街甲 158 号
邮　　　编	100720
网　　　址	http://www.csspw.cn
发 行 部	010 - 84083685
门 市 部	010 - 84029450
经　　　销	新华书店及其他书店

印　　　刷	北京明恒达印务有限公司
装　　　订	廊坊市广阳区广增装订厂
版　　　次	2023 年 10 月第 1 版
印　　　次	2023 年 10 月第 1 次印刷

开　　　本	710 × 1000　1/16
印　　　张	21. 75
插　　　页	2
字　　　数	324 千字
定　　　价	118. 00 元

目　　录

导　言 …………………………………………………………… (1)

第一章　马克思主义哲学是人类思想史上的辉煌日出 ……… (6)

第一节　哲学是认识改造世界的世界观方法论 ……………… (6)

第二节　马克思主义哲学的内容 …………………………… (16)

第三节　马克思主义哲学的现实意义 ……………………… (26)

第二章　马克思恩格斯早期政治和哲学观点 ……………… (34)

第一节　青年马克思恩格斯开启革命生涯的时代背景 ……… (34)

第二节　青年马克思恩格斯政治哲学思想的理论基础 ……… (43)

第三节　青年马克思恩格斯走向革命民主主义之路 ………… (57)

第三章　马克思恩格斯哲学世界观的转变 ………………… (69)

第一节　《莱茵报》时期的政治实践动摇了对黑格尔哲学的
　　　　信仰 ……………………………………………… (69)

第二节　《德法年鉴》时期向唯物主义和共产主义的转变 ……… (79)

第三节　告别旧哲学和对历史唯物主义基本原理的系统
　　　　阐述 ……………………………………………… (95)

第四章　马克思主义哲学的公开问世及其世界影响 ……… (115)

第一节　反对工人运动中错误世界观和方法论的斗争 ……… (115)

第二节 《共产党宣言》的发表与马克思主义的公开
问世 …………………………………………………………… （123）

第三节 历史唯物主义在革命实践中的创新与发展 ………… （136）

第五章 政治经济学批判与历史唯物主义的发展 ………… （168）

第一节 政治经济学批判的根本目的与艰辛历程 ………… （169）

第二节 《资本论》对历史唯物主义的发展 ……………… （181）

第三节 政治经济学批判的理论与现实意义 ……………… （203）

第六章 马克思主义哲学的完备化系统化 ………………… （219）

第一节 辩证唯物主义自然观的系统确立 ………………… （219）

第二节 在统一世界观基础上对马克思主义的系统阐述 …… （232）

第三节 恩格斯晚年对马克思主义哲学的创新发展 ………… （243）

第七章 19 世纪末 20 世纪初马克思主义哲学在欧洲的传播
和发展 …………………………………………………… （259）

第一节 第二国际马克思主义者在理论上的继承与捍卫 …… （259）

第二节 第二国际马克思主义者对工人运动的指导 ………… （271）

第三节 西方马克思主义者对马克思主义哲学的发展
与重释 …………………………………………………… （281）

第八章 列宁主义对马克思主义哲学的捍卫与发展 ……… （292）

第一节 列宁早期对马克思主义哲学的捍卫和发展 ………… （292）

第二节 运用唯物辩证法制定社会主义革命的新理论 ……… （310）

第三节 社会主义的建立与历史辩证法的探索 ……………… （326）

参考文献 ………………………………………………………… （342）

导　言

　　任何存在的事物都有历史，事物的历史首先是其自身存在的时空合集，它自身的存在与演变构成客观历史。然而，任何事物的历史都是人的观念建构的，人会用自己的思维将已经发生的历史重新构造出来，从这个角度而言，任何历史都是主体性历史。所以历史又不能等同于社会变迁，历史性是"置身于始终面临变迁的社会中的一种特定感觉"①。客观历史一去不返，后世之人却会尽最大可能通过思维再现客观历史，当然，无论如何是无法恢复客观历史原貌的，而且主体思维难免在众多历史陈迹中出现迷失。只是主体不会放弃主体性历史的建构，因为历史就是人的社会生活的有机组成部分。

　　马克思主义哲学也有其自身发展演变的历史，从马克思恩格斯青年时期对前人思想的批判继承到 1848 年《共产党宣言》的公开问世，从第一国际领导国际工人运动到俄国社会主义政权的建立等，马克思主义哲学有着丰富的成长经历和历史内涵。再现马克思主义哲学的历史对于深刻理解它的思想内涵意义重大。对马克思主义哲学历史的再现自然不是历史材料的堆砌，而是需要找到其本质的规律，也就是其内在的逻辑，只有掌握了其内在逻辑才能将纷繁复杂的历史事件按照事物本来的面目展现出来，也才能够实现马克思主义哲学与现实世界的辩证统一。马克思主义哲学的逻辑主要表现在其一以贯之的世界观和方法论上，正是有

---

　　① ［英］安东尼·吉登斯：《社会的构成》，李康、李猛译，生活·读书·新知三联书店 1998 年版，第 49 页。

了这条逻辑主线，马克思主义哲学才得以衔接传承、创新发展。

其一，历史唯物主义的世界观。马克思主义哲学最鲜明的特色是坚持历史唯物主义。在社会发展动力上唯物史观与唯心史观有着本质的区别，唯心史观认为道德观念是社会历史发展的决定性力量，而唯物史观认为寻找社会变革的力量不应该在意识中寻找，而应该在物质性活动的矛盾中、从社会生产力和生产关系之间现存的冲突中去解释。在《〈政治经济学批判〉序言》中，马克思明确揭示出人类社会发展的基本规律，指出："社会的物质生产力发展到一定阶段，便同它们一直在其中运动的现存生产关系或财产关系……发生矛盾。于是这些关系便由生产力的发展形式变成生产力的桎梏。那时社会革命的时代就到来了。"① 生产方式中的生产关系与生产力的矛盾运动是社会历史发展的动力之源，这一基本矛盾决定了人类社会发展规律。资本主义私有制的灭亡在生产力与生产关系这一社会基本矛盾运动中得到了合理确证，是生产力进一步发展的需要无法得到满足而推动了资本主义私有制的灭亡，而适应社会化大生产要求的只能是公有制，共产主义是社会基本矛盾运动的最终结果。

历史唯物主义认为现实的人的生存是社会历史的前提，"全部人类历史的第一个前提无疑是有生命的个人的存在"②。生产方式就是人们为了改造自然界而结成的劳作方式，在生产方式中生产力作为矛盾主要方面具有决定性作用，而生产力之中最具创造力的因素是劳动者，现实的人的劳动实践是社会发展的最终决定性力量。虽然历史唯物主义以科学规律的方式揭示了人类社会的自然历史性，但它同时也蕴含着人通过自身劳动创造历史的深刻思想。一方面是人通过生产实践满足自身需求的基本规律，一方面则是人民群众在劳动中创造历史的基本规律。人民群众创造历史的观点自然会得出以人民群众为根本的价值立场，实现每个人尤其是普通民众的解放与自由是马克思主义哲学的根本价值追求。从马

① 《马克思恩格斯文集》第 2 卷，人民出版社 2009 年版，第 597 页。
② 《马克思恩格斯文集》第 1 卷，人民出版社 2009 年版，第 519 页。

克思恩格斯开始，每一位以马克思主义为信仰的共产党员都势必坚守历史唯物主义，矢志践行实现人类解放的初心使命，谱写出了超越资本主义政治解放的人类文明新形态的辉煌篇章。

其二，唯物主义辩证法的方法论。共产主义因其远大而具有了信仰价值，但是这种信仰是理想与现实的统一，是未来与当下的统一，不仅具有"彼岸性"，也具有"此岸性"，它从未脱离当下具体的社会实践，具体体现为现实的价值遵循和行为准则。马克思主义突出实践的哲学世界观为实现共产主义正义找到了现实路径，它以辩证法为武器对现存世界展开无情批判，并用理论的力量掌握群众转化为现实力量进行社会革命，在具体实践中实现社会正义。"社会力量完全像自然力一样，在我们还没有认识和考虑到它们的时候，起着盲目的、强制的和破坏的作用。但是，一旦我们认识了它们，理解了它们的活动、方向和作用，那么，要使它们越来越服从我们的意志并利用它们来达到我们的目的，就完全取决于我们了。"① 问题的关键在于如何掌握好现实的力量，使它能够服务共产党人的目的的达成，这就需要掌握唯物主义辩证法，将辩证法作为锐利的思想武器和理论武器实现对现实社会的变革。

从马克思主义诞生的那天起，它就开始了改造社会的革命。《共产党宣言》中指出："工人革命的第一步就是使无产阶级上升为统治阶级，争得民主。无产阶级将利用自己的政治统治，一步一步地夺取资产阶级的全部资本，把一切生产工具集中在国家即组织成为统治阶级的无产阶级手里，并且尽可能快地增加生产力的总量。"② 无产阶级的斗争首先就是对经济利益的追逐，通过改变生产关系而真正占有生产力并实现生产力的进一步发展，为实现人的解放奠定物质生产的基础。经济解放不能脱离政治解放而独立存在，而是在后者的支配下方能实现，历史的发展尤其是社会形态的更替向来都是政治解放和经济解放的辩证统一，都是阶级围绕经济利益展开斗争的历史。这一点正如德里达所阐述的那样：

---

① 《马克思恩格斯文集》第3卷，人民出版社2009年版，第560页。
② 《马克思恩格斯文集》第2卷，人民出版社2009年版，第52页。

"马克思已经赋予那政党的形式以一种特定的政治力量结构，根据《共产党宣言》的观点，这种结构将必然是革命、变革、占领国家继而最终使之消亡，以及终结政治本身等等的动力。"① 不同时代共产党人所面临的具体的任务是不同的，但是不同时代具体任务所面临的艰难险阻却是一致的，共产党的历史使命需要在不断解决现实问题的过程中方能实现，这一切都突显了掌握辩证法提升改造世界能力的重要性。

其三，坚持理想信念与现实行动的有机统一。从最初表达来看，共产主义是马克思恩格斯新唯物主义世界观的逻辑体现，至于它成为一种社会理想则是新唯物主义的现实要求和具体展现，所以，当我们把共产主义正义作为社会理想进行信仰践行时尤其需要深刻理解其蕴含的哲学思想。马克思恩格斯在《德意志意识形态》中指出："无论为了使这种共产主义意识普遍地产生还是为了实现事业本身，使人们普遍地发生变化是必需的，这种变化只有在实际运动中，在革命中才有可能实现；因此，革命之所以必需，不仅是因为没有任何其他的办法能够推翻统治阶级，而且还因为推翻统治阶级的那个阶级，只有在革命中才能抛掉自己身上的一切陈旧的肮脏东西，才能胜任重建社会的工作。"② 共产主义正义从来就不是彼岸世界的美好图景，而是现实世界中人的切身实践，是物质性实践、政治性实践和精神性实践的有机统一，是人的自由不断实现的历史过程。"历史活动的主体愈是能够准确地、全面地、深入地把握社会生活及其历史发展的内在机制和客观规律，社会生活的发展就愈有可能体现人类的内在价值目的。"③ 共产主义正义所体现出来的是人改变世界、改造自身的实践本质，它是每个人实现价值追求的社会理想。毫无疑问，人的生存希冀从必然王国向自由王国转变，这种转变意味着人能够按照自己的意愿活动，代表着自由度的增加和幸福感的增强。"历史把那些为共同目标工作因而自己变得高尚的人称为最伟大的人物；经验

---

① ［法］雅克·德里达：《马克思的幽灵——债务国家、哀悼活动和新国际》，何一译，中国人民大学出版社 2016 年版，第 104 页。
② 《马克思恩格斯文集》第 1 卷，人民出版社 2009 年版，第 543 页。
③ 陈晏清、阎孟伟：《辩证的历史决定论》，中国社会科学出版社 2007 年版，第 318 页。

赞美那些为大多数人带来幸福的人是最幸福的人"①。追求幸福生活和实现自我是人之本能，但是如何获取幸福和自我实现却需要主体进行学习认知并结合实践不断感悟，将个人价值追求与社会正义实现结合起来是实现自我的必经途径。

马克思主义哲学是改造现实世界的学问，是世界观和方法论有机统一的实践的学说，"哲学家们只是用不同的方式解释世界，问题在于改变世界"②。理论的内容终究要体现在具体的行动之中，体现在对现实世界的改造之中，体现在为人民创造幸福美好生活之中，如果脱离了具体的实践，马克思主义哲学也就失去了价值目标和动力源泉。无论如何，学以致用、知行合一是马克思主义哲学的要义所在，而这一点恰恰是最难的，因为那样就要为人类的解放事业奋斗终生。

作　者

2023 年元月五日于长沙白茅铺

---

① 《马克思恩格斯全集》第 1 卷，人民出版社 2009 年版，第 459 页。
② 《马克思恩格斯文集》第 1 卷，人民出版社 2009 年版，第 502 页。

第一章

马克思主义哲学是人类
思想史上的辉煌日出

　　哲学是时代精神的精华。马克思主义哲学的诞生是人类思想史上最辉煌的日出，它既是对以往全部优秀文化成果的批判继承，又是立足于时代发展需求的开拓性创造。马克思主义诞生后深刻改变了人类世界，揭开了人类社会历史的新纪元，而马克思主义之所以具有如此伟力，是因为它建立于崭新的世界观和方法论基础之上。马克思主义哲学中的辩证唯物主义和历史唯物主义成为人们认识世界和改造世界的强力武器，一代代共产党人遵循马克思主义的立场、观点和方法建立起了消灭阶级压迫实现共同富裕的社会主义社会，并不断推进社会形态向更高级的共产主义社会迈进。

第一节　哲学是认识改造世界的世界观方法论

　　哲学是什么？这个问题古今中外很多学者和哲学家都在追问，但是并没有确切的答案。有一位哲学家曾说过，对于一位哲学家来说，最恶毒的问题就是问他什么是哲学。如果说有一千个读者就会有一千个哈姆雷特，那么有一千个哲学家就会有一千个关于哲学是什么的答案。古今中外不计其数的学者都以哲学家自诩，不同的学术流派都称自己的学问为哲学，但是他们的思想观点却大相径庭，而且千差万别、各有千秋的哲学学说却又能够共存于世。"我们必须讲明白：哲学系统的分歧和多样性，不仅对哲学本身或哲学的可能性没有妨碍，而且对于哲学这门科学

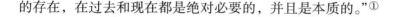

的存在，在过去和现在都是绝对必要的，并且是本质的。"①

一 哲学是起源于惊异的人类智慧

在汉语中，"哲"是指聪明、智慧之意。在《尚书·皋陶谟》中记载有："知人者哲，能官人，安民则惠，黎民怀之。"这里所说的"哲"即是智慧，而在中国哲学传统中，哲之智慧主要体现在伦理、政治活动之中。哲学所追求的智慧并不回答和解决各种具体问题，而力图为人类社会的生存和发展、个人的安身立命提供指引。古希腊文 philosophia 由philo（爱、追求）和 sophia（智慧）构成，意思是爱智慧或追求智慧。哲学家并不是所谓的"智者"，柏拉图和亚里士多德把智者看成是歪曲真理的诡辩论者，而真正的哲学家是"爱智者"，是追求智慧之人。

从逻辑上而言，哲学起源于人类对宇宙或人生方面的根本性问题的好奇以及沉思。亚里士多德在《形而上学》中详细解释了哲学起源问题："就从早期哲学家的历史来看，也可以明白，这类学术不是一门制造学术。古今来人们开始哲理探索，都应起于对自然万物的惊异；他们先是惊异于种种迷惑的现象，逐渐积累一点一滴的解释，对一些较重大的问题，例如日月与星的运行以及宇宙之创生，作成说明。一个有所迷惑与惊异的人，每自愧愚蠢（因此神话所编录的全是怪异，凡爱好神话的人也是爱好智慧的人）；他们探索哲理只是为想脱出愚蠢，显然，他们为求知而从事学术，并无任何实用的目的。这个可由事实为之证明：这类学术研究的开始，都在人生的必需品以及使人快乐安适的种种事物几乎全都获得了以后。这样，显然，我们不为任何其它利益而找寻智慧；只因人本自由，为自己的生存而生存，不为别人的生存而生存，所以我们认取哲学为唯一的自由学术而深加探索，这正是为学术自身而成立的唯一学术。"②

追求世界的智慧本身就体现着人的智慧，《列子》中的杞人担心天

---

① ［德］黑格尔：《哲学史讲演录》第 1 卷，贺麟、王太庆等译，商务印书馆 2009 年版，第 25 页。

② ［古希腊］亚里士多德：《形而上学》，吴寿彭译，商务印书馆 2009 年版，第 5—6 页。

崩地坠不是哲学而是庸人自扰，他出于自身安危而对自然现象产生恐惧而去探究问题，当他人帮其解开心结后也就不再追问天地之状。人们在现实生活中要能够"不疑人之所疑，而疑人之所不疑"，去探讨研究日常生活中随处可见的万事万物，使人类从无知过渡到有知。哲学所探讨解决的问题具有超越性特征，它通常超越现实的功利甚至是纯粹兴趣使然。古希腊哲学家毕达哥拉斯在谈到哲学时，曾以参加奥林匹克运动会的人的不同动机为例，来解释哲学的特性。第一种人是奔奖牌而来的，志在取得好的成绩，第二种人尚无夺得奖牌的实力，但是抱着学习和积累经验的目的来参加比赛，第三种人并无功利动机，他们来此的目的仅仅是处于好奇，想对有关的东西弄个究竟。毕达哥拉斯认为，只有第三种人才属于我们所说的哲学家。

正因为起源于个人兴趣而对世界万事万物进行智慧求证，哲学展现出了千变万化的形态特征。中国古代庄子的哲学力图"判天地之美，析万物之理"，司马迁的历史哲学"究天人之际，穷古今之变"，张载的哲学所实现的是"为天地立心，为生民立命"。西方哲学家的哲学主题也各不相同，毕达哥拉斯立志求索"万物本原"，亚里士多德分析"存在是什么"，费希特则希望"提供一切知识的基础"，康德在《纯粹理性批判》中提出哲学的问题是：我能够知道什么？我应当做什么？我可以希望什么？

罗素在《西方哲学史》中写道："哲学，就我对这个词的理解来说，乃是某种介乎神学与科学之间的东西。它和神学一样，包含着人类对于那些迄今仍为确切的知识所不能肯定的事物的思考；但是它又像科学一样是诉之于人类的理性而不是诉之于权威的，不管是传统的权威还是启示的权威。一切确切的知识——我是这样主张的——都属于科学；一切涉及超乎确切知识之外的教条都属于神学。但是介乎神学与科学之间还有一片受到双方攻击的无人之域；这片无人之域就是哲学。思辨的心灵所最感兴趣的一切问题，几乎都是科学所不能回答的问题；而神学家们的信心百倍的答案，也已不再像它们在过去的世纪里那么令人信服了。世界是分为心和物吗？如果是这样，那么心是什么？物又是什么？心是从属于物的吗？还是它具有独立的能力呢？宇宙有没有任何的统一性或者目的呢？它是不是朝着某一个目标演进的呢？究竟有没有自然规律呢？还是我们信仰自然规律仅仅是出于我们爱好秩序的天性呢？……对于这些问题，在实验室里是找不到答案的。各派神学都曾宣称能够做出极其确切的答案，但正是他们的这种确切性才使近代人满腹狐疑地去观察他们。对于这些问题的研究——如果不是对于它们的解答的话，——就是哲学的业务了。"①

每个哲学家都会就自己的哲学主题给出答案，这些哲学思想就成为人类思想宝库中的瑰宝，并成为后世学者探索惊异世界的精神养分。一方面，哲学是一种历史性理论，任何哲学都是建立在特定历史条件和人类认识发展阶段基础之上的，而不能把哲学看作超历史的先验规定；另一方面，哲学思想又具有穿越性特征，在新的历史境遇中通过与现实的碰撞又能够产生极具时代感的认知。

哲学总是在不断实现超越和自我超越，它不满足于既有的结论，不受已有的思想框架的束缚，总是在反思、批判和突破。哲学通过提炼人类所面临的那些最深刻、最普遍、最具有长远意义的问题、经验和感受，形成新的理念和方法，以实现人的精神的发展与超越。这也就意味着哲学永远不会终结，它始终面临社会现实，处在不断深化、拓展、超越和自我发展的过程之中，是人类社会发展的最深刻、最具思想代表性的科学。

二　哲学是一种理论形态的世界观

马克思主义哲学与过去的哲学以及现代西方哲学的区别与联系是什么，它们有没有共同之处，既然都叫"哲学"，那就说明它们之间是有联系的，那么它们的区别又体现在哪里呢？既然是哲学，就是研究整体世界及其一般规律的科学，一切哲学之所以称为哲学是因为它包含了本体论，一切哲学家的哲学思想又都包含有关于世界本原的本体论思想。

---

① ［英］罗素：《西方哲学史》上册，何兆武、李约瑟译，商务印书馆2020年版，第7—8页。

本体论一词起源于 17 世纪的经院哲学，通常是指在现象背后或现象以外寻求世界的本原，甚至是把某种神秘、抽象的东西当作世界的本原，它是关于世界存在的理论（ontology），也有学者将其翻译成存在论。西方哲学中对世界本原或基质进行探究的古希腊罗马哲学、莱布尼茨的形而上学和黑格尔的绝对理念等都属于本体论哲学。另外，中国古代哲学的道学、玄学、理学等实际上也是本体论。从根本上而言，本体论就是关于整个世界及其一般规律的理论，即这个世界到底是什么。世界到底是什么首先取决于世界本身，但是这个世界并不是一个完全独立的世界，而是人生活于其中、在人的活动影响塑造下形成的世界，是人眼中的世界。

世界观（world view）是指人对世界的经验性感知，即人的"世界观点"。世界观是人们关于世界的根本看法。从广义上而言，世界观有多种存在形态。常识世界观的本质特征是经验性；宗教世界观的本质特征是对神的信仰；作为人类把握世界的审美方式，艺术通过具体生动的形象来反映社会生活以及人与世界之间的丰富关系，也是世界观；科学是人类运用理论思维实证地把握世界的一种基本方式，也可以成为世界观。

人们在认识世界和改造世界的过程中，必然形成关于世界各种事物的看法，进而形成关于世界的总体理解和根本看法。同时，一旦拥有了某种世界观，这种世界观就会对人们如何理解世界、如何采取行动发挥基本的作用。也就是说世界观可以在人的自发行动中形成，也可以通过主体积极学习实践活动进行培育树立，实际上二者是辩证统一的，外部世界观理论必须转化为主体的认知才能成为真正的世界观，而主体只有接受科学世界观理论并结合自身实践进行转化才能树立正确的世界观。

在日常生活中，人们通常会把世界观等同于哲学，这是因为世界观这一术语本身起源于哲学。事实上，马克思恩格斯经常用世界观代称哲学。例如在《路德维希·费尔巴哈和德国古典哲学的终结》等作品及书信中，恩格斯就提出了"马克思的世界观""新世界观""唯物主义世界观"等用法，它们都共同指向我们今天所说的马克思主义哲学。尽管世界观和哲学关系密切，甚至对许多人来说，世界观就是哲学的婢女，但哲学仅仅是世界观的一种，常识、宗教、艺术、科学等都是或者包含世界观。

与其他世界观相比，反思性是哲学最突出的一个特点。由于哲学与其他世界观的关系错综复杂、难以厘清，因此，把哲学与其他世界观清晰地区分出来具有很大挑战。黑格尔进行了创造性探索，给出了一种至今仍有广泛影响的解答。他认为，"哲学的认识方式只是一种反思，——意指跟随在事实后面的反复思考"；哲学所跟随的"事实"不是感性的具体事实，而是"一种现存的知识"，因此，"反思以思想的本身为内容，力求思想自觉其为思想"。冯友兰认为，哲学就是对于人生的有系统的反思的思想，哲学家必须对人生反复地思考，然后系统地进行表达。李泽厚主张："哲学既非职业，而乃思想，则常人皆可思想。此'想'不一定高玄妙远、精密细致，而可以是家常生活，甚至白日梦呓。哲学维护的只是'想'的权利。"① 抓住反思性这个特点，人们不仅可以将哲学与神话（幻想）、宗教（信仰）、艺术（审美）、常识（经验）区分开来，还能够在哲学与科学之间找到一条切实可行的划界标准。

哲学是理论化、系统化的世界观，是通过一系列概念、范畴和系统逻辑论证而形成的思想体系。作为理论化的世界观，哲学需要经过系统的逻辑论证。不可否认，有的哲学作品并没有表现出系统化特征，如《论语》、尼采的《查拉图斯特拉如是说》、阿多诺的《否定的辩证法》和《美学理论》，但是《论语》采用的是语录体，《查拉图斯特拉如是说》采用的是格言体，它们的逻辑体系由于文体的原因而变得松散以至于难以直接把握，但是仍然存在系统化的思想。至于阿多诺的作品，它们基于哲学上的严肃思考而反对传统的逻辑，自觉采用了"反体系""碎片化"的文体形式来表达自己抗拒性的哲学思想。实际上，哲学是一种利用思维来把握世界的科学，严密的逻辑体系是其内在本质要求，不具备理论化、系统化特征的学说也就根本不是哲学。

作为理论化、体系化的世界观，哲学既包括对自然以及人与自然关系的总体理解，又包括对历史以及人与历史关系的总体理解，还包括对

---

① 李泽厚：《哲学纲要》，北京大学出版社 2011 年版，第 209 页。

人本身以及人生意义的总体理解。具体而言，哲学包括自然观、历史观和人生观等内容。从人这一主体角度来看，自然观和历史观最终都会体现于人生观之上，人生观是关于人生问题的根本观点，决定了人生存于世的基本立场和原则，决定了人的实践活动目标、人生道路方向和对待生活的态度。人生观之所以重要，是因为它要解决主体与客观世界之间存在的问题，使得主体能够在客观世界中生存发展。希腊德尔菲神庙前有三句著名箴言，其中有一句是"认识你自己"。从古代时期开始，人们就认识到作为主体的人一定要处理好与外部世界的关系，只有这样才能解决好主观与客观之间的矛盾，解决好自由与必然、理想与现实、有限与无限等一系列的矛盾。

人生观具有个性化特征，每一个个体都有自己的人生观，世界上并不存在任何两种完全相同的人生观，但是人生观中的基本价值取向却是相通的，以什么为最高价值追求是每个人都应该认真思考的。古希腊时期的第欧根尼是犬儒学派的代表人物，他认为除了自然的需要必须满足外，其他的任何东西，包括社会生活和文化生活都是不自然的、无足轻重的。他强调禁欲主义的自我满足，鼓励放弃舒适环境。作为一个苦行主义的身体力行者，他居住在一只木桶内，过着乞丐一样的生活。每天白天他都会打着灯笼在街上"寻找诚实的人"。有一天亚历山大大帝专门来访问他，表示非常愿意帮助他。第欧根尼回答道："我希望你闪到一边去，不要遮住我的阳光。"在第欧根尼看来，自由是至高无上的第一追求，至于金钱、名誉等都毫无意义。作为亚历山大帝国的缔造者，亚历山大大帝深谙第欧根尼的人生追求，他曾感慨地说："我若不是亚历山大，我愿是第欧根尼。"

在《中国哲学简史》中，冯友兰将人生境界划分为四个概括的等级，"从最低的说起，它们是：自然境界、功利境界、道德境界、天地境界"①。一个人做事只是顺着他的本能或其社会风俗习惯，所做之事对自身没有或者只有很少意义，就是自然境界。一个人可能意识到他自己，

---

① 冯友兰：《中国哲学简史》，北京大学出版社 2013 年版，第 321 页。

为自己做各种事情，对于他自身具有功利的意义，即是功利境界。还有的人了解到自己是社会的一员，他只是社会整体的一部分，从而为社会的利益做各种事情，所做各种事情都是符合道德意义的道德行为，也就达到了道德境界。"一个人还可能了解到超乎社会整体之上，还有一个更大的整体，即宇宙。"① 他不仅是社会组织的公民，而且还是孟子所说的"天民"，从而为宇宙的利益做各种事情，也就达到了最高的人生境界，即天地境界。"这四种人生境界之中，自然境界、功利境界的人，是人现在就是的人；道德境界、天地境界的人，是人应该成为的人。前两者是自然的产物，后两者是精神的创造。"② 冯友兰认为依照中国哲学的传统，哲学的任务就是帮助人们达到道德境界和天地境界，特别是达到天地境界。只有通过哲学获得对宇宙的了解，觉解行动和生活中的道德原理，才能达到天地境界和道德境界。

在人生观问题上，古今中外的哲学家都格外重视精神境界的追求，这是因为人固然是生物性的人，但是人的本质在于其社会性，人的社会交往体现了人的本质，而人若要实现对生物性的超越成为万物之长，就必须在精神境界实现升华。

三　哲学是改造世界的方法论

世界观同时又是方法论。在形成的世界观的基础上，人们就会依照世界观的观点去解释现象、处理问题、改造世界。而此时，世界观作为指导人们观察、分析和解决问题的基本原则，就表现为方法论。

人们认识、改造世界的方式、手段、原则和办法的总称即为方法，方法不过是对客观规律的自觉地运用。方法又具有不同的层次，包括个别方法、特殊方法、一般方法。方法论是关于方法的本质、特性的理论，即研究如何运用客观规律以便自觉地去认识世界和改造世界的理论，哲学方法论是一般方法的最高层次。世界观解决的是"是什么"的问题，

---

① 冯友兰：《中国哲学简史》，北京大学出版社 2013 年版，第 321 页。
② 冯友兰：《中国哲学简史》，北京大学出版社 2013 年版，第 322 页。

方法论解决的是"怎么办"的问题，二者有区别，但却紧密相连，世界观转化为方法论，叫作"化理论为方法"。一般来说，有什么样的世界观就会有什么样的方法论，世界观决定方法论，方法论包含和体现世界观。恩格斯认为："我们的主观思维和客观世界遵循同一些规律，因而两者的结果最终不能互相矛盾，而必须彼此一致，这个事实绝对地支配着我们的整个理论思维。这个事实是我们理论思维的不以意识为转移的和无条件的前提。"①

在古希腊时期，苏格拉底作为哲学家从事哲学讲授、社会活动，他劝导、勉励每一个人，但却不是讲道、训诫或枯燥的道德说教。黑格尔在《哲学史讲演录》中写道："苏格拉底的谈话（这种方法）具有一种特点：（一）他一有机会就引导人去思索自己的责任，不管这机会是自然产生的还是苏格拉底故意造成的。……接着（二）他就引导他们离开这种特殊事例去思索普遍的原则，引导他们思索、确信并认识什么是确定的正当的东西，什么是普遍的原则，什么是自在自为的真和美。这种工作，他是用著名的苏格拉底方法来做的……这个方法主要地有两个方面：（一）从具体的事例发展到普遍的原则，并使潜在于人们意识中的概念明确呈现出来；（二）使一般的东西，通常被认定的、已固定的、在意识中直接接受了的观念或思想的规定瓦解，并通过其自身与具体的事例使之发生混乱。这些就是苏格拉底方法的一般。"②

苏格拉底就把自己关于世界、社会以及其与人的关系的认知转化为了行为方法，依照这种方法的行为实际上也就充分表达了他的世界观，表达了他深邃的哲学思想。实际上，真正的哲学并不仅仅是思想的表达，而是思想与行动的统一，用中国哲学语言表达是"既入世而又出世"，既是理想主义，又是现实主义，既实用但又不肤浅。

在《莱茵报》时期，马克思批判《科伦日报》编辑海尔梅斯的政论文章时曾这样阐述哲学："哲学就其性质来说，从未打算把禁欲主义的教士

---

① 《马克思恩格斯文集》第9卷，人民出版社2009年版，第538页。
② ［德］黑格尔：《哲学史讲演录》第2卷，贺麟、王太庆等译，商务印书馆2009年版，第53页。

长袍换成报纸的轻便服装。然而，哲学家并不像蘑菇那样是从地里冒出来的，他们是自己的时代、自己的人民的产物，人民的最美好、最珍贵、最隐蔽的精髓都汇集在哲学思想里。正是那种用工人的双手建筑铁路的精神，在哲学家的头脑中建立哲学体系。哲学不是在世界之外，就如同人脑虽然不在胃里，但也不在人体之外一样。当然，哲学在用双脚立地以前，先是用头脑立于世界的；而人类的其他许多领域在想到究竟是'头脑'也属于这个世界，还是这个世界是头脑的世界以前，早就用双脚扎根大地，并用双手采摘世界的果实了。"

"任何真正的哲学都是自己时代的精神上的精华，因此，必然会出现这样的时代：那时哲学不仅在内部通过自己的内容，而且在外部通过自己的表现，同自己时代的现实世界接触并相互作用。那时，哲学不再是同其他各特定体系相对的特定体系，而变成面对世界的一般哲学，变成当代世界的哲学。各种外部表现证明，哲学正获得这样的意义，哲学正变成文化的活的灵魂，哲学正在世界化，而世界正在哲学化。"①

在马克思看来，哲学来自于现实世界，同时它又返回到世界以改变世界，这中间即经历了主体的世界观、认识论和方法论的转化，人们关于世界的观点和看法直接影响了他们对现实问题的求解方法。艾萨克·牛顿是世界著名的物理学家，曾担任英国皇家学会会长，他发现的万有引力定律和三大运动定律科学揭示了三维空间里天体的运行规律，但是他无法弄懂宇宙的起源问题，因此其后半生从事神学研究，希冀从上帝那里找到宇宙第一推动力。正如诗人亚历山大·波普（Alexander Pope）为牛顿写的墓志铭：自然与自然的定律，都隐藏在黑暗之中；上帝说"让牛顿来吧！"于是，一切变为光明。上帝在牛顿的世界观里具有至高无上的地位，牛顿早在年轻时就开始研究神学，在他自己能解决的科学问题领域他自己加以解决，而一旦遇到无法解决的问题，上帝就成为他最终的依靠。

---

① 《马克思恩格斯全集》第 1 卷，人民出版社 1995 年版，第 219—220 页。

第二节　马克思主义哲学的内容

　　黑格尔曾说："现时哲学观点的主要兴趣，均在于说明思想与客观对立的性质和效用，而且关于真理的问题，以及关于认识真理是否可能的问题，也都围绕思想与客观的对立问题而旋转。"① 恩格斯在总结哲学发展历史后也指出："全部哲学，特别是近代哲学的重大的基本问题，是思维和存在的关系问题"②。"什么是本原的，是精神，还是自然界？"③ 以及思维与存在是否具有"同一性"，就是"全部哲学的最高问题"。

　　思维和存在的关系问题，也即精神与物质的关系问题，是贯穿于全部哲学问题之中并统帅和制约其他一切问题的根本问题。哲学的基本问题包含两个方面的内容，一方面指思维与存在谁为本原、谁决定谁的问题，这是本体论问题；另一方面指思维与存在是否具有同一性的问题，即思维能否认识存在的问题，这是认识论问题。在人们的现实生活中，思维和存在的关系问题，具体表现为主观和客观的关系问题。按照对基本问题的不同回答，就可以为哲学划分派别。凡是主张物质是本原、物质第一性、精神第二性的，都属于哲学唯物主义，反之则属于哲学唯心主义。关于哲学基本问题及其派别关系，应当注意防止两种倾向，一是否认哲学的基本问题及其派别关系，特别是否认唯物主义与唯心主义两大基本派别关系的虚无主义倾向；二是把哲学的基本问题及其派别关系，特别是唯物主义与唯心主义两大基本派别关系简单化、模式化、庸俗化的教条主义倾向。

　　唯物主义与唯心主义是人对待世界本原的态度，就世界本来面貌而言，唯物主义更贴近世界本原实际，更接近真实反映世界的物质性特征。但世界观是人认识世界的产物，它的形成本身体现了主体对客观世界的认识，如果单纯地指出世界的物质性而不能在改变世界上有所作为的话，

---

① ［德］黑格尔：《小逻辑》，贺麟译，商务印书馆1980年版，第93页。
② 《马克思恩格斯选集》第4卷，人民出版社2012年版，第229页。
③ 《马克思恩格斯选集》第4卷，人民出版社2012年版，第231页。

唯物主义并没有体现出积极的能动性。唯心主义恰恰是看到了人作为活动主体所具有的能动性，只是它把这种能动性发挥到了正常范围之外。唯心主义产生和长期存在的认识论根源在于，"把认识的某一个特征、方面，部分片面地、夸大地发展为脱离了物质、脱离了自然、神化了的绝对"。其社会根源是统治阶级为维护自己的统治，颠倒了物质与精神的关系。

马克思主义哲学属于唯物主义哲学派别，但是它与之前时代的朴素唯物主义、机械唯物主义有着重大区别，因为它合理吸收了黑格尔辩证法的内容，是辩证唯物主义哲学。当然辩证唯物主义仍然是唯物主义，立论的前提就是承认存在不依赖于主体意识的物质世界，但是它看到了物质世界生生不息运动发展的本质特征，人及人的意识是物质世界运动变化的产物，而人的意识能够认知掌握物质世界的运动规律。辩证唯物主义一方面肯定了世界的物质本原，另一方面又充分肯定了意识的能动性，是意识反映存在的唯物主义的可知论，是坚持实践基础上的能动的反映论。物质决定意识，意识反作用于物质的原理同样体现于社会领域，强调人类社会的物质性本质，是马克思主义哲学超越以往哲学的重要体现，它透过纷繁复杂的社会现象，尤其是穿透各种各样的人类精神活动，找到了现象背后的具有决定性的因素，即社会物质生产方式，通过分析生产力与生产关系、经济基础与上层建筑两对社会基本矛盾运动，科学合理地揭示了人类社会发展的基本规律。

一　辩证唯物主义

马克思主义哲学到底是什么，其实马克思恩格斯本人也没有固定的说法，自从创立马克思主义哲学以来他们及后人曾有多种表达方式指称马克思主义哲学：（1）现代唯物主义（新唯物主义）；（2）唯物主义历史观（历史唯物主义）；（3）唯物辩证法；（4）辩证唯物主义和历史唯物主义；（5）实践唯物主义；（6）辩证的历史唯物主义；（7）辩证的历史的实践的唯物主义等。显然，马克思恩格斯的哲学思想主要突显为历史唯物主义思想。不能否认，他们的历史观思想是建立在世界观基础之上的，但是率先进行完备表达并始终得到强调的却是唯物史观思想。19世纪40年代，《德意志意识形态》《关于费尔巴哈的提纲》等作品的创作标志着唯物史观的诞生，而世界观的思想体系却是在19世纪70年代写作的《反杜林论》《自然辩证法》中才提出来的。

关于这个问题要科学地认识。首先是唯物主义历史观对于指导现实革命具有重大意义，它是科学阐述社会形态更替从而发动工人运动建设美好社会的革命性理论，因此，马克思恩格斯始终将其看作自己哲学的主体内容，而距离现实社会运动较远的世界观自然就相对淡化。

其次，世界观是以唯物辩证法的形式存在的，即是以马克思恩格斯研究现实具体问题的方法论存在的。他们吸收借鉴黑格尔的辩证法，但是在经过唯物主义改造基础之上实现的，即肯定辩证法是客观世界普遍存在的，而不是人头脑之中产生的或者是绝对理念的产物。唯物主义辩证法的立场实际上从马克思恩格斯创立马克思主义哲学时就形成了，是历史唯物主义的基础和前提，而且伴其学术研究生涯和革命实践活动始终。

列宁后来将唯物辩证法与历史唯物主义整合起来，认为马克思主义哲学是包括唯物论、历史观、认识论和辩证法在内的一块整钢。列宁强调："在这个由一整块钢铸成的马克思主义哲学中，决不可去掉任何一个基本前提、任何一个重要部分，不然就会离开客观真理，就会落入资产阶级反动谬论的怀抱。"① 后来苏联哲学家逐渐将马克思主义哲学教科书化，把辩证唯物主义作为世界观和认识论摆在前面，而把历史唯物主义作为历史观摆在后面，形成了规范认识，即马克思主义哲学就是辩证唯物主义和历史唯物主义。

毛泽东认为哲学是自然知识和社会知识的总结和概括。他指出："马克思主义的哲学辩证唯物论有两个最显著的特点：一个是它的阶级性，公然申明辩证唯物论是为无产阶级服务的；再一个是它的实践性，强调

---

① 《列宁选集》第2卷，人民出版社2012年版，第221—222页。

理论对于实践的依赖关系，理论的基础是实践，又转过来为实践服务。"① 这一说法实际上肯定了哲学的实证性，哲学固然是思辨性学科，但是它是实证与思辨的统一。实际上，任何一门科学都是实证与思辨的统一，科学都有确定的研究对象，都需要解决现实问题，实证性自然不可缺少。同时，任何科学都是一种理论形态，都需要在经验材料的基础上进行归纳总结，这就体现出思辨性特征。所以各种科学理论的差别无非是实证性强一些还是思辨性强一些而已。

马克思主义哲学是在总结和概括自然科学、社会科学的原理的基础上形成的思辨性科学。马克思主义哲学就是在充分总结各种革命实践活动的基础上形成的科学，比如马克思对自己革命实践的总结和反思，恩格斯对自然科学的研究，列宁、毛泽东等人对本国革命建设的研究与总结，等等。这个世界到底是什么，人们应该怎么样认识世界，既是根本的哲学问题，同时也是具体的科学问题，即人们只有在各种具体的科学实践中不断对这些问题进行求解，不断深化对世界各领域、各方面本质及规律的认识，才能为哲学世界观的创立和发展提供经验材料，才能形成正确科学的世界观。

只要人类社会还存在，只要人类还想生存，就必须认识世界、改造世界，虽然认识改造世界的功能已经分化到了各门自然科学之中，但是整体上认识把握世界却始终是哲学的职能所在。不可否认，哲学发展到今天也出现了分化现象，比如偏重于认识领域、伦理领域、心理领域，但是这并没有从根本上改变哲学世界观的本质，也不能以此丢掉对本体论的探索。西方哲学大多体现为个人哲学、个体哲学，只是哲学问题研究中的"个别"哲学，也许不需要也根本无能力去关注世界观的问题。而马克思主义哲学是世界观和方法论，是国家、民族乃至整个人类社会指导自身实践改变世界，建立美好新社会的指导理论，对世界观的讨论是不可或缺的，而且辩证唯物主义世界观是其社会历史观的基础和前提，从这个意义上而言，马克思主义哲学的创新发展亦需要集自然科学之

---

① 《毛泽东选集》第1卷，人民出版社1991年版，第284页。

大成。

当代西方哲学思潮主要有两种，人本主义和科学主义，它们产生的根源在于社会关系的复杂化和科学革命产生的重大社会影响。人本主义基于现实的人，从人的需要、情感、意志以及人性、自由等方面来阐述自己的学说理论，而科学主义则将科学活动的方法原则借鉴到哲学研究中来，以经验作为自己研究的基础。这两种思潮都是唯心主义的，它们把某一方面的因素给绝对化了，从而将哲学思想给主观化了。

我们通常会说马克思主义需要不断地创新和发展，这自然包含着辩证唯物主义同样需要不断创新发展的内涵，而创新发展的实证根据就在于人们对客观世界的认识与改造，在于各门科学对客观规律的深化掌握。例如，宇宙起源与演变理论、物质构成与内部结构学说、人类起源与发展的理论和世界政治经济演变理论，等等，这些科学理论在帮助人们认识世界的同时，自然也有助于人们建立科学的世界观，而科学的世界观也必须以各种科学理论为基础方能建立。

二 历史唯物主义

恩格斯在马克思墓前的讲话总结了马克思一生所取得的突出成就，其中一个重大发现就是唯物史观。"正像达尔文发现有机界的发展规律一样，马克思发现了人类历史的发展规律，即历来为繁芜丛杂的意识形态所掩盖着的一个简单事实：人们首先必须吃、喝、住、穿，然后才能从事政治、科学、艺术、宗教等等；所以，直接的物质的生活资料的生产，从而一个民族或一个时代的一定的经济发展阶段，便构成基础，人们的国家设施、法的观点、艺术以至宗教观念，就是从这个基础上发展起来的，因而，也必须由这个基础来解释，而不是像过去那样做得相反。"①从本质上看，历史唯物主义说到底是一种唯物主义，是在人类社会领域中的唯物主义。唯物史观作为马克思一生的两大发现之一，为马克思主义哲学奠定了历史性地位。它使马克思主义哲学将唯心主义从它最后的

---

① 《马克思恩格斯选集》第 3 卷，人民出版社 2012 年版，第 1002 页。

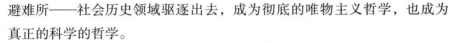

避难所——社会历史领域驱逐出去，成为彻底的唯物主义哲学，也成为真正的科学的哲学。

一直以来，人们强调历史唯物主义的科学性，强调其是揭示人类社会客观规律的科学，是不以人的意志为转移的科学，这种观点并没有错，马克思主义学说正是建立在这种科学性基础之上的。但是如果只强调历史唯物主义的科学性，把它当作是如同自然科学一般的科学理论，就走进了唯科学的认识误区，不仅泯灭了社会主体的能动性，而且忽视了历史唯物主义所包含的价值维度，是对历史唯物主义的误解。

从发生学的角度而言，马克思恩格斯对人类社会本质的研究要在对世界本原的研究之前，他们生活在社会交往之中，自然会对社会现象和人类活动进行深入思考。马克思恩格斯思考社会问题的起点是现实的人，人的活动、生存、幸福等问题是他们革命活动和学术生涯的核心问题。马克思在少年时代就立下了为人类谋幸福的宏愿，正是怀着这样的初心，马克思发现了唯物史观并利用这一科学规律来实现自己的人生价值追求，从而找到了实现社会理想的现实途径。

马克思的理论生涯始终是与他的革命实践结合在一起的，现实的革命需要也是他从事理论研究的出发点和立足点。据拉法格回忆说，马克思认为："不论从事哪一种科学研究，都不应该为这种研究会得出什么结果而操心；同时他又认为，如果一个有学问的人不愿意自己堕落，就决不应该放弃积极参加社会活动，不应该整年整月地把自己关在书斋或实验室里，像一条藏在乳酪里的蛆虫一样，逃避生活，逃避同时代人的社会斗争和政治斗争。"① 从人类社会发展规律的角度而言，马克思从未将人的活动从历史中剥离出来，人民群众是历史的主体，他们积极的革命活动就构成了社会发展的有机内容，他们对自己利益的追求就是人类社会客观规律的根本体现。

在《共产党宣言》中，马克思恩格斯对资本主义进行了客观评价，

①　中共中央马克思恩格斯列宁斯大林著作编译局编：《回忆马克思》，人民出版社 2005 年版，第 187 页。

一方面认为资产阶级在历史上曾经起过非常革命的作用，尤其是在促进社会生产力发展方面作出了巨大贡献，"资产阶级在它的不到一百年的阶级统治中所创造的生产力，比过去一切世代创造的全部生产力还要多，还要大"①。并不是资本主义生产关系决定生产力的发展，而是因为它更适应生产力，所以代替了封建制生产关系，但是生产力的进一步发展势必超出资本主义生产关系的范畴，势必要求更为先进的生产关系。"资产阶级的生产关系和交换关系，资产阶级的所有制关系，这个曾经仿佛用法术创造了如此庞大的生产资料和交换手段的现代资产阶级社会，现在像一个魔法师一样不能再支配自己用法术呼唤出来的魔鬼了。几十年来的工业和商业的历史，只不过是现代生产力反抗现代生产关系、反抗作为资产阶级及其统治的存在条件的所有制关系的历史。只要指出在周期性的重复中越来越危及整个资产阶级社会生存的商业危机就够了。……社会所拥有的生产力已经不能再促进资产阶级文明和资产阶级所有制关系的发展；相反，生产力已经强大到这种关系所不能适应的地步，它已经受到这种关系的阻碍；而它一着手克服这种障碍，就使整个资产阶级社会陷入混乱，就使资产阶级所有制的存在受到威胁。资产阶级的关系已经太狭窄了，再容纳不了它本身所造成的财富了。"② 在马克思恩格斯看来，共产党的出场是顺应社会发展规律而为，是为了解决资本主义自身无法解决的顽疾而诞生，因此共产党就拥有了必然性正义。

从另外的角度而言，将共产党的出场背景放置于社会发展规律之中，实际上也就规定了共产党的职责使命，推翻资产阶级统治、砸碎戴在人们身上的枷锁固然是紧迫而现实的任务，但更为根本的任务是解放和发展生产力，探索实现更高阶的生产资料所有制关系，并在其基础之上形成新的经济基础以及更高文明的社会形态。《共产党宣言》之所以具有如此广泛的影响，能够穿透历史对未来产生指导，就在于它是基于历史唯物主义的革命宣言书，从社会发展规律的高度指导无产阶级进行革命

①　《马克思恩格斯选集》第 1 卷，人民出版社 2012 年版，第 405 页。
②　《马克思恩格斯选集》第 1 卷，人民出版社 2012 年版，第 405—406 页。

斗争，而共产党人的斗争也向来不是对既得利益的争夺和维护，而是推动社会历史发展进步的壮丽事业。正是因为具有如此远大的追求，共产党人才能带领人民成功建设实现自由发展的共产主义社会。

三 唯物主义辩证法

在恩格斯看来："辩证法不过是关于自然界、人类社会和思维的运动和发展的普遍规律的科学。"[1] 进入 19 世纪，科学知识的学科化特征日益明显，自然科学和社会科学以实证方法研究自然界和人类社会，哲学已经不再是包罗万象的知识总汇，那么哲学需要着重研究的是什么呢？"对于已经从自然界和历史中被驱逐出去的哲学来说，要是还留下什么的话，那就只留下一个纯粹思想的领域：关于思维过程本身的规律的学说，即逻辑和辩证法。"[2] 对于旧哲学而言，思想领域是科学分化以后留给哲学的唯一地盘，对于科学而言，思想领域也是其进一步发展时要求哲学必须深入研究的领域。在人类认识发展史上，思维内容与思维形式相互适应，都归于哲学研究，随着专门科学的分化和发展，人类对思维内容的认识不断深入，这也就对思维形式的研究提出了新的要求，哲学需要在更高级的形式上，即结合思维内容的运动规律去研究思维形式的规律，研究自然、社会和思维运动的一般规律。这个一般规律就是辩证法，掌握了辩证法也就形成了能够科学把握世界的理论思维能力。

其一，辩证法是客观世界的一种存在。从概念上而言，辩证法就是关于世界普遍联系和永恒发展的哲学学说。客观世界处于普遍联系和发展的状态之中。

其二，人们应该以辩证法来认识世界。这个世界是什么样，就应该采用什么样的方法进行认识，对待世界应该持辩证法的态度，即以联系和发展的眼光认识世界，这样才能正确反映世界，否则就会与现实相脱离，只能得出歪曲性的认识。

---

① 《马克思恩格斯文集》第 9 卷，人民出版社 2009 年版，第 149 页。
② 《马克思恩格斯选集》第 4 卷，人民出版社 2012 年版，第 264 页。

马克思主义哲学关注现存世界和人的发展变化，认为哲学应该站在人的立场上来审视人之外的整个世界，也要站在整个世界的立场之上来审视人，要从现实的人和现实世界的关联性角度来把握人与世界的关系。人周围的现实世界不是形而上学的无人或超人的世界，它本质上是在实践中生成的对象世界，是人的本质力量对象化了的人的世界。这一观点既肯定了人在整个世界中的主体性地位，同时也明确了世界发展演变的本质特征，即世界是在生生不息的演变中存在的。

其三，在积极行动中改造世界。

马克思认为，哲学家只是用不同的方式解释世界，而问题在于改变世界。① 马克思主义哲学不仅包括对世界的理论解释，更要包括对世界的实践改造。从方法论上而言，马克思主义哲学强调实践，它认为辩证法和唯物论是有机统一的，而统一的基础便是实践。实践是主观见之于客观的物质性活动，它尊重客观世界的本来面貌，承认世界的普遍联系和永恒发展，坚持主体在尊重客观规律的基础上认识世界和改造世界，坚持实践的观点与遵循唯物主义辩证法的认识论本质上是一致的。

在《资本论》第一卷 1872 年第二版跋文中，马克思强调了辩证法的重要性，强调自己理论创作的精髓在于辩证法。"辩证法，在其合理形态上，引起资产阶级及其空论主义的代言人的恼怒和恐怖，因为辩证法在对现存事物的肯定的理解中同时包含对现存事物的否定的理解，即对现存事物的必然灭亡的理解；辩证法对每一种既成的形式都是从不断的运动中，因而也是从它的暂时性方面去理解；辩证法不崇拜任何东西，按其本质来说，它是批判的和革命的。"② 马克思探讨人类社会未来发展，既不坚持永恒正义的原则，也不秉持终极的道德命令，只是希望从批判旧世界中去发现新世界。"在批判旧世界中发现新世界"，这是马克思创立并倡导的反映人类自我反思、自我超越精神的哲学原则。反思批判性暗含着连续性和继承性，事物的发展不是凭空地产生和巨大地跳跃的，

---

① 《马克思恩格斯选集》第 1 卷，人民出版社 2012 年版，第 136 页。
② 《马克思恩格斯选集》第 2 卷，人民出版社 2012 年版，第 94 页。

而是前后相继、扬弃继承。

马克思主义哲学所主张的对现实世界的改造不是理想化的，而是具体的，是取决于客观世界具体的历史的运动。在马克思恩格斯所处的时代，他们认为要改变的就是资本家占有生产资料从而无偿占有剩余价值的社会不公平现象，于是他们深入研究资本主义社会的经济运行规律，指导各国工人运动，为改变资本主义私有制即改变推翻资本主义制度而努力奋斗。正是因为坚持唯物主义辩证法，列宁在帝国主义时期及时创新发展了马克思主义，利用帝国主义之间的矛盾尤其是战争，率先在俄国建立社会主义国家，将科学社会主义从理论发展到了实践。世界以及人类社会总是在发展变化的，每个时代的人们都会面临不一样的问题，这就需要运用马克思主义哲学的唯物辩证法，实事求是地分析解决问题，这样才能够改造世界，同时在改造世界的基础上将经验上升到理论，不断地创新发展马克思主义理论。

毛泽东曾经批评斯大林没有辩证法，只有形而上学，苏联对资产阶级采取的是"凡是敌人反对的我就拥护，凡是敌人拥护的我就反对"的僵化立场，从而才产生了反对市场、反对商品的奇怪现象。正如有学者指出的那样："苏联布尔什维克一直说马克思主义是真理，这绝对没错，但是，这并不意味着苏联对于马克思主义的理解和阐释就是真理。如果按照马克思在《德意志意识形态》中的说法，那种理解和阐释充其量只是一种'俄罗斯意识形态'。作为真理，马克思主义在世界上任何地方都是可以被讨论和研究的；但是，作为'俄罗斯意识形态'的马克思主义却是不可研究、不容讨论的。以为掌握了这种'意识形态'就等于垄断了真理，不过等于用官僚的意识形态代替了真理，用官僚的文牍代替了马克思和恩格斯的著作与学说。"① 当苏联共产党以教条主义对待马克思主义时，实际上也就背离了马克思主义，问题的关键在于他们没有掌握马克思主义辩证法的精髓。

毛泽东深谙唯物辩证法的精神实质，带领中国人民取得了革命建设

---

① 韩毓海：《卡尔·马克思》纪念版，人民出版社2018年版，第40页。

的伟大胜利，同时也将唯物辩证法发展到了新高度。毛泽东把辩证法的思维方式转化为指导行动的实践智慧，总结和升华了以矛盾分析法为核心的辩证智慧，使辩证法成为指导行动的现实力量。围绕中国革命建设的现实问题，毛泽东撰写了《实践论》《矛盾论》《中国社会各阶级的分析》《中国的红色政权为什么能够存在?》《反对本本主义》《中国革命战争的战略问题》《论持久战》《关于正确处理人民内部矛盾的问题》等一系列作品，将唯物辩证法应用于现实问题，使辩证法获得了现实力量。

辩证法所体现的是世界观和方法论，是人们认识世界和改造世界的根本方法，对马克思主义的遵循很大程度上就体现为对辩证法的掌握与应用，倘若抛弃了辩证法就会在复杂的现实问题中迷失方向，最后会失去唯物主义的立场。只有掌握辩证法才能不断解决现实问题，不断改变现实世界，并在具体实践中推动马克思主义的创新发展。

第三节　马克思主义哲学的现实意义

马克思主义哲学是一个抽象的逻辑体系，但是它又有着深厚的现实基础，它是马克思主义的理论基石，也是人们认识世界、改造世界的行动指南。它的现实意义主要体现在以下三个方面。

一　构建完整的哲学理论体系

一门学问或知识若要成为科学，三个条件是必不可少的。第一是拥有明确的研究对象，比如物理学以自然界的物理现象为研究对象，经济学以经济现象为研究对象。第二是要有一系列的正确的概念、判断和推理，这些概念、判断和推理与认识对象相一致。第三是这些概念、判断和推理要构成严密的逻辑体系，从而形成一门科学理论。马克思主义哲学当然是符合这些条件的，它包括辩证唯物主义和历史唯物主义，就已经明确了研究对象。辩证唯物主义是研究世界观和认识论的学问，世界观是把整个世界作为研究对象，探求这个世界到底是什么的问题，认识论把人的认识现象作为研究对象，而历史唯物主义把人类社会作为研究

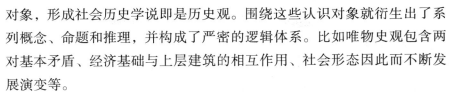

对象，形成社会历史学说即是历史观。围绕这些认识对象就衍生出了系列概念、命题和推理，并构成了严密的逻辑体系。比如唯物史观包含两对基本矛盾、经济基础与上层建筑的相互作用、社会形态因此而不断发展演变等。

马克思主义哲学固然实现了重大的革命性变化，但是就其研究对象角度而言并没有发生根本变化，即研究整个世界及其一般规律这个对象并没有发生太大变化。但是马克思主义哲学却实现了哲学上的革命，相较于其他哲学它必然有其独特之处，这种独特之处就奠定了其在哲学史上的独特地位。

马克思主义哲学在理论上总结了哲学发展，把自己的哲学原理看作从这一历史过程中所得到的结论，由于充分继承了前人的哲学学说，也就消除了意识形态的孤立主义和派性。作为辩证唯物主义者，马克思恩格斯批判了庸俗唯物主义和机械唯物主义，还批判了费尔巴哈的人本主义唯物主义，同时他们高度评价柏拉图、亚里士多德、莱布尼茨、卢梭和黑格尔等人的唯心主义学说中蕴含的光辉思想。他们断然否定一劳永逸地建立起哲学体系的做法，而是始终承认存在尚未解决并需要研究解决的问题。他们在批判自己的思想对手的同时，也承认自己的哲学存在不足和局限。马克思主义哲学的重大意义并不在于它为解决现实问题提供了现成的解决方案，而在于指明了解决问题的方向和道路。

人们一直强调马克思主义哲学是革命实践的哲学，它在无产阶级革命斗争的基础上产生发展，是指导无产阶级推翻资产阶级统治建立新型社会的理论武器。需要强调指出的是，马克思主义哲学并不单是无产阶级的哲学，它是整个人类的哲学，是人们认识和改造世界的一般世界观和方法论。"但人们在某一时代内并不只是作一般的哲学思考，而某一特定哲学之出现，是出现于某一特定的民族里面。而这种哲学思想或观点所具有的特性，亦即是那贯穿在民族精神一切其他历史方面的同一特性，这种特性与其他方面有很紧密的联系并构成它们的基础。因此一定的哲学形态与它所基以出现的一定的民族形态是同时并存的：它与这个民族的法制和政体、伦理生活、社会生活、社会生活中的技术、风俗习惯和物质享受是同时并存的。而且哲学的形态与它所隶属的民族在艺术和科学方面的努力与创作，与这个民族的宗教、战争胜败和外在境遇———一般讲来，与受这一特定原则支配之旧国家的没落和新国家的兴起（在这新国家中一个较高的原则得到了诞生和发展）也是同时并存的。"① 马克思主义哲学是科学的哲学，它是在人们的具体实践中和各门科学理论发展的基础上产生发展的，与此同时，它又指导着人类实践活动和各门科学理论的发展，它需要与各个国家乃至每个人的具体实践活动相结合。西方哲学家总是从马克思主义哲学那里汲取营养成分，将其当作武器解决现实问题，马克思主义哲学的一般哲学世界观和方法论的意义是值得肯定的。马克思主义哲学是不断前进的哲学，它随着人类的实践深入而不断创新发展，这个过程需要经历同错误思潮的斗争，可能会出现曲折但总体方向是上升的前进的。

二　形成了崇高的共产主义社会理想

从 19 世纪中叶诞生起，马克思主义就展现出了蓬勃的生命力，不仅在工人中传播，而且深刻影响着哲学界，西方学者对马克思主义给予了高度评价。德国哲学家海德格尔在《关于人道主义的书信》一书中写道："马克思主义关于历史的观点比其余的历史学优越。但因为胡塞尔没有，据我看来萨特也没有在存在中认识到历史事物的本质性，所以现象学没有、存在主义也没有达到这样的一度中，在此一度中才有可能有资格和马克思主义交谈。"② 存在主义哲学家萨特在《辩证理性批判》中说："马克思主义非但没有衰竭，而且还十分年轻，几乎是处于童年时代；它才刚刚开始发展。因此，它仍然是我们时代的哲学；它是不可超越的，因为产生它的情势还没有被超越。"③ 马克思主义之所以受到非马

---

① 〔德〕黑格尔：《哲学史讲演录》第 1 卷，贺麟、王太庆等译，商务印书馆 2009 年版，第 59—60 页。
② 孙周兴选编：《海德格尔选集》（上），上海三联书店 1996 年版，第 383 页。
③ 〔法〕萨特：《辩证理性批判》（上），林骧华、徐和瑾、陈伟丰译，安徽文艺出版社 1998 年版，第 28 页。

克思主义者的高度认同，重要的原因之一在于它具有实现人自由全面发展的终极关怀，关注人本身、实现人的自由是众多哲学家都具有的人文情怀，而马克思主义将这种人文情怀拓展到极致，以社会理想的形式表达出来。"代替那存在着阶级和阶级对立的资产阶级旧社会的，将是这样一个联合体，在那里，每个人的自由发展是一切人的自由发展的条件。"①

　　马克思并不是历史上第一个畅想美好社会的哲学家，但却是第一位将美好社会理想转化为科学理论，进而转化为社会现实的哲学家。与之前的空想社会主义者不同，马克思创立的学说被称为科学社会主义，而科学就意味着它与客观实际相一致，为人们掌握后就可以按照这个规律付诸实践并取得预期结果。

　　之所以能够做到这一点，是因为马克思发现了唯物史观，即关于人类社会演变的基本规律，通过揭示人类社会两对基本矛盾运动规律发现人类社会形态演变的客观事实，从原始社会逐步发展到更高级的社会形态，最终经过资本主义过渡到社会主义和共产主义。在具体揭示资本主义如何过渡到共产主义时，马克思又发现了剩余价值学说，找到了资本家剥削工人的秘密，也就掌握了资本主义的命门，为资本主义必然灭亡、社会主义必然胜利奠定了坚实的理论基础。

三　奠定了实现共产主义的哲学基础

　　从历史上看，每次重大的哲学变革，都要伴随着思维逻辑和价值取向的根本改变。哲学是时代精神的精华，人们应该深刻掌握新哲学理论的思维逻辑和价值取向，进而实现思维方式和价值立场的彻底转变，因为只有这样才能适应时代的发展和历史的进步。马克思主义哲学是对以往旧哲学传统的根本改变，实现了人的思维方式和价值立场的根本改变。以往的哲学家们醉心于建立永恒的真理体系，总是要去追求某种终极性的实在，如柏拉图的"至善理念"、亚里士多德的"不动的推动者"和

---

　　① 《马克思恩格斯选集》第1卷，人民出版社2012年版，第422页。

黑格尔的"绝对精神"等。于是哲学史就表现为终极真理的不断涌现与翻新，新的理论代替覆盖旧的理论，历史变革的辩证法谁也无法抗拒。

马克思主义哲学强调立足于实践基础去观察认识世界，通过实践彻底改变了人们观察认识世界的方式。它彻底颠覆了以非人的方式理解人对待人、以超现实的方式认知改造现实世界的旧传统。实践的方式是马克思主义用以理解和说明全部世界观问题、区别于以往一切哲学观点的新的思维方式。马克思主义实践观点能够克服诸如存在论、意志论等片面性理论的不足，它自觉地从实践出发去看待世界一切事物，是一种科学的思维方式。

马克思主义哲学认为，实践是主体按照一定目的变革客体的感性活动。它首先是一种具有直接现实性的活动，而不是单纯的观念活动。实践是以自然力的形式去改变自然物质对象，实践必须以客观世界为基础和前提，这也就决定了它必须遵循客观规律。其次，它是一种区别于动物本能的有目的的体现主体意志的活动，主体在观念中构筑的客体在实践过程中转化为了现实，这就体现了主体的巨大的创造作用。实践是主体的能动性活动。

在实践活动中，自然的基础地位和主体的创造活动是结合在一起的。实践活动是整个世界中最为高级、最为复杂、最为丰富多样的物质运动形式，实践活动不仅创造出了崭新的客观世界，而且重塑了实践主体的主观世界。可以认为，实践活动在消灭主观和客观各自片面性基础上实现了主体与客体的有机统一，与此同时实践活动又生成了主体新的需求以及这一需求与客观现实的矛盾对立，从而为进一步的深入实践奠定了基础。实践活动中蕴藏着人类社会生活的一切秘密，它在不断揭示秘密的同时又生生不息地生成着新的秘密。人在实践活动中创造出了世界，所以观察掌握世界也必须以实践的方式进行。

以往的哲学用以观察各种问题的思维方式，其实也都立足于实践的某个方面，反映了实践内容的某一环节因素，但却容易造成环节和因素的割裂和分离，于是在理论上就变成了抽象化的原则，而失去了真理的全面性。马克思主义哲学以实践观点为原则，自觉地从人与自然、精神与存在、主观与客观、能动与本原在现实活动中所表现的统一联系出发，客观全面地反映了现实世界的环节因素，这种理论才具有客观真理性。在实践观点基础上才能实现唯物论与辩证法的有机统一，才能克服旧哲学包括唯心主义和旧唯物主义的不足，才能正确地认识世界。

马克思主义哲学本质上是改变世界的哲学，通俗地说是"做事"。在马克思主义哲学体系中不仅有社会发展规律的理论揭示，有未来社会理想的目标规划，还有实现这一理想的现实力量与方法路径，从理论到实践、从理想到现实，马克思主义哲学构筑形成了科学完备的体系。因此，要将学习践行马克思主义作为一种行动自觉。马克思曾这样写道："更确切地说，它是这些个人的一定的活动方式，是他们表现自己生命的一定方式、他们的一定的生活方式。个人怎样表现自己的生命，他们自己就是怎样。因此，他们是什么样的，这同他们的生产是一致的——既和他们生产什么一致，又和他们怎样生产一致。"① 我们应该怎样做人、应该做什么样的人，我们在社会中的地位如何，会有什么样的收获等问题，并不取决于我们的主观想象，也不取决于别人的看法，而是取决于我们的切实行动。与其处心积虑去谋求名利，不如踏踏实实认真做事。所谓名誉、声望甚至是财富都建立在真实的劳动基础上，而不是人主观构建的产物。所以科学的人生观应该是辩证唯物主义人生观，是积极主动改造世界、造福人民的人生价值观。

我们要将学习践行马克思主义作为一种行动自觉，一要认真阅读经典文献。一方面是系统掌握马克思主义理论的内容体系，更重要的是回到原著撰写的历史境遇之中，辨析某一理论、观点提出的时代背景和科学内涵，从而避免断章取义、望文生义等错误。黑格尔在《哲学史讲演录》中写道："这是我们时代的使命和工作，同样也是每一个时代的使命和工作：对于已有的科学加以把握，使它成为我们自己所有，然后进一步予以发展，并提高到一个更高的水平。当我们去吸收它，并使它成为我们所有时，我们就使它有了某种不同于它从前所有的特性。在这种

---

① 《马克思恩格斯文集》第 1 卷，人民出版社 2009 年版，第 520 页。

吸收转化的过程里，我们假定一个已有的精神世界，并把它转变成为我们自己的一部分，因此足见：我们的哲学，只有在本质上与此前的哲学有了联系，才能够有其存在，而且必然地从前此的哲学产生出来。因此，哲学史的过程并不昭示给我们外在于我们的事物的生成，而乃是昭示我们自身的生成和我们的知识或科学的生成。"①

要认真研读《马克思恩格斯选集》，它选取的内容涵盖了马克思恩格斯哲学思想发展的历史，除此以外要阅读列宁的《哲学笔记》《唯物主义和经验批判主义》、毛泽东的《实践论》《矛盾论》等经典篇章。除此以外，应该拓展阅读视野，将马克思主义哲学放置于人类哲学史上进行研学，阅读西方哲学史作品，如黑格尔的《哲学史讲演录》、文德尔班的《哲学史教程》、梯利的《西方哲学史》以及罗素的《西方哲学史》等。阅读中国哲学史作品，如冯友兰的《中国哲学简史》、任继愈的《中国哲学史》、张岱年的《中国哲学大纲》等。

二要关注重大现实问题。马克思主义哲学是时代精神的精华，凡是前沿的、重大的现实问题，都能得到它的关注和青睐，而且只有掌握和运用马克思主义哲学才能解决重大现实问题。如果割裂了社会现实来学习马克思主义哲学就难以将其学好，也就失去了学习的意义和价值。马克思主义理论是发展着的理论，而不是必须背得烂熟并机械地加以重复的教条。

哲学的重大发展往往发生在社会出现重大变革，亟须解决时代问题之时。1978年12月召开的中共中央工作会议上，邓小平发表了《解放思想，实事求是，团结一致向前看》的讲话，他指出："一个党，一个国家，一个民族，如果一切从本本出发，思想僵化，迷信盛行，那它就不能前进，它的生机就停止了，就要亡党亡国。这是毛泽东同志在整风运动中反复讲过的。只有解放思想，坚持实事求是，一切从实际出发，理论联系实际，我们的社会主义现代化建设才能顺利进行，我们党的马

---

① ［德］黑格尔：《哲学史讲演录》第1卷，贺麟、王太庆等译，商务印书馆2009年版，第9—10页。

列主义、毛泽东思想的理论也才能顺利发展。"① 邓小平的论述是在刚刚结束"文化大革命",很多人仍然不能正确认识毛泽东思想的情况下提出的,解放思想体现的是一种实事求是的精神,是"实践"理念在20世纪70年代末的中国的具体体现,是马克思主义哲学解决重大现实问题而形成的理论成果。

党的十八以来,习近平总书记多次强调要以人民为中心,共产党人不应该忘记自己的初心使命,这又具有很强的现实针对性。改革开放以来,经济发展了,思想活跃了,与此同时一些人尤其是部分党员干部忘记了共产主义远大理想,忘记了自己的职责使命,权力至上、金钱至上等错误观念堂而皇之地招摇过市,"不忘初心"体现的是共产党人在新时代对历史唯物主义的继承和发扬,是对自己职责使命、身份地位的明确宣示,亦是马克思主义哲学解决现实问题的生动展现。

三要在理性思考后进行实践转化。马克思主义哲学需要经过每个人的吸收转化,需要每个人的认真体会并结合自己的实际进行实践转化。要将自己的人生与哲学理论融合在一起,尤其是将自己的人生目标与远大的社会理想结合起来,自觉为人民的幸福贡献自己的聪明才智。实际上,个人的事业与成就注定不能离开社会发展需要,而在中国大地上,社会最大的需要就是实现人民的幸福、民族的复兴,凡是有所作为者、愿意有所作为者,都必须自觉融入这一历史进程中,在推动历史发展进程中建功立业。

---

① 《邓小平文选》第2卷,人民出版社1994年版,第143页。

第二章

马克思恩格斯早期政治和哲学观点

马克思主义哲学的产生有其历史必然性。19 世纪资本主义实现了重大发展并实现了历史性变化，人类先进思想面临时代的巨大挑战而产生严重困惑，无产阶级开始登上历史舞台，亟须伟大思想的指导。正如梅林所说的那样："在过去的时代就是最天才的头脑也不能把它硬想出来。只有在人类历史的一定点上才能揭穿它的秘密。"① 马克思恩格斯及其哲学思想是时代的产物，资本主义为马克思主义哲学的诞生提供了充足的条件，马克思、恩格斯通过各自的独立探索，都站在了时代潮流的前列，站到了当时人类理论思维的高峰。但是，青年马克思恩格斯的世界观中也依然存在着矛盾，新的世界观并未形成，需要不断前进继续升华。

第一节　青年马克思恩格斯开启革命生涯的时代背景

从 17 世纪 40 年代到 19 世纪上半叶，英国、法国等西欧主要国家相继发生资产阶级革命，封建专制被清除，资本主义得到迅速发展。19 世纪三四十年代，英国率先完成了第一次工业革命，工业生产实现了机械化，建立起了大机器的工厂制，法国、德国紧随其后，工业生产也实现了快速增长。建立于机器生产方式之上的雇佣劳动制成为社会主要生产关系，资本主义生产方式、经济关系、政治制度开始在社会上占据主导地位，资产阶级的统治地位得以确立。

---

① ［德］梅林：《保卫马克思主义》，吉洪译，人民出版社 1982 年版，第 3 页。

一 资本主义经济社会的巨大发展

19世纪上半叶，英国、法国等国家已经进入自由资本主义时期，在产业革命推动下，市场自由竞争愈发激烈。在竞争的驱动下生产力实现了巨大发展。1771—1795年输入英国的籽棉平均每年不到500万磅，而到19世纪40年代初输入量就达到了6亿磅；铁的生产从1740年的1.7万吨增至1834年的70万吨；1848年铁路总长度达到了8203千米。这个时期，英国的工业产量占世界工业产量的45%，对外贸易占世界贸易总额的21%；法国的产业革命发展也很快，1820年法国只有65台蒸汽机，到1840年就增加到了2591台；与此同时，德国的大工业也迅速地发展起来了，萨克森和西里西亚成为纺织业中心，柏林和其他城市先后建成了机器制造工厂，其工业生产已占世界工业生产总额的20%。[①]

工业革命本质上是科学技术进步引发的生产力革命，势必带动生产关系发生革命性变化，从而把社会经济关系推到新的高度。正如《共产党宣言》中所描述的那样：

> 美洲的发现、绕过非洲的航行，给新兴的资产阶级开辟了新天地。东印度和中国的市场、美洲的殖民化、对殖民地的贸易、交换手段和一般商品的增加，使商业、航海业和工业空前高涨，因而使正在崩溃的封建社会内部的革命因素迅速发展。
>
> 以前那种封建的或行会的工业经营方式已经不能满足随着新市场的出现而增加的需求了。工场手工业代替了这种经营方式。行会师傅被工业的中间等级排挤掉了；各种行业组织之间的分工随着各个作坊内部的分工的出现而消失了。
>
> 但是，市场总是在扩大，需求总是在增加。甚至工场手工业也不再能满足需要了。于是，蒸汽和机器引起了工业生产的革命。现代大工业代替了工场手工业；工业中的百万富翁、一支一支产业大

———————

① 参见庄福龄主编《简明马克思主义史》（第3版），人民出版社2001年版，第15—16页。

军的首领、现代资产者，代替了工业的中间等级。

大工业建立了由美洲的发现所准备好的世界市场。世界市场使商业、航海业和陆路交通得到了巨大的发展。这种发展又反过来促进了工业的扩展，同时，随着工业、商业、航海业和铁路的扩展，资产阶级也在同一程度上发展起来，增加自己的资本，把中世纪遗留下来的一切阶级排挤到后面去。

由此可见，现代资产阶级本身是一个长期发展过程的产物，是生产方式和交换方式的一系列变革的产物。①

资产主义生产方式在推动经济关系发生变革的同时，对社会其他各个领域的关系产生了决定性影响。"资产阶级在它已经取得了统治的地方把一切封建的、宗法的和田园诗般的关系都破坏了。它无情地斩断了把人们束缚于天然尊长的形形色色的封建羁绊，它使人和人之间除了赤裸裸的利害关系，除了冷酷无情的'现金交易'，就再也没有任何别的联系了。它把宗教虔诚、骑士热忱、小市民伤感这些情感的神圣发作，淹没在利己主义打算的冰水之中。它把人的尊严变成了交换价值，用一种没有良心的贸易自由代替了无数特许的和自力挣得的自由。总而言之，它用公开的、无耻的、直接的、露骨的剥削代替了由宗教幻想和政治幻想掩盖着的剥削。"②

历史唯物主义将生产方式看作是社会历史发展的决定性因素，一切时代的思想观念都受这一时代的社会生产的制约。资本主义生产方式促使整个欧洲社会发生了巨大的变化，无论是社会制度、交往方式还是人的道德观念，封建专制的一切都遭到摒弃，取而代之的是资本主义的自由、平等、民主。马克思主义致力于批判资本主义，但它本身是在资本主义社会环境中诞生的，是对资本主义文明批判继承的产物，深入理解资本主义，有助于更好地理解掌握马克思主义。

---

① 《马克思恩格斯选集》第 1 卷，人民出版社 2012 年版，第 401—402 页。
② 《马克思恩格斯选集》第 1 卷，人民出版社 2012 年版，第 402—403 页。

二　西欧工人运动风云际会

从 18 世纪中叶到 19 世纪中叶，英国率先完成了工业革命，为资本主义生产方式奠定了工业生产基础。1789—1830 年的法国大革命不仅动摇了法国王权，而且动摇了整个欧洲的封建基础，将资产阶级的民主思想逐渐传播开来。革命作为一种打破既有思想、制度束缚的行为受到人们的礼赞并深入人心。海涅在柏林通过诗歌赞颂革命思想，科学家达尔文在伦敦深沉地思考对人类发展具有革命性影响的进化论，作家赫尔岑在彼得堡辛勤地创作革命檄文。

资产阶级的革命性很快就因其转变为统治阶级而丧失，资本主义制度暴露出盘剥人、压迫人的特征。"随着资产阶级即资本的发展，无产阶级即现代工人阶级也在同一程度上得到发展；现代的工人只有当他们找到工作的时候才能生存，而且只有当他们的劳动增殖资本的时候才能找到工作。这些不得不把自己零星出卖的工人，像其他任何货物一样，也是一种商品，所以他们同样地受到竞争的一切变化、市场的一切波动的影响。"① 随着劳动力商品化，工人成为资本家的劳动工具，成为能够实现资本增殖的特殊商品，资本主义高举的"人权""自由"彻底沦为了资本的附庸，所谓人的解放半途而废。

"现代工业已经把家长式的师傅的小作坊变成了工业资本家的大工厂。挤在工厂里的工人群众就像士兵一样被组织起来。他们是产业军的普通士兵，受着各级军士和军官的层层监视。他们不仅仅是资产阶级的、资产阶级国家的奴隶，他们每日每时都受机器、受监工、首先是受各个经营工厂的资产者本人的奴役。这种专制制度越是公开地把营利宣布为自己的最终目的，它就越是可鄙、可恨和可恶。"② 资产阶级革命充满了局限性，它虽然打破了人民头上的皇权专制枷锁，但是却又给其戴上了无形的经济锁链，倘若要实现人的彻底解放仍然需要进行社会革命。

---

① 《马克思恩格斯选集》第 1 卷，人民出版社 2012 年版，第 407 页。
② 《马克思恩格斯选集》第 1 卷，人民出版社 2012 年版，第 407 页。

新的革命思潮最先体现在压迫最严重的工厂里面,面对残酷的剥削,工人们本能地加以反抗,这是无产阶级革命的开端。马克思恩格斯在《共产党宣言》中给予无产阶级高度评价,认为无产阶级是大工业本身的产物,其他反对资产阶级的阶级如小工业家、商人、手工业者等都随着大工业的发展而日趋没落甚至消亡,只有无产阶级才是随着社会生产的发展而日趋壮大的阶级。无产阶级没有什么私有财产必须加以保护,他们必须摧毁至今保护和保障私有财产的一切;无产阶级的运动是绝大多数人的,为绝大多数人谋利益的独立的运动。然而,无产阶级的革命活动需要从自发向自觉进行转变,工人们需要强化阶级意识,需要建立由先进分子组成的无产阶级政党,需要制定明确的斗争纲领和方针路线,而这一切的前提是诞生工人阶级自己的革命理论。

1831年11月和1834年4月,法国里昂纺织工人先后两次举行了大规模的武装起义;1836年英国工人开展了声势浩大的争取政治权力(普选权)的宪章运动,前后延续了十多年;1844年6月德国西里西亚纺织工人举行了武装起义,明确地喊出了"反对私有制"的口号。这些革命运动表明,工人运动已经由以往那种自发分散的反抗活动,发展到了自觉的有组织的联合行动;已经由以往只强调经济斗争,发展到了更注重政治斗争。德国工人阶级第一个共产主义理论家威廉·魏特林,已经开始宣传组织无产阶级,但是其学说神秘而有空想成分。显然,这一时期在西欧,无产阶级已经作为独立的政治力量登上了历史舞台,他们在斗争中充分地显示了自己是解决资本主义社会内部矛盾和实现社会革命的进步力量,他们已经用自己的行动实际地肩负起了历史所赋予他们的推翻资本主义制度、创建新的更合理的社会制度的伟大历史使命。

可是,这些工人运动都以最终的失败结束,根本原因之一就是缺乏正确理论的指导。无产阶级为了实现摧毁旧世界、创立新社会的历史使命,迫切需要一个科学的理论指南。创立一个真正能够反映自己利益和正确指导自己行动的科学的思想体系,就不是一种可有可无的事情,而是无产阶级斗争的迫切需要了。

三　马克思恩格斯的出身背景

1818 年 5 月 5 日，马克思诞生于德国莱茵省南部特里尔市一个犹太裔律师家庭，其实说是德国是根据今天的归属划分的，当时叫普鲁士王国。莱茵省在拿破仑战争中被法国吞并，深受共和革命的影响，在滑铁卢战役之后又重新被普鲁士占领。在法国人统治的二十多年时间里，莱茵省的经济、政治和社会发生了一系列重大变革，从中世纪的状态快速过渡到新的社会经济形式，经济自由、政治法律平等取代了区域割裂、等级分明的封建社会体制。

法国大革命思想的涌入对马克思家族而言意义重大。在社会变革中，犹太人获得了与法国公民平等的地位，犹太人开始能够从政、当兵、做律师。新颁布的解放法令还规定犹太人应遵守姓氏规范，即用家族名字而不是父亲的名字来称呼自己，实际上也就是每个家族都要确立自己的姓氏，于是马克思家族从马克思的父亲开始确立了"马克思"这个姓氏。更重要的是，大革命中诞生的伟大哲学家、思想家的宝贵思想财富也传输进来，诸如宪政主义、代议民主、自由、平等、博爱等观念开始在莱茵省广为流传。就当时的政治经济发展状况而言，莱茵省远比普鲁士东部地区要发达，出生在这里的马克思最初的理想就是以先进的、共和的莱茵去改造落后的、专制的普鲁士，进而建立统一的、共和的德意志，乃至一个统一的欧洲。

马克思作为家中长子自幼受到父母和两位姐姐的细心呵护，少年时期的马克思展现出了聪颖的资质，尤为关键的是他受到了人文主义的启蒙。他的父亲亨利希·马克思除了精通法律之外，还对古典文学和伟大哲学家的思想颇为熟悉，尤其推崇法国伟大启蒙学者的著作，期盼能够在普鲁士出现一部法国式的自由主义宪法和代议制度，他的人道主义精神深刻影响了马克思的成长。1816 年，亨利希·马克思在马克思出生之前就从犹太教改信基督教，这一方面是出于现实和职业的考虑，否则就无法担任律师的职务；另一方面也与他个人的思想倾向有关，马克思的父亲思想开明，崇尚精神自由，由此选择了基督教。1824 年，马克思在六岁时接受了基督教的洗礼，一年后他的母亲也加入路德派教会。马克思自幼在家庭里受到良好人文气息的熏陶，开明的家庭氛围，也使马克思成长为一个善良的人。

对马克思产生重大影响的还有他未来的岳父、枢密顾问官路德维希·冯·威斯特华伦，路德维希同马克思的父亲一样，具有人文主义精神和自由精神，少年马克思从老威斯特华伦那里得到了关于复杂社会现象的满意解答，而且第一次听说了法国空想社会主义大师圣西门。"燕妮的父亲并不仅在文学领域向他展示了一个崭新的世界。枢密顾问官还关注社会问题。卡尔在童年时代每天上学都要经过挤满了贫苦农民的中心广场，在长远的路途中目睹城里贫民区的惨状。所以当这位慈父般的朋友指控这种使很多特利尔人备受折磨的贫困状况时，他总是精神专注地倾听着。几十年后，马克思还回忆说，自己正是在威斯特华伦家里第一次听到了法国空想社会主义者圣西门的思想。"① 人文主义精神为这个少年的成长奠定了坚实的思想根基。燕妮·冯·威斯特华伦是马克思幼年时的玩伴，她比他大四岁，在马克思还在读大学的时候两个人就私订终身了。柯瓦列夫斯基曾这样评价马克思幸福的家庭："他是一个乐观的人，因为他个人的生活环境是很美满的，在我一生中所遇到的人中，当然包括屠格涅夫，他比任何人都更有权说自己的爱情是专一的。"② 幸福美满的爱情和家庭是马克思革命事业的强力保证，燕妮作为亲密的战友和助手始终陪伴他左右，一起从事伟大的人类解放的事业。"马克思从来也没有富裕过，经常很穷，但燕妮安详地、同时也是愉快地对待这种命运的突变，她惟一关心的是不让她的'亲爱的卡尔'在维持生计方面花过多的时间。"③

1835年马克思从特里尔中学毕业，他撰写了一篇自由命题作文《青年在选择职业时的考虑》。在文章中他提出了职业与事业一致的杰出观

① ［德］海因里希·格姆科夫等：《马克思传》，易廷镇、侯焕良译，生活·读书·新知三联书店1978年版，第5页。

② 中共中央马克思恩格斯列宁斯大林著作编译局编：《回忆马克思》，人民出版社2005年版，第284页。

③ 中共中央马克思恩格斯列宁斯大林著作编译局编：《回忆马克思》，人民出版社2005年版，第285页。

点。马克思认为，人优越于动物的地方在于能够进行职业的选择，但是这种选择又是冒险的，"因此，认真地权衡这种选择，无疑是开始走上生活道路而又不愿在最重要的事情上听天由命的青年的首要责任"。

"如果我们把这一切都考虑过了，如果我们的生活条件容许我们选择任何一种职业，那么我们就可以选择一种使我们获得最高尊严的职业，一种建立在我们深信其正确的思想上的职业，一种能给我们提供最广阔的场所来为人类工作，并使我们自己不断接近共同目标即臻于完美境界的职业，而对于这个共同目标来说，任何职业都只不过是一种手段。"

"如果我们选择了最能为人类而工作的职业，那么，重担就不能把我们压倒，因为这是为大家作出的牺牲；那时我们所享受的就不是可怜的、有限的、自私的乐趣，我们的幸福将属于千百万人，我们的事业将悄然无声地存在下去，但是它会永远发挥作用，而面对我们的骨灰，高尚的人们将洒下热泪。"①

文为心声，从少年时代起马克思就立志"为人类而劳动"，而自此以后他身体力行，历尽坎坷，终身不悔。从出身来看，马克思有着殷实甚至可以说富贵的家族背景，他可以选择拥有荣华富贵、锦衣玉食的生活，但是他却选择了为人类解放而奋斗的艰辛之路。

恩格斯出生在普鲁士新兴的工业中心乌培河谷，这里是普鲁士王国的纺织重镇，恩格斯家族的纺织公司是乌培河谷纺纱业的台柱企业，恩格斯的父亲在父辈中就是长子，他本人又是家中长子，恩格斯从小就被父亲寄予厚望，希望他将来进一步将家族企业发扬光大。1837年9月，迫于父亲让其成为家族继承人愿望的压力，恩格斯中断学业到家族公司学习经商。这在今天看来无疑是极端糟糕的选择，但是对于当时的恩格斯而言却似乎是更为优越的选择。中止学业从事经商，恩格斯跟随父亲及其朋友步入了上层社会，参加各种商业交际活动，但是已经具备独立思考能力的恩格斯却始终有自己的理想，他对朋友说，虽然经商是一项实惠的事业，但是从兴趣上讲，他更喜欢文学和哲学，希望能到柏林继续自己中断的学业。

---

① 《马克思恩格斯全集》第1卷，人民出版社1995年版，第455、458、459—460页。

　　这里要强调指出的，是老弗里德里希·恩格斯在恩格斯成长过程中的作用，也许有人会以专横的父亲、市侩的商人来看待他，这种看法是缺乏根据的，也是武断的。"望子成龙""子承父业"这些词用在他身上再合适不过了，他对自己的长子寄予厚望，也为培养恩格斯倾注了大量心血。而且恩格斯身上也深刻地打上了父亲的烙印——忠于自己的信仰，坚韧不拔的性格，甚至是考究、文雅的衣着。我们不能以后来恩格斯成为伟大革命导师这一事实来否定老父亲对儿子未来发展的规划，就当时而言，接手家族企业对恩格斯而言是最优选择。然而，尽管父亲为恩格斯的成长铺设了从事商业的康庄大道，但是恩格斯却在行进过程中走上了革命的崎岖征程。比如 1838 年父亲把恩格斯送到了不来梅学习经商，但是在这个号称德国四大自由城市之一的地方，恩格斯不仅学会了如何经商，而且进一步完善了自己，甚至开始写出了第一篇政论性文章《乌培河谷来信》。在这篇文章中，他通过引证大量的实际材料，揭露和抨击资本主义工厂制度的剥削罪恶和宗教虔诚主义的伪善嘴脸，严重的工厂剥削压榨使工人处于极端贫穷愚昧的状态，而工厂主又利用宗教虔诚主义麻痹统治工人以进行更加严酷的剥削。①

　　作为资本家的儿子，恩格斯很早就接触到了光怪陆离的社会，但是他却没有陷入资本的逻辑之中，而是看到了普通工人的疾苦，看到社会上分化出了不平等的阶级，毅然抛弃了自己父亲、自己家族的阶级立场，成为工人阶级的"代言人"。作为富家子弟，恩格斯原本有办法使自己免服兵役，却在 1841 年 9 月选择到柏林服役一年，在服兵役期间，他又跑到柏林大学旁听哲学课程。"恩格斯是在英国，是在英国工业中心曼彻斯特结识无产阶级的；1842 年他迁到这里，在他父亲与人合办的一家商号中供职。在这里，他并不是只坐在工厂的办事处里，他常常到工人栖身的肮脏的住宅区去，亲眼看见工人贫穷困苦的情景。但是，他并不满足于亲身的观察，他还阅读了他所能找得到的在他以前论述英国工人阶级状况的一切著作，仔细研究了他所能看到的一切官方文件。这种研究

―――――――――

　　① 《马克思恩格斯全集》第 1 卷，人民出版社 1956 年版，第 493—518 页。

和观察的成果，就是 1845 年出版的《英国工人阶级状况》一书。"① 恩格斯从到英国曼彻斯特经商开始，接触到了最为发达的资本主义生产方式，使自己的革命人生又达到了新的境地。恩格斯真正诠释了"选择人生"的真谛。人们常说机遇偏爱有准备的头脑，其实当明确了自己的目标之后，总能找到自己进步的阶梯。

马克思出身于律师家庭，自己拥有博士头衔，而恩格斯出身于资产阶级家庭，家族拥有富足资产，他们都以适合自己的方式接受了当时最好的教育。然而他们没有用自己的才华与能力为自己谋取功名利禄，而是投入到自己认为最值得去做的事业，即为绝大多数人求解放、谋幸福这一伟大却无比艰辛的事业中。他们的选择是那样的毅然决绝，但是他们的付出也必然充满艰辛苦涩。他们不为一时显赫之功名，却最终成为彪炳千秋的伟人。

第二节 青年马克思恩格斯政治哲学思想的理论基础

一直以来，马克思主义哲学最常见的呈现方式是教科书，完备的构架、清晰的体系固然有助于人们熟悉掌握，但是却容易导致人们难以理解其丰富的内涵。马克思主义哲学是人类思想史发展演变过程中出现的高峰，对它的认知和理解必须放置于更宏大的时代进程和文明演进之中，马克思主义哲学吸取了此前人类文明的精华，已有的文明成果或显或隐呈现在这一新的哲学体系之中。

一 法国启蒙运动与空想社会主义思想

启蒙运动为发端于 17 世纪而盛行于 18 世纪的思想文化运动，以彰显人的主体性为主题，发生启蒙运动的主要国家是法、英、德等欧洲国家。启蒙运动对马克思恩格斯的影响是极为深刻的，从广义角度而言，启蒙运动开创了一个新的文明时代，而马克思恩格斯就出生于这样的时

---

① 《列宁选集》第 1 卷，人民出版社 2012 年版，第 91 页。

代之中，之前伟大思想家的思想广泛传播，已经形成了一种理性主导的社会环境，为他们创建马克思主义哲学创造了社会文化条件。

恩格斯在《反杜林论》开篇写道：

> 现代社会主义，就其内容来说，首先是对现代社会中普遍存在的有财产者和无财产者之间、资产者和雇佣工人之间的阶级对立以及生产中普遍存在的无政府状态这两个方面进行考察的结果。但是，就其理论形式来说，它起初表现为18世纪法国伟大的启蒙学者们所提出的各种原则的进一步的、据称是更彻底的发展。同任何新的学说一样，它必须首先从已有的思想材料出发，虽然它的根子深深扎在经济的事实中。

> 在法国为行将到来的革命启发过人们头脑的那些伟大人物，本身都是非常革命的。他们不承认任何外界的权威，不管这种权威是什么样的。宗教、自然观、社会、国家制度，一切都受到了最无情的批判；一切都必须在理性的法庭面前为自己的存在作辩护或者放弃存在的权利。思维着的知性成了衡量一切的唯一尺度。那时，如黑格尔所说的，是世界用头立地的时代。最初，这句话的意思是：人的头脑以及通过头脑的思维发现的原理，要求成为人类的一切活动和社会结合的基础；后来这句话又有了更广泛的含义：同这些原理相矛盾的现实，实际上都被上下颠倒了。以往的一切社会形式和国家形式、一切传统观念，都被当做不合理性的东西扔到垃圾堆里去了；到现在为止，世界所遵循的只是一些成见；过去的一切只值得怜悯和鄙视。只是现在阳光才照射出来。从今以后，迷信、非正义、特权和压迫，必将为永恒的真理、永恒的正义、基于自然的平等和不可剥夺的人权所取代。①

在恩格斯看来，启蒙运动实现了全面的理性，即理性为人的一切行

_____

① 《马克思恩格斯文集》第9卷，人民出版社2009年版，第19—20页。

为和社会的形成提供了基础。

启蒙运动的理性主义意味着一种对社会的批判性理解，它充分肯定人的理性进而肯定人的自由，并在此基础上大力提倡自由、平等、博爱和维护个人利益不受侵犯的社会关系。在反对宗教神权和封建皇权的过程中，启蒙运动发挥了至关重要的作用，它确立了单个人的主体性的地位，并在现实社会中构建形成了市民社会和资本主义国家，通过自然法权论和社会契约论等重建理性王国，以达到保障人的自由、平等、私有财产等权利。从启蒙运动开始，始终如一的主题始终是人的解放问题，从思想观念到社会制度来实现人的解放，不同时代、不同国家的学者、政客努力实现这一目标。启蒙时代的人文主义思想对马克思恩格斯的影响极为深刻，那种为了"人类的幸福和我们自身的完美"的追求奠定了马克思恩格斯的思想底色。实际上，青年马克思恩格斯所彰显出来的就是一位人文主义者的精神气质。

马克思对启蒙思想的批判是通过批判黑格尔哲学实现的，实际上，黑格尔哲学就是对启蒙时代的哲学反思，其《精神现象学》是对作为一种精神现象的启蒙或启蒙理论方面的批判，而《法哲学原理》是对启蒙的实践哲学方面的批判。作为前马克思时代的黑格尔哲学已经实现了对启蒙思想的深刻批判，马克思所要做的是在这一批判的基础上进行再批判，进而实现超越。

然而启蒙运动对马克思主义哲学的创立有着内在的逻辑关联，那就是启蒙运动中的唯物主义思想对马克思恩格斯影响很大，唯物主义者的社会主义思想同样成为科学社会主义的重要来源。只是这种影响发生在马克思恩格斯认真研究启蒙思想家的学术思想之后，1843 年，马克思离开《莱茵报》之后，在克罗茨纳赫撰写《黑格尔法哲学批判》时，广泛研究了历史、政治和哲学著作，这种研究一直延续到《德法年鉴》时期，研究成果集中体现在马克思恩格斯在巴黎期间合著的《神圣家族》中。

启蒙思想中拥有丰富的唯物主义思想和空想社会主义思想。法国启蒙思想是一座丰富的学术矿藏，其中蕴含着宝贵的唯物主义哲学思想，正如黑格尔所强调的那样："在法国哲学的理论方面，法国人是向唯物论或自然主义迈进的"。① 一些思想家认为思维、道德、精神等是物质的产物，希望凭借自己的理性发现社会运行的规律，力图在反对王权、神权和诸多特权中构建一种新的社会制度，以实现自由、平等的价值理想。

马克思认为："18 世纪的法国启蒙运动，特别是法国唯物主义，不仅是反对现存政治制度的斗争，同时是反对现存宗教和神学的斗争，而且还是反对 17 世纪的形而上学和反对一切形而上学，特别是反对笛卡儿、马勒伯朗士、斯宾诺莎和莱布尼茨的形而上学的公开的、旗帜鲜明的斗争。"②

马克思恩格斯将培根看作是唯物主义的创始人，他的唯物主义以朴素的形式包含着全面发展的萌芽。霍布斯在培根哲学思想的基础上实现了唯物主义的系统化，但却使感性失去了鲜明色彩，变成了抽象的教条。唯物主义开始与人相疏离，表现出禁欲主义特征。它本身是理性的产物，但是却将理性推到了无以复加的极端。孔狄亚克继承了洛克的思想，他在《人类认识起源论》中证明，灵魂和感觉、创造观念的艺术和感性知觉的艺术，都是经验和习惯的事情。从而得出人的全部发展都取决于教育和外部环境的结论。

爱尔维修在社会生活领域进一步推广了唯物主义思想，他将现实的社会感知和具体的人的利益的实现，看作是全部道德的基础。他认为人的智力天然平等，理性的进步和工业的进步是一致的，人的善良是天然的，教育是万能的。

在《神圣家族》中，马克思恩格斯摘抄了法国启蒙主义思想家的特别具有代表性的段落，目的在于详尽地阐述 18 世纪的唯物主义同 19 世纪的英国和法国的共产主义的联系：

　　　　爱尔维修。"人并不恶，但是服从于自己的利益。因此，应该抱

---

　　① ［德］黑格尔：《哲学史讲演录》第 4 卷，贺麟、王太庆等译，商务印书馆 2009 年版，第 230 页。

　　② 《马克思恩格斯文集》第 1 卷，人民出版社 2009 年版，第 327 页。

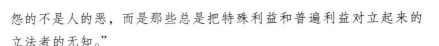

怨的不是人的恶，而是那些总是把特殊利益和普遍利益对立起来的立法者的无知。"

——"道德家们迄今还没有获得任何成就，因为要拔除滋生恶行的根子，就必须到立法当中去挖掘。在新奥尔良，只要妻子对丈夫感到厌倦了，她就可以把自己的丈夫赶出家门。在这样的地方就没有行为不轨的妻子，因为妻子没有必要欺骗自己的丈夫。"

——"如果不把道德同政治和立法结合起来，那么道德就不过是一门轻薄下贱的学问而已。"

——"如果道德家们一方面对危害国家的恶行无动于衷，另一方面却对私人的恶行怒不可遏地加以抨击，那就可以看出他们是伪善的道德家。"

——"人们并不是生而为善或生而为恶，但是他们亦可为善亦可为恶，这要看共同利益是把他们结合起来还是把他们分离开来。"

——"如果公民们不实现普遍福利就不能实现自己的特殊福利，那么除了傻瓜以外就根本不会有染有恶行的人。"

爱尔维修所理解的教育不仅是通常所谓的教育，而且是个人的一切生活条件的总和，他认为正是这种教育在造就人；如果需要进行改革来消除特殊利益和共同利益之间的矛盾，那么为了进行这种改革，就必须同时转变人的意识："只有削弱人民对旧的法律和习俗的盲目崇敬"，或者，如他在另一个地方所说，只有消除无知，"才能实现伟大的改革"。①

霍尔巴赫。"人在他所爱的对象中，只能爱他自己；人在与自己同类的存在物中，只钟爱他自己。""人在自己的一生中一刻也不能脱离开自己，他不能不关注自己。""促使我们去爱或去恨某些东西的……始终都是我们的好处、我们的利益。"

"人为了自身的利益应该爱别人，因为别人是他自身的幸福所必

---

① 《马克思恩格斯文集》第 1 卷，人民出版社 2009 年版，第 337 页。

需的……道德向他证明，在一切存在物中，人最需要的是人"。

"真正的道德也像真正的政治一样，是那种试图使人们增进彼此了解，以便使他们能够为相互间的幸福而共同努力工作的道德。凡是把我们的利益同我们同伴的利益分开的道德，都是虚伪的、无意义的、违背天性的。"

"爱别人……就是把自己的利益同我们同伴的利益融合在一起，以便为共同的利益而工作……美德不外就是为组成社会的人们谋利益。"

"人若没有激情或愿望就不再成其为人……一个完全不关爱自己的人，怎么能够让他去结交别人呢？人若对周围的一切漠不关心，毫无激情，自满自足，就不成其为合群的存在物……美德无非是传播善事。"

"宗教的道德从来没有被用来使世俗的人变得更合群些。"①

边沁。"个人利益必须服从公众利益。但是……这是什么意思呢？每个人不都是像其他一切人一样，构成了公众的一部分吗？你们所人格化了的这种公众利益只是一种抽象的说法；它所体现的只是个人利益的总和……如果承认为了增加他人的财产而牺牲一个人的财产是一件好事，那么，为此而牺牲第二个人、第三个人、以至于无数人的财产，就更是好事了……个人利益是唯一现实的利益。"②

笛卡尔的哲学思想是 17 世纪形而上学的典型代表，它一诞生就遭受到伽桑狄、霍布斯、爱尔维修等唯物主义思想家的批判，尤其是皮埃尔·贝尔的怀疑论真正使一切形而上学尤其是 17 世纪的形而上学威信扫地。"笛卡儿的唯物主义汇入了真正的自然科学，而法国唯物主义的另一派则直接汇入社会主义和共产主义。"③

---

① 《马克思恩格斯文集》第 1 卷，人民出版社 2009 年版，第 337—338 页。
② 《马克思恩格斯文集》第 1 卷，人民出版社 2009 年版，第 338 页。
③ 《马克思恩格斯文集》第 1 卷，人民出版社 2009 年版，第 334 页。

空想社会主义产生于 16 世纪初期，到 19 世纪上半叶达到顶峰。1516 年托马斯·莫尔创作《乌托邦》一书，描述了人类的美好社会，在那里，没有私有财产和剥削现象，城乡之间没有对立，人们有计划地从事生产，不需要商品、货币和市场，实行按需分配。空想社会主义经过三百年的发展，过渡到了批判空想社会主义阶段，出现了以圣西门、傅立叶、欧文为代表的一批思想家。圣西门提倡实业制度，极力向政府推荐自己的改革方案。傅立叶提出以"和谐社会"代替资本主义，并在一个农场里进行组建"法郎吉"的试验。欧文曾到美洲从事共产主义试验，在印第安纳州建立了"新和谐公社"。

"傅立叶是直接从法国唯物主义者的学说出发的。巴贝夫主义者是粗陋的、不文明的唯物主义者，但是成熟的共产主义也是直接起源于法国唯物主义的。这种唯物主义正是以爱尔维修所赋予的形式回到了它的祖国英国。边沁根据爱尔维修的道德论构建了他那正确理解的利益的体系，而欧文则从边沁的体系出发论证了英国的共产主义。亡命英国的法国人卡贝受到当地共产主义思想的鼓舞，回到法国，成为一个最受欢迎然而也是最肤浅的共产主义的代表人物。比较有科学根据的法国共产主义者德萨米、盖伊等人，像欧文一样，也把唯物主义学说当做现实的人道主义学说和共产主义的逻辑基础加以发展。"[①]

圣西门、傅立叶和欧文开始把历史看作由低级向高级逐级发展的连续过程，试图说明社会主义的实现是历史发展的必然结果，并对这一未来的社会形态进行了有价值的猜测。他们开始用生产状况以及所有制去阐述社会的属性，也看到了阶级斗争在社会历史发展中的作用。

然而总体来看，他们的社会理想建立于非科学的世界观之上，根本缺陷在于对抽象人性的迷恋和对群众历史作用的轻视。他们几乎一致的观点是，只有依靠天才的人，才能在社会关系方面得到改造。这样他们就不可能从根本上否定资本主义，因为既不会阐明资本主义制度下雇佣奴隶制的本质，又难以发现资本主义发展的本质规律，也无法找到能够

---

① 《马克思恩格斯文集》第 1 卷，人民出版社 2009 年版，第 335 页。

成为新社会的创造者的社会力量。

"空想社会主义者提供了一种资产阶级社会批判，提供了一种历史理论的提纲，提供了社会主义不仅可以实现，而且呼唤这一历史时刻的信心，提供了许多关于人类在这样一种社会中将会采取哪些制度安排（包括个人的行为）的思考。然而，他们仍然存在各种明显的理论和实践不足。客气地来说，他们具有形形色色的浪漫主义怪癖：从深刻的远见到精神的失常，从精神的混乱——这并不总是能用思想的过多涌现来开拓——到奇怪的狂热和高尚的准宗教宗派。"① 当然，更为重要的是，空想社会主义者并没有从具体的财产经济入手来考察社会问题，没有深入分析私有财产这个资本主义制度的最大症结，因此，他们的批判只能停留于道德层面的审判，既无法切中要害，也难以找到解决现实问题的途径。

空想社会主义者没有科学的世界观，青年马克思的社会历史观是一个逐渐形成的过程。直到1842年《莱茵报》时期，马克思对待共产主义思想仍然持一种谨慎的态度，仍然表达了自己对其知之不多而搁置的态度。当有人攻击他允许《莱茵报》宣传共产主义思想时，他回击道："《莱茵报》甚至不承认现有形式的共产主义思想具有理论上的现实性，因此，更不会期望在实际上去实现它，甚至根本不认为这种实现是可能的事情。《莱茵报》将对这种思想进行认真的批判。但是，对于像勒鲁、孔西得朗的著作，特别是对于蒲鲁东的机智的著作，决不能根据肤浅的、片刻的想象去批判，只有在长期持续的、深入的研究之后才能加以批判"② 。正是在接触社会现实问题的过程中，在各种社会思潮的激烈交锋中，马克思开始学习空想社会主义理论。1845年年初，马克思和恩格斯曾计划编辑出版一套《外国杰出的社会主义者文丛》，从保存下来的出版计划中可以看出，马克思那时已经熟悉圣西门、傅立叶、欧文、摩莱里、马布利、巴贝夫等许多社会主义理论家的著作。

---

① ［英］埃里克·霍布斯鲍姆：《如何改变世界：马克思和马克思主义的传奇》，吕增奎译，中央编译出版社2014年版，第29页。

② 《马克思恩格斯全集》第1卷，人民出版社1995年版，第295页。

二　对康德哲学的批判与继承

康德哲学代表了德国历史的一个时代，深刻地影响了之后的数代人，马克思自小生长于康德哲学的氛围之中，其父辈以及学校教育的人文精神和康德哲学思想深刻地注入了其心中。

有学者评价康德是"没有生平"的哲学家，并不是说他的生平后世无法考据，而是强调他的生平太过简单。1724 年康德出生于德国哥尼斯堡，1804 年逝世于这个地方，在其一生之中几乎未曾离开过这里，终生在哥尼斯堡大学任教。康德首先是一位知识渊博的自然科学家，在 31 岁时就匿名发表了《宇宙发展史概论》，提出了宇宙起源的"星云假说"。所以，康德的世界观中具有唯物主义因素。在当时德国居于统治地位的是莱布尼茨的神学世界观，康德对其进行了严厉批判，揭露了宗教神学的神秘性、妥协性和独断性，从而动摇了莱布尼茨哲学在德国大学讲坛乃至欧洲的统治地位。

在哲学史上，人们把康德哲学所引起的革命称为"哥白尼式的革命"，这是对康德哲学所产生的重大革命影响的充分肯定，事实上，康德在其代表作《纯粹理性批判》的第二版序言中，曾借用哥白尼在天文学中的革命来表达自己实行哲学变革的意志。哥白尼提出日心说，改变了一直以来人们观察处理天体的运动方式。哥白尼式革命的实质在于思维方式上的革命，即从认识的主体围绕认识的对象转变成认识对象围绕认识的主体转。

康德重申了形而上学思考的重要性。人的知识是从认识对象来的，比如观察到了苹果便得到关于苹果的知识，观察到了各种树木就得到了关于树木的知识，但是这些事物都是中国哲学中所称的"器物"，而并不是所有的事物都是可观察的。有些东西是无形无象的，对于这些东西不可能像观察苹果那样获得知识，比如说抽象的东西、宏大的东西，如"宇宙""世界""灵魂"等，就无法通过观察得出相关知识。如果进一步追问，事物的本质以及规律性联系也是无法确切感知的，这就是形而上学的问题。人作为一种理性的存在，势必要对形而上学问题进行深入追问，要掌握可经验对象的科学知识，同时要对对象背后的超验的本体进行认识，但是如果还采用经验性的认识方法就会出问题，就会导致理性宇宙论的"幻相"即"二律背反"式的论断。这就需要改变认识世界的方法，即从以对象为中心，转向以主体为中心，不再是知识依赖于对象，而是对象依赖于知识，实际上也就是主体有先验知识的存在。

康德的哥白尼式革命之所以具有划时代的意义，是因为它肯定了理性，尤其是纯粹理性在人类全部认识活动中的基础的、核心的作用。作为启蒙思想家康德确立了人的中心地位，认为"人是万物的尺度"，人只能从人本身出发去认识外部世界，是客体围绕主体转，人为自然界立法，而不是人的存在取决于世界。

康德哲学被称为"批判哲学"，黑格尔认为康德哲学是"在理论方面对启蒙运动的系统陈述"，其"最后结果是启蒙思想"。康德围绕"人是什么"这个问题进行发问，具体是："我能知道什么""我应当做什么""我可以期待什么"，关涉到人自身的认识能力、道德行动能力和审美能力。本质上是解答人的本性和人与世界的合理关系，用康德的话说就是头顶上的星空和人的内心世界。

在《关于费尔巴哈的提纲》中，马克思在第一条就指出："从前的一切唯物主义（包括费尔巴哈的唯物主义）的主要缺点是：对对象、现实、感性，只是从客体的或者直观的形式去理解，而不是把它们当做感性的人的活动，当做实践去理解，不是从主体方面去理解。因此，和唯物主义相反，唯心主义却把能动的方面抽象地发展了，当然，唯心主义是不知道现实的、感性的活动本身的。"① 在这里马克思从根本上肯定了康德的哲学革命，即从主体出发而不是从对象出发。只是康德的认识论本质上是静态、直观的，蕴含着主观主义和神秘主义的倾向，最终甚至沦为了唯心主义。在康德那里，主体内心的理性、理想具有至高无上的地位，正如他的名言所说，"位我上者灿烂星空，道德律令在我心中"，道德律令就是绝对命令、无上命令，人本性中先天存在一种先验的善良

---

① 《马克思恩格斯选集》第 1 卷，人民出版社 2012 年版，第 133 页。

意志，而道德律令就是人必须要遵守的。从根本上而言康德哲学是一种唯心主义哲学，它将人的理性认知与物质实体割裂开来，并赋予客观世界一个抽象的本质，而这个本质是主体的主观创造而已。

青年马克思崇尚理性自由，并主张建立实现人类普遍理性基础之上的国家和社会，在保障人的自由和平等的基础上，实现社会的普遍公正和人民的普遍幸福。为了实现这样的价值追求，马克思进行了坚决的宗教批判和政治批判，他试图用自己的理性为现实构建完美的蓝图，按照"应当"的标准来规定"现有"，要求"现有"趋向于"应当"。马克思认为"理想主义不是幻想，而是一种真理"。青年马克思对康德哲学较为赞许，认同他所强调的自然法学说和国家是社会契约的产物等思想。

但是当马克思试图按照康德的理论，独创一个法哲学体系时，遇到了无法解决的问题。建立这个体系首先要提出一个先验的法学概念，人人都接受而重视又不依赖于具体经验的概念，然后在实际法中研究它的发展。第一部分即是形而上学法，第二部分则是法哲学，即形而上学原理在实际的法中的发展应用。但是当马克思写了一部分之后就陷入了困境，用他自己的话说就是："这里首先出现的严重障碍正是现实的东西和应有的东西之间的对立，这种对立是唯心主义所固有的；它又成了拙劣的、错误的划分的根源。开头我搞的是我慨然称为法的形而上学的东西，也就是脱离了任何实际的法和法的任何实际形式的原则、思维、定义，这一切都是按费希特的那一套，只不过我的东西比他的更现代化，内容更空洞而已。"① 这就使马克思认识到建立抽象的、庞大的法哲学体系不仅困难重重，而且并不具有现实意义，只不过是形成空洞抽象的概念而已。

正如马克思这一时期所写的诗歌说的那样："康德和费希特在太空飞翔，对未知世界在黑暗中探索；而我只求深入全面地领悟在地面上遇到的日常事物。"② 经过这种探索，马克思已经开始彻底抛弃先验论原则，开始转向现实本身，进而接受了黑格尔的辩证法思想。

---

① 《马克思恩格斯全集》第40卷，人民出版社1982年版，第10页。
② 《马克思恩格斯全集》第40卷，人民出版社1982年版，第651—652页。

三 对黑格尔辩证法的批判与继承

走向黑格尔哲学是青年马克思思想发展中的一件大事，成为黑格尔的信徒也是他平生的第一个转折点。

在大学里马克思为了构建自己的庞大的法哲学体系而进行了艰苦的探索，不幸病倒了。正是在养病期间，他开始了向黑格尔哲学的转变，不仅通读了黑格尔的大量著作，而且也读了很多黑格尔再传弟子的作品，还加入了黑格尔学派研究小组，即"博士俱乐部"。

从他写给父亲的信中可以看出，当时的马克思非常痛苦，因为这个过程是在自我否定中实现的，转向黑格尔并不是为了信奉他的思想而是要解决自己的"理想"，因此，黑格尔哲学及青年黑格尔派的自我意识哲学从来都未成为青年马克思思想发展中无法突破的藩篱，马克思所看重的是黑格尔哲学中的革命批判精神，他用它来把握时代发展的脉搏，同样也用它对付黑格尔哲学本身。正是如此，青年马克思才能真正掌握时代的精神脉搏，并逐渐走到了时代的前列，最终开创了属于自己时代的哲学。

黑格尔是19世纪前期德国最伟大的哲学家，他把自康德、费希特以来的德国古典哲学推到了顶点。黑格尔创立的客观唯心主义体系，试图把世界描述为一个万物彼此联系、相互作用、有内在必然性的发展过程，只是他把这个世界的本原看作一种"绝对精神"。认为是绝对精神按照辩证的方式发展，演变出联系一体而不断发展的世界，先后经历了逻辑、自然和精神这三个阶段，并进一步阐明了质量互变、对立统一和否定之否定规律，提出了世界处在不断运动、转化、变更的过程之中的思想。这种发展，是从观念的自我运动到异化为自然界，然后又回到精神世界，因此，人类历史就是一个在绝对精神推动下不断发展的有规律的过程，人的主观意志和努力只是绝对精神借以发挥作用的历史工具而已，而世界各民族在绝对精神照耀下经历着上升、发展和衰落等阶段。

黑格尔哲学的本质主要是唯心地抽象了辩证演进的社会历史和人类的总体认知结构，虽然它富含重大的社会历史现实，充分肯定法国大革命和英国工业革命，但是它却将社会历史最终归属于绝对精神，将拿破仑看作是"马背上的绝对精神"，而认为斯密"看不见的手"体现了人在历史发展中的"理性的狡计"。黑格尔的绝对精神代表了资本主义的精神实质，现实世界是绝对精神的幻化，也就获得了永久性的合法地位。

　　黑格尔在理论中承认辩证法的能动性、创造性甚至是革命性，而在历史中、现实中尤其是政治生活中却否认了哲学、辩证法的这种能动的创造作用。青年黑格尔派代表人物卢格认为，黑格尔之所以以迎合和保守的面目出现，其哲学之所以出现"首尾不一贯"的问题，完全是为了避免宗教和政治当局可能带来的麻烦。

　　马克思却能够看得更为深刻，他认为即使是哲学家可能出于现实利益的考虑而选择妥协，那么这种妥协也决不能单纯解释为个人道德的表现。主体行为的真实原因来自于他内部的意识观念，"这种表面上的适应的可能性本身的最深刻的根源，在于他的原则本身不充分或者哲学家对自己的原则没有充分的理解。因此，如果一个哲学家确实适应了，那么他的学生们就应该根据他的内在的本质的意识来说明那个对于他本人具有一种外在的意识形式的东西。这样一来，凡是表现为良心的进步的东西，同时也是一种知识的进步。这里不是哲学家个人的良心受到怀疑了，而是他的本质的意识形式被构成了，被提高到一定的形态和意义，从而同时也就超出了意识形式的范围。"① 黑格尔哲学唯心主义本质就决定了其革命性的不彻底、妥协性，没有科学世界观的真正确立，就根本无法实现真正彻底地革命。黑格尔在《法哲学原理》序言中写道："凡是合乎理性的东西都是现实的，凡是现实的东西都是合乎理性的。"② "哲学的任务在于理解存在的东西，因为存在的东西就是理性。"③ 如果现实的都是合乎理性的，那么对现实社会中的一切都要无条件肯定，如果只有合乎理性的才是现实的，那么对现实中不合乎理性的就应该批判，就应该无条件加以否定和变革。从这一句话的前后两部分可以推导出不同的

---

① 《马克思恩格斯全集》第 1 卷，人民出版社 1995 年版，第 74—75 页。
② ［德］黑格尔：《法哲学原理》，范扬、张企泰译，商务印书馆 1961 年版，第 11 页。
③ ［德］黑格尔：《法哲学原理》，范扬、张企泰译，商务印书馆 1961 年版，第 12 页。

结论，而且立场截然对立。因此，虽然辩证法具有批判性、革命性特征，但是黑格尔的辩证法显然并不是真正深刻的辩证法，而是一种唯心主义辩证法，他将理性与现实相对应，而理性不过是他杜撰出来的概念。

从本质上而言，黑格尔的绝对精神只不过是上帝的代名词，而世界的一切归根结底都取决于精神，但是他把精神发展的最高阶段看作是普鲁士王国的君主制，这实际上就是为贵族君主制的合理性进行了论证。如果抛开唯心主义根源以及绝对精神外化为君主制的推论，黑格尔哲学思想中的辩证法深刻揭示了事物发展的普遍规律，即看似外在的、偶然的现象背后存在统一的、必然的内在联系，而这种联系在于矛盾的自我运动、变化和发展，这实际上深刻揭示了事物发展的本质规律，为正确把握世界开辟了道路。

马克思最初并不喜欢黑格尔哲学，尤其是黑格尔著作"离奇古怪的调子"，但是当他深入学习之后发现了黑格尔哲学丰富、宏大的内容，对之评价也随之发生改变，于是他深入研究掌握黑格尔的辩证法，这对他后来创立自己的哲学体系意义重大。马克思批判继承了黑格尔的市民社会理论，改造了黑格尔的"异化"概念和"劳动"范畴，尤其是以自觉地批判继承黑格尔辩证法为己任。

在《资本论》第一卷1872年第二版跋中，马克思回应攻击者时详细表述了自己的辩证法与黑格尔辩证法的区别："我的辩证方法，从根本上来说，不仅和黑格尔的辩证方法不同，而且和它截然相反。在黑格尔看来，思维过程，即甚至被他在观念这一名称下转化为独立主体的思维过程，是现实事物的创造主，而现实事物只是思维过程的外部表现。我的看法则相反，观念的东西不外是移入人的头脑并在人的头脑中改造过的物质的东西而已。"①

但是，当德国知识界有人把黑格尔当作一条"死狗"时，马克思又公开表示："我公开承认我是这位大思想家的学生，并且在关于价值理论的一章中，有些地方我甚至卖弄起黑格尔特有的表达方式。辩证法在黑

---

① 《马克思恩格斯选集》第2卷，人民出版社2012年版，第93页。

格尔手中神秘化了，但这决没有妨碍他第一个全面地有意识地叙述了辩证法的一般运动形式。"①

第三节　青年马克思恩格斯走向革命民主主义之路

马克思恩格斯早期的革命民主主义思想是他们独特的理论道路和探索精神的最初展现，它生动地记载了青年马克思恩格斯面对现实时与社会生活保持深刻联系，追求真理和时代精神息息相通的理论品格。实际上，当他们完成这个转变之时，他们就已经站在了自己时代的前列，成为当时最为前卫的思想者。

一　加入青年黑格尔派的博士俱乐部

马克思在大学里最初的专业是法律，一开始在波恩大学学习，一年后转到了柏林大学。柏林大学学习氛围浓厚，而且是黑格尔学说研究的中心。1831年黑格尔去世，他的学说却在其身后在柏林大学甚至是整个德国风靡起来，决心投身哲学事业的马克思，首先遇到的就是黑格尔哲学。刚刚接触黑格尔学说时，马克思认为它充满了"离奇古怪的调子"，并在写作的诗歌里进行了嘲讽。然而，随着深入全面地接触黑格尔哲学，他开始接受并认可这一哲学思想，黑格尔哲学能够帮助他解答应有和现有、理想和现实关系的疑惑。

在马克思接受黑格尔哲学的过程中，加入博士俱乐部是一个重要环节。博士俱乐部是一个青年学术团体，成员都是有学问、有独立见解的"青年黑格尔派"分子，他们在俱乐部里研讨切磋、交换观点。20岁的马克思是一个默默无闻的大学生，而博士俱乐部的其他成员都要年长一些，而且在学术上小有建树，但是很快大家都被青年马克思所吸引，他不仅知识渊博而且拥有冷静批判的头脑。1841年莫泽斯·赫斯曾这样描述马克思："我所崇拜的马克思博士还是一个很年轻的人（大概不到24

---

① 《马克思恩格斯选集》第2卷，人民出版社2012年版，第94页。

岁）。他将给中世纪的宗教和政治以最后的打击。他把最机敏的才智与最深刻的哲学严肃性结合起来。你想一想，卢梭、伏尔泰、霍尔巴赫、莱辛、海涅和黑格尔在一个人身上结合起来了（我说的是结合，不是混合），这就是你将得到的关于马克思博士的概念。"① 科本、鲍威尔、鲁腾堡等主要俱乐部成员很快成了马克思的好朋友。

青年黑格尔派继承了黑格尔关于现存世界不断发展变化的思想，从而得出对现有秩序进行破坏的结论，于是出现了在政治上要求自由民主、反对专制主义禁锢的思潮，他们之所以称为青年黑格尔派是与固守黑格尔保守结论的老年黑格尔派相对立。青年黑格尔派成员之间在政治倾向和哲学观点上并不完全相同，但是他们都集结在黑格尔哲学的旗帜下，不同程度地接受黑格尔的革命的、批判的辩证法，结成了反对宗教和专制制度的哲学和政治联盟。

青年黑格尔运动前后延续了十年之久，活动中心始终在柏林，它的发展大致经历了四个阶段。1835—1837 年为兴起阶段，以施特劳斯《耶稣传》的发表为标志，通过宗教批判拉开了活动序幕。1838—1840 年为鼎盛阶段，切什考夫斯基提出"行动哲学"，卢格创办《哈雷年鉴》，该刊迅速由宗教批判转向政治批判。与此同时鲍威尔等人组建了博士俱乐部。1841—1842 年为继续发展阶段，费尔巴哈发表了《基督教的本质》，以唯物主义立场批判了宗教和唯心主义；《莱茵报》在马克思的推动下成为激进的民主主义报刊。1843—1845 年为解体阶段，普鲁士政府先后将青年黑格尔派的代表人物逐出大学讲坛，查封左翼报刊，变本加厉地实行反动的思想和文化政策，青年黑格尔派内部也出现了分化，并最终走向瓦解。②

青年黑格尔派继承了黑格尔哲学中批判性、革命性的因素，拒绝与社会专制和宗教观念和解，对现实展开了无情批判。青年黑格尔派所执行的是启蒙者的功能。作为西欧较为落后的国家，德国的启蒙运动无论

---

① 中共中央马克思恩格斯列宁斯大林著作编译局编：《回忆马克思》，人民出版社 2005 年版，第 270—271 页。

② 庄福龄主编：《简明马克思主义史》（第 3 版），人民出版社 2001 年版，第 28—29 页。

在时间上还是在强度上都要落后于英国和法国，18 世纪启蒙运动依然依靠各君主国的专制权力自上而下推行现代化，其全面性和彻底性大打折扣。青年黑格尔派则力主回到以市民阶层为主体的运动中来，像英国、法国那样实行彻底的市民启蒙，这一点深刻吸引和影响了马克思。

青年黑格尔派对哲学和宗教的和解展开了激烈批判。在黑格尔看来，从内容上而言，哲学与基督教并没有区别，只是具有概念和表象形式上的区别而已。绝对精神要想作为真正的精神，保持其绝对性，就不能停留在原来状态，必须外化成为自我意识，正如神显现为耶稣，这不过是将真理用感觉和表象表示出来。真正的神需要变为现实的、具有个别自我意识的、有血有肉的人，以人的形式展现出来。基督教就是这样来说明真理的，但只要是宗教就终归不能避免外在性和形象性，也就是表象性。宗教需要以概念的形式表达出来，从而表现为哲学的形式，从表象的形式而言，黑格尔致力于宗教和哲学的和解。如果将黑格尔的宗教观贯彻到底，宗教将消融到哲学中，神将消融到人之中，信仰将消融到知性之中。

施特劳斯撰写的《耶稣传》尝试将耶稣作为普通的人来理解，并力图证明基督教的神秘超自然要素，不过是原始教团构想出的神话而已。所谓神不过就是人类，人作为个人，是无力的、有限的，但是作为整体的人类就能不断地征服自然，创造奇迹；作为个体的人通过出生和死亡逐渐摆脱了自然性和有限性，获得更高的精神境界并能在死后升天。用这样的人类理想塑造出耶稣人格，于是产生了基督教，这便是福音书中故事的实质。施特劳斯以解读福音书的方式重新定位了宗教的本质，从人的理性出发批判宗教，将宗教神学消融到了人学之中。

卢格对黑格尔的作为绝对理念的国家观念进行了批判，将批判对象从宗教领域拓展到了政治领域。黑格尔将国家看作是理性的产物，是"生理的和伦理精神的直接实体"，个人在其中拥有和享受自己的自由的现实，而理性的国家就是国家的观念，就是现实中存在的国家。在黑格尔看来，理性国家就是君主立宪制的国家，普鲁士就是理性国家的原型。黑格尔肯定了普鲁士国家的现实，并将它绝对化了。卢格对黑格尔理性国家的观念进行了尖锐批评，他认为应该将国家的本质与现实的国家区别开来，历史的存在应该受到历史的批判，把它提高到形而上学的实体地位是不恰当的。观念不应该固化，而应该是不断产生新的历史现实的运动，应该以国家的观念来批判现存的国家。卢格得出这样的观点有着深刻的现实根源，他本人因政府的镇压政策蹲了数年监狱，因此，无论如何他也不会认为现存的国家是自由的积极的现实，而是主张从逻辑学和精神哲学推导出国家的普遍本质，应该与历史上存在的现实的国家区别开来，通过前者对后者进行严厉批判。

当马克思参与青年黑格尔派的活动时，他们的讨论集中在批判基督教和国家这两个问题上。"在黑格尔看来，基督教和哲学从内容上说，并没有区别，仅仅是表象和概念这一形式上的区别而已。……黑格尔到宗教中寻找国家的基础，借助基督教来保证理性国家的绝对性。因而，批判基督教和批判国家这两者之间有着深刻的内在联系。只是批判现存的国家直接带有政治的色彩，不能不成为政府镇压的目标，所以，当时，他们从正面批判基督教，而对国家的批判并不十分彻底。"① 实际上，青年黑格尔派脱离实际的倾向越来越明显，以至于最后陷入抽象理论而无法自拔，其革命性也在逃避改变现实的过程中逐渐消失。这也是马克思与鲍威尔等人逐渐产生隔阂直至最后分道扬镳的根本原因所在。

二　马克思创作博士论文

青年马克思关注黑格尔在其《哲学史讲演录》里提到的古希腊哲学的自我意识哲学，从而酝酿出了他的博士论文《德谟克利特的自然哲学和伊壁鸠鲁的自然哲学的差别》，也可以说他的博士论文打上了深刻的黑格尔烙印。从论文的行文风格来看，黑格尔式独特的用词法、概念构成、概念运用法比比皆是。"抽象的个别性只有从那个与它相对立的定在中抽象出来，才能实现它的概念——它的形式规定、纯粹的自为存在、不依

---

① ［日］城塚登：《青年马克思的思想——社会主义思想的创立》，尚晶晶、李成鼎等译校，求实出版社 1988 年版，第 21、25 页。

赖于直接定在的独立性、一切相对性的扬弃。须知为了真正克服这种定在，抽象的个别性就应该把它观念化，而这只有普遍性才有可能做到。"① 对于不熟悉黑格尔哲学的人，这样的表述和逻辑实在是晦涩难懂，但当时马克思却乐于应用这样的概念和推理。这只能说马克思的哲学与黑格尔哲学有着紧密的联系，前者在后者的基础上开始了发展征程。正如他在博士论文献词中所写的那样，"唯心主义不是幻想，而是真理"②，青年马克思在充满理想中开启了哲学革命之旅。

在马克思撰写博士论文之时，青年黑格尔派已经先后从理论和实践两个维度对黑格尔哲学进行了重大批判改造，这里面实际上就涉及两个问题，一是如何对待黑格尔哲学，二是如何对待现实世界。马克思同样需要面对这些问题。马克思的博士论文选择德谟克利特和伊壁鸠鲁的自然哲学的差别为题，实际上就是借以研究后亚里士多德哲学体系与亚里士多德哲学之间的关系，青年黑格尔派与黑格尔哲学的关系，以及青年黑格尔派与现实之间的关系。

马克思在与其他青年黑格尔派成员一起讨论后认为，希腊哲学在亚里士多德以后的发展和黑格尔以后的青年黑格尔运动有着惊人的相似。在这两个时期，个性自由和自我意识都成了时代精神的体现。所谓自我意识是黑格尔哲学思想的重要概念，是意识发展中的一个环节。意识的最初环节表现在能够区分自我和对象，然后就是自我意识环节，即以内在的自我意识为思考的对象和内容，最后是理性环节。自我意识可以理解为独立自由的个人意识。黑格尔将伊壁鸠鲁哲学看作自我意识哲学，给予其并不高的评价。而马克思则要对其进行深入研究，在弄清历史上的哲学问题的同时，希望为当下即黑格尔哲学的发展探寻方向。

在博士论文中，马克思完成了走进黑格尔哲学的转变。这篇博士论文分为两部分，第一部分重在澄清历史上的误解，之前有的思想家认为伊壁鸠鲁抄袭了德谟克利特的思想，亚里士多德之后的伊壁鸠鲁主义、

---

① 《马克思恩格斯全集》第 1 卷，人民出版社 1995 年版，第 35 页。
② 《马克思恩格斯全集》第 1 卷，人民出版社 1995 年版，第 9 页。

斯多葛主义和怀疑论哲学仅仅标志着希腊哲学的衰退，马克思明确指出伊壁鸠鲁的自然哲学并不是对德莫克利特自然哲学的剽窃，它们是不同时代精神的代表。第二部分则对这两种哲学进行了详细的对照比较，二者相同的地方是具有相同的基础原则，即认为世界上的万物都是在虚空中运动的原子的组合；区别在于在"原子脱离直线而偏斜""原子的质"等规定性上存在明显的差别，德莫克利特强调必然性，而伊壁鸠鲁突出偶然性。伊壁鸠鲁的原子论中存在"能动的原则"，它们在自己的运动中能够偏离直线，在马克思看来这就是自由，在一定运动轨迹上却又存在偏转倾斜，是"定在中的自由"。

当青年黑格尔派强调人的主体性时，却不当地退回到了费希特的主观唯心主义哲学的立场上，而马克思却掌握了黑格尔哲学的精神要义，认为自由只是"定在中的自由"。从本质上而言，马克思的观点是一种辩证法的观点，即认为在理解事物运动以及人的自由时应该将普遍性与特殊性以及个体性结合起来，将抽象的个体自我意识与感性的、经验的个别性结合起来。

在对哲学与世界的关系问题的论述中，马克思表现出了与鲍威尔等人的分歧。尽管他也强调自我意识在哲学发展中的变革作用，但是却并未像鲍威尔等人那样将自我意识绝对化，而是承认哲学与现实世界是矛盾的统一体，相互对立而又相互促进。"哲学体系为实现自己的愿望所鼓舞，同其余方面就进入了紧张的关系。它的内在的自我满足及关门主义被打破了。那本来是内在之光的东西，就变成为转向外部的吞噬性的火焰。于是就得出这样的结果：世界的哲学化同时也就是哲学的世界化，哲学的实现同时也就是它的丧失，哲学在其外部所反对的东西就是它自己内在的缺陷，正是在斗争中它本身陷入了它所反对的错误，而且只有当它陷入这些错误时，它才消除掉这些错误。凡是反对它的东西、凡是它所反对的东西，总是跟它相同的东西，只不过具有相反的因素罢了。"① 哲学来自于现实世界却又成为改造世界的现实力量，哲学与世界

---

① 《马克思恩格斯全集》第40卷，人民出版社1982年版，第258页。

之间充满了对立、冲突和斗争，但是却不断实现同一。

马克思在博士论文中提出"哲学的世界化"和"世界的哲学化"，即哲学不仅有理论的一面，也有实践的一面，哲学不仅构建体系，而且也塑造世界。正如后来马克思在《莱茵报》工作时，当《科伦日报》的社论文章攻击《莱茵报》具有青年黑格尔派倾向和反宗教性质时，马克思在《第179号"科伦日报"社论》（1842年7月）的文章中谈到了哲学与哲学家的情况，他说："任何真正的哲学都是自己时代的精神上的精华，因此，必然会出现这样的时代：那时哲学不仅在内部通过自己的内容，而且在外部通过自己的表现，同自己时代的现实世界接触并相互作用。那时，哲学不再是同其他各特定体系相对的特定体系，而变成面对世界的一般哲学，变成当代世界的哲学。各种外部表现证明，哲学正获得这样的意义，哲学正变成文化的活的灵魂，哲学正在世界化，而世界正在哲学化，——这样的外部表现在一切时代里曾经是相同的。人们可以查阅任何一本历史书，他们将会发现，最简单的外部形式都一成不变地重复着，而这些外部形式很清楚地说明，哲学已进入沙龙、教士的书房、报纸的编辑室和朝廷的候见厅，进入同时代人的爱与憎。哲学是被它的敌人的叫喊声引进世界的；哲学的敌人发出了要求扑灭思想烈火的呼救的狂叫，这就暴露了他们的内心也受到了哲学的感染。对于哲学来说，敌人的这种叫喊声就如同初生婴儿的第一声啼哭对于一个焦急地谛听孩子哭声的母亲一样；这是哲学思想的第一声喊叫。哲学思想冲破了令人费解的、正规的体系外壳，以世界公民的姿态出现在世界上。"①

通过对希腊哲学史的研究，马克思发现哲学的历史或者说哲学本身就是理论哲学与实践哲学并列存在、交替上升、交错发展、相互吸收、互相推进的辩证的发展历程，现实世界与哲学理论在相互作用中演变进步，哲学家们所做的工作不过是哲学理论研究和实践转化而已。黑格尔哲学是对以往所有哲人理论与实践活动的全部总结即构成集大成的哲学体系，这一哲学体系富含积极的革命性内容，其辩证法观点对于积极改

---

① 《马克思恩格斯全集》第1卷，人民出版社1995年版，第220页。

造现实世界提供了根本指导，只是其被保守体系所掩盖而被人们所忽视。马克思在走进黑格尔哲学的过程中，积极学习吸取了其中的辩证法精髓，并牢固树立了以哲学改造世界的信念，这就为其以后通过政治批判改造现实世界奠定了坚实的哲学基础。

博士论文是青年马克思走进黑格尔哲学的重要标志，但即便是在黑格尔哲学对马克思影响最大的时候，他也没有被其所束缚，而是自己进行独立研究并进行积极批判。马克思的独立思考研究首先体现在他的很多思想与黑格尔不一致，比如对待古代唯物主义者的态度，黑格尔极为蔑视德莫克利特和伊壁鸠鲁，而马克思却给予他们极高的评价，认为他们的哲学"是理解希腊哲学的真正历史的钥匙"，并把其作为自己学位论文的研究对象。更为重要的是，马克思在哲学世界观上已经初步突破了黑格尔绝对理念的禁锢，他已经自发地从现实的人和社会的角度来思考世界演变。马克思把哲人而非神秘精神作为认识世界、改造世界，进而推动历史发展的真正主体，也就将世界历史发展的重心从黑格尔的精神、神挪到了人（尤其是哲人）身上，实际上实现了哲学从形而上学到人学的初步改造。

通过青年黑格尔学派接近黑格尔哲学的马克思，也决不会抛弃那铭刻在心底的法国启蒙思想。不，也许是我们的一种错觉，觉得马克思自己已经抛弃了它。其实不然，马克思仍然牢牢地保留这它，在心灵深处，它一直是马克思思想的支柱。如果可以这样看的话，那么，法国的启蒙思想，具体地说，人本主义、自由主义、感性的现实主义主义和实证主义，就是规定马克思哲学出发点的第三个要素。像利雅查诺夫那样，用青年黑格尔学派独特的倾向来规定当时马克思的立场，难免失之偏颇。运用从黑格尔哲学那里学到的概念构成和概念运用的方法来表现自己哲学观点的马克思，与青年黑格尔学派自我意识的立场发生共鸣，自己也决心站在这一立场上，但是，在马克思的心灵深处，又有着法国启蒙思想的观点和态度的影响，所以，他的立场便超出了自我意识立场的范围，采取了与法国启蒙思想更为接近的立场。换句话说，在当时马克思身上，黑格尔哲学和法国启蒙主义这两个要素用形式和内容这样一种方式结合在一起，为这种结合起媒介作用的便是青年黑格尔学派的自我意识的立场，这三个要素采取这种微妙的方式统一在一起。尤其是这里提到的第三个要素，即法国的启蒙思想，以往受到研究工作者的轻视和忽视。这一要素在马克思日后的思想发展中起到了不可轻视的作用。我认为应该着重强调这一点。①

客观而言，这时的马克思仍然是革命民主主义者，但仍然属于黑格尔哲学的唯心主义者，其反对封建专制、宗教神学仍然是一种哲学研究与探索，距离他自己所设想的世界哲学化尚有很大差距。实际上，这时的马克思只不过是一个在校学生而已，是对未来充满好奇与希望的热血青年，只是在对黑格尔哲学的批判思考过程中，他已经走在了时代前沿，触摸到了时代脉搏，而当其进一步发展之后势必会成为引领时代的人。

三　恩格斯转向黑格尔哲学

移居不来梅时期，大约是 1838 年 8 月至 1841 年 3 月，是恩格斯转向黑格尔哲学、形成自己的独立世界观的时期。说来也极具讽刺意味，恩格斯的父亲因为发现儿子并没有按照自己的预期成为一名合格的商人，而是出现了"不良"倾向，他希望把儿子送到不来梅一位在宗教和政治方面都相对保守的好友那里学习经商，在提高经商能力的同时更好地约束塑造他，然而，这一计划却最终落空，恩格斯早已萌发的内心冲突迅速激化，成长为一名青年黑格尔者。恩格斯在不来梅阅读了大量批判宗教的著作，其中就包括施特劳斯的《耶稣传》，这本书对他世界观的转变起到了决定性作用。1839 年在写给威廉·格雷培的一封信中，恩格斯充满激情地表达了施特劳斯对他战胜宗教的帮助："这里有芜杂和离奇的

---

① 〔日〕城塚登：《青年马克思的思想——社会主义思想的创立》，尚晶晶、李成鼎等译校，求实出版社 1988 年版，第 34—35 页。

四福音书；神秘主义拜倒在它们面前，对它们顶礼膜拜——看，突然间大卫·施特劳斯象一位年轻的神一样出现了，他把乱七八糟的东西都暴露在光天化日之下——Adios 宗教信仰！"①

就深层原因而言，恩格斯之所以这么激动，是因为通过施特劳斯找到了黑格尔哲学，开始掌握革命的辩证法，有了革命的武器就可以对宗教进行清算，就能够构筑新的哲学大厦。如果说马克思是进入大学在完成学业的过程中掌握了黑格尔哲学，从而站在了革命性理论的前沿，那么恩格斯则是通过自我学习实现了这种转变，而具有启蒙性质的《耶稣传》就起到了阶梯的作用。恩格斯在给弗里德里希·格雷培的信中由衷地写道："由于施特劳斯，我现在走上了通向黑格尔主义的阳关大道。我当然不会成为象欣里克斯等人那样顽固的黑格尔主义者，但是我应当汲取这个精深博大的体系中最重要的要素。黑格尔关于神的观念已经成了我的观念，于是，我加入了莱奥和亨斯滕贝格所谓的'现代泛神论者'的行列，我很清楚，泛神论这个词本身就会引起不会思考的牧师们的大惊小怪。"②

在恩格斯这里，随着宗教被批判，取而代之的是对科学的信仰与追求。伴随着科学理性的确立，求真、求实和民主思想也开始成长壮大。1839 年，恩格斯匿名发表《乌培河谷来信》，通过揭露工人遭受严酷剥削的事实，抨击资本主义制度的剥削罪恶和宗教虔诚主义的伪善面目。文章发表后在整个莱茵省地区引起了很大的反响，人们也难以想到它竟然出自一个资本家的儿子之手。

1841 年 9 月底，恩格斯来到柏林进入近卫炮兵旅第十二步兵连，开始了为期一年的志愿兵服役。根据相关规定，服役一年的志愿兵除了参加军事训练外，可以不在军营居住，经济条件优渥的恩格斯自然不愿意住在管理严格的军营里，于是在外租房居住。在这段时间里，他参加军事训练，学习掌握了一些基本军事知识并形成了对军事科学的浓厚兴趣，

---

① 《马克思恩格斯全集》第 41 卷，人民出版社 1982 年版，第 522 页。
② 《马克思恩格斯全集》第 41 卷，人民出版社 1982 年版，第 544 页。

这就为日后研究军事问题创建马克思主义军事理论奠定了坚实基础。更为重要的是，中止学业的恩格斯利用这段时间到柏林大学旁听，重点学习哲学演讲课程。当时谢林担任柏林大学哲学教授，主讲《启示哲学》。

谢林也是德国著名的哲学家，早年研究自然哲学，但是后来逐渐转向神秘主义，到晚年更是转向了宗教神学。他与黑格尔是同一时代的人，而且是青年时代的朋友、杜宾根神学院的同窗。黑格尔去世后，他的哲学思想反而流传得更为广泛，新兴资产阶级充分发扬了辩证法的革命性思想，青年黑尔派从老师的思想中引申出了自由主义、民主主义等思想，对宗教和封建思想展开了激烈批判。为了应对进步的革命性思潮，普鲁士政府把年近古稀的哲学名流谢林请到了柏林大学的讲堂，希望他能够给青年黑格尔派致命的打击。老谢林果然不负政府之望，对黑格尔进行攻击，鼓吹自己的神秘启示哲学，公开为基督教及反动政府辩护。

然而，谢林哲学已经是明日黄花，在历史前进的洪流中早已落伍，即便是黑格尔早已去世而无法应战，黑格尔哲学的传承者也会高举理性和革命的大旗，对谢林漏洞百出的哲学体系予以抨击。在现场听取谢林讲座的恩格斯，对谢林及其学说极为失望，在他看来："两个青年时代的老友，杜宾根神学院的同窗，四十年后竟成为对手相逢了。一个，在十年前已经离开人世，却比任何时候都更有生气地活在他的学生中间；另一个，在这些学生看来，三十年来精神上早已死亡，如今却突如其来地自认为有充沛的生命力，要求得到公认。"① 针对鼓吹神秘启示哲学的谢林，恩格斯先后撰写了《谢林论黑格尔》《谢林和启示》《谢林——基督哲学家，或世俗智慧变为上帝智慧》三本论著，揭露了谢林哲学服务普鲁士专制王朝的精神实质及虚弱性，在哲学界引起了强烈反响。恩格斯指出，理性并非离开世界而独自存在的东西，它本身就是现实的存在。经验并非是和理性相分离的独立本原，它归根到底只是证实了存在的必然性即理性。理性不仅是认识的必然性，同时也是无限的行动。

与马克思一直从事理论批判研究不同，恩格斯在广泛接触社会的同

---

① 《马克思恩格斯全集》第 41 卷，人民出版社 1982 年版，第 197 页。

时就已经开始了现实政治批判，或者说促使恩格斯思想发展转变的不仅仅是理论探索，更重要的是现实社会的残酷压迫和剥削，工厂工人和普通农民的悲惨生活促使恩格斯对宗教、对现存社会制度产生了愈益强烈的反抗情绪。当然，黑格尔哲学也提供了必不可少的理论指导，当恩格斯发现这一具有革命性的理论后，更是直接研究了黑格尔的《历史哲学》等，进一步形成了黑格尔主义和革命民主主义的世界观，抛弃了主观唯心主义世界观，掌握了黑格尔哲学中的理性原则和辩证方法。

马克思恩格斯通过各自的独立探索，都站在了时代潮流的前列，站到了当时人类理论思维的高峰。同时，他们的世界观中依然存在着矛盾，需要继续升华不断前进。

第三章

马克思恩格斯哲学世界观的转变

1841 年 4 月，马克思在耶拿大学获得了博士学位，随后就准备在波恩大学任教，这时青年黑格尔派的主要代表人物鲍威尔已经在波恩大学任教，他邀请马克思过来与他一起在大学讲台上对宗教谬误发起攻击。事实上，当时的政治形势已经对青年黑格尔派极为不利，鲍威尔申请晋升教授被拒，到了这一年秋天被禁止授课，第二年甚至被赶出了波恩大学。马克思意识到大学讲台只是反动政府的宣传阵地，他的革命思想根本无法在那里传播，也就放弃了到大学任教的打算，开始走上社会工作岗位。如果不发生这种情况，马克思是否会一直在大学教职岗位上度过一生，历史不能假设，但是从他的博士论文附注中可以看出，他不会把自己关在书斋里。"在自身中变得自由的理论精神成为实践力量，作为意志走出阿门塞斯冥国，面向那存在于理论精神之外的尘世的现实，——这是一条心理学规律。"[1] 对马克思思想影响极大的启蒙思想即主张不能仅仅停留于宣传教育上，而是要把历史中的实践作为目标，实际上就是进行思想启蒙。马克思的第一个工作是做《莱茵报》的撰稿人和编辑。利用理论批判和报刊舆论这个武器表达自己的理想主张。

第一节 《莱茵报》时期的政治实践
动摇了对黑格尔哲学的信仰

马克思恩格斯早年的世界观中存在着深刻的矛盾，即革命民主主义

---

① 《马克思恩格斯全集》第 1 卷，人民出版社 1995 年版，第 75 页。

的政治立场和青年黑格尔派唯心主义哲学之间的对立，通俗而言，青年黑格尔派由于在革命立场上的唯心主义而具有妥协性、局限性，即把改变社会现实的物质性实践活动最后变成了绝对精神实现自身的思辨问题，而马克思恩格斯却选择不妥协地表达社会下层民众的愿望，势必会与黑格尔哲学分道扬镳。在《莱茵报》时期，他们进一步投入到现实政治斗争之中，促进了黑格尔哲学信仰危机的产生，正是在克服危机的过程中，发生了向唯物主义和共产主义的转变。

这里首先要介绍《莱茵报》。莱茵地区曾被拿破仑军队占领，深受法国大革命的影响，法国人的宪政主义、代议民主、自由、平等、博爱等观念深入人心，经济方面也是当时德国工业和经济最为发达的地区，已经形成了崇尚自由主义的资产阶级。他们开始提出自身的利益诉求，如降低诉讼费用、各邦之间的关税实行有限统一措施等，于是通过办报纸来宣传和维护他们的主张。《莱茵报》就是这些资产阶级代表出资创办的报纸。"1842 年初，普鲁士莱茵省的新兴资产阶级在科伦创办了《莱茵政治、商业和工业日报》。他们打算利用这家报纸来鼓吹和维护莱茵省工商界的经济利益和政治利益。普鲁士政府虽然不信任这家自由派的机关报，但出于策略上的考虑容忍了它的出版，为的是可以有一种力量，与那家思想非常极端的天主教派《科伦日报》相抗衡，因为《科伦日报》总是看罗马的眼色行事，而不听从柏林的指挥。"① 报纸交给了精明强干的"青年黑格尔派"成员。在工商业发达的莱茵省议会中，封建贵族仍然占据了三分之一以上的席位，他们冒充民意而维护贵族利益、支持国王专制政策，这势必导致与新兴资产阶级之间的矛盾冲突。虽然资产阶级具有反封建的诉求，要求革命进步，但这种革命性又具有妥协性、局限性。马克思在《莱茵报》的工作遭遇就充分体现了这一点，一开始他的革命倾向得到了主办方的认可，但是当真正触犯统治当局的利益而受到打压后，马克思

---

① ［德］海因里希·格姆科夫等：《马克思传》，易廷镇、侯焕良译，生活·读书·新知三联书店 1978 年版，第 30—31 页。

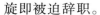

旋即被迫辞职。

一　马克思对书报检查制度的批判

1815 年 9 月，在俄国沙皇亚历山大一世的倡议下成立了神圣同盟，其宗旨在于以基督的正义友爱精神促进各国君主间的相互提携。但是，神圣同盟逐渐成为欧洲保守主义和反动势力的堡垒，成为掌控奥地利的梅特涅用来镇压自由主义的工具。在梅特涅看来，思想本来不应该出现在这个世界上，但不幸的是它侵入到现实之中，因而各国应该共同努力将其消灭。他将学生、出版物、体育运动视为"危险物"，予以镇压和禁止，不仅在本国推行这一极端政策，而且还将其强加到其他国家，尤其是德国。在普鲁士，镇压活动日渐残酷，一些教授和学生被捕入狱，政府对书籍、新闻的检查也极为苛刻严格，这些政府行为引起了许多主张自由的学者和学生的极大愤慨。这些反动行为以神圣同盟为核心，在基督教名义之下进行，因此，进步人士对宗教的批判和对反动政府的批判是一体的。

《评普鲁士最近的书报检查令》是马克思的第一篇政论文章，撰写于 1842 年年初，标志着他作为革命民主主义者开始了政治活动。在这篇文章中马克思抨击普鲁士政府的书报检查制度，认为它反对理性、压制精神自由，它严厉禁止对宗教的任何批判，而保护宗教也就是对现存国家制度的保护。实际上，普鲁士是需要进行彻底改造的非理性的基督教国家，而远不是黑格尔的理性国家。当然，作为抨击书报检查制度的文章自然在书报检查中被禁止了。在一年后被卢格收录到《德国现代哲学和政论界轶文集》中才正式出版。

1842 年 5 月马克思又撰写了《第六届莱茵省议会的辩论（第一篇论文）——关于出版自由和公布等级会议记录的辩论》发表在《莱茵报》上。马克思认为，出版就是人的自由的实现，有出版就应该有出版的自由，检查制度与出版的本质相矛盾。"自由报刊是人民精神的洞察一切的慧眼，是人民自我信任的体现，是把个人同国家和世界联结起来的有声的纽带，是使物质斗争升华为精神斗争，并且把斗争的粗糙物质形式观念化的一种获得体现的文化。"① 马克思详细分析了不同等级对待出版自由所具有的不同态度，认为关于出版自由的呼吁所反映的是人民的呼声，所表达的是人民的愿望和要求，最后他把争取出版自由问题同彻底改变现行国家制度联系起来，揭示出等级议会制同人民代议制之间存在尖锐的对立。在这篇文章中马克思对理性的理解已经超出了抽象客观精神和人类精神的范畴，而是具体化为"人民精神"，他已经将价值取向指向了占社会大多数的人民。

马克思通过撰写评论性文章抨击莱茵省议会议员的发言，既逻辑严密又犀利风趣，他很快得到了编辑部的注意并被吸收到编辑部中来。显然，无论是莱茵报的办报者还是出资方都非常看重马克思的才华，因为办报首先要能够吸引大量的读者，增加发行量后就能扩大宣传自己的主张，也能够有不错的营收。最终在 1842 年 10 月中旬，马克思应邀来到科伦担任了《莱茵报》主编，主持报纸的编辑发行。

二 马克思对经济问题的初步涉足

在出版自由问题上，马克思已经看到了各等级的特殊利益支配着他们各自的政治态度，但是物质利益动机并不明显，或者说马克思还停留在观念的分析批判范畴之内。他把理性和法看作是起决定性作用的力量，希望根据理想标准建设完美的国家，来维护出自人类本性的法的纯洁和尊严。抽象的完美的法和国家仍然是支配马克思思想行动的意识根源。关于林木盗窃问题的辩论是他碰上的第一个关乎广大贫苦农民命运的物质利益问题，而关于物质利益问题的难事也开始动摇他的唯心主义根基，开始冲破关于法和国家的虚幻观念。

在《〈政治经济学批判〉序言》中，马克思曾经对这一时期的心路历程进行回顾："1842—1843 年间，我作为《莱茵报》的编辑，第一次遇到要对所谓物质利益发表意见的难事。莱茵省议会关于林木盗窃和地产析分的讨论，当时的莱茵省总督冯·沙培尔先生就摩泽尔农民状况同

---

① 《马克思恩格斯全集》第 1 卷，人民出版社 1995 年版，第 179 页。

《莱茵报》展开的官方论战，最后，关于自由贸易和保护关税的辩论，是促使我去研究经济问题的最初动因。"①

在 19 世纪 40 年代，普鲁士政府审理的刑事案件中，绝大多数都是关于林木盗窃等问题的，这种状况的出现体现出生计无着的贫苦农民与林木占有者之间存在着尖锐的矛盾对立。由于资本的发展，很多农民失去了土地从而变得一无所有，不得不依靠在树林里捡拾枯枝和野果为生，然而，这种行为却被认为侵犯了林木所有者的利益，于是国家不断制定出了越来越严厉的惩罚性法律。在莱茵省议会辩论中，贵族等级要求将捡枯枝等行为算作盗窃林木罪而予以制裁。这一事件充分表明，法律并不单纯是维护国家利益的手段，而主要是维护森林主等特殊等级利益的手段。针对这一事件，马克思撰写了评第六届莱茵省议会辩论的第三篇论文：《关于林木盗窃法的辩论》。

这时的马克思并不能从经济学方面即私有财产本身的合理性方面进行批判，而只是从财产的法律意义尤其是自然法的习惯权力角度为农民辩护，简单说，就是败落的枯枝并不属于林木所有者，穷人们祖辈以来赖以生存的行为并不违法。显然，这种辩护听起来有理但是却显得苍白无力。在马克思看来，国家和法作为理性自由的存在方式，代表的是大多数人的普遍利益，但是概念上的国家和现实中的国家却存在着巨大矛盾，马克思认为国家应该战胜和克服私人利益而维护所有人的利益，但是现实的国家却总是在偏袒少数贵族和资产所有者，法律也因此沦落成这些人的工具。现实国家与理性之间充满了矛盾，站在黑格尔哲学暧昧的立场上无论如何也解决不了社会物质利益问题，而这些问题犹如一堵墙一样挡在马克思面前，这使得他极为痛苦。

1842 年年底，《莱茵报》刊登了该报记者彼捷尔·科布伦茨撰写的两篇通讯，文章揭示了摩塞尔河谷地区政府管理不合理从而导致民众生活困苦的现象，随后这两篇通讯被莱茵省总督冯·沙培尔指责报道失实，并责令作者以真实状况作出答复。这本来就是真实状况，如何再用其他

---

① 《马克思恩格斯选集》第 2 卷，人民出版社 2012 年版，第 1—2 页。

"真实"状况答复，科布伦茨显然无法应答。在这种情况下，马克思主动担负起了与沙培尔论战的责任。在这次辩论过程中，马克思开始由谴责私人利益上升到了谴责国家的高度，之所以出现私人利益侵占剥削他人的现象，问题也许出现在国家制度和管理方式上。而且国家的问题并不能仅仅归结为少数官员的不称职，而是由各种客观关系决定的，官僚机构执行治理职能执行上级意志，而不会顾及居民的意愿，即便是在二者之间产生尖锐的矛盾也无法作出相应的改变。因此，可以说摩塞尔河谷地区的贫困状况所反映的就是政府机构治理的贫困状况，而造成这一切的根源在于那个总的制度。

马克思在《摩塞尔记者的辩护》系列文章中写道："人们在研究国家状况时很容易走入歧途，即忽视各种关系的客观本性，而用当事人的意志来解释一切。但是存在着这样一些关系，这些关系既决定私人的行动，也决定个别行政当局的行动，而且就像呼吸的方式一样不以他们为转移。只要人们一开始就站在这种客观立场上，人们就不会违反常规地以这一方或那一方的善意或恶意为前提，而会在初看起来似乎只有人在起作用的地方看到这些关系在起作用。"① 显然，即便此时的马克思尚未完全脱离唯心主义的束缚，也已经开始注意"关系的客观本性"，开始从国家制度的"客观本性"上求解社会难题了。

只是，这时的马克思仍然寄希望于出现能够代表所有人普遍利益的方法，但是无论是普鲁士国家还是私人利益都不具有普遍性，他认为通过自由报刊和社会舆论能够实现普遍利益，自由报刊是民主的、平等的，人的真实愿望得以表达，人民精神才能得到实现。在这里，"自由报刊"已经不再局限于新闻出版自由的范畴，而成为马克思改变现实的新型力量的尝试。犹如教堂之于教士、大学之于教授一样，报刊成为哲学家教育和启发民众、传播真理的阵地。通过与报刊的融合哲学走出了哲人狭小的书斋和讲堂，走进广大人民的生活，同时由于哲学的加盟，报刊成为探索真理、实现自由的场域。哲学凭借报刊而获得人民性，而报刊依

---

① 《马克思恩格斯全集》第 1 卷，人民出版社 1995 年版，第 363 页。

靠哲学获得了真理性和自由。所以，马克思将报刊规定为人民报刊和自由报刊双重属性。这时的马克思尚未突破黑格尔唯心主义哲学世界观，但是这种唯心主义哲学已经无法满足他以哲学改变世界的现实诉求，实际上唯心主义已经产生了无法克服的困惑，因为依靠它根本无法揭示物质利益和国家之间的真实关系。

三　马克思与恩格斯的初次会面及其离开《莱茵报》

《莱茵报》是马克思职业生涯的起点，《莱茵报》时期是马克思革命思想快速孕育形成的时期，实际上，从 1842 年 4 月开始为该报撰稿到 1843 年 3 月离开编辑部，马克思也仅仅在《莱茵报》工作了不到一年的时间。在这段时间里，由于工作的需要，新闻出版成为其首要关注点，发表进步的革命性文章是其工作的首要任务，但是在这个过程中，他又不得不与反动当局进行极富勇气和智慧的斗争。

马克思并不是一个只尚空谈而不务实际的学者，相反，在《莱茵报》工作期间他展现出了出色的管理才能和斗争艺术。无论是政府当局还是报纸主办者都不希望报纸成为激进革命者的阵地，即便是追求进步的马克思也特别注意文章的实际内容与表达方式。此时的青年黑格尔派却走进了激进空谈的误区。布鲁诺·鲍威尔、埃德加·鲍威尔等青年黑格尔派成员组成了柏林"自由人"团体，他们沉迷于激进空谈，发表高调而空洞的言论。马克思早在大学期间就与鲍威尔兄弟关系密切，但是在这一时期却逐渐产生了嫌隙，马克思不满他们脱离现实坐而论道的处世态度，也无法在报纸上发表他们所撰写的毫无价值难以引起人们阅读兴趣的文章，不允许出现激进空洞甚至是逞口舌之快的言论。实际上，此时的《莱茵报》就面临着政府警告的压力，如果继续发表反宗教、反政府的文章就会受到查封。但是埃德加·鲍威尔等人却因为未能发表文章而大为光火，他们攻击马克思是保守派。

实际上，在保守者看来，马克思是激进者。当时在西欧一些主要国家，存在着关于未来社会理想的空想主义思潮。在给《莱茵报》投稿的青年黑格尔派人物中，有的也在谈论"无产者"等级的问题，于是持保守甚至反动立场的奥格斯堡《总汇报》就攻击《莱茵报》"贩卖共产主义"。马克思在反击的文章中写道:"《莱茵报》甚至不承认现有形式的共产主义思想具有理论上的现实性,因此,更不会期望在实际上去实现它,甚至根本不认为这种实现是可能的事情。《莱茵报》将对这种思想进行认真的批判。但是,对于像勒鲁、孔西得朗的著作,特别是对于蒲鲁东的机智的著作,决不能根据肤浅的、片刻的想象去批判,只有在长期持续的、深入的研究之后才能加以批判"①。这里马克思表达了对待共产主义问题的谨慎态度,认为现有形式的共产主义在理论上不成熟更无法真正实现,自己需要深入系统地研究各种社会主义著作后才能加以评论。这一事件揭示了马克思主义形成的一个重要节点,即马克思接触研究空想社会主义思想的开始,也是他共产主义思想形成的开端,而共产主义思想的形成对于科学世界观的形成具有重要的牵引作用,马克思开始逐渐成长为历史唯物主义者和共产主义者。

正是因为有"自由人"团体,马克思与恩格斯的第一次会面并不那么愉快。当时恩格斯到英国去的时候曾经路过科伦,在《莱茵报》编辑部见到了马克思,但是会面气氛非常冷淡,因为马克思正与以鲍威尔为代表的"自由人"团体有着激烈的冲突,而他把恩格斯看成了"自由人"的同伙,恩格斯也在鲍威尔兄弟的影响下,对马克思怀有成见。

需要强调的是《莱茵报》时期同样是恩格斯思想发生重大变化的时期。1842 年 11 月,恩格斯来到了英国的曼彻斯特,不仅见到了资产阶级所创造的巨大的生产力,而且也接触到了遭受严酷剥削的无产阶级,同时还受到了英国宪章运动和空想社会主义的影响。相比于马克思,恩格斯与现实世界的接触更为直接全面,对物质利益问题的感知更为直接明了。在完成产业革命的英国,直接而近乎赤裸裸的私人利益已经成为社会主要原则,虽然初到英国的恩格斯并不认为这种社会关系比欧洲先进,而是认为其比大陆落后几个世纪,但是逐渐地,他的思想在更为发达的社会现实面前发生了转变。围绕物质利益问题和工人阶级状况,他先后

_____

① 《马克思恩格斯全集》第 1 卷,人民出版社 1995 年版,第 295 页。

撰写了多篇文章在《莱茵报》上发表，与此同时，他开始大量学习资产阶级经济学家的著作，阅读大量的社会主义文献，立场开始逐步向唯物主义和共产主义转变。其实马克思恩格斯在科伦的第一次会面之所以没有迸发出友谊激情，除了存在关于"自由人"团体的误会外，另外一个重要原因是两个人的科学世界观都处于形成阶段，他们之间的共同语言有限，然而随着学习研究的深入以及系列文章的发表交流，志同道合之人就会在茫茫人海中发现闪耀光芒的对方，于是才有了二人第二次在巴黎会面时的一见如故。

作为报纸的编辑，马克思非常清楚办报方向必须紧贴社会现实，而具体价值取向上却始终坚持广大人民的利益，他从普遍理性的角度出发认为人民不应该受到不公正待遇，这势必会触犯当权者和既得利益者。正是因为敢于揭露政府当局的问题，莱茵报及其主编受到了莱茵省总督的格外关照，认为它"变得越来越恶劣，越来越敌视政府了"。于是官方开始加大检查力度，对其施加压力迫使其改变办报方向，放弃对政府的敌意。但是马克思不为所动，而是与之展开了斗智斗勇抗争。普鲁士政府不得不用最后一招，查封报纸。1843 年 1 月普鲁士政府召开内阁会议决定查封《莱茵报》，为了照顾股东们的利益，明确将在这一年的 3 月31 日停止刊发报纸。当《莱茵报》被宣判死刑后，很多民众进行请愿，摩塞尔地区的 52 名葡萄酒酿造者联名请愿，他们说：《莱茵报》关于我们地区和我们贫困的状况讲的都是真话，而这些真话再也不能讲了。1 月 30 日，民众在科伦举行集会向国王递交了取消查封令的请愿书，千余人在请愿书上签字。其他地方也有类似的请愿书纷纷寄往柏林，但是所有请求都无济于事。①

为了保住报纸，马克思以主动辞职承担起了所有责任。他在 1843 年3 月 18 日发表了一则简短的声明："本人因现行书报检查制度的关系，自即日起，退出《莱茵报》编辑部，特此声明。"② 马克思的离开使得书

---

① 参见张光明、罗传芳《马克思传》，天地出版社 2017 年版，第 43 页。

② 《马克思恩格斯全集》第 1 卷，人民出版社 1995 年版，第 445 页。

报检查官圣保尔终于松了一口气，他向上司报告说："整个报纸的精神领导者马克思博士昨天终于离开了编辑部。"虽然马克思离开了编辑部，但是他自己的事业也是全人类的事业才刚刚开始。离开《莱茵报》就意味着失去了工作，马克思意识到在国内创办刊物根本行不通。放弃战斗，或者是像布鲁诺·鲍威尔们那样躲进哲学抽象世界里孤芳自赏，这都是马克思无法接受的。最后马克思决定到国外去，继续创办刊物和改变现存世界的伟大事业。

如果说马克思在撰写博士学位论文期间政治维度还不是特别鲜明，他在《莱茵报》时期就彻底转向了外部的社会实践，开始真正全身心地投入到对普鲁士政府的现实的批判之中，他的这一时期的活动可以概括为"政治批判"。马克思《莱茵报》时期的"政治批判"以他在博士论文中形成的批判哲学为基础，以公民共和主义的自由观和国家观为尺度，对普鲁士国家的现实政治进行批判，目的在于对现有状况实现革命性改变。马克思所主张的公民共和主义来自于黑格尔伦理国家观的批判改造，只是活动场域从纯粹的理论领域转向了现实政治领域。但是马克思发现从黑格尔哲学出发的批判活动并不能从根本上解决问题，从而促使他再次回到理论领域，从哲学上对黑格尔的国家学说进行批判，由此，实现了从公民共和主义向民主社会主义的转变。但是现实物质利益难题又促使马克思对自己的哲学世界观进行深刻批判，如果不告别旧的哲学，就无法在改变世界的道路上更进一步。"对马克思来说，所谓自我批判，意味着对深入他内心的黑格尔哲学、自我意识的立场（鲍威尔、卢格、赫斯和费尔巴哈）以及法国的启蒙思想（与此相联系的唯物主义和无神论）这三个要素进行根本的批判，这是极为困难的事。"① 无论多么困难，马克思都不会放弃新世界观的探索与尝试，因为在他那里客观现实与理想信念之间存在着巨大的张力，二者之间尖锐的矛盾对立形成了强大的动力，驱使马克思势必要实现世界观的革命。

---

① ［日］城塚登：《青年马克思的思想——社会主义思想的创立》，尚晶晶、李成鼎等译校，求实出版社 1988 年版，第 45 页。

第二节 《德法年鉴》时期向唯物主义 和共产主义的转变

马克思的科学世界观首先体现为科学的社会历史观，他是在探索解答社会现实问题的过程中形成的根本性的立场和观点，表现为对人类社会及其历史本质及规律的探索。到了 19 世纪时，哲学的基本问题已经演变到了社会历史问题阶段，人们开始深入研究思考自身形成的社会及其历史发展的根本问题了，对这个问题的求解也就诞生了历史唯物主义哲学。以往的历史上的哲学本体研究对于新哲学的形成当然至关重要，具有基础性作用，马克思的历史唯物主义哲学仍然延续着哲学研究的基本范畴，但是由于研究对象聚焦到了社会历史之上，因此，这一新型哲学又需要新质内容的注入，而这种新质内容就是已经诞生了数百年之久的空想社会主义思想。"这些早期社会主义者，同样从启蒙思想出发，但比马克思早一步，虽然是不自觉地，但是还是突破了启蒙思想的束缚，要求实质上的自由和平等，并从这一立场出发，抨击近代社会的弊端，考察社会历史，尽管是含混不清地，但是还是把握了社会的辩证的运动。他们把现代看成是过渡的时期，进而试图通过根本变革经济制度，使其有组织化，来克服近代社会的非人的状态。这些早期社会主义思想，无疑会使马克思产生强烈的共鸣，在明确前进方向等若干问题上，一定会对马克思有所启发。"① 空想社会主义并不能完全划归哲学范畴，但是它如果没有哲学理论作为支撑，就始终无法脱离"空想"的藩篱，就无法实现向科学理论的跃升。对哲学而言，科学解决社会本质及发展规律问题是其终究要完成的一个任务，历史唯物主义哲学就是为完成这个任务而诞生的。

从 1843 年 10 月底到 1845 年 2 月初，马克思在巴黎居住了 15 个月，

---

① ［日］城塚登：《青年马克思的思想——社会主义思想的创立》，尚晶晶、李成鼎等译校，求实出版社 1988 年版，第 86 页。

在这段时期内他完成的标志性工作是出版《德法年鉴》，故称这段时间为《德法年鉴》时期。恩格斯晚年撰写的《马克思，亨利希·卡尔》一文中曾这样记述："1843年秋，这一对年轻的夫妇来到巴黎，在这里马克思开始同卢格一起出版'德法年鉴'，但是该杂志仅出版了一期；杂志之所以停刊，部分是由于它在德国的秘密传播遇到很大困难，部分是由于在两位编辑之间很快暴露出原则性的分歧。卢格仍然保持黑格尔哲学和政治上的激进主义的路线，马克思则热心地研究政治经济学、法国社会主义者和法国历史。结果马克思转向了社会主义。"① 马克思自己回忆说："另一方面，在善良的'前进'愿望大大超过实际知识的当时，在《莱茵报》上可以听到法国社会主义和共产主义的带着微弱哲学色彩的回声。我曾表示反对这种肤浅言论，但是同时在和奥格斯堡《总汇报》的一次争论中坦率承认，我以往的研究还不容许我对法兰西思潮的内容本身妄加评判。我倒非常乐意利用《莱茵报》发行人以为把报纸的态度放温和些就可以使那已经落在该报头上的死刑判决撤销的幻想，以便从社会舞台退回书房。"② 退出《莱茵报》为马克思深入研究各种社会主义思想、形成科学世界观提供了良好时机。

一　在克罗茨纳赫撰写《黑格尔法哲学批判》

即便被迫退出了《莱茵报》，马克思也决不向反动的制度妥协，他决心到国外去继续创办刊物向丑陋的制度开火，到没有书报检查制度的地方继续从事自由报刊工作。应青年黑格尔派领袖人物卢格的邀请，他最后决定到法国巴黎继续创办刊物。不过在动身之前，马克思有两件大事要做，一个是与燕妮完婚，另一个是对自己先前信奉的黑格尔哲学进行反思与批判。

在现实世界中，那些天才人物往往被视为傻瓜和疯子，不被世人所理解，没有家人亲朋的陪伴，最终深陷痛苦而崩溃，与马克思几乎同一

---

① 《马克思恩格斯全集》第22卷，人民出版社1965年版，第393页。
② 《马克思恩格斯选集》第2卷，人民出版社2012年版，第2页。

时代的几位伟大人物深陷痛苦生活，甚至被自己猛烈的思想摧毁了肉体，比如荷尔德林和尼采。荷尔德林和尼采只能独自承受着思想重压，孤独地生活在没有温暖和快乐的世界里，直至陷入疯狂。与他们相比马克思是幸福的，正如他所从事的是人类幸福的事业一样，他和他的哲学思想乐观向上而健康全面。马克思一生颠沛流离，常年寓居伦敦，但是这并不意味着马克思一生不幸，恰恰相反，马克思有现实的物质基础为他的事业提供帮助和支撑，有知心挚友恩格斯，还有幸福美满的家庭。马克思能够为自己心爱的事业全身心地工作，拥有着无比幸福的人生。

早在上大学时马克思就与少年时的玩伴、长他四岁的燕妮私订终身。燕妮全名为燕妮·冯·威斯特华伦，出身贵族，父亲路德维希·冯·威斯特华伦是特里尔城的枢密官，燕妮是特里尔城之花，有众多追求者，但是她却独具慧眼看出马克思具有出众才华并与之私订终身。梅林在《马克思传》中写道："马克思的订婚，虽然看起来也是学生时代的一种轻率的举动，实际上却是这位天生的领袖所获得的第一个最辉煌的胜利。"60年后马克思的女儿爱琳娜评价父母的婚事时写道："可以毫不夸张地说，没有燕妮·冯·威斯特华伦，就不会有今天的卡尔·马克思。"1843年6月19日，马克思与燕妮在克罗茨纳赫结婚，从那时起燕妮就把自己的生命同马克思紧紧联系在一起，忠实于他与他的事业，分担他的压力与痛苦。

马克思和燕妮都出身上层社会家庭，他们有着优越的社会资源，加上本人又博学睿智，倘若愿意他们可以一生前程似锦、锦衣玉食。但是马克思却选择了一条最为崎岖的道路，而在这条道路上燕妮始终陪伴在他左右，是他最为有力的战友、助手甚至是家长。如果说尼采对现实的不妥协导致自己发疯，而马克思对现实的不妥协则使他改变了世界，这里面燕妮功不可没，她是马克思一生的精神支柱。

新婚的幸福为马克思的思想探索注入了更多的动力，在克罗茨纳赫他系统地对黑格尔学说进行了批判，撰写了《黑格尔法哲学批判》。马克思通过详细的研究，力图揭示在黑格尔那里市民社会是用什么样的方式发展成政治国家的，黑格尔的说明方法错误在哪里，以对黑格尔唯心主义国家观进行彻底的批判。其实，自从退出《莱茵报》编辑部以后，这一段时间是马克思告别黑格尔哲学、接受费尔巴哈哲学的时期，他开始清算自己的唯心主义思想，即国家理念、法的精神等。"马克思在《黑格尔法哲学批判》中，由于知识准备的不足而未能对市民社会和国家的关系进行更为具体的分析，这成为他加紧研究历史和政治方面著作的动因。"① 在克罗茨纳赫时，马克思就开始广泛研究前人的作品，通过对 22 位作家的 24 部著作阅读研究，写下了厚厚的 5 册题为"历史—政治"的读书摘录，这一手稿通常被称为《克罗茨纳赫笔记》。

通过对世界史特别是法国革命史的研究，马克思解决了两个重大的问题。一是现代代议制国家的起源和局限性问题。从发展历史的角度而言，代议制是新兴资产阶级与王权和封建贵族达成妥协的产物，它并不是人民主权的表现，是新兴财产所有者实现统治的政治形式。二是阶级利益和所有制的历史联系问题，所有制在于实现阶级利益，特定阶级通过革命废除旧的所有制来确立本阶级的所有制，而革命阶级通常在维护特殊利益的基础上一定程度上代表了普遍利益，但是普遍利益最终要让位于阶级特殊利益。以往的政治革命无不是一种私有制形式取代另一种私有制而已，资产阶级革命并没有实现人类的自由和平等，这就促使马克思思考更为彻底的解放问题，自然就转到了对共产主义的研究上来。同时，他也看到了阶级斗争即所有制的代表者是推动社会变革的主要动力，也就促使他寻找能够实现新型社会的现实力量。通过对国家和政治历史的研究，马克思对国家的本质有了更为深刻的认识，对求解人类社会发展规律的路径有了重新的思考。

在他看来，国家理性绝非市民社会的先验基础，相反，市民社会本身即居民现实生活中的不同物质利益领域，才是国家的现实基础。正如恩格斯后来所说："马克思从黑格尔的法哲学出发，得出这样一种见解：要获得理解人类历史发展过程的锁钥，不应当到黑格尔描绘成'大厦之

---

① 孙伯鍨、侯惠勤主编：《马克思主义哲学的历史和现状》上卷，南京大学出版社 2004 年版，第 59 页。

顶'的国家中去寻找，而应当到黑格尔所那样轻蔑的'市民社会'中去寻找。"① 这句话指出了马克思对黑格尔国家学说进行批判研究的主要思想成果。

黑格尔在《法哲学原理》中声称，市民社会是由生理的和伦理精神的直接实体——家庭分裂而产生的，不过是包含在国家中的中间的媒介状态。市民社会是追求满足自己需要的个人的集合，不外是需要的体系。但是如果任由市民社会发展下去，不得不陷入放纵和悲惨的境地，陷入丧失自然的伦理精神的境地。于是，需要有若干普遍物，提供给各个个人的意识，首先，被设定为抽象普遍物的法律秩序——司法是维持经济秩序的基础。然而，这种法律不过是一种形式上的普遍，以便作为充分满足各人欲望不受妨碍的权利，受到普遍的承认。所以，当个人追求具体福利时，由于残存在经济社会的许多偶然性，遗留了一些单凭法律还不足以解决的问题。这时便需要一种凌驾于抽象普遍的法律之上的机构来处理这些问题。诸如警察、经济管理、教育、社会保障等机构起到了指导和监督的作用，这些便是国家行政机构。于是，国家行政便把市民社会的特殊包含在国家的普遍之下。而且黑格尔主张，行政需要官厅的组织分工，由实行普遍等级制的官吏从事政治活动，即官僚政治。

马克思对官僚政治进行了深刻揭露和批判："官僚机构的普遍精神是秘密，是奥秘。保守这种秘密在官僚界内部是靠等级制组织，对于外界则靠它那种闭关自守的公会性质。因此，公开的国家精神及国家的意图，对官僚机构来说就等于出卖它的秘密。因此，权威是它的知识原则，而崇拜权威则是它的思想方式。但在官僚界内部，唯灵论变成了粗劣的唯物主义，变成了盲目服从的唯物主义，变成了对权威的信赖的唯物主义，变成了例行公事、成规、成见和传统的机械论的唯物主义。就单个的官僚来说，国家的目的变成了他的个人目的，变成了他升官发财、飞黄腾达的手段。"② 马克思认为，黑格尔将官僚政治理想化了，不能将其看作

① 《马克思恩格斯全集》第16卷，人民出版社1964年版，第409页。
② 《马克思恩格斯全集》第1卷，人民出版社1956年版，第302页。

国家和市民社会的媒介，另外黑格尔所主张的等级和国会也无法作为国家与市民社会的媒介，实际上，国家与市民社会是完全分离的。

黑格尔之所以将官僚政治、国会、等级制等看作市民社会的媒介，是因为他对现实政治的屈服与妥协，体现的是用观念解释现实的唯心主义立场。正如马克思所强调的那样："重要的是黑格尔在任何地方都把理念当做主语，而把真正的现实的主语……变成了谓语。"① 黑格尔把国家的抽象规定作为主语，把现实存在的国家作为谓语附加在后面，在他看来，"具有哲学意义的不是事物本身的逻辑，而是逻辑本身的事物"，"不是用逻辑来论证国家，而是用国家来论证逻辑"。② 这种用观念代替现实的做法，势必会忽视现实的发展，只会先验地对现实高唱颂歌，而不可能对不合理的现实进行深刻的批判。

马克思认为："黑格尔之所以这么做，是因为他想给抽象的实体、理念写传记，于是人的活动等等在他那里就一定变成其他某种东西的活动和结果，其次是因为黑格尔想使人的本质作为某种想象中的单一性来单独活动，而不是使人在其现实的人的存在中的活动。"③ 此时的马克思依然是借助费尔巴哈的"人本主义"立场来对黑格尔哲学进行批判。费尔巴哈在《关于哲学改造的临时纲要》中主张，可以采用将谓语颠倒成主语的方法实现对黑格尔哲学的批判。新哲学的任务是，将黑格尔抽象到人外部的本质还给人自身。但是马克思毕竟迈出了对黑格尔哲学进行批判从而实现了自我批判的第一步，弄清了黑格尔想要依靠现在形式的国家来调解市民社会中的物质利益冲突，并由此铲除各种社会弊端，只不过是一种幻象而已，并不能真正实现。

二 《德法年鉴》的出版与马克思恩格斯在巴黎会面

阿尔诺德·卢格是青年黑格尔派中的政治哲学首倡者，政治哲学批判第一人，他使青年黑格尔派从理论转向实践，从宗教批判转向政治批

---

① 《马克思恩格斯全集》第 1 卷，人民出版社 1956 年版，第 255 页。
② 《马克思恩格斯全集》第 1 卷，人民出版社 1956 年版，第 263 页。
③ 《马克思恩格斯全集》第 1 卷，人民出版社 1956 年版，第 292 页。

判。他的思想对马克思影响较大。1841 年，卢格出版的《哈雷年鉴》被普鲁士政府强行勒令检查，为了躲避检查，卢格将杂志改名为《德国年鉴》并将编辑部迁至德勒斯顿，到 1843 年《德国年鉴》再次被禁止发行。于是卢格与马克思商议到国外出版一种新的杂志，马克思认为德国人民是擅长思考的民族，而法国人则以行动见长，应该将二者的优长结合起来，实现理论与实践的统一，就会使人摆脱民族狭隘性，从而具有国际视野。于是他们就将刊名定为《德法年鉴》，出版地定在法国巴黎。①

　　实际上，创办一个报刊要远比当报纸主编复杂得多，因为前者要涉及更多工作内容，比如要筹措出版经费，报纸由卢格出资 6000 塔勒作为股金才得以运行出版。但是更为根本的问题是卢格与马克思在办报指导思想上存在差异，虽然他们都主张根据费尔巴哈人道主义原则改造社会，实现哲学和政治的结合。但是在如何改造、改造程度上却有着本质的区别。卢格属于资产阶级民主主义者，他主张通过普及教育改变社会、改造人的精神，而马克思则主张只有通过革命才能改造现实。马克思在1843 年 9 月写给卢格的信中说："新思潮的优点又恰恰在于我们不想教条地预期未来，而只是想通过批判旧世界发现新世界。以前，哲学家们把一切谜底都放在自己的书桌里，愚昧的凡俗世界只需张开嘴等着绝对科学这只烤乳鸽掉进来就得了。而现在哲学已经世俗化了，最令人信服的证明就是：哲学意识本身，不但从外部，而且从内部来说都卷入了斗争的漩涡。如果我们的任务不是构想未来并使它适合于任何时候，我们便会更明确地知道，我们现在应该做些什么，我指的就是要对现存的一切进行无情的批判，所谓无情，就是说，这种批判既不怕自己所作的结论，也不怕同现有各种势力发生冲突。"② 这体现出的马克思敢于向整个旧世界彻底宣战，敢于破除一切不切实际的教条，是其最终能够超越费尔巴哈的根本所在，而这一点恰恰是他与卢格的本质区别。

---

　　①　孙伯鍨、侯惠勤主编：《马克思主义哲学的历史和现状》上卷，南京大学出版社 2004年版，第 50—51 页。

　　②　《马克思恩格斯文集》第 10 卷，人民出版社 2009 年版，第 7 页。

1844 年 2 月《德法年鉴》第一、第二期合刊出版，刊出了一批著名德国作家的作品，有诗人海涅、海尔维格，政论家约翰·雅科比、莫泽斯·赫斯等人的作品，恩格斯发表的文章是《政治经济学批判大纲》。马克思本人发表了三封通信、两篇论文。《德法年鉴》出版后因其丰富的思想、犀利的观点和精彩的语言等引起了广泛反响，在巴黎的德国侨民几乎人手一册，而德国国内的人也希望能够看到这份刊物，这对于普鲁士政府而言可不是什么好消息，政府官员们如临大敌、严防死守，在边境线上查收了大量准备销往德国境内的报刊。由于出版人、撰稿人和出版经费等问题，加之马克思与卢格之间存在分歧，《德法年鉴》实际上只出版了一期就停刊了。马克思和燕妮就此居住在法国巴黎。马克思同科伦的朋友们仍然保持良好的关系，他们给他寄去了一千塔勒，这就大大帮助了马克思，使他能够在一年时间里获得丰硕的成果。①

1844 年 8 月马克思与恩格斯在巴黎会面，这是他们之间的第二次会面，与第一次的冷淡氛围不同，这次会面友好而热烈。恩格斯的《政治经济学批判大纲》发表在《德法年鉴》上，文章中所提出的资本主义私有财产是资本主义社会矛盾问题的根源对马克思触动很大，启发这位哲学专业出身的革命学者开始认真审视自己的学术研究方向。在巴黎这段时间里，马克思勤奋地研读了政治经济学经典文献，如亚当·斯密的《国民财富的性质和原因的研究》、大卫·李嘉图的《政治经济学及赋税原理》以及萨伊、西斯蒙第、詹姆斯·穆勒等经济学家的作品。当然，马克思的《论犹太人问题》《〈黑格尔法哲学批判〉导言》等作品也势必对恩格斯产生很大的影响，否则他也就不会专程从英国到巴黎来与马克思见面，实际上，恩格斯从马克思那里感受到了更为严密的分析、更为深邃的思想，这些是恩格斯以及其他学者无法企及的。极富才华的两个年轻人有着共同的价值理念和人生追求，他们的见面注定会成为历史性时刻，他们在法兰西剧院对面的摄政咖啡馆里的会面成为马克思主义诞生的奠基礼。

---

① ［德］弗·梅林：《马克思传》，樊集译，人民出版社 1965 年版，第 103 页。

马克思恩格斯在他们接下来的人生岁月里，围绕着人类解放这一伟大事业而不懈奋斗，他们不分彼此共同奋斗。恩格斯曾说自己是马克思的"第二个自我"，在两人的革命生涯中，恩格斯始终把自己看作马克思的战友、助手，在其高兴时一起分享喜悦，在其受到攻击时进行防卫和反击，在其经济拮据时又无偿寄来英镑。马克思去世后，恩格斯放下自己的研究整理出版了《资本论》第二卷、第三卷。马克思恩格斯虽然在研究领域有所分工和侧重，但是他们具有一致的世界观方法论，具有一致的价值立场和目标指向，他们的学说思想是一个有机的整体。在相濡以沫的革命生涯中，他们深入研讨、彼此交流、相互启发，虽然很多作品都是他们独立署名，但却是他们共同思想的结晶。正是因为他们之间的齐心合作，马克思主义才得以诞生。

三　费尔巴哈的唯物主义及其解放作用

1843 年是马克思恩格斯极其困惑的一年。"通过自由报刊诉诸理性的努力失败了，哲学借以对世界发生作用的杠杆断裂了，理性和现实之间的巨大矛盾出现了。"① 正是在这种思想困惑中，马克思恩格斯接触到了费尔巴哈的哲学思想，并很快进行吸收运用。费尔巴哈的唯物主义哲学是马克思恩格斯走出黑格尔哲学的重要扶手，也是创立马克思主义哲学的重要理论来源。

费尔巴哈也是德国人，1841 年，他创作《基督教的本质》对基督教进行了严厉批判，在社会上产生了很大影响。而让马克思感到异常兴奋的是他发表于 1843 年的《未来哲学原理》和《关于哲学改造的临时纲要》，费尔巴哈的人本唯物主义深刻打动并启发了他。马克思写道："反宗教的批判的根据是：人创造了宗教，而不是宗教创造人。就是说，宗教是还没有获得自身或已经再度丧失自身的人的自我意识和自我感觉。但是，人不是抽象的蛰居于世界之外的存在物。人就是人的世界，就是

———————

① 孙伯鍨、侯惠勤主编：《马克思主义哲学的历史和现状》上卷，南京大学出版社 2004 年版，第 48 页。

国家，社会。这个国家、这个社会产生了宗教，一种颠倒的世界意识，因为它们就是颠倒的世界。宗教是这个世界的总理论，是它的包罗万象的纲要，它的具有通俗形式的逻辑，它的唯灵论的荣誉问题……它的狂热，它的道德约束，它的庄严补充，它借以求得慰藉和辩护的总根据。宗教是人的本质在幻想中的实现，因为人的本质不具有真正的现实性。因此，反宗教的斗争间接地就是反对以宗教为精神抚慰的那个世界的斗争。"① 神的本质不外是人的本质，宗教无非是人的本质的异化，在消解神学的过程中树立起了人学。

费尔巴哈哲学的出发点是感性的人，而他认为黑格尔的绝对精神不过是从人当中抽象出来并与之分离的精神而已。这对于之前一直处于唯心主义哲学之中的马克思而言无疑是极具启发性的。

费尔巴哈从感性的人出发，并赋予了感性个体基本规定："第一，精神和肉体、理性和欲望的统一，由此引申出人和自然相统一的哲学原则；第二，个体和类的统一，由此引申出人和人相统一的哲学原则；第三，作为认识主体和作为感性对象的统一，由此引申出理论和实践相统一的哲学原则。"② 从这些基本的前提出发，就能够得出改革哲学的三个最重要的结论，一是主谓颠倒，因为是主体和本体派生出了理性，而不是如黑格尔哲学所讲的那样是理性派生出感性，所以只要将思辨哲学颠倒过来就能够得到纯粹的、显明的真理。二是揭露并消除人的本质的异化。异化的本质就在于人的类本质和人的感性存在的分离，而消除异化实现人的类本质的唯一途径就是重建人的社会共同体。三是德法联盟，将思维和直观结合起来就能够得到生活的真理，要将善于思维的德意志民族与善于实践的法兰西民族结合起来，形成实践哲学的社会力量。

总而言之，费尔巴哈提出了哲学变革的新方向，用"主谓颠倒"的方法批判改造黑格尔哲学，用人本主义异化的方法论证社会主义的

---

① 《马克思恩格斯文集》第 1 卷，人民出版社 2009 年版，第 3 页。

② 孙伯鍨、侯惠勤主编：《马克思主义哲学的历史和现状》上卷，南京大学出版社 2004 年版，第 49—50 页。

必然性，用德法联盟的方法组织实践哲学的社会力量。费尔巴哈批判并试图超越黑格尔哲学的新思想，给深受黑格尔哲学世界观困扰的马克思恩格斯极大的启发，他们的哲学思想在 1843 年这一年发生了巨大转变。

四　关于无产阶级实现人类解放的探索

马克思发表在《德法年鉴》上的文章，分别是《论犹太人问题》和《〈黑格尔法哲学批判〉导言》，标志着他向共产主义和唯物主义转变的完成。这两篇文章是马克思对黑格尔法哲学批判这一主题的深化。

犹太人在以基督教为国教的德国一直受到政治歧视，鲍威尔作为青年黑格尔派的代表对犹太人的解放发表了自己的观点，认为犹太人只有放弃犹太教才能获得真正的自由，才能获得与其他德国人一样平等的权利。同时德国也只有摆脱基督教才能成为真正的国家。马克思则认为，真正的解放并不在于宗教是否存在，而在于是否将宗教与国家相分离，恰恰是解放程度较低的德国尚处于神学批判的维度，而北美自由州已经获得真正意义上的政治解放，宗教信仰反而产生出生机勃勃的力量。当然，马克思并没有止步于政治解放，而是更深入地讨论了人的解放。他指出："真理的彼岸世界消逝以后，历史的任务就是确立此岸世界的真理。人的自我异化的神圣形象被揭穿以后，揭露具有非神圣形象的自我异化，就成了为历史服务的哲学的迫切任务。于是，对天国的批判变成对尘世的批判，对宗教的批判变成对法的批判，对神学的批判变成对政治的批判。"①

马克思认为市民阶级即资产阶级革命所实现的仅仅是"政治解放"，远没有达到彻底的"人类解放"。资产阶级的政治革命摧毁了教会、贵族和行会特权等，实现了政治生活要素和私人生活要素的彻底分离，分离出了作为公共生活领域的政治国家和作为私人生活领域的市民社会。通过"政治解放"消灭了政治特权阶层，使政治生活成为具有普遍性质

---

① 《马克思恩格斯文集》第 1 卷，人民出版社 2009 年版，第 4 页。

的公共生活领域，这是前所未有的，从而使人的解放达到了空前的高度。"政治解放"消除政治特权的同时却没有真正实现人的平等，市民社会中人的现实差距反而日益扩大，资本主义国家的自由平等实际上成为与现实相脱节的空洞虚幻的东西。新的社会生活中的经济等级制取代了原来的政治等级制，政治领域中的完美和人性化如同宗教一般，不过是对现实生活中的苦难和非人化的精神慰藉而已。"的确，路德战胜了虔信造成的奴役制，是因为他用信念造成的奴役制代替了它。他破除了对权威的信仰，是因为他恢复了信仰的权威。他把僧侣变成了世俗人，是因为他把世俗人变成了僧侣。他把人从外在的宗教笃诚解放出来，是因为他把宗教笃诚变成了人的内在世界。他把肉体从锁链中解放出来，是因为他给人的心灵套上了锁链。"① 实际上，政治解放彻底打碎了束缚市民利己主义精神的羁绊，解放了的个人名正言顺地成为脱离社会共同体的利己主义，私人利益和私人权利反倒成为神圣不可侵犯的东西。政治国家所保护的人权，实际上成为利己主义个人的权利，自由成为狭隘自私的、封闭在自身中的个人权利，财产权则是根据私利而不受社会束缚随意使用和处理财产的权利，平等无非是把人同等地看作孤独的单子。在现代资本主义国家中，公共生活、政治共同体都在服务于个人利益，公民成为私人的奴仆。因此，人的解放并不仅仅是从神权、王权中解放出来，更重要的是要消灭世俗生活中的神，消灭私有财产和金钱的统治。

对于建立新世界的基本原则，马克思认为应从现存事实出发，而绝不以教条式的原理去面对新世界。空想社会主义者同样批判旧世界，但是在如何实现新世界的途径上却存在唯心主义弊端，即用某种抽象的原则如平等、正义等来明确自己的目标，如此以来改变现实的运动在现实中无从作起，也就成为一种观念的运动。"批判的武器当然不能代替武器的批判，物质力量只能用物质力量来摧毁；但是理论一经掌握群众，也会变成物质力量。理论只要说服人［ad hominem］，就能掌握群众；而理论只要彻底，就能说服人［ad hominem］。所谓彻底，就是抓住事物的根

---

① 《马克思恩格斯文集》第 1 卷，人民出版社 2009 年版，第 12 页。

本。而人的根本就是人本身。"① 马克思在强调人的本质的同时，也努力寻找现实的革命力量，寻找能够承担革命重任的阶级，寻找德国解放的实际可能性到底在哪里的答案。虽然这时的马克思尚不具备全面的经济学知识，也没有形成科学的社会历史观，但是他已经敏锐觉察到无产阶级在完成历史任务中的重大作用。"就在于形成一个被彻底的锁链束缚着的阶级，即形成一个非市民社会阶级的市民社会阶级，一个表明一切等级解体的等级；一个由于自己受的普遍苦难而具有普遍性质的领域，这个领域并不要求享有任何一种特殊权利，因为它的痛苦不是特殊的无权，而是一般无权，它不能再求助于历史权利，而只能求助于人权，它不是同德国国家制度的后果发生片面矛盾，而是同它的前提发生全面矛盾，最后，它是一个若不从其他一切社会领域解放出来并同时解放其他一切社会领域，就不能解放自己的领域，总之是这样一个领域，它本身表现了人的完全丧失，并因而只有通过人的完全恢复才能恢复自己。这个社会解体的结果，作为一个特殊等级来说，就是无产阶级。"②

在无产阶级实现解放的途径上，马克思仍然以思辨的方式进行处理。"哲学把无产阶级当做自己的物质武器，同样，无产阶级也把哲学当做自己的精神武器；思想的闪电一旦彻底击中这块素朴的人民园地，德国人就会解放成为人。"③ 马克思仍然将解放的途径寄托在哲学上，只是对于何种哲学才能完成这个重任呢，还需要他们进行艰辛的探索。

在马克思进行哲学理论探索的同时，他也已经开始了深入社会的具体实践，在工业更为发达的法国，他亲自参加了工人起义运动，在与工人们进行深入接触和联系之后，他充分认识到了无产阶级伟大的创造力量，从而在对革命性质的认识上更加深刻了，认为无产阶级的解放不能停留于政治革命，而应该是更为深刻的社会革命。在《评"普鲁士人"的"普鲁士国王和社会改革"一文》中，马克思写道："无产阶级如果在政治范围内思考问题，那它就会认为一切罪恶的根源都在于意志，认

① 《马克思恩格斯文集》第 1 卷，人民出版社 2009 年版，第 11 页。
② 《马克思恩格斯全集》第 1 卷，人民出版社 1956 年版，第 466 页。
③ 《马克思恩格斯文集》第 1 卷，人民出版社 2009 年版，第 17—18 页。

为全部有效的办法就在于使用暴力，在于把这种或那种特定的国家形式推翻。法国无产阶级最初的起义就是证明。里昂的工人们以为自己追求的只是政治的目的，以为自己只是共和国的战士，可是事实上他们却是社会主义的战士。"① 无产阶级必须充分认清自己的历史使命，丢掉所谓的政治理智才能实现真正的社会革命，才可以承担资本主义制度掘墓人和新社会制度创造者的伟大历史责任。

五 《1844 年经济学哲学手稿》构成新世界观的最早雏形

1844 年 5 月底 6 月初到 8 月，马克思撰写了《1844 年经济学哲学手稿》（以下简称《1844 年手稿》），它是马克思主义形成过程中的一部重要作品，具有明显的过渡性质，是马克思主义各个组成部分的首次综合和作为完整体系的最早雏形。作为手稿，这部作品在马克思恩格斯生前都未发表，到了 1932 年才在苏联全文发表出来，在世界范围内引起了广泛关注。西方学者认为它是马克思最为优秀的作品，充分体现了马克思的人文主义精神。在这部作品中，体现出了鲜明的费尔巴哈的人本主义思想，以抽象的人的本质为评判尺度和最高标准，还未形成科学的评判尺度。

《1844 年手稿》中的重要思想是异化劳动理论，异化劳动以对象化为前提，反映出了工人劳动对工人本身的制约。"工人对自己的劳动的产品的关系就是对一个异己的对象的关系。因为根据这个前提，很明显，工人在劳动中耗费的力量越多，他亲手创造出来反对自身的、异己的对象世界的力量就越强大，他自身、他的内部世界就越贫乏，归他所有的东西就越少。工人把自己的生命投入对象；但现在这个生命已不再属于他而属于对象了。因此，这种活动越多，工人就越丧失对象。凡是成为他的劳动的产品的东西，就不再是他自身的东西。因此，这个产品越多，他自身的东西就越少。工人在他的产品中的外化，不仅意味着他的劳动成为对象，成为外部的存在，而且意味着他的劳动作为一种与他相异的

---

① 《马克思恩格斯全集》第 1 卷，人民出版社 1956 年版，第 486 页。

东西不依赖于他而在他之外存在，并成为同他对立的独立力量；意味着他给予对象的生命是作为敌对的和相异的东西同他相对立。"①

　　劳动的产品不依赖于生产者的力量，作为异己存在物同劳动相对立；劳动对工人而言成为外在的东西，工人的劳动不是体力和智力的自由发挥，反而使自己的肉体受到折磨、精神受到摧残；人与自己的类本质产生了异化，原本是生命活动的劳动却成为维持肉体生存需要的一种手段；进而在人与人之间产生了异化，人与人的本质相异化。异化劳动理论使马克思得出了革命的结论，社会从私有财产的解放，从奴役制的解放，是通过工人解放这种政治形式表现出来的，整个人类奴役制就包含在工人同生产的关系中。这意味着，异化劳动理论体现了马克思与其他人本学、人道主义的区别，即便深受费尔巴哈人本主义的影响，也依然突出了与众不同的唯物史观因素。

　　《1844年手稿》中借助异化劳动理论，从哲学上证明了消除异化劳动、扬弃私有财产从而实现共产主义的历史必然性。要消除社会根本矛盾，就只有消灭私有制，实现共产主义。"共产主义是对私有财产即人的自我异化的积极的扬弃，因而是通过人并且为了人而对人的本质的真正占有；因此，它是人向自身、也就是向社会的即合乎人性的人的复归，这种复归是完全的复归，是自觉实现并在以往发展的全部财富的范围内实现的复归。这种共产主义，作为完成了的自然主义，等于人道主义，而作为完成了的人道主义，等于自然主义，它是人和自然界之间、人和人之间的矛盾的真正解决，是存在和本质、对象化和自我确证、自由和必然、个体和类之间的斗争的真正解决。"② 共产主义当然是要消灭私有制，但是其内在规定性远远超过对私有制的消灭，它是人类理想状态的运动，目的是全面自由发展的人的自我生成。从方向性质上而言是正确的，但是论证带有理想性，没有完全建立在科学的基础上。这里一定要注意，马克思一开始就反对用抽象的原则作为共产主义的基础，比如平

① 《马克思恩格斯文集》第1卷，人民出版社2009年版，第157页。
② 《马克思恩格斯文集》第1卷，人民出版社2009年版，第185页。

等、平均分配等。当时的平均共产主义虽然否定私有财产，但是却把共产主义建立在否定个性和文明、禁欲和普遍贫穷的基础之上，这只不过是把私有财产普遍化、平均化而已，并没有超越私有财产的水平，甚至是私有财产的倒退。在马克思看来共产主义应该建立在丰富的个性和雄厚的物质的基础之上，是实现人自由而全面发展的崇高社会目标。

马克思对异化的分析和论述，已经克服了黑格尔唯心主义哲学，又超越了费尔巴哈价值观的唯物主义，从历史形成的角度来分析异化问题，并以发展的眼光指出在未来的共产主义社会将实现异化的消除，实现人的自由全面发展。此时的马克思已经从革命民主主义者转变为致力于实现人的政治、社会和精神彻底解放的共产主义者。只是马克思仍然从人道主义的角度来定义共产主义社会，社会生产方式的范畴还未成为他观察分析社会的决定因素。

如果对比成熟完善的历史唯物主义理论，《1844年手稿》的内容充满了人道主义色彩，在语言风格上表现出了黑格尔和费尔巴哈的鲜明特征，人的本质这一尺度更是显现出了某种超历史的抽象的性质，但是这部作品却真实记录了马克思思想发展的历程，也深刻揭示了历史唯物主义理论体系中具有的鲜明人道主义情愫，只是随着马克思思想的成熟完善，他自己逐渐深刻认识到人道主义并不能解决实际问题，若要改变现实世界必须让自己的哲学思想更进一步，所以在后来的作品中马克思不再对人道主义进行过多着墨，但是人道主义成为他学术研究和革命实践的本质内涵，转化为了潜在语境。

在《1844年手稿》中明显可以看出德国古典哲学、英法古典政治经济学和空想社会主义思想融合的痕迹，马克思正在把这些当时欧洲最先进的社会科学思想汇合纯化为一个新的体系，它折射出了马克思主义哲学诞生前的阵痛和无产阶级世界观的真实思想过程。

在《德法年鉴》时期，马克思的哲学世界观已经发生了重大转变，主要标志是无产阶级历史使命的发现，以及经济生活中的异化在全部非人化现象中的决定意义的发现。但是这时马克思的思想仍然处于发展过渡阶段，他的历史唯物主义思想还被裹在人本主义的理论框架中，对共产主义的理论阐述充满了思辨性和伦理色彩。比如他借用费尔巴哈的"类本质"的概念，认为人的类本质是历史发展的真正动力，把无产阶级当作人的类本质的实际体现者，把消灭私有制看作人的类本质的复归，这意味着马克思还没有真正发现人类历史的发展动力，科学的哲学世界观仍然在形成之中。

在探寻社会发展动力与规律方面，恩格斯倒是最先涉及，他发表的《政治经济学批判大纲》代表着他已经着手政治经济学研究，对私有制的合理性进行质疑，并试图从私有制包含的矛盾及其历史发展论证其灭亡的必然性，当然，这篇文章只是初期的一种伟大尝试，远远未达到深入专业的研究，其重点在于揭露资本主义私有制的反人道性，这一局限几乎与马克思相一致，他们都深受费尔巴哈人道唯物主义的影响，若要在哲学世界观上进一步突破，就必须与费尔巴哈哲学进行彻底决裂。

第三节　告别旧哲学和对历史唯物主义 基本原理的系统阐述

1844 年 8 月，马克思与恩格斯在巴黎的咖啡馆里再次见面，并进行了热烈交谈，探讨各种理论和现实问题，他们的观点几乎完全一致，甚至是在用语上都达到了不谋而合的地步。实际上，他们是和而不同，马克思的理论思维更为深刻，而恩格斯更为敏锐，马克思善于进行深入的批判来把握事物的本质，而恩格斯总能迅速地发现新事物。在巴黎见面后，二人就筹划着写一本书对鲍威尔兄弟等青年黑格尔派分子进行批判，于是很快撰写了《神圣家族，或对批判的批判所做的批判。驳布鲁诺·鲍威尔及其伙伴》（以下简称《神圣家族》）。后来他们来到布鲁塞尔，又合著了《德意志意识形态》，系统阐发了历史唯物主义这一新的世界观。

一　《神圣家族》接近发现历史唯物主义

马克思的思想在不断向共产主义挺进，他昔日的好友即布鲁诺·鲍威尔兄弟等青年黑格尔成员却日益倒退，他们反对现实的政治革命，而宁愿躲到所谓的哲学领域进行"批判的批判"。"纯粹批判或批判的批判的立场就在于：从继承黑格尔哲学的绝对精神出发，批判现实的人——'群众'的自我欺骗和愚蠢。"① 马克思恩格斯是对鲍威尔等人进行批判，更是对自己头脑中残留的黑格尔唯心主义进行彻底的清算，对旧哲学的清算与新哲学的诞生是同一个过程，从《神圣家族》到《德意志意识形态》，马克思恩格斯最终确立了历史唯物主义哲学。

马克思与恩格斯在巴黎的第一次会面就决定要写一篇批判性的作品。两人明确写作主题及框架并进行了分工，恩格斯很快写完了自己的部分，而马克思却迟迟未能完成。但是最后当他拿出作品时却让恩格斯大吃一惊，竟然有数百页。实际上从大学时期开始，马克思写文章就养成了精研细琢的习惯，他总是就所写内容进行广泛深入调研，占尽一切资料之后再构思谋划，力求逻辑严密理论深刻。《神圣家族》已经不再是轻松诙谐的小册子了，而成为内容极为广泛的一部哲学著作。1845 年在法兰克福出版时，书名定为《神圣家族，或对批判的批判所做的批判。驳布鲁诺·鲍威尔及其伙伴》。"神圣家族"一词用以讽刺布鲁诺·鲍威尔等人，把他们比喻为高高在上、俯视人间的耶稣及其门徒。

他们批判了黑格尔的思辨哲学方法。"思辨方法的第一步是把概念实体化，使抽象概念成为脱离感性事物的独立实体，它决定感性事物的本质，而现实的感性事物则是它的样态。这样，现实存在的苹果、梨等就成了果实这个实体的虚幻的本质。思辨方法的第二步是把实体主体化，即把实体看作主体在自己的生命发展过程中自我设定的对象，不同的实体只是主体生命过程中千差万别的环节。例如'果实'一旦变为绝对主体之后，就把自己确定为苹果或梨，其差别只是'果实'的内在差别的实现。"② 思辨哲学方法承认"一般概念"的独立存在，并把它理解为普

---

① ［日］城塚登：《青年马克思的思想——社会主义思想的创立》，尚晶晶、李成鼎等译校，求实出版社 1988 年版，第 101 页。

② 孙伯鍨、侯惠勤主编：《马克思主义哲学的历史和现状》上卷，南京大学出版社 2004 年版，第 81 页。

遍性和特殊性的统一、实体和主体的统一，把"一般概念"看作内部过程和绝对的人格，因而它具备从自身创造出整个世界的一切条件。鲍威尔的历史观无非是黑格尔的翻版，根据思辨哲学的方法，他们把人类历史归结为自我意识的异化和扬弃的历史，归结为绝对精神在自身内的思辨循环。

布鲁诺·鲍威尔从精神同群众的对立出发，认为真理在历史中作为观念表现为自己，群众不能正确地掌握这种观念。群众只能根据实际利益来行动，以至于经常失败。人的意识未被物质利益所沾染，也只有这种精神才能正确把握观念，推动历史前进。所以，精神的真正敌人是群众，群众的政治运动是无法成功的历史活动。马克思恩格斯从历史事实出发进行了批判，他们认为只有建立在实际利益基础之上的运动才能成功，反之，建立在与实际利益想脱离的观念之上的运动都以失败而告终。"资产阶级在 1789 年革命中的利益决不是'不合时宜的'，它'赢得了'一切，并且有过'极有影响的成效'，尽管'激情'已经烟消云散，尽管这种利益用来装饰自己摇篮的'热情的'花朵也已经枯萎。这种利益是如此强大有力，以至胜利地征服了马拉的笔、恐怖主义者的断头台、拿破仑的剑，以及钉在十字架上的耶稣受难像和波旁王朝的纯血统。这场革命只有对于那样一些群众来说才是'不合时宜的'，那些群众认为在政治'思想'中并没有体现关于他们的现实'利益'的思想，所以他们的真正的根本原则和这场革命的根本原则并不是一致的，他们获得解放的现实条件和资产阶级借以解放自身和社会的那些条件是根本不同的。……因此，历史活动是群众的活动，随着历史活动的深入，必将是群众队伍的扩大。"[①] 马克思认为，革命运动之所以不成功，其原因就在于脱离了实际的利益，即纯粹批判所主张的那种立场。

马克思恩格斯肯定了蒲鲁东《什么是财产?》中的观点，批判了埃德加尔对其中内容的曲解。"以往的国民经济学从私有财产的运动仿佛为国民创造的财富出发，进行了为私有财产辩护的思考。蒲鲁东从国民经

---

① 《马克思恩格斯文集》第 1 卷，人民出版社 2009 年版，第 287 页。

济学用诡辩掩盖的相反的方面出发，即从私有财产的运动造成的贫穷出发，进行了否定私有财产的思考。"① 蒲鲁东"不是以限于局部的方式把私有财产的这种或那种形式描述为国民经济关系的扭曲者，而是以总括全局的方式把私有财产本身描述为国民经济关系的扭曲者。从国民经济学观点出发对国民经济学进行批判时所能做的一切，他都已经做了"②。

当然马克思恩格斯肯定蒲鲁东所作的批判，并不意味着他们完全赞同他的观点，蒲鲁东的政治经济学的批判仍然受着政治经济学前提的支配，他只是以平等占有作为自己的奋斗目标，"在政治经济的异化范围内来克服政治经济的异化"。他们进一步论述了无产阶级与私有财产的关系，探讨了无产阶级的状况。私有财产作为财富为了保持自身的存在，就不得不保持作为自己对面的无产阶级的存在。在这对矛盾中，私有财产实现了自我满足，表现为对立统一关系中的肯定方面；一无所有的无产阶级势必要否定自身的存在，要消灭使自身成为无产者的私有财产，从而表现为否定方面。"有产阶级和无产阶级同样表现了人的自我异化。但是，有产阶级在这种自我异化中感到幸福，感到自己被确证，它认为异化是它自己的力量所在，并在异化中获得人的生存的外观。而无产阶级在异化中则感到自己是被消灭的，并在其中看到自己的无力和非人的生存的现实。"③ 在有产阶级和无产阶级的对立中，私有者是保守的一方，无产者是破坏的一方，它要产生消灭对立的运动。"如果无产阶级不消灭它本身的生活条件，它就不能解放自己。如果它不消灭集中表现在它本身处境中的现代社会的一切非人性的生活条件，它就不能消灭它本身的生活条件。"④ 无产阶级身上最为明显地体现了人的自我异化，它的生活条件在现代社会中达到了违反人性的顶点，因此，它的历史任务已经由它的生活状况和现代资本主义社会运行结构明显地预示出来。

《神圣家族》详细考证了法国唯物主义哲学思想与社会主义和共产

---

① 《马克思恩格斯文集》第 1 卷，人民出版社 2009 年版，第 259 页。
② 《马克思恩格斯文集》第 1 卷，人民出版社 2009 年版，第 257 页。
③ 《马克思恩格斯文集》第 1 卷，人民出版社 2009 年版，第 261 页。
④ 《马克思恩格斯文集》第 1 卷，人民出版社 2009 年版，第 262 页。

主义思想之间的流变。"并不需要多么敏锐的洞察力就可以看出，唯物主义关于人性本善和人们天资平等，关于经验、习惯、教育的万能，关于外部环境对人的影响，关于工业的重大意义，关于享乐的合理性等等学说，同共产主义和社会主义有着必然的联系。既然人是从感性世界和感性世界中的经验中获得一切知识、感觉等等的，那就必须这样安排经验的世界，使人在其中能体验到真正合乎人性的东西，使他常常体验到自己是人。既然正确理解的利益是全部道德的原则，那就必须使人们的私人利益符合于人类的利益。既然从唯物主义意义上来说人是不自由的，就是说，人不是由于具有避免某种事物发生的消极力量，而是由于具有表现本身的真正个性的积极力量才是自由的，那就不应当惩罚个别人的犯罪行为，而应当消灭产生犯罪行为的反社会的温床，使每个人都有社会空间来展示他的重要的生命表现。既然是环境造就人，那就必须以合乎人性的方式去造就环境。既然人天生就是社会的，那他就只能在社会中发展自己的真正的天性；不应当根据单个个人的力量，而应当根据社会的力量来衡量人的天性的力量。"① 他们认为费尔巴哈在理论领域体现出了和人道主义相吻合的唯物主义，而法国和英国的社会主义和共产主义则在实践领域体现了和人道主义相吻合的唯物主义。

《神圣家族》的写作思路是对鲍威尔唯心主义哲学思想进行全面的批判，内容较为庞杂，实际上，鲍威尔的一些思想根本难以立足，也无需专门进行深入批判。马克思恩格斯在批判的基础上阐述了一些历史唯物主义思想：历史的基础根本不在思想观念之上，而是在粗糙的物质生产上；每一个时代都有一定的经济结构和与之相适应的政治制度，只有认识各个时代的物质生产方式才能真正认识那个时代；人的思想受各时代的物质利益、社会关系等客观因素所制约；历史并不是什么神秘的东西，"历史不过是追求着自己目的的人的活动而已"②。《神圣家族》仍然带有明显的"人本主义"痕迹，这反映出马克思恩格斯尚未完全从费尔

① 《马克思恩格斯文集》第1卷，人民出版社2009年版，第334—335页。
② 《马克思恩格斯文集》第1卷，人民出版社2009年版，第295页。

巴哈唯物主义的影响中走出，实际上，这时他们对费尔巴哈哲学持有的敬意要远大于批判，若要建立一个崭新的哲学，需要对既有哲学内容进行全面批判，这个工作还要等到数月之后才能开展。

二 《关于费尔巴哈的提纲》告别人本唯物主义哲学

在巴黎的这段时间里，马克思一家人度过了幸福的时光，1844 年 5 月，大女儿燕妮的诞生更是给马克思夫妇带来了无尽的快乐。除了恩格斯以外，马克思在巴黎结识了诗人海尔维格、海涅等人，海涅经常到马克思家里来做客，将自己创作的诗稿给这对年轻夫妇鉴赏，正是在与马克思密切交往的这段时间里，海涅完成了名作《德国——一个冬天的童话》。此外，马克思还结交了来自不同国家的许多流亡者，如法国社会主义的代表人物勒鲁、蒲鲁东、路易·勃朗、卡贝，俄国政治流亡者巴枯宁、萨宗诺夫等，这些人都是各自国家社会运动领域的重要人物。

《德法年鉴》只出版了一次就停刊了，马克思又积极向《前进报》投稿，甚至还直接参加编辑工作。《前进报》同样是一份德国人主办的进步报纸，报纸上既刊登了激烈批评普鲁士专制政体的文章，也对共产主义者敞开大门，马克思、恩格斯、海涅、海尔维格等都曾在上面发表文章。普鲁士政府对于《前进报》的批评大为光火，通过普鲁士驻巴黎大使向法国政府施压，要求对其进行查封。经过外交交涉，最终法国政府迫于压力同意将《前进报》主要成员驱逐出境。于是 1845 年 1 月 11 日，马克思等人收到了驱逐令限时要求他们离开法国，于是在这一年的 2 月 3 日，马克思来到了比利时首都布鲁塞尔。当然，即便是流亡到了比利时，事情仍然不算完，比利时警察要求马克思写出书面保证，不对比利时内政发表任何评论，然后就对其进行特别"关照"。而普鲁士政府官员又跟到了比利时，想让他们继续驱逐马克思，最终为了免遭再次驱逐，1845 年 12 月，马克思正式退出了普鲁士国籍。

来到布鲁塞尔后的一段时间里，马克思的世界观再次发生变革，大约写于 1845 年 3 月的《评弗里德里希·李斯特的著作〈政治经济学的国民体系〉》提供了这一思想证明，表明马克思最终发现了生产力和生产关系的矛盾，最终找到了人类社会历史的发展动力。马克思在批判李斯特关于生产力的分析论述的基础上，开始把生产力确定为客观的物质力量，把交换价值、工业、劳动等理解为生产关系的表现，开始把生产力及生产力存在的社会条件及生产关系区别开来，反对"把工业唤起的力量同工业本身即同工业给这种力量所提供的目前的生存条件混为一谈"。认为生产力的发展是客观的不以人的意志为转移，它必将突破旧的生产关系的桎梏，而生产关系则应当适合生产力的发展。

到底应该怎样来理解人类社会历史的进程呢？在没有发现生产力之前只能借助于人的本质和同他相异化的外部环境之间的冲突进行解释，如今却能够从物质生产方式的内在矛盾冲突找到理解历史进程的钥匙。通过对经济学的研究使马克思建立了自己的科学的历史理论，促成了唯物史观的最初形成，从而为科学社会主义理论奠定了科学理论基础。

大约同样是在1845年3月，恩格斯完成了《英国工人阶级状况》一书的写作。通过详细考察英国工业革命的发展及影响，恩格斯揭示了历来被忽视的经济事实实际上是现代世界中具有决定性的历史力量，是阶级斗争的基础，也是全部政治历史的基础。该书在详细考察工业阶级产生、发展及运动过程的基础上揭示出，工业革命造就了两个阶级，即富有的资产阶级和人数众多却生活贫困的工人阶级，工人阶级的现实处境和生活状况才是当代一切社会运动的真正的基础和出发点。恩格斯分析了英国的宪章运动和社会主义运动，认为宪章运动虽然比较落后，缺乏理论基础，不了解社会革命的必要性，但却是无产阶级性质的，是工人运动的具体实践。而欧文派的社会主义看不到无产阶级的力量，只是把他们看作落后愚昧的受苦群众，他们的斗争只在于争取社会舆论，根本无法找到改变现存制度的有效途径。与马克思着重于抽象而深邃的理论探讨不同，恩格斯从鲜活具体的社会现实入手分析社会矛盾及动力问题，从另外的道路走向历史唯物主义。

费尔巴哈的唯物主义是青年黑格尔运动的最高理论成就，它对包括马克思恩格斯在内的很多青年学者产生了深刻影响，然而，它毕竟属于旧唯物主义，并不是真正的科学世界观，一方面，要建立科学的哲学世界观就必须与旧的世界观进行决裂，要清算"从前的哲学信仰"；另一方面，一些学者借费尔巴哈的人本唯物主义宣扬社会主义思想产生了非常大的负面影响，"真正的社会主义者"把费尔巴哈的美文学的词句和泛爱的空谈作为共产主义运动的指导原则，标榜通过爱来实现以人类内在本性的意识为基础的真正人的社会，这种观点对共产主义运动的危害极大，到了这个时候批判费尔巴哈的哲学思想也就实属必要了。

为了与费尔巴哈唯物主义进行彻底告别，马克思撰写了《关于费尔巴哈的提纲》（以下简称《提纲》），马克思生前并未发表这个提纲，1888 年恩格斯在准备出版《路德维希·费尔巴哈和德国古典哲学的终结》单行本而阅读以前的一些文献时，在马克思遗留下来的手稿中发现了这十一条关于费尔巴哈的提纲，称赞其为"包含着新世界观的天才萌芽的第一个文献"。

当马克思从法哲学视角转向经济学视角研究市民社会时，他发现了市民社会中人的真实的状况并揭示出那里存在尖锐的阶级对立，是资本主义劳动把人的类存在作为私有财产同人相异化，于是马克思势必要超越费尔巴哈的人本唯物主义。"费尔巴哈把恢复感性的类的人作为自己的课题，但是，他对感性的类的人的规定尚未具体化，还停留在一般规定上，他把人的本质理解为人内部的抽象存在，其所以如此，是因为费尔巴哈把在宗教领域中克服人的异化视为最重要的任务。在这种情况下，他把一般规定的人相互对立起来，以此来暴露神学和宗教的秘密。然而，如果把同样一般的人原封不动地搬来用他来克服现实社会中的人的自我异化的活动，这非但毫无意义，而且还将产生有害的结果。黑格尔学派以及真正的社会主义者们都活生生地体现出这种有害的结果。因而，马克思认为，要批判他们的有害的结果，首先有必要阐明费尔巴哈人本主义的局限性。"① 费尔巴哈的唯物主义被称为人本唯物主义，他看到了自然人、肉体人，但是却无法正确理解人的本质，因为人是会思维、能交

---

① ［日］城塚登:《青年马克思的思想——社会主义思想的创立》，尚晶晶、李成鼎等译校，求实出版社 1988 年版，第 111 页。

往的人，因此，应该从人的感性活动和现实交往中来理解人的本质，人是社会性的人。马克思在对费尔巴哈进行批判时采用了黑格尔的辩证法思想，从另外的角度来看，马克思的新唯物主义就是对黑格尔哲学和费尔巴哈哲学的综合和批判扬弃，由于凸显了人的主观能动性，所以事物就具有了生成转化的历史进程，人的对象世界是人实践活动的结果，人的历史就是生产活动的历史，也是人实现自己本质力量的历史。由于看不到这一点，费尔巴哈的唯物主义就无法贯彻到历史领域，表现为下半截的唯心主义。

其一，费尔巴哈常常把"一般的人"当作主体，以此来取代"现实的历史的人"。马克思写道："费尔巴哈把宗教的本质归结于人的本质。但是，人的本质不是单个人所固有的抽象物，在其现实性上，它是一切社会关系的总和。费尔巴哈没有对这种现实的本质进行批判，因此他不得不：（1）撇开历史的进程，把宗教感情固定为独立的东西，并假定有一种抽象的——孤立的——人的个体。（2）因此，本质只能被理解为'类'，理解为一种内在的、无声的、把许多个人自然地联系起来的普遍性。"① 费尔巴哈认为作为类的人自身就是它的本质，这种认识达到了一般哲学家所能达到的地步，然而，他没有具体地把握生活在现实历史社会中的人的类存在是什么样的状况，仅仅说人是类存在物，并不能回答分散的个人究竟处于什么样的状态的问题。费尔巴哈认为："某物或某人的存在同时也就是某物或某人的本质；一个动物或一个人的一定生存条件、生活方式和活动，就是使这个动物或这个人的'本质'感到满意的东西。任何例外在这里都被肯定地看做是不幸的偶然事件，是不能改变的反常现象。"② "因此，费尔巴哈没有看到，'宗教感情'本身是社会的产物，而他所分析的抽象的个人，是属于一定的社会形式的。"③ 在费尔巴哈看来，某物或某人的存在就是其本质，一个动物或人的一定的存在条件、生活方式和具体活动就能够代表这一具体事物的本质，也能够使

① 《马克思恩格斯选集》第 1 卷，人民出版社 2012 年版，第 135 页。
② 《马克思恩格斯选集》第 1 卷，人民出版社 2012 年版，第 177 页。
③ 《马克思恩格斯选集》第 1 卷，人民出版社 2012 年版，第 135 页。

事物自身感到满足。这就表明费尔巴哈对现存事物合理性的肯定，这与实践唯物主义者改变现存世界，在实践中批判和改变事物的主张相违背。

其二，在费尔巴哈看来，周围的感性世界是静止不动始终如一的。实际上，人周围的感性世界是工业及社会状况的产物。"他没有看到，他周围的感性世界决不是某种开天辟地以来就直接存在的、始终如一的东西，而是工业和社会状况的产物，是历史的产物，是世世代代活动的结果，其中每一代都立足于前一代所奠定的基础上，继续发展前一代的工业和交往，并随着需要的改变而改变他们的社会制度。甚至连最简单的'感性确定性'的对象也只是由于社会发展、由于工业和商业交往才提供给他的。"① 人们周围感性的世界即现实的世界，随着人类实践活动的发展而发生变化，并仍将继续发展下去。唯物主义者能够看到外部世界对人的影响作用，主张人是社会环境和教育制度的产物，比如爱尔维修认为："我们在人与人之间所见到的精神上的差异，是由于他们所处的不同的环境，由于他们所受的不同的教育所致。"② 但是如果不能正确认识环境是由人的活动的历史创造的，最终就会导致把好的社会环境和教育制度归结为少数先知和天才人物的头脑的产物，"这种学说必然会把社会分成两部分，其中一部分凌驾于社会之上"③。于是静止地看待社会环境就势必会滑入唯心史观的泥潭，少数的先知、天才的"意见"支配着社会历史，这样就从"人是环境的产物"退回到了"意见支配世界"，最终走向了自己的反面，从而根本无法超出唯心史观的范畴。马克思主张："环境的改变和人的活动或自我改变的一致，只能被看做是并合理地理解为革命的实践。"④ "全部社会生活在本质上是实践的。凡是把理论引向神秘主义的神秘东西，都能在人的实践中以及对这种实践的理解中得到合理的解决。"⑤

---

① 《马克思恩格斯选集》第1卷，人民出版社2012年版，第155页。
② 北京大学哲学系外国哲学史教研室编译：《十八世纪法国哲学》，商务印书馆1963年版，第467—468页。
③ 《马克思恩格斯选集》第1卷，人民出版社2012年版，第134页。
④ 《马克思恩格斯选集》第1卷，人民出版社2012年版，第134页。
⑤ 《马克思恩格斯选集》第1卷，人民出版社2012年版，第135—136页。

其三，费尔巴哈把人仅仅理解为感性的对象，而不是理解为感性的活动。"从前的一切唯物主义（包括费尔巴哈的唯物主义）的主要缺点是：对对象、现实、感性，只是从客体的或者直观的形式去理解，而不是把它们当做感性的人的活动，当做实践去理解，不是从主体方面去理解。因此，和唯物主义相反，唯心主义却把能动的方面抽象地发展了，当然，唯心主义是不知道现实的、感性的活动本身的。费尔巴哈想要研究跟思想客体确实不同的感性客体，但是他没有把人的活动本身理解为对象性的……活动。因此，他在《基督教的本质》中仅仅把理论的活动看做是真正人的活动，而对于实践则只是从它的卑污的犹太人的表现形式去理解和确定。因此，他不了解'革命的''实践批判的'活动的意义。"① 在费尔巴哈那里，人固然成了主体性存在，但是这个主体性存在仍然是抽象的，即便是有现实的活动，也仅仅体现在感情范围内的现实的、肉体的人，除了爱情与友情之外，他并不知道还有其他什么人与人之间的关系。"费尔巴哈不满意抽象的思维而喜欢直观；但是他把感性不是看做实践的、人的感性的活动。"② 费尔巴哈的哲学固然树立于唯物主义基础之上，但是这种唯物主义是直观的唯物主义，虽然他始终强调人的主体地位，但是人在他的哲学体系中仍然被束缚在概念之中，并未成为真正具有能动性的主体，正因为如此，在旧唯物主义世界观的概念体系中，根本无法科学解决人的本质复归的问题。马克思立足于唯物主义哲学立场，通过强调现实人的实践活动克服了旧唯物主义的简单直接、静止僵化，真正确立了人在世界中的主体性地位。

《提纲》以唯物辩证的实践观宣告了新唯物主义的诞生，以革命实践的观点批判克服了费尔巴哈消极直观的人本唯物主义，将实践范畴引入历史观、认识论。正如《德意志意识形态》中批判的那样："当费尔巴哈是一个唯物主义者的时候，历史在他的视野之外；当他去探讨历史的时候，他不是一个唯物主义者。在他那里，唯物主义和历史是彼此完

① 《马克思恩格斯选集》第 1 卷，人民出版社 2012 年版，第 133 页。
② 《马克思恩格斯选集》第 1 卷，人民出版社 2012 年版，第 135 页。

全脱离的。"① 实践范畴成为从物质范畴过渡到社会存在范畴的中介，成为把认识论和社会本体论统一起来的关节点。马克思宣布新唯物主义的立足点是无产阶级，它的使命不仅是解释世界，而且是要改变世界。"哲学家们只是用不同的方式解释世界，问题在于改变世界。"② 《提纲》总共只有十一条，一千余字，它只是提纲挈领地表达了新的世界观，而全面深入系统地阐述历史唯物主义的作品是马克思恩格斯合著的第二部著作《德意志意识形态》。

三　《德意志意识形态》对历史唯物主义基本原理的系统阐述

马克思居住在比利时的布鲁塞尔时，恩格斯从英国赶过来与马克思见面，并在他们家附近租房居住下来，他们相互介绍各自的思想进展和研究工作。两人在理解社会历史的本质及对资本主义社会的批判方面有着相同的见解，同时也认为有必要对以往和现在流行的德国哲学与社会主义进行批判，对自己过去的哲学信仰进行清算。于是决定撰写一部作品，书名定为《德意志意识形态》。这本书在马克思恩格斯生前只发表过个别部分，全文直到 1932 年才发表，以致人们在很长时期里对这部书知之甚少。从内容上看，全书第一章是最重要的，它集中阐述了新的历史观的基本原理，即社会存在决定社会意识、生产力和生产关系的矛盾运动是社会发展的源动力等唯物史观原理。

从事物质生产的现实的个人是唯物主义历史观的出发点。"全部人类历史的第一个前提无疑是有生命的个人的存在。……可以根据意识、宗教或随便别的什么来区别人和动物。一当人开始生产自己的生活资料，即迈出由他们的肉体组织所决定的这一步的时候，人本身就开始把自己和动物区别开来。人们生产自己的生活资料，同时间接地生产着自己的物质生活本身。人们用以生产自己的生活资料的方式，首先取决于他们已有的和需要再生产的生活资料本身的特性。这种生产方式不应当只从

---

① 《马克思恩格斯选集》第 1 卷，人民出版社 2012 年版，第 158 页。
② 《马克思恩格斯选集》第 1 卷，人民出版社 2012 年版，第 136 页。

它是个人肉体存在的再生产这方面加以考察。更确切地说，它是这些个人的一定的活动方式，是他们表现自己生命的一定方式、他们的一定的生活方式。个人怎样表现自己的生命，他们自己就是怎样。因此，他们是什么样的，这同他们的生产是一致的——既和他们生产什么一致，又和他们怎样生产一致。因而，个人是什么样的，这取决于他们进行生产的物质条件。"① 现实的人、他们的活动以及物质生活条件是人类历史的前提，从横断面上考察即生产实践的四个方面——物质生活资料的生产、再生产、人类自身的生产以及社会关系的生产，这些是全部历史的基本前提，在此基础上才能展开唯物史观的系统阐述。

社会意识与社会存在的辩证关系。人们的意识取决于社会存在，而不是相反。"思想、观念、意识的生产最初是直接与人们的物质活动，与人们的物质交往，与现实生活的语言交织在一起的。人们的想象、思维、精神交往在这里还是人们物质行动的直接产物。表现在某一民族的政治、法律、道德、宗教、形而上学等的语言中的精神生产也是这样。人们是自己的观念、思想等等的生产者，但这里所说的人们是现实的、从事活动的人们，他们受自己的生产力和与之相适应的交往的一定发展——直到交往的最遥远的形态——所制约。意识……在任何时候都只能是被意识到了的存在……而人们的存在就是他们的现实生活过程。"② "我们的出发点是从事实际活动的人，而且从他们的现实生活过程中还可以描绘出这一生活过程在意识形态上的反射和反响的发展。甚至人们头脑中的模糊幻象也是他们的可以通过经验来确认的、与物质前提相联系的物质生活过程的必然升华物。因此，道德、宗教、形而上学和其他意识形态，以及与它们相适应的意识形式便不再保留独立性的外观了。它们没有历史，没有发展，而发展着自己的物质生产和物质交往的人们，在改变自己的这个现实的同时也改变着自己的思维和思维的产物。不是意识决定生活，而是生活决定意识。"③ 社会存在决定社会意识的基本原理给予唯

① 《马克思恩格斯文集》第1卷，人民出版社2009年版，第519—520页。
② 《马克思恩格斯文集》第1卷，人民出版社2009年版，第524—525页。
③ 《马克思恩格斯文集》第1卷，人民出版社2009年版，第525页。

心主义当头一棒，强调不是从观念出发来解释实践，而是从物质实践出发来解释观念的东西，不是靠鼓吹精神的批判来消灭虚假的意识形态，而主张实际地消灭唯心主义观念由以产生的现实社会关系，通过改造社会现实来改变关于现实的错误观念。

生产力与交往形式之间的矛盾运动是社会变迁的内在根据。"一定的生产方式或一定的工业阶段始终是与一定的共同活动方式或一定的社会阶段联系着的，而这种共同活动方式本身就是'生产力'；由此可见，人们所达到的生产力的总和决定着社会状况，因而，始终必须把'人类的历史'同工业和交换的历史联系起来研究和探讨。"① 马克思恩格斯认为德国由于缺乏现实的工业和交换的历史，因此，难以撰写出基于先进生产力的社会历史，如果没有生产力发展的历史也就没有人类社会的历史。"人们之间一开始就有一种物质的联系。这种联系是由需要和生产方式决定的，它和人本身有同样长久的历史；这种联系不断采取新的形式，因而就表现为'历史'，它不需要用任何政治的或宗教的呓语特意把人们维系在一起。"② 他们用"生产关系""生产和交往关系""交往关系""交往形式""交往方式""所有制关系"等不同概念表达生产关系，这既说明了生产关系概念具有丰富的内涵，同时也说明了他们在反复斟酌到底该用什么词汇进行表达。实际上，生产关系确实是马克思创立的概念。生产力与生产关系的矛盾运动既揭示了社会的基本结构，同时也找到了社会的发展动力。"一切历史冲突都根源于生产力和交往形式之间的矛盾。"③ 生产力是整个社会结构和社会发展的基本的决定性因素，决定着人们的交往形式，同时交往形式具有一定的反作用，当它与生产力不相适应时就会产生各种社会冲突。生产力与交往形式之间的矛盾具有多种表现形式，比如阶级冲突、民族矛盾、政治斗争等，各个时代各种具体的矛盾背后都隐藏着生产力与交往形式矛盾的深刻根源。基本矛盾与现实矛盾的有机统一构成了社会进步的机制及其实现的形式。生产力与

---

① 《马克思恩格斯文集》第 1 卷，人民出版社 2009 年版，第 532—533 页。
② 《马克思恩格斯文集》第 1 卷，人民出版社 2009 年版，第 533 页。
③ 《马克思恩格斯文集》第 1 卷，人民出版社 2009 年版，第 567—568 页。

生产关系的矛盾运动构成了历史发展的动力，而这主要是通过人的活动来体现的，在阶级社会中则表现为阶级斗争和政治斗争。

个人和社会、主体和客体、自由和必然在历史中的关系。只要人们还存在在自发形成的社会中，只要个人利益和社会利益还是分离的，个人本身的活动对于他们来说就始终是一种异己的、对立的力量，这种力量就在驱使着人、奴役着人。"只要人们还处在自然形成的社会中，就是说，只要特殊利益和共同利益之间还有分裂，也就是说，只要分工还不是出于自愿，而是自然形成的，那么人本身的活动对人来说就成为一种异己的、同他对立的力量，这种力量压迫着人，而不是人驾驭着这种力量。"① "个人力量（关系）由于分工而转化为物的力量这一现象，不能靠人们从头脑里抛开关于这一现象的一般观念的办法来消灭，而只能靠个人重新驾驭这些物的力量，靠消灭分工的办法来消灭。没有共同体，这是不可能实现的。只有在共同体中，个人才能获得全面发展其才能的手段，也就是说，只有在共同体中才可能有个人自由。在过去的种种冒充的共同体中，如在国家等等中，个人自由只是对那些在统治阶级范围内发展的个人来说是存在的，他们之所以有个人自由，只是因为他们是这一阶级的个人。从前各个人联合而成的虚假的共同体，总是相对于各个人而独立的；由于这种共同体是一个阶级反对另一个阶级的联合，因此对于被统治的阶级来说，它不仅是完全虚幻的共同体，而且是新的桎梏。在真正的共同体的条件下，各个人在自己的联合中并通过这种联合获得自己的自由。"② 个人的解放以社会的解放为前提，个人只有顺应生产力发展的方向，才能为历史进步作出自己的贡献。没有集体就不能实现对异己力量的控制，只有在集体中，个人才能获得全面发展其才能的手段，才能获得自由。"逃亡农奴只是想自由地发展他们已有的生存条件并让它们发挥作用，因而归根结底只达到了自由劳动；而无产者，为了实现自己的个性，就应当消灭他们迄今面临的生存条件，消灭这个同时

① 《马克思恩格斯文集》第1卷，人民出版社2009年版，第537页。
② 《马克思恩格斯文集》第1卷，人民出版社2009年版，第570—571页。

也是整个迄今为止的社会的生存条件，即消灭劳动。因此，他们也就同社会的各个人迄今借以表现为一个整体的那种形式即同国家处于直接的对立中，他们应当推翻国家，使自己的个性得以实现。"① 过去的集体如国家等，并不能给人真正的自由，所以那并不是真实的集体，真实的集体将会实现各个个人的联合，而且各个个人通过这种联合而获得自由。马克思恩格斯坚持把自由和必然、个性发展与社会物质条件联系起来加以考察。

《德意志意识形态》的诞生意味着唯物史观的形成，遗憾的是这部著作始终未能公开出版，马克思恩格斯及其朋友魏德迈、赫斯等人先后与多家出版商进行商谈，他们还把手稿寄往科伦计划分成几个部分进行单独出版，但是都未能成功，这是因为当时严格的书报检查制度可能会让出版激进著作变得血本无归，以至于没有出版者敢于接受这个出版任务。正如后来马克思所写的那样："两厚册八开本的原稿早已送到威斯特伐利亚的出版所，后来我们才接到通知说，由于情况改变，不能付印。既然我们已经达到了我们的主要目的——自己弄清问题，我们就情愿让原稿留给老鼠的牙齿去批判了。"② 到 1932 年时，全书第一次以德文原文形式发表于《马克思恩格斯全集》历史考证版（MEGA¹）第一部分第5卷，经过漫长岁月的侵蚀，手稿的有些部分已经损毁。

《德意志意识形态》系统阐明了历史唯物主义基本原理，系统表达了马克思主义的世界观方法论，它系统提出了唯物史观的系列新见解、新理论，标志着马克思恩格斯哲学革命性变革的基本完成，为新世界观同工人运动的有机结合奠定了坚实的思想基础。唯物史观是贯穿于马克思恩格斯终生学术研究和革命活动的理论红线，是他们认识世界和改造世界的基本的立场、观点和方法，从另外的角度而言，唯物史观也随着他们的研究与实践而不断完善升华。马克思恩格斯通过对自己哲学世界观的改造，发现了人类社会历史基本规律即历史唯物主义，通过历史唯

---

① 《马克思恩格斯文集》第 1 卷，人民出版社 2009 年版，第 573 页。
② 《马克思恩格斯选集》第 2 卷，人民出版社 2012 年版，第 4 页。

物主义揭示了共产主义并不是社会学家的空想臆造，而是现代社会生产力发展的最终目标和必然结果，是人在生产劳动中创造历史的最终归宿。只有将社会理想和革命行动建立在科学理论的基础之上，才能够真正实现。

其一，历史唯物主义科学揭示了社会发展的自然历史性。

空想社会主义者的社会理想是在激烈批判资本主义的基础上形成的，从 16 世纪的托马斯·莫尔开始就已经认识到了资本主义社会的弊病在于其私有制，他认为："如不彻底废除私有制，产品不可能公平分配，人类不可能获得幸福。私有制存在一天，人类中绝大部分也是最优秀的一部分将始终背上沉重而甩不掉的贫困灾难担子。"[①] 然而直到 19 世纪初的欧文等人依然无法合理解决私有制的问题，除了对资本主义进行道德批判以外，就是根据人性、理性等规划未来社会应该是什么样子，欧文甚至横渡大西洋从英国来到美洲进行共产主义实验，建立"和谐公社"，但却以资产破产收场。空想社会主义者对为什么要消灭私有制或者说消灭私有制何以可能始终无法解释清楚，最终只能求助于道德批判，即因为它不合理、不人道而必须消灭，道德理性的批判不仅软弱无力而且会谬误百出。

马克思恩格斯通过发现唯物史观，从社会历史发展规律中合理说明资本主义私有制的暂时性，从而揭示出其必然走向灭亡的发展趋势。马克思恩格斯认为生产力是整个社会面貌和社会发展的决定性因素，生产力决定了分工和所有制方式，决定了人们的生产交往形式。现实的人若要生存首先必须有一定的物质生活条件，所以人与人类社会首要的和基本的前提条件是物质生产，从这一简单的事实出发即能发现人类社会发展的本质规律。

人的最基本的活动是生产实践活动，并由此结成了最基本的关系即生产关系，生产关系决定其他方面的社会关系。生产关系中具有决定性地位的就是生产资料所有制关系（简称所有制），所有制直接决定了生

---

① ［英］托马斯·莫尔：《乌托邦》，戴镏龄译，商务印书馆 1982 年版，第 44 页。

产关系的属性特征，生产资料归谁所有不仅决定了人们在生产中的地位，而且由此决定了成果的分配及人的社会交往关系等。显然，若要说明所有制关系的暂时性，只需证明生产关系的暂时性，而生产关系只不过是人改造自然的物质性力量的组织形式，它随着生产力的发展而不断演变。生产力是一种主体性力量，是人改造自然的物质性力量，体现了主体的目的性和能动性，生产力具有客观属性，现实的生产力不以主体意志为转移，人们无法选择、超越生产力从事自己所希望的活动，而必须以现实的生产力为基础和前提。从根本上而言，生产力的发展演变是一个自然历史过程，以人的活动方式为内容体现为历史过程，但却因其客观规律性表现为一种自然性。生产力的这一属性决定了生产关系演变的客观必然性，生产力与生产关系的矛盾运动及其所决定的经济基础与上层建筑的矛盾运动推动着社会形态实现由低到高的规律性发展，社会历史发展表现为一个自然历史过程。

其二，社会历史规律具有主体性特征。

唯物史观的社会发展理论揭示了社会发展规律，从而为社会形态演变以及所有制更替找到了必然性逻辑，但是强调物质生产的决定性作用却容易被人机械地理解为"经济决定论"，即具有无限丰富和众多可能的社会生活取决于物质生产方式，取决于人们的经济活动。其实，唯物史观理论"颠倒"了黑格尔的历史观，黑格尔用单纯的意识的辩证法说明社会历史，唯物史观不再以某个抽象本原解释历史，"而是对现实世界的'解剖'，以及这一'解剖'的演变的辩证法"①。实际上，为了避免用单纯的经济因素作为历史的动力，马克思将"抽象的经济现实"转化为"特定社会形态的生产方式"，"抽象的经济现实本身在马克思的认识中是一种更加具体和更加深刻的现实的结果，即某个特定社会形态的生产方式"，②后者更为丰富的内涵能够揭示历史发展的真实规律，生产方式所包含的生产力和生产关系既包含物质生产也突出了人的社会关系，

---

① ［法］路易·阿尔都塞：《保卫马克思》，顾良译，商务印书馆 2010 年版，第 99 页。
② ［法］路易·阿尔都塞：《保卫马克思》，顾良译，商务印书馆 2010 年版，第 99 页。

而且生产方式转化为经济基础的概念又与上层建筑构成矛盾运动。

唯物史观揭示的是人类社会发展规律，这与自然界的规律有着本质区别，因为后者是完全独立于人的存在而自我演变，而前者的具体内容就是人类活动本身，也就是说社会发展规律无法脱离主体性的人，它是众多独立而具有主观意志的个体的交互作用中体现出来的规律。"肯定人的活动是自由自觉的活动，也就是承认人的能动活动能够打破既定的历史条件的限制，依据自己的需求、目的即价值取向在社会系统的客观规律所决定的可能性空间中进行选择，从而使历史的发展体现出主体的价值选择。"① 恩格斯曾用历史合力的观点来说明众多个体推动社会发展，主观意志以客观规律的形式造就了人类社会。"真正的马克思主义从不把各因素的排列、每个因素的实质和地位一劳永逸地固定下来，从不用单一的含义去确定它们的关系；只有'经济主义'（机械论）才一劳永逸地把各因素的实质和地位确定下来，不懂得过程的必然性恰恰在于各因素'根据情况'而交换位置。"② 实质上，在分析社会历史发展时唯物史观首先强调的是客观规律性，这种客观规律性是由人的观念和物质生产方式等各种主客观因素共同决定的，而不是某种因素单独决定的，如果把经济、技术等某种单一因素看作社会历史的动因也就与黑格尔绝对理念创造历史的观念相等同了。

其三，人在物质性生产实践中创造历史。

唯物史观的基本判断是社会存在决定社会意识，区别出物质生产力与社会意识形态，进而认为寻找社会变革的力量不应该在意识中寻找，而应该在物质性活动的矛盾中、从社会生产力和生产关系之间现存的冲突中去解释。但是无论如何都不能把物质活动简单理解为无主体性的物质运动，这是只见物而不见人的旧唯物主义的观点。任何时代的生产力都体现为现实的、具体的人的改造自然的物质性力量，都是主体性力量，都体现了主体的主观意志，生产力的生成就是人的主体性因素转化为了

① 陈晏清、阎孟伟：《辩证的历史决定论》，中国社会科学出版社 2007 年版，第 316 页。
② ［法］路易·阿尔都塞：《保卫马克思》，顾良译，商务印书馆 2010 年版，第 208 页。

一种物质性力量。生产力自身的发展进步固然体现为一种客观性，但是它本身却是主体的建构，体现了主体性意志和意图，是主体在自然界之中客观实践的产物。正是因为人的永无止境的生产实践促成了生产力永不停歇的发展，而生产力又带动了人类社会的发展演变，实现了由低级向高级的不断发展进步。那么到底是什么因素推动人不断提升改造自然的能力呢？要回答这一问题就又回到了唯物史观的逻辑起点之上，即现实的人的生存，"全部人类历史的第一个前提无疑是有生命的个人的存在"①。人的客观现实需求驱动人不断改造自然并在这个过程中逐步提升生产力。从物质性力量的主体性角度就能够合理解释恩格斯社会发展合力论的方向性问题，即便个体的目的千差万别，但最终都体现为生产力改造自然的物质性活动，进而转变为推动社会形态更替的原动力。

资本主义创造了前所未有的生产力，但是这种生产力束缚于资本主义私有制之中，其所创造的物质成果无法惠及广大民众而被少数资本家占有，对优越物质生活的追求成为社会形态更替的主要动力。唯物史观充分肯定物质生产方式对人类社会发展的基础性和决定性作用，而需要强调指出的是物质生产方式中存在人的主体性因素，人从事物质生产实践以及社会生活实践推动了社会形态的发展变化，从这个角度而言共产主义是物质生产实践的产物。

---

① 《马克思恩格斯文集》第 1 卷，人民出版社 2009 年版，第 519 页。

第四章

马克思主义哲学的公开问世及其世界影响

在《德意志意识形态》一书中，马克思恩格斯已经系统地阐述了新的哲学世界观即历史唯物主义思想，按照"哲学世界化"的要求，他们势必要将这一哲学思想运用于现实工人运动之中。从理论维度而言，历史唯物主义基本原理需要转化为行动纲领，向人们展示出更为具体的行动指向，这一维度的最终结果就是诞生了《共产党宣言》；从实践维度而言，新世界观需要与工人运动结合，让普通工人掌握并运用这一哲学学说，于是他们与各种错误思潮进行了坚决斗争。马克思恩格斯在布鲁塞尔期间主要批判了魏特林的空想共产主义、"真正的社会主义"和蒲鲁东的小资产阶级社会主义。通过批判错误思潮实现了工人运动健康发展的目的，同时也通过工人运动检验了理论的真理性。

第一节　反对工人运动中错误世界观和方法论的斗争

在马克思主义诞生过程中，有两条鲜明的主线，其一是理论逻辑主线，马克思恩格斯对黑格尔法哲学进行批判，揭露市民社会的本质结构，从而发现了人类社会发展的基本规律。另外一条则是社会实践主线，他们深入"市民社会"基层，与产业工人、工人运动领导人广泛接触，寻找社会形态变革的现实力量。在巴黎时，马克思就结识了许多来自不同国家的流亡者，如法国社会主义的代表人物勒鲁、蒲鲁东、路易·勃朗、卡贝，俄国政治流亡者巴枯宁、萨宗诺夫等，还与当时的一些工人秘密团体建立了联系。到达布鲁塞尔后为准备撰写阐发新世界观的《德意志意识形态》，马克思恩格斯曾专门到英国游历，考察这个资本主义"世界工厂"，收集关于资本主义经济的文献资料，同英国工人运动建立联系。在恩格斯的介绍下，马克思结识了宪章派领导人乔治·哈尼，并通过哈尼结识了厄内斯特·琼斯，通过结识工人运动领袖深入掌握了工人运动状况。到达布鲁塞尔后，马克思恩格斯将自己的哲学思想更加深入地与工人运动结合起来。

1830 年比利时独立，然后经历了迅速工业化，它比欧洲大陆其他国家有着更大的言论自由，因此成为政治逃难者的避风港。从 1845 年到 1848 年，马克思在比利时首都度过了 3 个春秋，并建立了布鲁塞尔共产主义通讯委员会。正如马克思自己所说的，建立通讯委员会的主要目的，是让德国的社会主义同法国和英国的社会主义者建立联系，相互之间了解社会主义运动进展情况，交流思想，相互帮助指正。在马克思恩格斯的影响下，欧洲一些主要城市如伦敦、巴黎、哥本哈根、汉堡、柏林等陆续建立了共产主义通讯委员会。建立共产主义通讯委员会是马克思恩格斯关于共产主义的首次政治实践尝试。他们首先对通讯委员会成员中的错误思想进行了严厉的批判。

一 批判魏特林空想社会主义

魏特林是德国早期工人运动的活动家，14 岁当裁缝学徒，具有非常广泛的社会阅历，在 1835 年来到巴黎加入了德国工人的秘密组织"流亡者同盟"（"正义者同盟"的前身）。魏特林接受了巴贝夫、傅立叶等人的空想社会主义思想，同时又接受了布朗基主义，形成了自己的共产主义思想并积极撰写著作进行宣传。他撰写的《和谐与自由的保证》（1842 年），不仅巧妙地总结了当时法国早期的社会主义思想，而且实现了重要突破。早期社会主义者主要诉诸知识阶层和中产阶级的人的理性来谋求社会变革，而魏特林则认为只有通过无产阶级的暴力革命才能建成理想的社会。马克思对他的这种观点极为赞同，称他的著作是"天才的著作"，它证明了德国无产阶级具有丰富的革命能力。但是魏特林对市民社会的经济分析不够充分，没有掌握社会的历史发展规律，在他看来无产阶级仅仅包括穷人、失业者和流浪汉等，他寄希望于流氓无产阶级的暴力来完成革命，为了达到革命的目的，他甚至主张将无序推向极致。

魏特林的社会主义思想始终停留在空想层面，建立在抽象的平等观念基础之上，针对私有制的罪恶而提出财产公有、人人劳动、平均分配、自由和谐等社会制度标准，但是对于如何实现美好社会却毫无办法，也没有任何理论证明。他思想中存在许多有害的东西，比如粗陋的平均主义、封闭的宗派主义、过时的革命密谋主张等。1846 年年初，魏特林来到布鲁塞尔，与马克思恩格斯开始了交往，但是在世界观和历史观上双方各持己见。马克思希望用科学的历史观改造魏特林，将共产主义思想建立在科学理论基础之上，但是魏特林却固执己见甚至顽固不化。魏特林认为马克思恩格斯对他的批评是"嫉妒"，是"企图扼杀他的天才"。马克思恩格斯由于无法最终说服魏特林便与其彻底决裂，要求各地通讯委员会同魏特林划清界限，在 1847 年 6 月召开的"正义者同盟"第一次代表大会上，魏特林被开除出同盟，从此便在政治舞台上消失了。[①]

二　批判"真正的社会主义"

"真正的社会主义"实质上是小资产阶级的思想流派，主要代表人物有格律恩、克利盖等人。"真正的社会主义"把社会主义看作是对费尔巴哈的人本主义原则的实现，而不是社会发展客观规律作用下的必然方向。"他们克服了'法国人的片面性'，他们不代表真实的要求，而代表真理的要求，不代表无产者的利益，而代表人的本质的利益，即一般人的利益，这种人不属于任何阶级，根本不存在于现实界，而只存在于云雾弥漫的哲学幻想的太空。"[②] 它把法国社会主义对资本主义的批判照搬到德国，却无视德国资本主义远没有发展充分，封建势力异常强大，

---

① 孙伯鍨、侯惠勤主编：《马克思主义哲学的历史和现状》上卷，南京大学出版社 2004 年版，第 105—106 页。

② 《马克思恩格斯选集》第 1 卷，人民出版社 2012 年版，第 427 页。

在这样的条件下鼓吹反对资本主义发展、反对自由主义的种种要求，实际上就是为封建主义作辩护。"这种社会主义成了德意志各邦专制政府及其随从——僧侣、教员、容克和官僚求之不得的、吓唬来势汹汹的资产阶级的稻草人。这种社会主义是这些政府用来镇压德国工人起义的毒辣的皮鞭和枪弹的甜蜜的补充。"① "真正的社会主义"者即便仍然具有革命的想法，却起到了反动的效果。"真正的社会主义"者缺乏科学的世界观和方法论，其哲学基础是黑格尔的唯心主义和费尔巴哈的人本主义，他们无视现实社会中存在的尖锐的阶级斗争，而主张以人道主义的说教、普遍的爱代替阶级斗争。最终所谓的真正的社会主义退化成为小市民利益的代表，甚至代表了一种反动的利益，它发展到最后，就直接反对共产主义的革命倾向，并且宣布自己是不偏不倚地超乎任何阶级斗争之上的。

格律恩提出了更为详细具体的计划作为救世良方，认为不必发动阶级斗争，工人只要用积蓄的小额储蓄金组织起协作社，实行产品直接交换，就可以免除商人的中间剥削，废除资本，消灭贫困，建立社会主义。通过这个简易的方法就可以战胜资本主义，这的确非常具有鼓动性和欺骗性，在当时的工人中引起了一阵狂热。1846 年恩格斯在致布鲁塞尔共产主义通讯委员会的第三封信中，对共产主义者的宗旨进行了明确规定："（1）维护同资产者利益相反的无产者的利益；（2）用消灭私有制而代之以财产公有的手段来实现这一点；（3）除了进行暴力的民主的革命以外，不承认有实现这些目的的其他手段。"② 这个概括简明扼要而切中要点，目标明确而易于理解，得到了大多数人的承认，从而彻底击破了协作社计划，格律恩也从此声誉扫地。

克利盖在纽约出版《人民论坛报》，打着共产主义的旗号宣传错误的思想与原则，把"普遍之爱"的说教当成是共产主义。马克思恩格斯代表布鲁塞尔委员会写了一份《反克利盖通告》，宣布克利盖企图把共

---

① 《马克思恩格斯选集》第 1 卷，人民出版社 2012 年版，第 428 页。
② 《马克思恩格斯全集》第 27 卷，人民出版社 1972 年版，第 71 页。

产主义学说变成"爱的梦呓",他的这种做法恰恰与共产主义截然相反。共产主义学说根本不是要大谈"爱"和"克己"的宗教,而是要研究现实关系和问题。通告的发表有效地消除了克利盖错误思想的影响。由于马克思恩格斯等人的坚决斗争和批判,"真正的社会主义"在19世纪40年代中后期昙花一现后就消失了。

三 批判蒲鲁东小资产阶级社会主义

在马克思恩格斯批判的错误思潮中,蒲鲁东主义是最为"顽强"的一个,从19世纪40年代后期开始,与其斗争了数十年。蒲鲁东少年时做过学徒、干过伙计,靠着勤奋自学成才,他是法国小资产阶级经济学家,无政府主义创始人。1840年出版《什么是财产?》一书,尖锐抨击资本主义制度,称"所有权就是盗窃"。马克思居住在巴黎时曾与蒲鲁东有过密切交往,对他在《什么是财产?》一书中对私有制所作的批判性考察非常赞赏。但蒲鲁东只主张改变私有制的形式,而不是彻底消灭私有制,马克思曾批判这种不彻底性,希望他能够转变到无产阶级立场上来,但是蒲鲁东却始终固执己见。马克思曾邀请蒲鲁东参加共产主义通讯委员会并负责巴黎支部的工作,遭到了拒绝,而且蒲鲁东出言不逊暗指马克思是要创立新宗教。

1846年蒲鲁东撰写出版了《经济矛盾的体系,或贫困的哲学》一书,主张用一种经济的组合,把那些因另一种经济组合将从社会剥夺出去的财产归还给社会。劝说无产阶级不要搞政治斗争,在不触动资本主义私有制的基础上和平改造社会。

蒲鲁东的思想是一种法国社会的小资产阶级思潮,他真正攻击的并不是私有制,而是反对大资本家掠夺小资产者。他主张人人都要有少量的财产,这才是幸福的保证,工人应该用自己的储蓄购买工厂从而成为小财产的所有者,而不是扬弃私有财产本身。在《什么是财产?》中,蒲鲁东揭示了工厂生产过程中,资本家获得利润存在不劳而获的现象,为了消除这种现象,工人们最好自己拥有工厂成为资本家。当然这种简单的方法并不能合理揭示资本主义社会的各种经济现象,于是他从李嘉图那里借鉴了劳动价值理论，从"真正的社会主义者"格律恩那里学习了黑格尔的辩证法，决心建立起代表小资产阶级利益的政治经济学。

1817年李嘉图发表《政治经济学及赋税原理》一书，一方面认为物品的价值由生产它的劳动量决定，工人劳动创造了产品的价值，另一方面他又认为，土地上生产的产品应在地主、资本家和工人这些利益对立的阶级中进行分配，并具体探讨了分配法则。这两个方面显然是矛盾的，但是他认为这是自然的秩序，与人毫不相干。李嘉图派社会主义者基于劳动价值论，提出了具有社会主义性质的主张，认为原本属于工人的产品却只交付给工人一小部分，这是不正常的，是罪恶的。他们从道德上攻击现存的社会生产机构，却并不打算从根本上变革社会，主张在现有社会机制内部消除弊端。蒲鲁东与李嘉图派社会主义者一样，从劳动价值论中得出了平等主义的结论，主张在不触动社会基础的前提下，仅仅消除它的恶的方面。他借用黑格尔的辩证法的形式，将私有财产制度作为肯定，把社会主义作为否定，以之为基础实现更高层级的综合，在保留私有财产制度的同时又克服不劳而获的社会弊病。为了消除不公平的交易，他甚至主张消灭货币，以保障劳动自由交换的权利，形成了以依据自然价值的交换为原则的相互扶持理论。显然，蒲鲁东对社会问题的政治经济学研究并不是基于社会现实的经济关系进行的，而是一种基于道德理念的主观建构。

马克思拿到蒲鲁东的《贫困的哲学》后评价说："我认为它整个说来是一本坏书，是一本很坏的书。"[1] 并立即着手进行批判，在揭露蒲鲁东理论上的错误和矛盾的同时，正面阐述自己的经济学和哲学观点。1847年7月，马克思发表了内容、方法及题目都针锋相对的著作《哲学的贫困。答蒲鲁东先生的〈贫困的哲学〉》（以下称《哲学的贫困》），这本著作用法文写作，目的是为了更好地在法国读者中流传，以便更有针对性地消除蒲鲁东的影响。

首先，马克思论证了蒲鲁东的出发点的抽象与荒谬。蒲鲁东从李嘉

---

[1] 《马克思恩格斯选集》第4卷，人民出版社2012年版，第407页。

图的劳动价值论出发，认为一定的劳动量和同一劳动量所创造的产品是等价的，因而，如果根据建立在劳动价值基础之上的评价来交换产品，只要所有工人劳动量相等，交换便能在完全平等的基础上实现。这种观点显然是脱离了具体社会经济关系的主观设想，因为商品价值的实现是在社会需求竞争条件下实现的，而且这里混淆了两个概念，即作为决定产品价值尺度的劳动和本身具有商品价值的劳动。当劳动成为商品时，它便通过工资来表现自己的价值，但是工资的多少即劳动的价值取决于"生产"劳动的社会必要时间，也就是说劳动的价值取决于维持工人生活并接受教育培训和供养家庭所必需的最低限度的劳动时间。在马克思看来劳动具有二重性，一方面它是具体劳动，生产某种使用价值，另一方面它又是抽象劳动，形成商品的价值。这种抽象劳动是凝结在商品中的无差别的人类劳动，是衡量商品价值并进行交换的尺度。这种劳动二重性理论在马克思后来所写的《政治经济学批判》《资本论》中得到了更全面的表达。将劳动进行二重性解剖就能找到资本主义经济关系中的不平等的根源，工人劳动价值实际上是劳动力的价值，而劳动力在具体劳动中又创造出了远远大于自身价值的价值，在等价交换的掩盖下，实际上是工人获得最低工资，而资本家却实现了资本的增殖。在现有经济体系中，从李嘉图到蒲鲁东一直追求的等价交换根本无法真正实现，现有的资本主义本身就是等价交换的形式，可是它仍然导致了不公平的后果，问题的关键在于资本主义经济关系本身。

在《哲学的贫困》第一章中，马克思通过批判蒲鲁东的价值论，奠定了自己劳动价值论的基础，在第二章中，通过批判蒲鲁东的辩证法，使自己的唯物主义辩证法更加成熟完善。黑格尔的辩证法是绝对理念的自我运动，它在确立自己的同时又与自己相对立，在斗争中实现更高一级的统一。蒲鲁东从黑格尔那里学到了形式上的辩证法，即观念的产生实现以及正、反、合这一形式。在他看来，历史是在"观念之后"形成的历史，在各种经济范畴中存在好的方面和坏的方面，而消除坏的方面集中好的方面就是辩证法。这不仅是一种唯心主义的立场，而且根本没有掌握辩证法的真实内涵，如果能够剔除坏的保留好的就是辩证法，显然就会导致事物的单一化，事物也就失去了发展的动力。蒲鲁东正是以这种奇怪的辩证法来阐述自己的经济思想的，认为古典经济学家只抓住经济范畴中好的方面，社会主义者只抓住了坏的方面，所以需要将二者综合起来。这并不是什么综合，而是简单的拼凑，马克思指出："他希望成为合题，结果只不过是一种合成的错误。他希望充当科学泰斗，凌驾于资产者和无产者之上，结果只是一个小资产者，经常在资本和劳动、政治经济学和共产主义之间摇来摆去。"①

马克思在批判蒲鲁东唯心史观的基础上阐发了自己的历史观，他说："为了正确地判断封建的生产，必须把它当做以对抗为基础的生产方式来考察。必须指出，财富怎样在这种对抗中间形成，生产力怎样和阶级对抗同时发展，这些阶级中一个代表着社会上坏的、有害方面的阶级怎样不断地成长，直到它求得解放的物质条件最后成熟。这难道不是说，生产方式，生产力在其中发展的那些关系，并不是永恒的规律，而是同人们及其生产力的一定发展相适应的东西，人们生产力的一切变化必然引起他们的生产关系的变化吗？"② 生产力的发展变化决定着生产关系的发展变化。

> 随着新生产力的获得，人们改变自己的生产方式，随着生产方式即谋生的方式的改变，人们也就会改变自己的一切社会关系。手推磨产生的是封建主的社会，蒸汽磨产生的是工业资本家的社会。
>
> 人们按照自己的物质生产率建立相应的社会关系，正是这些人又按照自己的社会关系创造了相应的原理、观念和范畴。
>
> 所以，这些观念、范畴也同它们所表现的关系一样，不是永恒的。它们是历史的、暂时的产物。
>
> 生产力的增长、社会关系的破坏、观念的形成都是不断运动的，只有运动的抽象即"不死的死"才是停滞不动的。③

---

① 《马克思恩格斯选集》第 1 卷，人民出版社 2012 年版，第 236 页。
② 《马克思恩格斯选集》第 1 卷，人民出版社 2012 年版，第 233 页。
③ 《马克思恩格斯选集》第 1 卷，人民出版社 2012 年版，第 222 页。

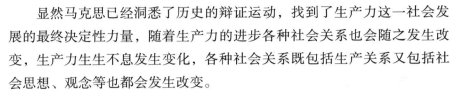

显然马克思已经洞悉了历史的辩证运动，找到了生产力这一社会发展的最终决定性力量，随着生产力的进步各种社会关系也会随之发生改变，生产力生生不息发生变化，各种社会关系既包括生产关系又包括社会思想、观念等也都会发生改变。

在《哲学的贫困》中马克思揭露了蒲鲁东的小资产阶级改良主义的幻想本质，论述了无产阶级掌握政权进行暴力革命的必要性，对比辩证思维的方法批判了蒲鲁东的形而上学的方法，在批判蒲鲁东唯心主义的基础上进一步发展了历史唯物主义。《哲学的贫困》对于马克思主义哲学的传播具有重要意义，因为此前撰写的《德意志意识形态》并未公开出版，将新的历史观和经济观首次公开呈现在世人面前的就是《哲学的贫困》这部论战性著作。但是，这本书出版时发行量只有 800 本，所产生的影响也是有限的，真正将马克思主义哲学的科学世界观、历史观传播开来还要等到《共产党宣言》问世。

第二节　《共产党宣言》的发表与马克思主义的公开问世

《共产党宣言》是马克思恩格斯为"共产主义者同盟"起草的纲领性文件，它的发表标志着马克思恩格斯的学说与工人运动的正式结合，标志着马克思主义学说尤其是马克思主义哲学的公开问世。从本质上而言，马克思主义哲学是关于认识世界改造世界的学问，有着鲜明的现实指向和价值追求，因此，在与工人运动结合之前的理论还不能算是真正意义上的马克思主义哲学，只有与工人运动结合起来并实现理论与实践的有机结合，马克思主义才算真正诞生。

一　《共产党宣言》的创作与公开发表

"共产主义者同盟"的前身可以追溯到 1834 年在法国巴黎组建的"流亡者同盟"，这是流亡在巴黎的德国手工业工人建立起来的密谋组织，1836 年同盟中的激进分子组成"正义者同盟"，当时以魏特林的空想共产主义为理论纲领。后来同盟总部迁往英国伦敦，并在德国、瑞士、法国等地设立支部，成为国际性的工人组织。1843 年同盟领导人曾邀请恩格斯加入该组织，恩格斯不认同其指导思想和密谋性质而拒绝加入，但是这期间马克思恩格斯一直关注这一组织并与之保持来往。1847 年 1 月，同盟再次派人到布鲁塞尔和巴黎拜会马克思和恩格斯并邀请他们加入，尤其是邀请他们在代表大会上阐述自己的科学共产主义理论，帮助同盟改组。感于同盟领导人的赤诚，马克思恩格斯就答应了加入同盟。相较于之前筹建的共产主义通讯委员会着重于学说宣介，加入正义者同盟，意味着马克思恩格斯开始直接参与领导工人运动，而工人运动的政治组织也开始接受马克思主义学说，无产阶级解放事业开始真正实现科学理论与具体实践的有机统一。

1847 年 6 月，在伦敦召开的正义者同盟第一次代表大会，根据科学共产主义原则进行改组，正式更名为"共产主义者同盟"，将"人人皆兄弟"的口号改为"全世界无产者联合起来"，明确同盟的目的是推翻资产阶级统治建立无产阶级统治，消灭建立于阶级对立基础之上的资产阶级旧社会，建立没有阶级对立和私有制的新社会。从属性上来看，经过改组后的同盟已经成为无产阶级政党。受大会委托，恩格斯起草了《共产主义信条草案》，但无论是内容还是形式都存在不足，难以达到同盟纲领的要求，《共产主义信条草案》只是作为讨论稿提交各支部进行讨论。

在讨论《共产主义信条草案》的过程中，"真正社会主义者"赫斯极力宣扬自己的社会主义思想，妄图按照自己的小资产阶级的思想改良共产主义者同盟。恩格斯在批驳其错误思想的基础上修改出了第二稿，即《共产主义原理》，以问答的形式阐述科学社会主义理论。恩格斯仍然对其不甚满意，也没有提交委员会审议。1847 年 11 月召开的同盟第二次代表大会将讨论和修改党的理论纲领作为主要任务，马克思恩格斯极力宣介阐述他们已经发现的社会历史的科学理论，大会最终委托他们起草纲领性文件。这次由马克思亲自主笔撰写，但是写作过程一如他一贯的写作风格，缓慢而有条不紊，直到 1848 年 1 月才完成写作，当文稿送至伦敦时，等待已久的人们为其大气磅礴、思想深邃所折服。大会很快就通过了马克思的文稿，并在 2 月以《共产党宣言》（以下称《宣言》）为名公开发表。①

历史唯物主义原理作为马克思主义学说的理论基础和核心思想，在《宣言》中得到彻底贯彻和发挥，得到第一次系统、科学的表述。马克思和恩格斯运用这些基本原理，考察了人类历史特别是资本主义生产方式产生和发展的历史，阐明了贯穿在各个不同历史时期中的阶级斗争的规律，得出了资本主义必然灭亡、共产主义必然胜利的结论，为科学共产主义学说作了全面的、有力的历史唯物主义的论证。

《宣言》首次出版时由一个简短的引言和四章构成，这四章分别是"资产者和无产者""无产者和共产党人""社会主义的和共产主义的文献""共产党人对各种反对党派的态度"。从 1872 年至 1893 年，《宣言》先后再版了七次，四章主体内容自从首次出版后就再也没有改动过，但是马克思恩格斯为每一个新版本都撰写了序言，目的在于进一步阐发《宣言》的基本思想，并结合实践的发展对其进行必要的修正和补充。

1883 年德文版序言对贯穿《宣言》的基本思想进行了精辟概括，指出唯物史观是其基本思想："每一历史时代的经济生产以及必然由此产生的社会结构，是该时代政治的和精神的历史的基础；因此（从原始土地公有制解体以来）全部历史都是阶级斗争的历史，即社会发展各个阶段上被剥削阶级和剥削阶级之间、被统治阶级和统治阶级之间斗争的历史；而这个斗争现在已经达到这样一个阶段，即被剥削被压迫的阶级（无产阶级），如果不同时使整个社会永远摆脱剥削、压迫和阶级斗争，就不再能使自己从剥削它压迫它的那个阶级（资产阶级）下解放出来。"② 唯物史观的基本原理是科学共产主义学说的根本理论基础，同时这一理论的具体实现需要社会主体能动性的积极发挥，突出了阶级斗争在人类历史上的作用。将人类社会是阶级斗争的历史限定在原始土地公有制解体以

---

① 参见［德］弗·梅林《马克思传》，樊集译，人民出版社 1965 年版，第 176—190 页。
② 《马克思恩格斯选集》第 1 卷，人民出版社 2012 年版，第 380 页。

后，是对正文中的"至今一切社会的历史都是阶级斗争的历史"的完善与补充。

在 1872 年德文版序言中，马克思恩格斯写道："不管最近 25 年来的情况发生了多大的变化，这个《宣言》中所阐述的一般原理整个说来直到现在还是完全正确的。某些地方本来可以作一些修改。这些原理的实际运用，正如《宣言》中所说的，随时随地都要以当时的历史条件为转移，所以第二章末尾提出的那些革命措施根本没有特别的意义。如果是在今天，这一段在许多方面都会有不同的写法了。由于 1848 年以来大工业已有了巨大发展而工人阶级的组织也跟着有了改进和增长，由于首先有了二月革命的实际经验而后来尤其是有了无产阶级第一次掌握政权达两月之久的巴黎公社的实际经验，所以这个纲领现在有些地方已经过时了。特别是公社已经证明：'工人阶级不能简单地掌握现成的国家机器，并运用它来达到自己的目的。'（见《法兰西内战。国际工人协会总委员会宣言》伦敦 1871 年特鲁拉夫版第 15 页，那里对这个思想作了更详细的阐述。）其次，很明显，对于社会主义文献所作的批判在今天看来是不完全的，因为这一批判只包括到 1847 年为止；同样也很明显，关于共产党人对待各种反对党派的态度的论述（第四章）虽然在原则上今天还是正确的，但是就其实际运用来说今天毕竟已经过时，因为政治形势已经完全改变，当时列举的那些党派大部分已被历史的发展彻底扫除了。"①之后 1888 年英文版序言中重述了这一段话，再次强调《宣言》中的原理的实际运用，随时随地都要以当时的历史条件为转移，同各国具体实践相结合。即便是随着时间的推移，《宣言》中个别的结论已经过时，但其中的一般原理整个说来是完全正确的。

在 1890 年德文版序言中，恩格斯指出，《宣言》的历史在某种程度上反映着 1848 年以来现代工人运动的历史，它是从西伯利亚到加利福尼亚的所有国家的千百万工人的共同纲领。从 19 世纪末到今天又过去了一个多世纪，《宣言》是否过时了呢，答案当然是否定的，因为马克思恩

---

① 《马克思恩格斯选集》第 1 卷，人民出版社 2012 年版，第 386—387 页。

格斯是从社会历史大尺度层面讨论资本主义和共产主义的，它涵盖了从封建社会经过资本主义社会到共产主义社会的长期历史过程，而当下的世界仍然处在资本主义社会占主导的阶段并且远未达到共产主义，因此，《宣言》并不是一个历史性文献，而是具有现实指导意义的行动纲领。只有当资本主义制度已经消亡并整体进入公有制社会，在普遍社会主义基础之上开始全面实现共产主义，《宣言》作为共产党人的行动纲领的历史使命才会宣告结束。

二　资产者必然灭亡和无产者必然胜利

《宣言》的第一章为"资产者和无产者"，开篇即提出"至今一切社会的历史都是阶级斗争的历史"，明确将之前文献中的唯物史观思想和阶级斗争理论结合起来，并详细描绘了资产阶级的产生和发展，同时揭示出资产阶级的发展必然带来无产阶级的发展。无论是资产阶级的出现，还是无产阶级的形成，都是社会生产方式发展的产物。从历史维度考察资产阶级的诞生与发展，也就充分肯定了资产阶级在历史上的积极革命性作用。"资产阶级在它已经取得了统治的地方把一切封建的、宗法的和田园诗般的关系都破坏了。它无情地斩断了把人们束缚于天然尊长的形形色色的封建羁绊，它使人和人之间除了赤裸裸的利害关系，除了冷酷无情的'现金交易'，就再也没有任何别的联系了。它把宗教虔诚、骑士热忱、小市民伤感这些情感的神圣发作，淹没在利己主义打算的冰水之中。它把人的尊严变成了交换价值，用一种没有良心的贸易自由代替了无数特许的和自力挣得的自由。总而言之，它用公开的、无耻的、直接的、露骨的剥削代替了由宗教幻想和政治幻想掩盖着的剥削。"[1] 资产阶级打破了封建宗法对人的束缚，但是却又将新的经济枷锁戴在了人身上，这种变化并不是出于人的情感和好恶，而是经济关系形成并最终归结为生产力发展的必然结果。资产阶级要建立的是自由竞争以及与自由竞争相适应的社会制度和政治制度，促进生产力的巨大发展。

---

① 《马克思恩格斯选集》第 1 卷，人民出版社 2012 年版，第 402—403 页。

　　资本主义在促进生产力实现前所未有大发展的同时，也势必导致生产力与生产关系之间矛盾的出现。"资产阶级的所有制关系，这个曾经仿佛用法术创造了如此庞大的生产资料和交换手段的现代资产阶级社会，现在像一个魔法师一样不能再支配自己用法术呼唤出来的魔鬼了。"① 资本主义生产关系曾经起到了解放和发展生产力的巨大作用，创造出了前所未有的物质文明，但是随着生产力的发展它又开始显现出各种弊端和不足，并不能否认资本主义生产关系的自我调节适应能力，但是这种固化的生产关系终究难以适应生生不息发展的生产力。资产阶级试图在保持生产关系性质不变的前提下解决这个基本矛盾，例如在更加彻底地利用旧市场的同时不断夺取新的市场，资本主义社会甚至不得不通过经济危机来消灭大量的生产力，但是这种方法只能暂时缓解、不能彻底根除生产力与生产关系的矛盾，只有彻底改变资产阶级所有制关系才能真正解放生产力。

　　资本主义生产方式锻造了置自己于死地的武器，同时还产生了运用这种武器的人，即无产者。现代工人随着资本主义生产方式的发展而诞生，他们成为像其他物一样的商品，将自己的劳动力出卖给资本家，在劳动过程中创造出更多的价值从而实现资本的增殖。"由于推广机器和分工，无产者的劳动已经失去了任何独立的性质，因而对工人也失去了任何吸引力。工人变成了机器的单纯的附属品，要求他做的只是极其简单、极其单调和极容易学会的操作。因此，花在工人身上的费用，几乎只限于维持工人生活和延续工人后代所必需的生活资料。但是，商品的价格，从而劳动的价格，是同它的生产费用相等的。因此，劳动越使人感到厌恶，工资也就越减少。不仅如此，机器越推广，分工越细致，劳动量也就越增加，这或者是由于工作时间的延长，或者是由于在一定时间内所要求的劳动的增加，机器运转的加速，等等。"② 在资本主义生产关系中，劳动异化成为一种机器附属物，它不再是人们生存的第一需要，甚

---

① 《马克思恩格斯选集》第 1 卷，人民出版社 2012 年版，第 406 页。
② 《马克思恩格斯选集》第 1 卷，人民出版社 2012 年版，第 407 页。

至从之前的技艺性活动退变成为单调枯燥的操作，这更加促使劳动力商品价值的贬值，而且随着机器功能的提升，劳动强度却逐渐增强。在工业革命初期，产业工人在资本主义生产关系中遭受残酷的压榨和剥削，成为资产阶级国家的奴隶，受着资本者、监工甚至是机器的奴役。

随着现代大工业的发展，工人们也逐渐从单个少数的工人逐渐发展成为一个独立的阶级，最初作为资产阶级的盟友与专制君主制的残余、地主、非工业资产者和小资产者作斗争，所取得的胜利都是资产阶级的胜利。随着机器工业的进一步发展，无产阶级作为独立力量登上历史舞台。"在当前同资产阶级对立的一切阶级中，只有无产阶级是真正革命的阶级。其余的阶级都随着大工业的发展而日趋没落和灭亡，无产阶级却是大工业本身的产物。"① 与中间等级的小工业家、手工业者、农民等相比较，无产阶级的革命性更为坚决和彻底，它没有既得利益可以固守，唯有彻底打破现有的生产关系才能实现自身的也是全社会的真正解放，而只有实现无产阶级的解放，才能够彻底解除工业生产发展所受的束缚。"过去的一切运动都是少数人的，或者为少数人谋利益的运动。无产阶级的运动是绝大多数人的，为绝大多数人谋利益的独立的运动。无产阶级，现今社会的最下层，如果不炸毁构成官方社会的整个上层，就不能抬起头来，挺起胸来。"②

在无产阶级革命的问题上，马克思恩格斯固然强调革命者的主观能动性，但是他们却将这种主观能动性体现和融入社会客观规律之中，强调是资产阶级所有制关系自身的矛盾运动导致其灭亡，这体现了主观能动性和客观必然性相统一的历史辩证法。"资产阶级生存和统治的根本条件，是财富在私人手里的积累，是资本的形成和增殖；资本的条件是雇佣劳动。雇佣劳动完全是建立在工人的自相竞争之上的。资产阶级无意中造成而又无力抵抗的工业进步，使工人通过结社而达到的革命联合代替了他们由于竞争而造成的分散状态。于是，随着大工业的发展，资产

---

① 《马克思恩格斯选集》第 1 卷，人民出版社 2012 年版，第 410—411 页。
② 《马克思恩格斯选集》第 1 卷，人民出版社 2012 年版，第 411—412 页。

阶级赖以生产和占有产品的基础本身也就从它的脚下被挖掉了。它首先生产的是它自身的掘墓人。资产阶级的灭亡和无产阶级的胜利是同样不可避免的。"①

三　消灭私有制是共产党人的历史使命

共产党人是无产阶级的先锋队，它自身并不存在特殊的利益，而是代表无产阶级的利益，执行无产阶级的意志，是无产阶级最坚决的、始终起推动作用的部分，相比于普通无产阶级群众，他们了解无产阶级运动的条件、进程和一般结果。

无产阶级的斗争首先要推翻资产阶级的统治，夺取政权，然后废除私有制，这种私有制不是一般的所有制，而是资产阶级所有制。在生产方式的演变过程中，所有制关系自身实现了演变更替，工业资本主义消灭了小资产阶级、小农所有制。现代资产阶级所有制在自身发展演变过程中实现了对自身的否定，即它自身就转变成为具有社会属性的财产，而共产党人只不过是改变了这种社会财产的阶级属性。"资本是集体的产物，它只有通过社会许多成员的共同活动，而且归根到底只有通过社会全体成员的共同活动，才能运动起来。因此，资本不是一种个人力量，而是一种社会力量。因此，把资本变为公共的、属于社会全体成员的财产，这并不是把个人财产变为社会财产。这里所改变的只是财产的社会性质。它将失掉它的阶级性。"②

在资产阶级所有制之下，资本成为社会的主导因素，资本增殖成为社会生产的目的，工人劳动只是已经积累起来的劳动的增殖手段。"在资产阶级社会里是过去支配现在，在共产主义社会里是现在支配过去。在资产阶级社会里，资本具有独立性和个性，而活动着的个人却没有独立性和个性。"③ 资产阶级标榜的自由、个性只是资本的自由和个性，是作为资本化身的资本家的自由和个性，而社会上绝大部分不拥有财产即资

---

①　《马克思恩格斯选集》第 1 卷，人民出版社 2012 年版，第 412—413 页。

②　《马克思恩格斯选集》第 1 卷，人民出版社 2012 年版，第 415 页。

③　《马克思恩格斯选集》第 1 卷，人民出版社 2012 年版，第 415 页。

本的成员已经没有自由和个性可言。

共产主义社会并非否定人们所拥有的财产，它并不剥夺任何人占有社会产品的权力，它只剥夺转化为资本的财产，剥夺利用社会占有去奴役他人劳动的权力。共产主义所有制关系是否合理正义，马克思恩格斯在这里并没有展开详细的论证，但是他们用唯物史观基本原理说明，随着生产方式的变革人们的思想观念也会发生改变，资产阶级对共产党人的批评无非是站在自身的价值立场上的自我辩护而已。马克思恩格斯尖锐指出："你们既然用你们资产阶级关于自由、教育、法等等的观念来衡量废除资产阶级所有制的主张，那就请你们不要同我们争论了。你们的观念本身是资产阶级的生产关系和所有制关系的产物，正像你们的法不过是被奉为法律的你们这个阶级的意志一样，而这种意志的内容是由你们这个阶级的物质生活条件来决定的。你们的利己观念使你们把自己的生产关系和所有制关系从历史的、在生产过程中是暂时的关系变成永恒的自然规律和理性规律，这种利己观念是你们和一切灭亡了的统治阶级所共有的。谈到古代所有制的时候你们所能理解的，谈到封建所有制的时候你们所能理解的，一谈到资产阶级所有制你们就再也不能理解了。"① 以历史唯物主义的观点审视资本主义，资产阶级的合理性正义性也就被消解，问题的关键在于资产阶级自身无法认清自身的局限性，认识不到自身的观念是所有制的映射，更认识不到资产阶级所有制具有社会历史性。

资产阶级对共产党人的攻讦无不是从既有的社会条件出发立足自身的道德观念进行的价值评判，共产党人从未说过要消灭家庭、祖国、民族、宗教和哲学等，但是主张对于社会存在及其意识反映必须从历史发展的视角进行解读，看到它具有生成、发展和消亡的过程性。"人们的观念、观点和概念，一句话，人们的意识，随着人们的生活条件、人们的社会关系、人们的社会存在的改变而改变"②。而且人的意识的改变恰恰

---

① 《马克思恩格斯选集》第 1 卷，人民出版社 2012 年版，第 417 页。
② 《马克思恩格斯选集》第 1 卷，人民出版社 2012 年版，第 419—420 页。

是社会自身发展的产物，每当旧社会内部形成新社会因素之时，旧思想就会跟随旧生活条件的瓦解而一起消失。

共产主义社会是否还存在诸如宗教、道德、哲学、政治等意识形态呢？《共产党宣言》中似乎并没有说明。马克思恩格斯首先强调的是社会条件对思想观念的决定性地位，例如当古代世界走向灭亡的时候，古代的各种宗教就被基督教战胜了。而18世纪启蒙思想打败基督教思想时，正是资产阶级对封建阶级取得胜利之时，信仰自由和宗教自由的思想，不过表明自由竞争在信仰领域里占统治地位而已。

资产阶级攻讦说："宗教的、道德的、哲学的、政治的、法的观念等等在历史发展的进程中固然是不断改变的，而宗教、道德、哲学、政治和法在这种变化中却始终保存着。""此外，还存在着一切社会状态所共有的永恒真理，如自由、正义等等。但是共产主义要废除永恒真理，它要废除宗教、道德，而不是加以革新，所以共产主义是同至今的全部历史发展相矛盾的。"①

面对这种攻击，马克思恩格斯首先强调阶级对立是以往历史的主要社会形态，这种对立在不同的时代具有不同的形式。因此，"各个世纪的社会意识，尽管形形色色、千差万别，总是在某些共同的形式中运动的，这些形式，这些意识形式，只有当阶级对立完全消失的时候才会完全消失"②。同时，他们强调："共产主义革命就是同传统的所有制关系实行最彻底的决裂；毫不奇怪，它在自己的发展进程中要同传统的观念实行最彻底的决裂。"③ 这里就需要斟酌马克思恩格斯所强调的"同传统的观念实行最彻底的决裂"的本真含义到底是什么，攻讦者指责的共产主义要"要废除永恒真理，它要废除宗教、道德，而不是加以革新"的原意又是什么。毫无疑问，当生产力以及生产方式发生变革并带来经济结构的全面颠覆性改变之后，社会思想意识和道德观念势必会革命性重塑，但这是否意味着共产主义社会就不存在道德、政治和哲学。首先要强调

---

① 《马克思恩格斯选集》第1卷，人民出版社2012年版，第420页。
② 《马克思恩格斯选集》第1卷，人民出版社2012年版，第421页。
③ 《马克思恩格斯选集》第1卷，人民出版社2012年版，第421页。

的是，马克思恩格斯并没有否定共产主义社会价值性意识形式的存在，他们只是强调共产主义革命要同传统的所有制关系以及由其决定的传统的观念实行最彻底的决裂。另外，从历史唯物主义一般原理出发，经济基础与上层建筑是一对矛盾性存在，相互依赖，彼此作用，对于共产主义所有制势必存在与之相对应的观念上层建筑。"不是意识决定生活，而是生活决定意识。"① 在从内容上来理解社会存在对社会意识的决定作用的同时，是不是也就肯定了共产主义社会意识形式的存在呢？

当然，至于共产主义社会到底应该是什么形态，也难以确切表述出来。《共产党宣言》中对其描述可以概括为两个方面：第一个方面是生产资料公有制，无产阶级取代资产阶级成为统治阶级，生产资料全部集中在无产阶级组建的国家手中，在消除生产资料私有制的同时也就彻底消除了人与人之间的剥削与压迫；第二个方面是生产力高度发展，全体社会成员都能够获得足够的满足自身需要的物质产品。在这两个前提条件下，共产主义社会就成为自由人的联合体，在那里，每个人的自由发展是一切人的自由发展的条件。

四 共产主义的实现需要进行坚决的斗争

马克思主义并不是第一个对资本主义进行激烈批判的学说，它诞生之后仍然还存在各种各样的"社会主义"学说，虽然这些学说都将矛头指向资本主义的罪恶，但是它们革命的目标、途径和方法却大相径庭，而这些非科学社会主义学说危害巨大，它们在工人中的传播会将工人运动导向错误的方向。马克思主义是在批判继承和坚决斗争中前进的，为此，《共产党宣言》第三部分"社会主义和共产主义的文献"，专门介绍了反动的社会主义、保守的或资产阶级的社会主义、批判的空想的社会主义和共产主义等社会主义的和共产主义的文献。

虽然一些"社会主义"思想是时代的产物，随着社会的发展而淹没在历史洪流之中，不再具有社会现实性，这些是《共产党宣言》中"过

---

① 《马克思恩格斯选集》第 1 卷，人民出版社 2012 年版，第 152 页。

时"的部分。但是，在1848年时马克思恩格斯批判过的"社会主义"思想，在其身后甚至是当代仍然存在，这无疑彰显了马克思主义哲学思想的历史穿透力。马克思恩格斯对改良者的思想进行了深刻批判，这些改良者对资本主义的弊病深恶痛绝，但是却沉溺于资本主义社会而无法自拔，他们希望享受现代社会生存条件，但是又不愿意为这些社会生存条件进行坚决的革命斗争。"这种社会主义的另一种不够系统、但是比较实际的形式，力图使工人阶级厌弃一切革命运动，硬说能给工人阶级带来好处的并不是这样或那样的政治改革，而仅仅是物质生活条件即经济关系的改变。但是，这种社会主义所理解的物质生活条件的改变，绝对不是只有通过革命的途径才能实现的资产阶级生产关系的废除，而是一些在这种生产关系的基础上实行的行政上的改良，因而丝毫不会改变资本和雇佣劳动的关系，至多只能减少资产阶级的统治费用和简化它的财政管理。"① 这种资产阶级的社会主义在工人运动中危害很大，因为它让工人丢掉革命的意志，即便是斗争也是在资本主义生产关系之内的改良，斗争的目标不再是取得政权改变社会形态，而是获取现实的经济利益。实际上，伯恩施坦的改良主义就是资产阶级社会主义的借尸还魂，打着共产党人的旗帜为资产阶级辩护。

马克思恩格斯认为共产党人必须把长远目标和当前斗争结合起来，一方面，共产党人要实现工人阶级的最近目的，为他们现实的切身利益而斗争；另一方面，他们应该着眼未来，在当前的运动中代表未来的发展方向。共产党人的革命斗争必须把原则坚定性和策略灵活性结合起来，比如在法国，共产党人联合社会主义民主党反对资产阶级，但是要对社会主义民主党一贯的空谈和幻想进行坚决批判；又如在瑞士，共产党人可以支持激进派，但是同时明确区分其法国式的民主社会主义者和激进的资产者的不同组成部分；再如在德国，共产党人可以联合革命性的资产阶级，一起反对专制君主制、封建土地所有制和落后的小资产阶级。总而言之，共产党人必须同其他革命党派进行联合，这样才能使革命力

---

① 《马克思恩格斯选集》第1卷，人民出版社2012年版，第430页。

量最大化，但是又要保持自己的独立性，这样才能确保联合力量的革命性。"共产党一分钟也不忽略教育工人尽可能明确地意识到资产阶级和无产阶级的敌对的对立，以便德国工人能够立刻利用资产阶级统治所必然带来的社会的和政治的条件作为反对资产阶级的武器，以便在推翻德国的反动阶级之后立即开始反对资产阶级本身的斗争。"① 共产党人鲜明的观点和立场是支持一切反对现存的社会制度和政治制度的革命运动，主张通过革命斗争达到消灭私有制的目的，全世界的无产阶级应该联合起来，用暴力推翻全部现存的社会制度。

《宣言》是无产阶级第一个周详的理论和实践纲领，列宁曾这样评价它："这部著作以天才的透彻而鲜明的语言描述了新的世界观，即把社会生活领域也包括在内的彻底的唯物主义、作为最全面最深刻的发展学说的辩证法以及关于阶级斗争和共产主义新社会创造者无产阶级肩负的世界历史性的革命使命的理论。"② 《宣言》的新的世界观是唯物论和辩证法、历史观和自然观的高度统一，它站在唯物主义的基本立场上分析人类社会的发展演变，科学揭示了人类活动构成的历史的基本规律，它从辩证法的角度剖析人类社会的矛盾运动，找到了社会发展演变的动力之源。在《宣言》这里，辩证唯物主义和历史唯物主义的世界观与工人阶级革命的方法论实现了有机统一。

《宣言》从辩证唯物主义和历史唯物主义立场出发，科学评价了资产阶级在历史上的贡献并明确指出其历史局限性，资本主义生产关系曾经极大地促进了生产力的发展，并由此促进人类社会发展到前所未有的文明程度，但是资本主义自身存在着不可克服的矛盾，资本主义私有制终究会落后于生产力的发展而变成历史进步的障碍，这就决定了其必然灭亡的命运。取代资产阶级的是与社会化大生产相适应的最具革命性的无产阶级，资产阶级的灭亡和无产阶级的胜利都是不可避免的，这是由社会发展基本规律决定的，认识这一点的前提是树立科学的世界观和历史观。

---

① 《马克思恩格斯选集》第 1 卷，人民出版社 2012 年版，第 434—435 页。
② 《列宁选集》第 2 卷，人民出版社 2012 年版，第 416 页。

《宣言》作为无产阶级和共产党人的行动纲领，全面论述了共产党的性质、特点、纲领和策略。共产党人没有个人私利，他们所代表的是最广大人民的利益，他们实行最坚决的革命，即彻底消灭私有制，尤其是消灭最高形态的私有制即资本主义所有制等。然而我们今天来回顾《宣言》的诞生及其影响，必须实事求是，尊重历史事实，它的诞生及初期影响并非那么轰轰烈烈，它巨大的价值是在历史长河中在与各国革命实践结合中逐渐显现出来的。1848 年 2 月，《宣言》只印刷了 800 份而且没有马克思恩格斯的署名。事实上，完成《宣言》的马克思马上就面临着严重的政治迫害，被比利时政府驱逐出布鲁塞尔，紧接着他又投身于 1848 年欧洲革命之中，这场接踵而至的革命运动并非是《宣言》所引发的革命。实际上，正是在这场革命失败之后共产主义者同盟就走向解体，世界性的无产阶级政党并未能按照《宣言》所规划的那样履行自己的职能并取得革命的胜利，这也并不奇怪，从革命的理论到革命的实践尚有漫长的路要走。

第三节 历史唯物主义在革命
实践中的创新与发展

正如人们把《宣言》的发表看作马克思主义诞生的标志，如何高度评价它的历史意义都不为过，正如马克思主张哲学的意义在于改变世界，改变世界最根本的表现是通过政治斗争建立新型社会，《宣言》正是马克思主义哲学改变世界的宣言书、路线图，后人从它那里能够找到改变现实社会的方法路径。马克思恩格斯是《宣言》思想的忠实践行者，终其一生都没有放弃对工人运动的发动与指导，都在实践层面推动哲学的世界化。马克思恩格斯的革命家形象极其鲜明而突出，他们的思想不仅蕴含着革命结论，而且充满革命精神。马克思恩格斯的学说与人格是一致的，他们本人也成为"红色"象征，成为革命的代名词。从本质上而言，马克思主义哲学具有真正的革命性，是在揭示世界运动规律的基础上指导人们利用规律改造世界的学说。

一　历史唯物主义在 1848 年欧洲革命中的检验与发展

1848 年欧洲革命是资产阶级领导的反封建的民主主义革命，无产阶级作为重要的政治力量参与了革命，尤其是新诞生的马克思主义、马克思主义的创始人以及重要追随者都积极投身到革命之中，这次革命对于这个以革命方式改变世界的学说是一次非常重要的实践检验，马克思恩格斯的学说在火热的革命战斗中得到淬炼，为以后的丰富完善积累了宝贵经验。

从 1848 年年初开始，意大利、法国、德国、匈牙利、罗马尼亚和波兰等国家相继爆发革命，革命者的目的并不一致，总体而言，这场席卷欧洲的革命是反封建的资产阶级民主革命和资本主义国家的民族革命。德国革命的目的在于消除君主专制制度，消除分裂，建立统一的民主共和国；法国革命的目的在于推翻金融贵族的统治，铲除封建残余，为资本主义的发展扫清障碍；而在意大利、匈牙利、罗马尼亚、捷克斯洛伐克和波兰等国，革命的目的主要是争取民族独立。从性质上而言，这场革命并不属于无产阶级革命，实际上，在《宣言》正式出版以前革命活动已经孕育产生，但是马克思主义学说的革命性却使得各国专制统治者对其颇为忌惮，原本相对自由开放的比利时政府在蓬勃兴起的革命形势下，对马克思等人下达了驱逐令。

早在 1847 年秋，意大利等国家就已经爆发了革命活动，到了 1848 年 2 月，革命运动在法国巴黎达到高潮，国王路易·菲利普宣布退位并流亡海外，法国成立临时政府。当马克思一家人受到比利时政府驱逐时，他们收到了法国临时政府委员斐迪南·弗洛孔的邀请信，信中写道："勇敢而正值的马克思：法兰西共和国是所有自由之友的避难所。暴政把您放逐，自由的法兰西向您、向所有为神圣事业和各国人民的友好事业而斗争的人们敞开着大门。法国政府的每一代表都应当以这种精神来理解自己的职责。"① 于是马克思携家人返回巴黎并在这里准备参加德国的革命运动。

---

① 张光明、罗传芳：《马克思传》，天地出版社 2017 年版，第 110 页。

　　法国革命的消息迅速传到奥地利的维也纳、德国的柏林，柏林的民众向普鲁士国王威廉及其军队发起攻击，双方在柏林展开战斗。此时流亡巴黎的德国社会主义者谋划返回德国参加革命战争，诗人海尔维格计划组建志愿军团返回德国南部，通过战斗建立共和制度。马克思恩格斯反对这种以武力方式参加革命的做法，因为它可能引起国家间的战争，事实上，海尔维格的军团在首次战争中就几乎全军覆没。

　　马克思等人最终返回德国，主要以宣传者的身份参加革命活动。他们携带了对封建制度极具杀伤力的《宣言》以及马克思恩格斯专门起草的《共产党在德国的要求》，明确了共产党人在革命中的目标与使命，《共产党在德国的要求》共17条，包括："全德国宣布为一个统一的、不可分割的共和国"，赋予所有男性成年人普选权，给立法议员发放薪金，武装全体人民，废除一切封建义务和租税，将君主和领主地产收归国有，成立国家银行来代替私人银行，施行政教分离，限制继承权，保证所有人的工作权利，实行免费的国民教育等主张。显然，《共产党在德国的要求》的革命性与《宣言》相比相差甚远，但它却是马克思恩格斯深刻理解革命形势作出的明智判断。

　　马克思返回德国后首先在科伦从事革命活动，早前他曾在这里任《莱茵报》的编辑，这次又重新开始了办报活动，得益于革命运动促使政府取消了书报检查制度，马克思等人创办了《新莱茵报》来记述革命活动、宣传革命主张。

　　马克思认为在无产阶级革命到来之前首先要经历的是资产阶级革命，为了实现无产阶级的目标，首先要支持中产阶级的民主，首先要帮助民主的力量战胜反动力量。所以《新莱茵报》打出的只能是民主的旗帜，而不是共产主义的旗帜，此时的德国最直接的任务是实现民主。"这是斗争的法则和惯例。在观点、利益和目的不一致的情况下，新时代的幸福是不能用假想的合理妥协和虚伪的合作等办法来达到的，这种幸福只有经过各个党派的斗争才能达到。"[①]

---

　　① 《马克思恩格斯全集》第5卷，人民出版社1958年版，第25页。

恩格斯也持同样的观点，他强调如果创办一家极端激进的报纸，那他们就只好窝在某一偏僻地方的小报上宣传共产主义，只能创立一个小小的宗派而不是一个大型的行动党了。对比之前在《莱茵报》时期拒绝刊登"自由人"共产主义观点的做法，马克思的立场是前后连贯一致的，在激进的革命者眼中马克思的行为过于温和，反动政府甚至是革命政府都认为他是危险人物。

无论马克思如何尽力保持温和，当他面对革命战争中血淋淋的事实时却总是仗义执言，更为关键的是他总能在复杂的现象中抓住事物的本质，用一针见血的观点撕开虚伪的面具，使假革命者、倒退者无处藏身。当法国爆发六月起义时，马克思在《新莱茵报》上全版介绍巴黎的斗争："巴黎淹没在血泊中；起义发展成为比以往任何一次革命都要伟大的革命，发展成为无产阶级反对资产阶级的革命。"[1] 他鲜明地揭示出了六月起义是劳动与资本之间的战争，资产阶级已经从革命者退回到了反动者的阵营。鲜明的政治立场使得《新莱茵报》的资产阶级股东大为不悦，于是马克思他们不得不另寻资助。

实际上，在这场革命中马克思恩格斯的立场也存在矛盾的地方，一方面，他们不得不寄希望于资产阶级进行革命，另一方面，在面对资产阶级倒退甚至反动时却倍感愤怒直到最后对其彻底失望。到了革命后期，马克思和其所在的科伦工人联合会断然退出了莱茵省民主联合会，这也就意味着马克思及其领导的工人组织与资产阶级民主派彻底断绝了关系。马克思开始努力建立无产阶级联盟，他不再会寻求与资产阶级达成政治妥协。"马克思坚信，德国工人只有当他们团结在一个统一的、独立的全国性组织之中，并使这个组织发展成为一个全国性的工人政党（它的成员不再象共产主义者同盟那样只有几百人，而是包括全部最先进的工人这一人数更多的阶层），才能完成这一全国性的任务。"[2] 革命运动显示小资产阶级民主派根本没有能力独立领导资

---

① 《马克思恩格斯全集》第 5 卷，人民出版社 1958 年版，第 135 页。

② ［德］海因里希·格姆科夫等：《马克思传》，易廷镇、侯焕良译，生活·读书·新知三联书店 1978 年版，第 153—154 页。

产阶级民主革命，因此将革命进行到底直至取得成功的责任，已经落到了年轻的德国工人阶级的肩上。

1848 年革命已经不再是纯粹的资产阶级民主革命，一方面是随着资本主义而发展起来的新的生产力、生产关系同历史上业已过时的封建关系包括封建性民族分裂的矛盾，另一方面是资本主义本身内部日益尖锐化的新矛盾。无产阶级、资产阶级和封建阶级同时出现在革命舞台之上，他们之间相互影响、相互制约，出现了一系列复杂的问题。比如为何最初革命性的资产阶级会背叛符合自身利益的革命，农民为何拥护并不代表他们利益的路易·波拿巴，工人为什么不能单纯依靠本阶级的力量取得革命的胜利。对于这种复杂的革命斗争局面就需要采用阶级分析方法和历史方法进行认知，分清不同阶级并根据其阶级利益分析各种问题，才能在扑朔迷离、复杂多变的斗争局面中发现规律。

《宣言》中写道："我们的时代，资产阶级时代，却有一个特点：它使阶级对立简单化了。整个社会日益分裂为两大敌对的阵营，分裂为两大相互直接对立的阶级：资产阶级和无产阶级。"[1] 然而，现实中分裂成截然对立的阶级只是一种"趋势"和未来可能性而已。阶级斗争及革命活动异常复杂，如果秉持简单的阶级斗争的观点，就难以对错综复杂的社会利益关系作出具体的、真实的分析。在现实社会中，无论是在统治阶级内部还是工人阶级内部以及二者之间都存在复杂的关系，既有严重的利益分歧，也有观念上的自私和短见，任何一个阶级都存在着复杂的构成并且拥有复杂的行为。工人阶级的斗争需要坚定的立场和科学的方法，这个立场就是毫不动摇地实现社会形态的更替而不是社会福利的改进，但是在具体实现过程中却需要灵活的处置方法，需要尽可能多地联合社会可以联合的力量，来达成自己的革命目的。

1848 年革命属于资产阶级革命，资产阶级在革命中的态度直接决定了革命的走向，在历史发展的洪流之中，封建阶级及其专制统治已经日

---

① 《马克思恩格斯选集》第 1 卷，人民出版社 2012 年版，第 401 页。

薄西山，而无产阶级作为现代大工业的产物还未成长壮大，因此资产阶级的行动直接决定了革命走向。与1789年法国大革命中的资产阶级相比，此时的资产阶级正在由革命性向反动性转化。广大人民作为社会底层受压迫最重的阶层对革命充满热情和期待，但是他们的革命积极性使资产阶级感到震惊，尤其是当其坚持本阶级利益而能够独立发动革命时，便直接把资产阶级吓到了革命的对立面，资产阶级不允许超出民主革命的范畴，也不允许损害其自身利益。

当然，问题的关键在于工人阶级无法担负起民主革命的领导责任，他们固然有自己的阶级利益主张和高昂的革命热情，但却不得不依附于资产阶级，而当资产阶级走向反革命时却又缺乏有效的斗争手段和斗争策略，革命活动在资产阶级叛变的情况下自然会走下行路线。

随着革命运动的失败，马克思恩格斯的处境也越发艰难。1849年5月19日，《新莱茵报》出版最后一期，马克思再次被德国政府驱逐出境。这一次，他已经无法在欧洲立足，只得流落到英国。到达英国后马克思所要做的第一件事就是对革命活动进行经验总结，他创办《新莱茵报。政治经济评论》作为传播革命理论的阵地，虽然报纸前后只出版了六期，但是马克思恩格斯在上面发表了一系列重要的著作。其中最主要的一组文章是关于法国革命的评论，到1895年恩格斯出版单行本时给它加了总标题，即《1848年至1850年的法兰西阶级斗争》。1851年12月，拿破仑的侄子路易·波拿巴发动政变后，马克思撰写了《路易·波拿巴的雾月十八日》对法国革命运动倒退的现象进行剖析。在这些作品中，马克思恩格斯结合革命实践又进一步发展了马克思主义哲学思想，尤其是历史唯物主义理论。

一是对历史唯物主义理论进行了验证。1848年革命证实了马克思主义关于社会发展的学说，即历史重大进步总是通过深刻变革社会经济结构和政治结构实现的。革命是摧毁旧的过时的社会关系、推翻腐朽阶级统治的必由之路，也是锻造建设新社会力量的熔炉，是"历史的火车头"。马克思恩格斯早在《德意志意识形态》中就提出："革命之所以必需，不仅是因为没有任何其他的办法能够推翻统治阶级，而且还因为推翻统治阶级的那个阶级，只有在革命中才能抛掉自己身上的一切陈旧的肮脏东西，才能胜任重建社会的工作。"① 只要社会矛盾没有彻底解决，就会引起新的革命，即便是失败了，失败的行动中仍然孕育着新的革命。无产阶级在革命中应该有自己独立的领导权，应当建立"一个秘密的和公开的独立工人政党组织"。这个政党要以科学的世界观武装自己，教育工人群众认清自己的阶级利益，保持自己独立的政党立场，保持独立的组织道路。没有政党组织就不能有效团结工人阶级及其他革命力量，革命斗争中就不能采取高效的斗争行为，也就难以达到革命目的。

二是提出了不断革命理论。列宁认为，马克思主义哲学发展的特点之一，就是它根据无产阶级革命实践的发展，时而把问题的这方面、时而把问题的那方面提到首位。1848 年革命风暴把国家和革命的规律性问题尤其是关于无产阶级革命的前途问题摆在了理论的中心位置。根据革命的经验教训，马克思恩格斯进一步发展了关于国家和革命的学说，提出并制定了不断革命的理论，补充和完善了无产阶级专政学说，初步形成了马克思主义军事科学理论。马克思恩格斯在《共产主义者同盟中央委员会告同盟书（1850 年 3 月）》中提出不断革命的初步设想，在《1848 年至 1850 年的法兰西阶级斗争》中明确了不断革命思想的内涵，即革命的无产阶级能够逐渐把劳动人民的民主斗争转变到社会主义改造的轨道上来，能够通过自己的主导作用，把消灭封建阶级的斗争，同消灭资产阶级和一切剥削阶级、消灭一切阶级差别和建立共产主义社会的斗争结合起来，从而使革命不间断。

轰轰烈烈的 1848 年革命最终失败了，在革命失败后，共产主义者同盟在下一步工作方向上存在分歧，以维利希、沙佩尔为代表的密谋派主张立刻发动无产阶级革命夺取政权，而马克思恩格斯认为全面革命的条件并不成熟，应该为迎接新的革命高潮进行充分的宣传组织工作。在革命方向上的差别实际上反映了世界观的差别，是辩证唯物主义的世界观还是形而上学的唯心主义世界观，折射出了不同的革命路线。革命条件

---

① 《马克思恩格斯文集》第 1 卷，人民出版社 2009 年版，第 543 页。

不具备时硬要进行革命的行为折射出的是主观唯心主义，这种主张认为革命活动可以不受任何客观情况制约而人为地加以制造，认为个别人的活动就可以改变历史进程。实际上，革命活动是革命者长期蓄积革命力量的历史过程，是从量变积累到实现质变的发展过程，在遭遇革命失败后无产阶级不具备马上夺取政权的条件，但是革命者通过持续斗争就能够为夺取政权创造必要的条件。

实际上，1848 年革命就表现为连续发展的过程，革命活动从资本主义落后国家不断向先进国家扩展，革命运动从意大利扩展到法国、德国，然后再扩展到英国等。法国发生的二月革命属于资产阶级民主革命，而巴黎工人的六月起义则转变为了无产阶级革命。这说明，在那些资本主义获得初步发展但仍落后的国家的革命进程中，民主运动和社会主义运动可能会连在一起，资产阶级民主革命将会转变为社会主义革命。

马克思恩格斯的社会革命目标是建立无产阶级专政和社会主义制度，但是在达到最终目标之前，欧洲无产阶级需要经过长期的革命斗争，需要经过革命民主专政，才可能转变为无产阶级专政。革命体现出了连续性和阶段性相统一的特点，简单而言，社会革命决非一蹴而就的，而是由多个不同阶段构成的，无产阶级应该努力推动革命活动不断进步转化，这反映了历史过程的渐进性和跳跃性、统一性和多样性的辩证统一，也反映了遵循历史规律与主动创造历史的有机统一。

就当时而言，马克思恩格斯所设想的不断革命理论只能是一种预言和设想，它实际上是利用唯物辩证法对现实问题的科学处理，它的科学性和重大实践意义，在后来的俄国革命和中国革命中得到了光辉证明。

三是创立了无产阶级专政学说。在总结 1848 年革命经验的基础上，马克思第一次明确地提出了"无产阶级专政"的概念，主张打碎、摧毁资产阶级国家机器。1848 年，法国人推翻了七月王朝的专制政权，建立了第二共和国，但只维持了短短三年，到 1851 年 12 月拿破仑的侄子路易·波拿巴发动政变，复辟帝制。对比之前拿破仑在 1799 年 11 月 9 日（法兰西共和国历的雾月十八日）发动的政变，马克思创作了《路易·波拿巴的雾月十八日》，揭露从 1848 年以来法国各阶层人员在革命中的表现。马克思认为波拿巴的政变成功，得益于他在各个阶级之间玩弄平衡术。他讨好军队、收买警察、欺骗农民，同时巴黎无产阶级也不愿意举行起义来反对政变，因为它不愿为资产阶级的共和国作战。结果，法国就接受了一个好像是超越各阶级之上的冒险家的个人专政。使得一个平庸而可笑的人物也有了扮演英雄角色的机会。

在《路易·波拿巴的雾月十八日》中，马克思深刻地分析了法国资产阶级国家机器产生和演变的整个过程，指出历次革命都是使这个机器得到加强，而不是使它削弱。资产阶级总是在革命中独占胜利果实并进一步巩固自己的统治地位，无产阶级想要改善自己的处境就会受到惩处，所以不能对资产阶级国家抱有任何幻想而必须集中一切革命手段将其打碎。无产阶级不能简单地从资产阶级手中夺取政权，而必须摧毁这个国家机器，因为资产阶级国家机器是按照资本主义私有制要求建立起来的暴力机构，它执行的是维护资产阶级利益镇压工人群众的官僚机器的职能。实际上，正是因为存在资产阶级国家机器而且其不断完备和加强，革命活动才走向式微。在1883年4月恩格斯曾回忆指出："马克思和我从1845年起就持有这样的观点：未来无产阶级革命的最终结果之一，将是称为国家的政治组织逐步解体直到最后消失。这个组织的主要目的，从来就是依靠武装力量保证富有的少数人对劳动者多数的经济压迫。随着富有的少数人的消失，武装压迫力量或国家权力的必要性也就消失。同时我们始终认为，为了达到未来社会革命的这一目的以及其他更重要得多的目的，工人阶级应当首先掌握有组织的国家政权并依靠这个政权镇压资本家阶级的反抗和按新的方式组织社会。"①

四是创立无产阶级军事科学。马克思主义军事学说主要是由恩格斯阐发和撰写的。早在青年时期，恩格斯曾在柏林炮兵部队服役，受到了系统的军事训练，为后来深入研究军事理论奠定了基础。1848年革命时期，与马克思主要从事报纸编辑出版工作不同，恩格斯亲身投入到战斗一线，在爱北斐特组织工兵连，参加了小资产阶级民主派组成的安全委

---

① 《马克思恩格斯选集》第4卷，人民出版社2012年版，第558—559页。

员会的军事会议，先后参加了拉施塔特会战等四次战役，拥有关于战争的切身经验体会。实际上，革命活动之中战争活动尤为关键，它是革命活动中最为激烈、最为直接的对抗活动，无产阶级革命导师尤为需要深入研究战争活动。在 1848 年革命结束后，1851 年 4 月，恩格斯在《1852年神圣同盟对法战争的条件与前景》中用历史唯物主义观点研究军事和战争问题，然后就开始系统研究军事问题，认真研究包括克劳塞维茨的著作在内的许多军事著作，密切关注军事技术发展状况和世界各地的战争，这种状况一直持续到他的晚年，共写下了约 150 万字的作品，形成了系统的军事思想体系。

恩格斯应用历史唯物主义的观点解释了战争和军队的本质。战争和其他一切社会历史现象一样，都是由这一时期的社会经济条件以及由这些条件决定的社会关系和政治关系来说明的。军队作为战争的主体和实际承担者，为社会的经济和政治所决定并为之服务，是国家为了进攻或防御而维持的有组织的武装集团。恩格斯已经注意到不同社会制度下的军队有所差别，认为资产阶级的军队比封建军队更具运动性、众多性等特征，同时也对无产阶级军队进行了预言，认为无产阶级的解放在军事上也将有它自己的表现，并将创造出自己特殊的、新的作战方法。

在总结革命战争经验的基础上，恩格斯研究了群众起义、游击战争和人民战争的形式与战法。对于起义的民族而言，不应该在力量尚处于弱小时就进行决定性的会战，而应该机动灵活地打击敌人，应该将正规作战与各种非正规作战方式结合起来，充分调动人民群众的爱国热情和革命勇气，才能更好地战胜强大的敌人。恩格斯还充分利用唯物辩证法分析了战争中战略和战术、人和武器、士兵和将帅之间的辩证关系，比如，恩格斯认为将帅在战争中具有不可忽视的重要作用，他们的军事素质和指挥才能对战争胜负影响重大，但将帅作用的发挥，离不开诸如社会生产力、科技水平等客观因素，"增长了的生产力是拿破仑作战方法的前提；新的生产力同样是作战方法上每一步新的完善的前提"①。而统帅

---

① 《马克思恩格斯文集》第 2 卷，人民出版社 2009 年版，第 333 页。

的影响最多只限于使战斗的方式适合于新的武器和新的战士。

五是创新发展意识形态理论。在马克思主义哲学创立过程中，马克思恩格斯颠倒了以往哲学关于意识形态与社会存在之间的关系，认为是社会存在决定社会意识而不是相反，对意识形态持否定性意见。然而经过1848年革命活动，各个阶层在革命活动中表现出了不同的立场观点和态度，充分折射出他们的思想活动和价值判断，这使得马克思恩格斯对意识形态问题进行了重新梳理与研究，在历史唯物主义世界观的基础上，开始重视人的意识形态问题。在匈牙利上校班迪亚的鼓动下，马克思撰写小册子描绘德国流亡者的种种现状。马克思发现流亡者中各色小资产阶级民主派人物越来越堕落，夸夸其谈、空喊革命，但却无所事事。马克思希望通过撰写小册子可以获得一些稿酬以弥补捉襟见肘的家用，但是事与愿违，他撰写的手稿被班迪亚交给了普鲁士警察局，这本小册子直到1930年才以《流亡中的大人物》出版。

人作为历史主体应该认识到意识形态的存在并主动去改变意识形态而不能被其所束缚。在革命活动中无产阶级如果不能摆脱资产阶级意识形态的束缚，不能建立无产阶级世界观，就无法将革命贯彻到底。在现实社会实践中，作为观念和信仰的意识形态是人的社会活动尤其是创造历史的活动，是意识到本阶级利益的阶级所特有的自觉意识，是历史主体地位确立的重要标志。

历史主体的意识形态。人类历史具有客观规律性，但这并不能否定人在历史过程中的主体地位，历史规律是主体活动的规律，是客观必然性和主体能动性的统一。正如马克思所说，"人们自己创造自己的历史，但是他们并不是随心所欲地创造，并不是在他们自己选定的条件下创造，而是在直接碰到的、既定的、从过去承继下来的条件下创造。一切已死的先辈们的传统，像梦魇一样纠缠着活人的头脑"[1]。客观环境及人的现实的活动影响甚至是决定着人的意识形态，而拥有特定意识形态的人的活动又在改变着客观现实。人的物质性活动必然伴随着意识形态活动，

---

[1] 《马克思恩格斯文集》第2卷，人民出版社2009年版，第470—471页。

阶级利益必然转化为意识形态形式，作为阶级斗争根源的物质利益的实现必须借助意识形态的中介，即转化为理想、口号、纲领等能够表达特定价值取向的思想形式，激发热情凝聚力量，通过现实活动实现物质利益。意识形态具有巨大的能动作用，但却不能由此陷入历史唯心主义，意识形态终归是由客观现实产生的思想观念。

意识形态有其自身的发展逻辑。作为一种系统的思想表现形式，意识形态通常是由职业思想家凝练形成的，不否认广大人民群众对于精神文化的创造，但是某一阶级意识形态的形成必须依靠职业思想家才能形成。实际上，思想家在形成意识形态的过程中对精神文化传统具有较强的依赖性，这就使得意识形态与现实的物质生产更加脱离，以至于各个历史时期的意识形态通常是统治阶级的意识形态，而不是人民群众的意识形态。无产阶级的意识形态是进步的、代表人民群众意志的意识形态，它更能吸引人民群众并调动其积极性，它符合人类社会的发展规律并体现了主体的历史选择。

资产阶级意识形态及其特征。资产阶级在革命中的矛盾性决定了其意识形态的矛盾性。从整个历史发展过程来看，它本来不过是以一种社会对抗的形式代替另一种对抗形式，其革命具有历史局限性，同时它只有通过充分发挥人民群众的革命热情，充分利用社会底层民众的力量进行革命，才能实现对封建力量的革命，这也说明其革命具有广泛性。这就决定了资产阶级意识形态具有矛盾性。首先体现在资产阶级意识形态具有幻想性，它本身并不能代表人民的普遍利益，但却幻想自己代表普遍利益，把资本主义社会看作人类的终极社会，把资产阶级的胜利宣布为人类的共同胜利。不可否认，资产阶级意识形态在反封建过程中确实发挥了重要的作用，但它同时也是阻碍人民彻底革命的因素，无产阶级和人民群众若要取得革命的胜利，必须抛弃资产阶级意识形态的幻想。正如马克思所说："1848 年革命运动的主要成果不是人民赢得了东西，而是他们失去了东西，——他们丢掉了幻想。"① 其次资产阶级意识形态

---

① 《马克思恩格斯全集》第 6 卷，人民出版社 1961 年版，第 162 页。

出现多元分化，科学和民众是资产阶级战胜封建势力的强大武器，当它的利益和社会进步趋势相违背时，其意识形态内部所隐藏的矛盾也就显露出来，表现为意识形态多元分化。最基本的是两极对立，如科学主义和人文主义，专制主义和无政府主义，功利主义和人道主义等。

无产阶级科学的意识形态。在革命斗争中，马克思恩格斯发现工人阶级的解放斗争必须与科学意识形态相结合，必须摆脱资产阶级意识形态的负面影响，以科学地认识历史过程为前提，在全面深刻地理解历史发展的客观规律和各种趋势的基础上，建立科学的意识形态。不是从过去而是从未来吸取前进的力量，它不需要借助历史传统来提出和实现自己的革命任务，而是要与旧传统、旧事物彻底划清界限，一往无前。无产阶级意识形态的形成是一个过程，它依赖于建立无产阶级政党并对工人群众进行广泛持久的宣传教育。在总结革命经验时，马克思恩格斯认为即便工人阶级科学世界观已经公开问世，在自发的工人运动中占主导地位的仍然是形形色色的非无产阶级思想，以至于在革命过程中工人行动出现偏向和错误，只有通过用科学世界观武装起来的党来教育引导广大工人群众，才能促使工人阶级自觉意识的形成。在批判和改造旧世界的同时不断自我批评，无产阶级意识形态的形成和发展的重要规律就是不断地清除自身不切实际的东西，始终使自己和实践保持最密切的联系。

二 巴黎公社起义与历史唯物主义的创新与发展

19 世纪 60 年代，普鲁士在铁血宰相俾斯麦领导下逐步走向统一，这势必给路易·波拿巴的法兰西帝国造成重大威胁，于是法国皇帝决定通过发动战争来阻止德国的崛起。1870 年，因为西班牙王位继承人问题，法国和德国之间矛盾激化，在这一年的 7 月，双方爆发战争。战争开始后，法军就暴露出波拿巴政体长期积压形成的腐败无能、效率低下等问题，而普军则表现出了斗志高昂、组织严密和娴熟运用武器等优点，在战争进程中普军接连取得胜利。9 月初，法国皇帝波拿巴和数万名士兵在色当被普军俘虏，战争以法方惨败结束。色当战役标志着法兰西第二帝国的垮台，法国人在巴黎成立国防政府并建立共和国。但是新成立的国防政府无力承担起抵抗普军挽救法兰西的重任，1871 年 1 月，法国国防政府投降，解除自身武装并将巴黎城防移交给普方。在这种情况下，由普通民众组成的国民自卫军发动了革命起义，占领巴黎并成立巴黎公社。巴黎公社成立后并没有及时扩大巩固革命成果，而是在政权形式上浪费了太多的时间和精力，国防政府收集溃兵游勇并得到了普鲁士放回的战俘因而实力大增，最终巴黎公社的国民自卫军无法对抗数量装备都占优的正规军，巴黎公社被德法两国反动势力联合绞杀而失败。从 1871 年 3 月 18 日到 5 月 28 日，巴黎公社只存在了 72 天。巴黎公社是人类历史上第一个无产阶级政权，马克思在《法兰西内战》中给予了高度评价："工人的巴黎及其公社将永远作为新社会的光辉先驱而为人所称颂。它的英烈们已永远铭记在工人阶级的伟大心坎里。那些扼杀它的刽子手们已经被历史永远钉在耻辱柱上，不论他们的教士们怎样祷告也不能把他们解脱。"①

从普法战争一开始马克思就对其密切关注，他曾预言说："不管路易·波拿巴同普鲁士的战争进程如何，第二帝国的丧钟已经在巴黎敲响了。它以一场模仿丑剧开始，仍将以一场模仿丑剧告终。但是不应该忘记，正是欧洲各国政府和统治阶级使路易·波拿巴能够把复辟帝国的残酷笑剧表演了 18 年之久。"② 而恩格斯更是以职业军人所具有的感知力对战争进程进行了精准预测，或分析兵力部署调动，或评论作战计划，或总结战役得失，恩格斯的战争短评被伦敦多家报社争相发表，也正是从这时开始恩格斯被授予了"将军"之衔。

当巴黎公社成立后，马克思恩格斯很快作出判断，认为这是一场工人阶级的革命，马克思甚至把这场起义称作"我们党从巴黎六月起义以来最光荣的业绩"。这显然是将巴黎工人当作反对资本主义统治的社会主义队伍，当作国际工人协会的组成部分。实际上，当时多国资产阶级政府污蔑巴黎发动了"叛乱"，就连一些国际工人协会总委员会的委员都

---

① 《马克思恩格斯文集》第 3 卷，人民出版社 2009 年版，第 181 页。
② 《马克思恩格斯文集》第 3 卷，人民出版社 2009 年版，第 115 页。

急于与巴黎公社撇清关系，马克思却站出来公开承认与公社的精神联系，这充分体现了革命家的本色。马克思对世界上的革命力量和进步阶级都持一种赞扬和欣赏的态度，这是无产阶级革命家应该具有的恢宏的人文胸怀，他衷心地希望世界各地的人民都能够实现和平幸福，这与他追求的人类自由解放的价值目标是一致的。在林肯第二次当选美国总统时，马克思代表第一国际中央委员会向其致公开信予以祝贺，马克思在信中写道：

> 只要作为北部的真正政治力量的工人竟容许奴隶制玷污自己的共和国，只要他们在那些不问是否同意就被买卖的黑人面前夸耀白人工人享有自己出卖自己和自己选择主人的高贵特权，那他们就既不能取得真正的劳动自由，也不能支援他们欧洲兄弟的解放斗争；不过，这种进步道路上的障碍现在已被内战的血浪扫荡干净了。
>
> 欧洲的工人坚信，正如美国独立战争开创了资产阶级取胜的新纪元一样，美国反对奴隶制的战争将开创工人阶级取胜的新纪元。他们认为，由工人阶级忠诚的儿子亚伯拉罕·林肯来领导自己的国家进行解放被奴役种族和改造社会制度的史无前例的战斗，是即将到来的时代的先声。①

然而巴黎公社并没有取得最终的胜利，而是在短短的两个多月时间之后就彻底失败了。1871 年 5 月 30 日，巴黎公社失败后的第三天，马克思就向第一国际提交了《法兰西内战。国际工人协会总委员会宣言》（以下称《法兰西内战》），对巴黎公社进行科学评价和全面总结，将其开创性的实践经验提升为普遍经验，同时总结其经验教训，从正反两面总结无产阶级革命及政权建设理论。

一是要打碎和摧毁旧的国家机器。在《法兰西内战》中，马克思认为，打碎旧的国家机器，是巴黎公社最主要的经验之一。资产阶级国家

---

① 《马克思恩格斯全集》第 16 卷，人民出版社 1964 年版，第 21 页。

机器最初是作为封建制度的对立物而产生的，它体现的是资产阶级的利益，行使的是压迫的职能。工人阶级不能把镇压和奴役他们的政治工具当作解放的政治工具来使用，而必须将其打碎并建立属于本阶级的国家机器。在《共产党宣言》1872 年德文版序言中，马克思恩格斯特别指出，二月革命的实际经验，特别是巴黎公社的实际经验已经表明，"工人阶级不能简单地掌握现成的国家机器，并运用它来达到自己的目的"①。列宁在《国家与革命》中指出，"摧毁官僚军事国家机器"这几个字，已将马克思主义关于无产阶级在革命中对国家的任务问题的主要教训简要地表明了。

　　实际上，打碎旧的国家机器建立新型国家机关尤其是暴力机关是一个复杂而艰巨的难题，需要在革命斗争中不断探索总结方能实现，而如果采取了错误的措施就可能招致失败。在 1871 年 4 月 12 日写给路德维希·库格曼的信中，马克思详细阐述了自己对于巴黎公社革命斗争的观点。马克思认为："法国革命的下一次尝试再不应该象以前那样把官僚军事机器从一些人的手里转到另一些人的手里，而应该把它打碎，这正是大陆上任何一次真正的人民革命的先决条件。"② 打碎旧的国家机器需要进行坚决的斗争，需要有正确的斗争策略。马克思假设如果公社战败了，那只能归咎于他们的"仁慈"。"当维努亚和随后巴黎国民自卫军中的反动部队逃出巴黎的时候，本来是应该立刻向凡尔赛进军的。由于讲良心而把时机放过了。他们不愿意开始内战，好象那邪恶的侏儒梯也尔在企图解除巴黎武装时还没有开始内战似的！第二个错误是中央委员会过早地放弃了自己的权力，而把它交给了公社。这又是出于过分'诚实的'考虑！"③ 打碎旧的国家机器与建立和掌握新的国家机器应该是同一个过程，也只有掌握新的国家机器才能彻底打碎旧的国家机器，彻底粉碎反动势力的反扑，巴黎公社为这一宝贵的经验付出了血的代价。

---

① 《马克思恩格斯选集》第 1 卷，人民出版社 2012 年版，第 377 页。
② 《马克思恩格斯全集》第 33 卷，人民出版社 1973 年版，第 206 页。
③ 《马克思恩格斯全集》第 33 卷，人民出版社 1973 年版，第 207 页。

　　二是无产阶级解放的政治形式。无产阶级在打碎旧的国家机器后应该采用什么样的政权形式呢？巴黎公社革命成功后为解决这个问题提供了宝贵的经验。巴黎公社作为第一个政权组织形式，它所建立的社会即是不同于资本主义的新型社会形态，即具有了共产主义社会性质。它采取了一系列的政治措施，如废除常备军而以武装的人民取代之，实行国家机关的完全民主化，废除议会制而代之为兼管行政和立法的工作机关等，通过这些措施使广大无产阶级真正成为国家和社会的主人，使民主成为真正的、最普遍的民主。它采取的经济政策包括：取消房租，关闭当铺，登记停工的工厂并拟定将其联合成合作社开工生产的计划，甚至将所有合作社结成一个大的联盟。"人们对公社有多种多样的解释，多种多样的人把公社看成自己利益的代表者，这证明公社完全是一个具有广泛代表性的政治形式，而一切旧有的政府形式都具有非常突出的压迫性。公社的真正秘密就在于：它实质上是工人阶级的政府，是生产者阶级同占有者阶级斗争的产物，是终于发现的可以使劳动在经济上获得解放的政治形式。如果没有最后这个条件，公社体制就没有存在的可能，就是欺人之谈。生产者的政治统治不能与他们永久不变的社会奴隶地位并存。所以，公社要成为铲除阶级赖以存在、因而也是阶级统治赖以存在的经济基础的杠杆。劳动一解放，每个人都变成工人，于是生产劳动就不再是一种阶级属性了。"①

　　正如马克思所说："如果合作制生产不是作为一句空话或一种骗局，如果它要排除资本主义制度，如果联合起来的合作社按照总的计划组织全国生产，从而控制全国生产，制止资本主义生产下不可避免的经常的无政府状态和周期的痉挛现象，那么，请问诸位先生，这不就是共产主义，'可能的'共产主义吗？"② 虽然马克思早在《1844 年经济学哲学手稿》中就提出了共产主义，但是对于现实社会中如何建设共产主义并无任何经验，他们对这个问题的研究和思考也仅停留在《共产党宣言》所

---

① 《马克思恩格斯选集》第 3 卷，人民出版社 2012 年版，第 102 页。
② 《马克思恩格斯全集》第 17 卷，人民出版社 1963 年版，第 362 页。

提出的"自由人的联合体"。巴黎公社开创了共产主义伟大实践，它所采取的一系列举措为理论探索奠定了经验基础。

三是从资本主义向共产主义转变时期的国家形式。巴黎公社的失败留下了惨痛的教训，马克思恩格斯对这些教训进行总结，为无产阶政权能够长期存在并取得最终胜利提供了指导。在《法兰西内战》中，马克思指出为了争得工人阶级的解放，在社会形态更替过程中，必须坚持无产阶级专政，坚决果断地镇压反革命。

马克思对无产阶级专政持历史性的观点，在他看来是阶级斗争导致无产阶级专政，而阶级是生产力发展到一定阶段的历史性产物，因此无产阶级专政也只不过是一种社会历史现象，是最终进入无阶级社会的过渡阶段而已。无产阶级专政是历史发展和阶级斗争的必然趋势，是无产阶级解放自己和全人类的必由之路。它不仅具有粉碎剥削阶级反抗的镇压职能，更重要的是肩负着建设职能，经由无产阶级专政将会实现新型国家建设直至实现国家消亡。无产阶级专政具有生动的、丰富的实践模式。

马克思强调了无产阶级专政的具体内容：取得政权后要对资产阶级反革命活动进行果断镇压，建立新政权组织，开展社会经济建设等。无产阶级专政必须通过国家形式才能实施，无产阶级专政的国家通过阶级斗争消灭阶级斗争，所以共产主义社会初期阶段并不能消灭国家。只是这个国家与资本主义的国家有着本质的区别，它是按照民主集中制原则组织起来的民族统一的国家，从今天的角度而言，这个国家就是社会主义国家。当时马克思认为过渡时期的国家必须坚持集中制以维护民族统一；这种集中制应该建立在民主的基础上，即集中制与地方自治相结合；集中制中必须拥有对工人阶级有用的组织机构，或者说新的国家机构要能够有效执行社会职能。

无产阶级革命不可能一蹴而就，必须经过一个长期探索的过程。无产阶级要实现自身的解放，在改造环境的同时加强自身的改造，共产党及其武装力量的建设是长期的、系统的工程。这一点在后来的社会主义国家革命建设过程中充分体现出来。

在革命过程中要正确对待同盟力量，农民、小资产阶级和中等资产阶级等都是革命中要尽力争取的对象，无产阶级应该建立最广泛的革命同盟军。但是在这个过程中应该保持自身组织和思想的纯洁，用无产阶级思想影响和改造他们，而不能被他们所影响。受到非无产阶级思想的影响就是巴黎公社失败的教训之一。

客观而言，巴黎公社虽然建立了第一个工人政府，进行了无产阶级专政的第一次尝试，但它并不能算严格意义上的马克思主义政党领导的革命，马克思主义者在革命进程中被布朗基主义、蒲鲁东主义和巴枯宁主义的多数派给边缘化了。公社成员所推崇的领袖是布朗基，而这位革命社会主义者并不擅长科学的革命理论，他更关心革命本身而不是作为革命结果的未来社会。我们应该看到，巴黎公社革命运动的发生与布朗基等一大批无产阶级革命家的长期宣传斗争密不可分，正是因为他们积极传播社会主义思想、领导工人进行起义运动，为革命运动奠定了坚实的思想认识基础。布朗基将其一生都献给了无产阶级革命事业，在五十多年的革命生涯中有近三十七年在监狱中度过，曾两次被判为死刑然后被改为无期徒刑，先后组织和领导"家族社"（1835—1836年）、"四季社"（1837—1839年）和"中央共和社"（1848年）等无产阶级的秘密革命组织。在巴黎公社起义前一天，布朗基被梯也尔反动政府逮捕，直到1879年才被释放。

恩格斯在《流亡者文献》中详细地记述了布朗基革命的本质特征："布朗基主要是一个政治革命家；他只是在感情上，即在同情人民的痛苦这一点上，才是一个社会主义者，但是他既没有社会主义的理论，也没有改造社会的确定的实际的建议。布朗基在他的政治活动中主要是一个'实干家'，他相信组织得很好的少数人只要在恰当的时机试着进行某种革命的突袭，能够通过最初的若干胜利把人民群众吸引到自己方面来，就能取得革命胜利。……由于布朗基把一切革命想象成由少数革命家所进行的突袭，自然也就产生了起义成功以后实行专政的必要性，当然，这种专政不是整个革命阶级即无产阶级的专政，而是那些进行突袭的少数人的专政，而这些人事先又被组织起来，服从一个人或某几个人的专政。由此可见，布朗基是过去一代的革命家。"①

　　布朗基认为"社会主义就是革命，革命也就是社会主义"。他的社会主义思想并不是科学的理论，具有历史局限性，以其为指导根本不可能取得革命成功。革命并不是短促的一击，而是持久的连续运动，需要由一支拥有目标明确、计划详细的革命纲领的政党领导，革命的目的不仅在于推翻旧社会更应该建立一个新世界。从更深刻的层面而言，科学社会主义者必须具有科学的世界观和方法论，即辩证唯物主义和历史唯物主义世界观和方法论，并以之作为认识和改造世界的武器，来解决革命道路上的困难和问题，显然，巴黎公社社员的这种能力素质有所欠缺，这也是他们失败的根本原因。

三　历史唯物主义在指导国际工人运动过程中的创新与发展

　　在马克思恩格斯之前及其同一时代，很多人醉心于争取政治自由的斗争，醉心于反对皇帝、警察和神父的斗争，无法察觉资产阶级与无产阶级的对立。有的人幻想通过说服统治者和统治阶级相信现代社会制度不合理，就能够在世界上确立和平和普遍的福利，幻想不经过斗争就实现社会主义。更为严峻的是，很多人甚至是工人阶级的朋友都不能认清无产阶级的巨大力量和历史性意义，反而认为无产阶级是一个脓疮，以恐惧和防范的态度阻止无产阶级的发展壮大。与之相反，马克思与恩格斯则对无产阶级充满希望，他们认为："无产者人数愈多，他们这一革命阶级的力量也就愈大，社会主义的实现也就愈是接近，愈有可能。马克思和恩格斯对工人阶级的功绩，可以这样简单地来表达：他们教会了工人阶级自我认识和自我意识，用科学代替了幻想。"② 找到无产阶级，也就找到了改变社会的现实力量，马克思恩格斯重新定位无产阶级在社会历史上的地位和作用，让工人们从被剥削阶级转变成为历史的主人，成为真正的"人"。

---

　　① 《马克思恩格斯文集》第 3 卷，人民出版社 2009 年版，第 358—359 页。
　　② 《列宁选集》第 1 卷，人民出版社 2012 年版，第 89 页。

按照《共产党宣言》所阐述的，共产党人遵循人类社会历史规律而改造世界，所进行的是最为坚决、最为彻底的革命活动，而不是一种政治权谋，更不是野蛮暴力。然而，当时有的共产主义者同盟领导人尚无法真正理解这种伟大的革命本质，总是激进地推动实施革命活动，比如维利希想把共产主义者同盟卷入到德国民主主义流亡者的革命之中，但在马克思看来这不会有任何结果而只会导致无谓的牺牲。革命斗争是残酷的，这尤其需要革命者就斗争形势作出睿智判断，马克思恩格斯的革命斗争是一种科学理性的行为，是在旧世界的基础上建立新世界的行为，他们所要面对的不仅仅是旧世界的守护者，而且还要说服自己身边的"战友"，不知道该如何建立新世界就试图破坏旧世界的"战友"。不可否认，马克思恩格斯的革命斗争经验也是在实践中逐渐形成的，但是他们将科学的世界观转化为科学的方法论，在指导工人运动的过程中，他们的见解与客观实际更为符合，要远高明于其他工人运动领袖。

19 世纪 50 年代初，马克思积极参加英国宪章派的活动，向工人议会提出"在全国范围内把工人阶级组织起来"，他还同美国工人运动保持密切联系，密切关注德国工人联合会的成立与开展工作情况。资本主义世界在 1857 年爆发经济危机，使得社会矛盾进一步激化，引发了工人运动和民族运动的高涨。

1864 年 9 月 28 日，来自英国、法国、德国、意大利和爱尔兰的工人代表在圣马丁堂音乐厅集会，成立国际工人协会。马克思应邀参加并被选举成为临时委员会委员，然后成为由九人组成的常务委员会委员。这是自 1848 年革命失败后，马克思再次投入到社会实践之中，积极地将共产主义思想付诸行动。1864 年 10 月，马克思为国际工人协会起草了两个文件，一个是《国际工人协会临时章程》，主要是规定国际工人协会的性质、组织、结构和活动方式，确定这个国际工人组织要成为各国工人团体联络和合作的中心。在《国际工人协会临时章程》的基础上，马克思还撰写了《国际工人协会成立宣言》。在起草这两个文件时，马克思充分考虑到不仅要把科学社会主义的基本原理贯穿其中，将无产阶级革命的目的公之于世，更为重要的是要能够适应当时工人运动发展的实际需要，充分考虑各个国家的社会、经济、文化背景及工人的思想觉悟水平。当时各国工人之中并不全是马克思主义者，在英国有工联主义，在法国和比利时有蒲鲁东主义，在德国工人中有拉萨尔分子，纯粹的科学社会主义原则并不利于团结这些人，需要照顾到众多思想流派者同时并存的实际，另一方面，又需要与各种错误思潮进行坚决斗争，科学理论的基本原则必须坚持，否则国际工人运动就脱离了科学社会主义轨道。马克思在起草文件时妥善处理了这一矛盾，体现出了理论与实践相统一的高超艺术和卓越的领导能力。这一点也是其他国家革命过程中必须加以解决的现实问题，否则就会沦落为教条主义或者是修正主义。

马克思起草的《国际工人协会成立宣言》和《国际工人协会临时章程》为国际工人协会和工人运动的正确发展奠定了坚实的科学理论基础，从这个意义上而言，马克思是第一国际的灵魂人物。工人阶级在第一国际的领导下展开了富有成效的斗争，并在斗争中不断成长壮大，而马克思主义也在这个过程中不断广泛传播，展现出了强大的生命力。

巴黎公社失败后，西方资本主义社会也发生了重大变化，一方面是资本主义开始由自由竞争向垄断阶段过渡，生产和资本集中的速度大大加快，大批破产的小资产阶级纷纷涌入无产阶级队伍，落后的意识和错误的观念也随之而来；另一方面则是资产阶级加大了对工人阶级的拉拢分化，利用各种唯心主义思想干扰工人对马克思主义的信仰。由于这些原因，各种机会主义思潮在工人队伍中重新泛滥起来，这些思潮的共同点是反对社会主义革命和无产阶级专政。这就要求马克思恩格斯不断重申正确的国家和革命思想，先后创作了《论权威》《政治冷淡主义》《行动中的巴枯宁主义者》《巴枯宁〈国家制度和无政府状态〉一书摘要》《哥达纲领批判》等。在这些著作中，强调阐述了以下观点。

其一，社会革命是社会基本矛盾运动的结果。

从人类社会历史进程来看，真正意义上的社会革命决非如有的人所认为的那样，是某些偏执的人们想象或鼓噪的结果，而是历史本身的真实诉求。关于历史的合法性问题，马克思认为："有谁听说过，伟大的即兴作者同时也是伟大的诗人呢？在政治方面，道理也同诗歌方面一样。

任何时候革命都不能按照命令制造出来"①。恩格斯也曾说："那些自夸制造出革命的人，在革命的第二天总是看到，他们不知道他们做的是什么，制造出的革命根本不像他们原来打算的那个样子。"②

在马克思主义语境中革命是广义的，它决非仅仅局限于狭隘的阶级斗争和暴力推翻现代资本主义社会，而是指实践的变革。在新的历史条件下，原生意义的革命或许已经不再重演，但是马克思主义哲学的革命精神却需要继承和发扬，正如马克思所指出的那样，辩证法在其本质上是革命的和批判的；哲学家们只是用不同的方式解释世界，而问题在于改变世界；对于共产主义者而言，全部问题都在于使现存世界革命化。

在社会形态更替的总体观点上，马克思是生产力本质论者。在马克思看来社会革命是社会基本矛盾运动的结果，它又成为社会发展特别是社会形态更替的重要动力。社会革命的实质是革命阶级推翻反动阶级，建立新的社会制度，解放生产力，促进社会发展。显然，革命是由代表先进生产力的阶级发动的，或者说某一阶级作为先进生产力的代表者为了扫清生产力发展障碍而发动革命，因此，革命并不等同于社会暴力，中国封建社会在两千多年时间里只是实现了王朝更替，而没有建立新形态的社会制度，历次王朝之间战争的革命性意义并不明显。

马克思恩格斯认为，对于具体社会形态演变，应该持一种辩证法的观点。在建立共产主义社会的问题上，他们始终从现实的国家问题着手思考社会形态更替问题，认为未来社会形态一定是以民族国家的形式实现，因此，马克思主义哲学改变世界就具有了现实的基础和实现的路径。

没有发达的生产力是否就不能实现社会革命，至少马克思恩格斯从来没有这么论述过，正如巴黎公社起义爆发后马克思感到的是由衷

---

① 《马克思恩格斯全集》第8卷，人民出版社1961年版，第601页。
② 《马克思恩格斯全集》第36卷，人民出版社1975年版，第302页。

的高兴，而不是考虑这个国家的生产力是否发达从而是否适合革命。实际上，在社会形态更替过程中从来就不存在生产力的标准尺度。1848年的欧洲资本主义生产方式远未达到成熟程度，无产阶级发展尚不充分成熟，所以革命最终失败了。这种说法能够合理解释这次革命失败的原因，但是却并没有指出问题的本质。在什么样的情况下，资本主义生产方式才算成熟呢？无产阶级才能壮大到能独立领导革命呢？革命的形势需要革命者积极创造，而革命者是在马克思主义指引下逐渐成长的。按照理论逻辑而言，应该是先有资产阶级民主革命，确立资本主义生产方式并促进生产力发展，在现代大工业生产中无产阶级诞生并不断发展壮大，无产阶级进行新的共产主义革命，最终完全消灭私有制。但是历史现实并不是理论逻辑的简单呈现，从1848年革命来看，资产阶级根本不允许工人阶级不断发展壮大，更不会坐以待毙等待工人阶级将自己清扫出历史舞台，它们会竭尽所能地执行反革命之能事，在强大资产阶级存在的条件下，无产阶级革命几乎不可能。正是因为考虑到资产阶级反动力量异常强大，马克思一直坚持同时革命论，即无产阶级革命只有在世界各国，尤其是在各先进资本主义国家同时进行才有可能实现，同时，无产阶级自身没有特殊利益，它以解放全人类为目标，这就意味着它要能够团结和联合社会上一切进步力量进行革命。

其二，批判巴枯宁无政府主义的错误思想。

马克思恩格斯身处资本主义社会，首先要关注的是社会革命问题，但是建设新世界的问题同样至关重要。在工人运动中更为紧迫的是批驳各种错误思潮，同时阐述马克思主义社会建设理论，使广大的普通工人能够明确理解科学社会主义理论的精髓。作为革命家的马克思坚决反对"密谋革命"，他认为革命应该是以人民群众为主体的顺应时代发展要求的历史活动，而不是由少数革命家煽动、组织的阴谋活动，至于暗杀、破坏、胁迫等不正当手段更不能算作革命活动。俄国人巴枯宁作为无政府主义的创始人，主张密谋革命，他的宗派团体给国际工人运动带来了极坏的影响。

巴枯宁是俄国民粹主义革命家和无政府主义者，早在19世纪40年代《德法年鉴》时期与马克思就是革命战友。巴枯宁是一位坚定的反对落后政治统治的革命者，被沙皇长期监禁、流放，逃脱出来后于1864年到伦敦见到马克思，依然表现出了高昂的革命热情，马克思称赞他是16年来少数几个没有退步反而有所进步的人之一，马克思对其充满期待。但是巴枯宁最终成了一名无政府主义者。他反对国家，认为国家是一切灾难的根源。巴枯宁看到了落后社会经济条件中产生出来的破坏性力量，但却直接将这种破坏性力量看作革命性力量，主张以密谋、恐怖、暴动的方式使用它，革命不是为了建立新世界，而成为纯粹的暴力破坏。事实上，这种纯粹的破坏要比真正的革命活动容易得多，也更容易吸引落后的饱受压迫而容易走向极端的力量，真正的革命者需要经过马克思主义的洗礼，需要正确认识革命的原因与目的，需要成长为真正的无产阶级战士。

在巴黎公社失败后，围绕如何正确对待国家、对待无产阶级专政，马克思恩格斯同巴枯宁的无政府主义展开了激烈争论。巴枯宁无政府主义的中心点就是"废除一切国家"，反对无产阶级专政，它认为人间的苦难甚至是资本都是由国家创造的，所以无产阶级所要消除的不是资本也不是资本家的压迫和剥削而是国家。主张在废除国家之后，通过"自由和无政府状态"实现各阶级和个人在政治、经济和社会各方面的平等。在巴枯宁看来，权威等同于国家也就等同于绝对的祸害，无产阶级专政的国家是世界上最沉重、最令人难堪和屈辱的，因而也是最反动的。无产阶级取得胜利之前必须反对一切政治国家和权威，而在取得胜利后应该实现每个人和每个乡镇的自治。

1873年，巴枯宁在日内瓦匿名出版《国家制度和无政府状态》，大力宣扬无政府主义，为此马克思专门撰写了《巴枯宁〈国家制度和无政府状态〉一书摘要》强调工人阶级建立独立的无产阶级政党和开展政治斗争的必要性。马克思写道："只要其他阶级特别是资本家阶级还存在，只要无产阶级还在同它们进行斗争（因为在无产阶级掌握政权后无产阶级的敌人和旧的社会组织还没有消失），无产阶级就必须采用暴力措施，也就是政府的措施；如果无产阶级本身还是一个阶级，如果作为阶级斗争和阶级存在的基础的经济条件还没有消失，那么就必须用暴力来消灭或改造这种经济条件，并且必须用暴力来加速这一改造的过程。"[1] 他还指出："工人对反抗他们的旧世界的各个阶层实行的阶级统治只能持续到阶级存在的经济基础被消灭的时候为止。"[2]

无政府主义反对任何权威的存在，主张彻底消除权威，实现所谓的绝对自由平等。恩格斯在《论权威》中科学阐述了自治与权威的关系。恩格斯认为，尽管权威意味着把别人的意志强加于我们，而且必须服从，这对于怀有自由思想的人而言会感到难堪，但是它却不能在现代社会中很快地消失。即便到了共产主义社会权威仍然存在，只不过它是无产阶级的权威。自治原则并不是绝对好的东西，权威也不是绝对坏的东西。现代经济社会发展需要进行联合和协调，如果没有权威就无法有效组织起来，从这个角度而言，国家可以消失但是权威却将永远存在，社会运行及人的活动始终是有组织的活动，始终需要权威的指挥协调。在革命战争和和平建设中都需要坚强政党的领导，而政党中又需要英明领袖进行决策指挥，这并不是个人崇拜或者专制，而是树立权威解决实际问题的现实需要。从共产主义运动史上来看，凡是成功的革命建设活动都有权威的存在，组织涣散各行其是只能导致失败。

作为革命者，巴枯宁致力于打碎旧世界，但是他却并不打算建立一个新世界，而是用自己美好的主观臆想设定未来社会。这种错误观念的根源在于唯心主义历史观。其实，国家不过是统治阶级维护其统治的工具，是资本及资产阶级造就了统治无产阶级的资本主义国家，而不是相反，实际上不彻底消灭资产阶级及其意识形态根本就无法消灭资本主义国家。

巴枯宁的错误思想因为他加入第一国际而产生了较大的负面影响，而巴枯宁的分裂行为最终导致了第一国际的解散。在加入国际工人协会

---

① 《马克思恩格斯文集》第 3 卷，人民出版社 2009 年版，第 403 页。
② 《马克思恩格斯文集》第 3 卷，人民出版社 2009 年版，第 408 页。

之前，巴枯宁已经在日内瓦建立了"国际社会主义民主同盟"，后来以"解散"自己领导的国际组织为条件加入了国际工人协会。不可否认，在加入国际工人协会这件事上，马克思起到了关键作用，马克思认为巴枯宁是一个坚强的革命战士而接纳了他加入国际工人协会。但是在指导思想上无政府主义与共产主义有着本质区别，巴枯宁与国际工人协会总委员会存在冲突，他也总是到处借机贩卖自己的"革命"理论，更为严重的是他先前的"国际社会主义民主同盟"依然存在并不断扩大影响，俨然已经成为一个具有分裂性的独立的组织。当国际工人协会召开会议批评巴枯宁派的错误思想和行动时，他们便在瑞士召开自己的代表大会，批评马克思的理论和国际工人协会的决议。当国际工人协会在海牙召开代表大会开除巴枯宁、吉约姆后，巴枯宁派同样召开自己的代表大会，拒绝承认海牙大会的决议和新选出的总委员会。

1872 年 9 月，在海牙召开的国际工人协会代表大会上，马克思恩格斯退出了国际工人协会总委员会，同时大会决定将总委员会迁至纽约，迁走的总委员会已经不再如先前那样发挥作用，最终在 1876 年宣告解散。导致第一国际最终解散的根本原因在于，各个国家的工人阶级及其政党并没有完全用科学社会主义统一思想，在各自复杂的斗争环境中出现了观念分歧、组织分裂，比如英国工联在资本主义拉拢腐蚀下出现了改良化倾向，法国革命者在起义失败后转入密谋斗争，最为严重的当属宗派团体的巴枯宁主义者的分裂活动。

客观而言，国际工人协会是国际工人运动的产物，它应国际工人运动需求而生，对工人运动给予了指导和帮助，在此期间还爆发了"巴黎公社"，共产主义思想得到广泛传播。然而，随着国际政治经济局势的发展，国际工人运动逐渐落入低潮，国际工人协会内部在复杂的斗争环境中出现分裂，更为关键的是随着年龄的增长，马克思已经没有更多的精力从事领导活动，他的《资本论》还有大量的工作要做。

国际工人协会是一个具有联合性质的国际性组织，它不是统一的无产阶级政党，它的联合性就决定了在其内部必定存在分歧，当分歧达到无法调和时势必会走向分裂直至解体。马克思恩格斯无法彻底解决错误思想传播的问题，虽然他们与各种错误思潮作了坚决的斗争，但是接受马克思主义还是其他什么思想并不取决于革命导师的良好意愿，而取决于各国革命者的自主选择，在残酷的斗争环境中作出正确的选择并以最恰当的方式实践理论也绝非易事。第一国际卓有成效的活动把马克思主义传播开来，在世界范围内产生了重大影响，这一功绩怎样高度评价都不为过。作为马克思主义的创立者，马克思恩格斯毕生都在与错误的思潮和行为作斗争，都在竭尽全力地传播正确的哲学世界观和历史观。

其三，指导工人政党探索共产主义社会形态。

随着马克思主义的广泛传播，各国工人逐渐变得更为成熟，并逐渐出现了一批工人政党，1869 年德国建立了社会民主工党，1879 年法国成立了工人党，1884 年英国诞生了社会民主联盟等。这些工人政党在自己国家的政治生活中发挥着日益重要的作用，即使它们没有建立社会主义制度和无产阶级政权，但却与资本主义统治者进行了卓有成效的斗争，在维护工人利益促进资本主义社会良性发展方面发挥了重大作用。但是各国工人阶级及其政党在实际斗争过程中，总会受到各种错误思想的影响，在如何开展具体斗争的问题上依然存在各种错误的理解和认识，要领导革命并建立政权，最终建立社会主义制度，共产党人依然任重而道远。

在德国社会主义运动中存在两个工人政党，一个是德国社会民主工党，即爱森纳赫派，德国社会民主工党是民族国家范围内建立的第一个工人阶级政党，领导人为李卜克内西、倍倍尔等，他们与马克思恩格斯交往甚好，一切党务活动都会征求革命导师的意见。另一个是由哈森克莱维尔等人领导的全德工人联合会，即拉萨尔派，该派主要以拉萨尔主义为指导思想。为了有利于革命活动的开展，两派在 1875 年合并成德国社会主义工人党（后来改称德国社会民主党），两派合并后虽然使政党力量大大增强，但是思想混乱问题也随之突显出来，主要体现在新发表的哥达纲领草案上。当读到这篇纲领时，马克思恩格斯都极为震怒，恩格斯在写给倍倍尔的信中说，"一旦它被通过，马克思和我永远不会承认建立在这种基础上的新党"。随后马克思撰写了《德国工人党纲领批注》，也就是著名的《哥达纲领批判》。

马克思在《哥达纲领批判》中，在批判哥达纲领草案中的错误观点的基础上较为详细地论述了未来社会的状况。庸俗社会主义追求社会平等，但是却将分配方式与生产方式割裂开来，只在分配领域兜圈子，其实质是不改变资本主义所有制而通过改革分配来实现社会主义。哥达纲领草案提出，劳动所得应不折不扣和按照平等的权利属于社会的一切成员。这一条立足于当时社会公认的经济学原理，即"劳动是一切财富的源泉"，工人就应当得到自己劳动的全部收入，而且劳动所得应当按照平等的权利在社会一切成员中公平地分配。

人们通常所说的劳动创造财富、劳动是一切财富的源泉，实际上并不完全正确，因为劳动需要生产工具和劳动对象，劳动力和物质资料相结合才能创造出财富。马克思的劳动价值论提出，劳动分为抽象劳动和具体劳动，抽象劳动创造的是价值，而具体劳动创造的是使用价值，价值体现的是一种社会交换关系，使用价值是商品的内在物质属性。随着私有制的消灭和商品生产的废除，抽象劳动及其产生的价值就不复存在，但是具体劳动及其创造出来的使用价值却始终是一切社会赖以存在的基础。对劳动二重性进行区分能够深刻揭示出私有制和商品存在的暂时性，但是资产阶级经济学家把二者混为一谈，实际上就把私有制和商品交换的经济规律看作永恒的自然法则。

"不折不扣的劳动所得"是无法实现的，因为劳动创造的社会总产品并不能直接归属于所有个人，社会总产品在进入消费以前必须扣除用于再生产、扩大再生产以及社会福利的部分，甚至还包括社会基础设施建设、行政管理费用等。未来社会实行生产资料集体所有，产品不归个人占有，生产者只是根据他参加社会总劳动的多少领取一部分消费资料，领取量的大小只能与他所付出的劳动量成比例，而不和他创造的价值成比例，"劳动所得"所体现的仍然是商品经济价值话语体系。

马克思还批判了"平等的权利"和"公平地分配"，他认为这些都是法的观念，属于上层建筑，而分配方式则是一种经济关系，属于经济基础。是后者决定前者，而不是前者决定后者，公平和平等都是特定经济关系的产物，在具体历史活动中产生并不断变化。

在《哥达纲领批判》中马克思对拉萨尔主义正义观进行了严厉批评，批评其主张的"铁的工资规律"、追求"公平的分配"。马克思指出："难道资产者不是断言今天的分配是'公平的'吗？难道它事实上不是在现今的生产方式基础上唯一'公平的'分配吗？难道经济关系是由法的概念来调节，而不是相反，从经济关系中产生出法的关系吗？难道各种社会主义宗派分子关于'公平的'分配不是也有各种极不相同的观念吗？"① 拉萨尔主义不能正确认识人类社会历史，将分配领域的问题看作社会的根本问题，并主张通过解决这些问题实现对资本主义的救治，实际上，如果不改变资本主义所有制就无法彻底改变资本对雇佣工人的支配与剥削。马克思在《资本论》第三卷中曾这样写道："在这里，同吉尔巴特一起（见注）说什么天然正义，这是毫无意义的。生产当事人之间进行的交易的正义性在于：这种交易是从生产关系中作为自然结果产生出来的。这种经济交易作为当事人的意志行为，作为他们的共同意志的表示，作为可以由国家强加给立约双方的契约，表现在法律形式上，这些法律形式作为单纯的形式，是不能决定这个内容本身的。这些形式只是表示这个内容。这个内容，只要与生产方式相适应，相一致，就是正义的；只要与生产方式相矛盾，就是非正义的。在资本主义生产方式的基础上，奴隶制是非正义的；在商品质量上弄虚作假也是非正义的。"② 生产方式决定人类社会形态，也就决定了上层建筑中的正义观念，而且正义的观念会随着社会发展而不断变更，它作为一种社会共同意志取决于这个时代的物质生产方式，与之相适应就是正义，否则就是非正义。这便是推导资本主义正义的基本逻辑，从形式上看，这一逻辑并没有太大问题，但这一推理所强调的恰恰只是形式上的正义，而不是真正的正义，正义成了生产方式的正义，也就是某一所有制的正义。

---

① 《马克思恩格斯选集》第 3 卷，人民出版社 2012 年版，第 361 页。
② 《马克思恩格斯文集》第 7 卷，人民出版社 2009 年版，第 379 页。

有什么样的生产方式就会有与之相对应的分配方式，资本主义私有制所能实现的公平分配方式就只能是工人获得有限的工资，而当全社会共同占有生产资料时就必然采用与之截然不同的分配方式。在资本主义生产关系框架内追求平等和公平只能是资本主义性质的平等和公平，而不可能是真正的平等和公平。

在批判错误思想的基础上，马克思第一次提出了共产主义社会发展两阶段理论，即进入共产主义社会前要经历初级"革命转变时期"，即共产主义社会第一阶段。共产主义第一阶段在经济、道德和精神等方面还带有旧社会的痕迹，还不可能一下子把资产阶级的法权都消灭掉，在分配方式上实行按劳分配原则。劳动者从社会总产品中获得一份消费资料，量的大小决定于他的劳动量，这种分配是由国家统一调节进行的，既要照顾到集体利益，也要照顾到个人利益，还要兼顾社会公平。在这个阶段已经消灭了阶级差别，但是并不能消灭人的自然差别，或者说人的自然差别依然会导致人与人之间的不平等，因而哥达纲领草案中所谓的"平等的权利"对于不同等的劳动而言其实是不平等的。

只有到了共产主义高级阶段才能最终消灭不平等。"在共产主义社会高级阶段，在迫使个人奴隶般地服从分工的情形已经消失，从而脑力劳动和体力劳动的对立也随之消失之后；在劳动已经不仅仅是谋生的手段，而且本身成了生活的第一需要之后；在随着个人的全面发展，他们的生产力也增长起来，而集体财富的一切源泉都充分涌流之后，——只有在那个时候，才能完全超出资产阶级权利的狭隘眼界，社会才能在自己的旗帜上写上：各尽所能，按需分配！"①

随着德国社会民主党的力量迅速壮大，俾斯麦政府感到了不安和恐慌。1878年5月和6月，德国皇帝威廉一世先后两次遭到刺杀，于是德国政府将刺杀事件嫁祸于社会民主党，通过并实施了《反对社会民主党企图危害社会治安的法令》（简称"非常法"），对社会民主党进行取缔和镇压。在反动政府的绞杀下，一些党员革命意志出现动摇，甚至走向

① 《马克思恩格斯选集》第3卷，人民出版社2012年版，第364—365页。

了机会主义道路。

以伯恩施坦为代表的一些人主张放弃无产阶级政党的领导地位，改变阶级斗争的策略，走温和的社会改革道路。德国社会民主党领导人在复杂的斗争形势面前难以抉择。1879 年 9 月马克思恩格斯创作了《给奥·倍倍尔、威·李卜克内西、威·白拉克等人的通告信》，驳斥改良主义观点，进一步明确无产阶政党的性质和作用。1880 年 12 月，倍倍尔还专门到伦敦面见了马克思恩格斯，就党的建设和革命行动进行交流请教，这对于德国社会民主党在"非常法"时期开展工作尤为重要。

马克思去世后，恩格斯承担起了创新发展马克思主义哲学，并将其与工人运动和革命活动结合起来的重任，他协助筹备国际社会主义工人代表大会，并指导国际工人运动。但是各国革命终究要靠各国共产党人自己的探索和努力，革命导师所提供的是伟大的思想，这种思想需要与具体实践相结合并在具体实践中不断丰富完善。马克思恩格斯已竭尽全力完成了他们的历史使命，但是革命事业远未结束，社会主义制度的重大成功还要等到新世纪的到来。

第五章

政治经济学批判与历史
唯物主义的发展

  马克思一生留下了大量的著作及手稿，直到去世之前仍然笔耕不辍，如果对其一生的学术研究进行统计就会发现，他把大量的时间和精力都投入到了政治经济学的研究中。马克思最早在巴黎时期就撰写了《1844年经济学哲学手稿》，后来虽然中断了几年，但是从1850年开始他在伦敦又开始了对经济问题的研究，英国发达的资本主义社会经济条件和博物馆的丰富藏书为其深入研究提供了便利条件。马克思先后写下了大量的政治经济学批判手稿，出版了《政治经济学批判。第一分册》《资本论》等作品，他后半生的主要事业就是进行政治经济学研究，以便将自己的理论建立在更为坚实的科学基础之上。恩格斯在《卡尔·马克思〈政治经济学批判。第一分册〉》中说："即使只是在一个单独的历史事例上发展唯物主义的观点，也是一项要求多年冷静钻研的科学工作，因为很明显，在这里只说空话是无济于事的，只有靠大量的、批判地审查过的、充分地掌握了的历史资料，才能解决这样的任务。"[1]《资本论》出版后曾遭受各种批评质疑，马克思这样描述："我的'资本论'一书引起了特别大的愤恨，因为书中引用了许多官方材料评述资本主义制度，而迄今为止还没有一个学者能从这些材料中找到一个错误。"[2] 让批判的对象无从反驳，这无疑是最为成功的批判。

---

[1] 《马克思恩格斯选集》第2卷，人民出版社2012年版，第9页。
[2] 《马克思恩格斯全集》第22卷，人民出版社1965年版，第165页。

1872 年，俄国沙皇检查委员会审查《资本论》之后给出的评语是："尽管作者就其观点来说是坚定的社会主义者，而且全书具有十分明显的社会主义性质，然而，鉴于该书的论述绝非所有人都能接受和理解，作者的论证方法又处处具有严谨的数学科学形式，委员会认为不能对该著作提出司法上的追究。"① 同样的情况也发生在德国，1878 年德国警察局审查《资本论》之后给出这样的评语："尽管这一印刷品（指《资本论》——引者注）可以被视为社会民主主义的，或者就是社会主义或共产主义的书籍，但这种旨在推翻现存国家制度和社会制度的意图在书中并不明显。因此找不到理由查禁该书。"② 马克思恩格斯的政治经济学批判以更为深刻的逻辑揭示了资本主义自身无法克服的弊端，作为一种社会历史现象的贫富两极分化，根源于资本主义商品经济以及由此而产生的资本主义政治制度，是资本家和工人之间不合理分配利益的必然结果，即便是随着生产力的发展而逐渐消灭绝对贫困，也无法消除工人的相对贫困。工人若要从根本上解决贫困问题，就必须改变资本主义生产资料私有制，必须自发组织起来砸碎旧的国家机器，实现社会形态的变革。所以，对资本主义社会进行政治经济学批判是马克思主义的有机组成部分，正因为如此，恩格斯在 1886 年 11 月《资本论》英文版序言中写道，《资本论》是工人阶级的"圣经"，也是理解马克思与世界关系的"圣经"。

第一节　政治经济学批判的根本目的与艰辛历程

马克思恩格斯一生致力于人类解放事业，谋求建立实现人人自由发展的共产主义社会，为此他们着力探索人类社会的一般发展规律。从历史角度考察人类社会由低级阶段向高级阶段不断发展的过程，资本主义社会只是人类历史发展过程中的一个阶段，是私有制社会的最高阶段，但并不是人类社会的最高阶段，未来将会过渡到消灭阶级、消灭剥削的

---

① 张光明、罗传芳：《马克思传》，天地出版社 2017 年版，第 305 页。
② 张光明、罗传芳：《马克思传》，天地出版社 2017 年版，第 304 页。

共产主义社会。作为身处资本主义时代的学者，马克思恩格斯需要深入研究资本主义社会运行的特殊规律，从本质规律中寻找出资本主义为共产主义所取代的必然趋势。人类社会一般发展规律与资本主义运行特殊规律之间是辩证统一的，一般包含特殊，而特殊是一般的具体体现。实际上，过往的人类社会形态都是已成的历史，其规律是经验的总结，而只有从资本主义到未来社会才是根据规律的预判，所以人类社会一般发展规律是否成立，关键在于资本主义社会的未来走向。从现实角度而言，马克思恩格斯所关心的当然是人类社会当下及未来的走向，他们着眼于未来新社会，而对当下的资本主义社会进行猛烈批判。

为什么选择政治经济学批判呢？青年马克思曾对资本主义社会的政治、国家和法等上层建筑进行批判，但是他发现这些因素受制于市民社会尤其是市民社会的物质性经济活动，只有对资本主义经济活动进行深入解剖才能对其进行深刻批判。青年马克思恩格斯哲学世界观的转变就在于认清了人类社会发展是物质生产方式决定社会观念制度，只有从经济活动入手才能把握资本主义社会发展的基本规律，进而解析出其社会形态运行规律及未来发展趋势。在《〈政治经济学批判〉序言》中，马克思讲述了他在莱茵报时期学术研究转向的问题。"我学的专业本来是法律，但我只是把它排在哲学和历史之次当做辅助学科来研究。1842—1843年间，我作为《莱茵报》的编辑，第一次遇到要对所谓物质利益发表意见的难事。莱茵省议会关于林木盗窃和地产析分的讨论，当时的莱茵省总督冯·沙培尔先生就摩泽尔农民状况同《莱茵报》展开的官方论战，最后，关于自由贸易和保护关税的辩论，是促使我去研究经济问题的最初动因。"[①] 促使马克思研究经济学问题的还有恩格斯的影响，正如他自己所说："自从弗里德里希·恩格斯批判经济学范畴的天才大纲（在《德法年鉴》上）发表以后，我同他不断通信交换意见，他从另一条道路（参看他的《英国工人阶级状况》）得出同我一样的结果。"[②]

---

① 《马克思恩格斯选集》第 2 卷，人民出版社 2012 年版，第 1—2 页。
② 《马克思恩格斯选集》第 2 卷，人民出版社 2012 年版，第 3—4 页。

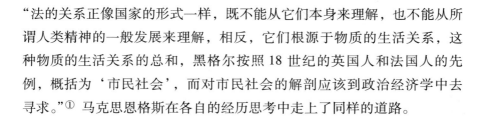

"法的关系正像国家的形式一样，既不能从它们本身来理解，也不能从所谓人类精神的一般发展来理解，相反，它们根源于物质的生活关系，这种物质的生活关系的总和，黑格尔按照 18 世纪的英国人和法国人的先例，概括为'市民社会'，而对市民社会的解剖应该到政治经济学中去寻求。"① 马克思恩格斯在各自的经历思考中走上了同样的道路。

一　恩格斯对资本主义经济关系的揭示与批判

从人生阅历的角度而言，恩格斯比马克思更早进入社会，在父亲的坚持下恩格斯不得不中断学业进入家族商业活动之中，这就为青年恩格斯全面接触社会底层，了解社会经济制度提供了便利的条件。马克思所说的恩格斯批判经济学范畴的"天才大纲"指的是发表在《德法年鉴》上的《政治经济学批判大纲》，在这篇写作于 1843—1844 年的文章中，恩格斯主要对当时的社会经济活动以及资产阶级国民经济学家对经济活动的相关理论进行了解析和评判。

恩格斯认为，在自由主义经济条件下，"竞争贯穿在我们的全部生活关系中，造成了人们今日所处的相互奴役状况。竞争是强有力的发条，它一再促使我们的日益陈旧而衰退的社会秩序，或者更正确地说，无秩序状况活动起来，但是，它每努力一次，也就消耗掉一部分日益衰败的力量。竞争支配着人类在数量上的增长，也支配着人类在道德上的进步"②。这是恩格斯在文章中的基本观点和理论立场。在他看来，自由贸易最基本的形式就是贱买贵卖，即只有尽可能地削减成本，同时尽可能地提升销售价格，资本家才能获得高额的利润。于是供求关系、成本控制等成为资本家的必备技能，在资本主义社会中围绕盈利而开展的活动都得到了肯定和支持，财富成为人们的关注点，而私有制以及劳动、土地、农民和由此而来的道德问题就被忽略了。资产阶级构建了为私有制服务的"私人经济学"，在这样的经济理论指导下，所有人都陷入了唯利是图的怪圈，"商业是合法

---

① 《马克思恩格斯选集》第 2 卷，人民出版社 2012 年版，第 2 页。
② 《马克思恩格斯选集》第 1 卷，人民出版社 2012 年版，第 46 页。

的欺骗"。而处于社会最底层的劳动者在资本主义经济体系中无法获益，这恰恰是资本主义周期性经济危机的根源。

在这篇文章中，恩格斯在揭示资本主义经济条件下竞争的实质和后果的基础上，鲜明地表达了自己对资本主义私有制的态度，即消灭私有制，为人类与自然的和解以及人类本身的和解开辟道路。与当时很多空想社会主义者一样，恩格斯看到了私有制对自然以及人本身的祸害，并主张经济学家要认真反思私有制的合理性问题，而不能将其看作始终如一、合法合理的存在。"经济学没有想去过问私有制的合理性的问题。因此，新的经济学只前进了半步；它不得不背弃和否认它自己的前提，不得不求助于诡辩和伪善，以便掩盖它所陷入的矛盾，以便得出那些不是由它自己的前提而是由这个世纪的人道精神得出的结论。这样，经济学就具有仁爱的性质；它不再宠爱生产者，而转向消费者了；它假惺惺地对重商主义体系的血腥恐怖表示神圣的厌恶，并且宣布商业是各民族、各个人之间的友谊和团结的纽带。"①

恩格斯鲜明指出自由主义经济学家的经济学是为现存商业模式进而是为私有制服务的，他在对其进行批判的同时也表达了建立新的经济学的意愿。这篇文章对马克思产生了较大的影响，因为它直接击中了马克思内心深处关于"物质利益的烦恼"，与马克思对社会经济关系的看法产生共鸣。

《英国工人阶级状况》是恩格斯在 1842 年 12 月至 1844 年居住在英国期间写成的。在这篇作品中，恩格斯对英国工人阶级的健康状况、生活状况、教育状况、收入状况和社会地位进行了详细的描绘，认为出现各种悲惨状况的深刻原因在于现行的生产和分配制度，这种制度几乎等同于谋杀，所以真正的社会主义者应该起来反抗这种人剥削人的社会制度。在《英国工人阶级状况》1892 年德文第二版序言中，恩格斯对英国社会发生的变化进行了解析。恩格斯认为，虽然大工业从表面看来变得讲道德了，工厂主们学会了避免不必要的纷争，默认工联的存在和力量

---

① 《马克思恩格斯选集》第 1 卷，人民出版社 2012 年版，第 18—19 页。

等，但是"工人阶级处境悲惨的原因不应当到这些小的弊病中去寻找，而应当到资本主义制度本身中去寻找。工人为取得每天的一定数目的工资而把自己的劳动力卖给资本家。在不多的几小时工作之后，他就把这笔工资的价值再生产出来了。但是，他的劳动合同却规定，工人必须再工作好几个小时，才算完成一个工作日。工人用这个附加的几小时剩余劳动生产出来的价值，就是剩余价值。这个剩余价值不破费资本家一文钱，但仍然落入资本家的腰包。这就是这样一个制度的基础，这个制度使文明社会越来越分裂，一方面是一小撮路特希尔德们和万德比尔特们，他们是全部生产资料和消费资料的所有者，另一方面是广大的雇佣工人，他们除了自己的劳动力之外一无所有。产生这个结果的，并不是这个或那个次要的弊端而是制度本身，这个事实目前已经在英国资本主义的发展过程中十分鲜明地显示出来"①。恩格斯这时对英国工人阶级状况的看法已经体现出剩余价值学说所包含的思想内容。

由于各种原因，恩格斯对经济学的研究并没有长期开展下去，相较而言马克思做了更多的工作，他先后撰写了《哲学的贫困》《雇佣劳动与资本》等作品，在定居伦敦后更是开始了长时间的政治经济学研究，撰写了《政治经济学批判。第一分册》《工资、价格和利润》等作品。在马克思去世后，恩格斯又不得不重新从事政治经济学研究工作，承担起《资本论》的再版、翻译和以后各卷的编纂任务。1883年年底《资本论》第一卷的第三版得以顺利出版，1886年英文版顺利付印，这是马克思生前未能完成的夙愿。更为繁重的工作是整理编撰《资本论》第二卷、第三卷，恩格斯不仅要整理字迹潦草的原稿，甚至还要亲自撰写部分章节，如第三卷第四章"周转对利润率的影响"，就是恩格斯根据马克思留下的标题代笔完成的，至于他对个别段落的增补在第二卷、第三卷中更是屡见不鲜。列宁在《弗里德里希·恩格斯》一文中写道："恩格斯出版《资本论》第2卷和第3卷，就是替他的天才朋友建立了一座庄严宏伟的纪念碑，无意中也把自己的名字不可磨灭地铭刻在上面了。

---

① 《马克思恩格斯选集》第1卷，人民出版社2012年版，第67页。

的确，这两卷《资本论》是马克思和恩格斯两人的著作。古老传说中有各种非常动人的友谊故事。欧洲无产阶级可以说，它的科学是由这两位学者和战士创造的，他们的关系超过了古人关于人类友谊的一切最动人的传说。"① 从列宁的评价中可以看到，恩格斯在《资本论》的创作中发挥了重要作用，但正如马克思主义以马克思的名字来命名一样，人们通常将《资本论》看作是马克思的作品。

二 马克思进行政治经济学批判的立场观点

大约在 1844 年底 6 月初至 8 月马克思在巴黎期间，撰写了《1844 年经济学哲学手稿》，这是由哲学转向经济学研究的标志性作品，也标志着马克思深入研究政治经济学的开始。但是马克思这一时期的主要任务是清算自己的哲学信仰，探索形成新的历史唯物主义世界观，1848 年和 1849 年《新莱茵报》的出版以及随后发生的一些事变更是打断了马克思的经济研究工作，直到 1850 年定居伦敦才重新进行这一工作。

资产阶级经济学家也研究资本主义社会经济的运行规律，但是世界观和价值立场的局限性决定了他们并不能真正把握资本主义经济本质。首先他们关于资本主义私有制的看法是形而上学的，即认为私有制是永恒的，既无起源也无发展历程，是不言而喻的前提。他们所看到的并进行研究的是经济运行的事实，而看不到经济运行所决定的社会制度及其价值取向。马克思研究经济学问题是放在宏阔的人类事实发展规律的背景下进行的，以新的科学的历史唯物主义世界观为理论武器，以唯物辩证法为科学分析方法进行整体性研究，更为全面深刻、科学合理。正如马克思自己所说的那样："我所得到的、并且一经得到就用于指导我的研究工作的总的结果，可以简要地表述如下：人们在自己生活的社会生产中发生一定的、必然的、不以他们的意志为转移的关系，即同他们的物质生产力的一定发展阶段相适合的生产关系。这些生产关系的总和构

---

① 《列宁选集》第 1 卷，人民出版社 2012 年版，第 95 页。

成社会的经济结构，即有法律的和政治的上层建筑竖立其上并有一定的社会意识形式与之相适应的现实基础。物质生活的生产方式制约着整个社会生活、政治生活和精神生活的过程。不是人们的意识决定人们的存在，相反，是人们的社会存在决定人们的意识。社会的物质生产力发展到一定阶段，便同它们一直在其中运动的现存生产关系或财产关系（这只是生产关系的法律用语）发生矛盾。于是这些关系便由生产力的发展形式变成生产力的桎梏。那时社会革命的时代就到来了。随着经济基础的变更，全部庞大的上层建筑也或慢或快地发生变革。在考察这些变革时，必须时刻把下面两者区别开来：一种是生产的经济条件方面所发生的物质的、可以用自然科学的精确性指明的变革，一种是人们借以意识到这个冲突并力求把它克服的那些法律的、政治的、宗教的、艺术的或哲学的，简言之，意识形态的形式。我们判断一个人不能以他对自己的看法为根据，同样，我们判断这样一个变革时代也不能以它的意识为根据；相反，这个意识必须从物质生活的矛盾中，从社会生产力和生产关系之间的现存冲突中去解释。无论哪一个社会形态，在它所能容纳的全部生产力发挥出来以前，是决不会灭亡的；而新的更高的生产关系，在它的物质存在条件在旧社会的胎胞里成熟以前，是决不会出现的。所以人类始终只提出自己能够解决的任务，因为只要仔细考察就可以发现，任务本身，只有在解决它的物质条件已经存在或者至少是在生成过程中的时候，才会产生。大体说来，亚细亚的、古希腊罗马的、封建的和现代资产阶级的生产方式可以看做是经济的社会形态演进的几个时代。资产阶级的生产关系是社会生产过程的最后一个对抗形式，这里所说的对抗，不是指个人的对抗，而是指从个人的社会生活条件中生长出来的对抗；但是，在资产阶级社会的胎胞里发展的生产力，同时又创造着解决这种对抗的物质条件。因此，人类社会的史前时期就以这种社会形态而告终。"① 在这一段论述中，马克思精确概括了唯物史观的基本思想，同时也鲜明地指出了自己研究经济学问题的立场与方法，清晰地表达了政治经济学批判的最终指向。

---

① 《马克思恩格斯选集》第 2 卷，人民出版社 2012 年版，第 2—3 页。

　　唯物史观的基本观点在于，考察社会历史发展应从物质性生产力而不是从社会意识入手，社会形态变革的最终决定性力量是物质性的生产力，人类所面对的是自己能够解决的任务，而任务本身的生成，是以解决它的物质条件已经存在或者至少是在生成过程中为基础的。资本主义生产关系是继亚细亚的、古希腊罗马的、封建的生产方式之后的最后一个对抗形式，资产主义社会的胎胞里发展的生产力催生出了尖锐的对抗矛盾，同时又创造着解决这种对抗的物质条件，资本主义必将随着生产力的发展而消亡，从而终结存在阶级对立的社会形态。

三　马克思进行政治经济学批判的艰辛历程

　　马克思的政治经济学研究经历了漫长的过程。从 1850 年 9 月到 1853 年 8 月，马克思广泛涉猎了多种经济学著作、官方文件和杂志报纸等，做了大量摘抄和评论，最终形成了《伦敦笔记》。正如恩格斯所说的那样："1850 年春天起，马克思又有空从事经济研究，并且首先着手研究最近 10 年的经济史。结果，他从事实中完全弄清楚了他以前半先验地根据不完备的材料所推出的结论，即：1847 年的世界贸易危机孕育了二月革命和三月革命；从 1848 年年中开始逐渐复兴而在 1849 年和 1850 年达到全盛状态的工业繁荣，是重新强大起来的欧洲反动势力的振奋力量。这是有决定意义的。"①

　　1857 年爆发了世界性的资本主义经济危机，为了能够为无产阶级斗争提供坚实的理论基础，马克思通宵达旦地进行研究，于 1857 年 10 月到 1858 年 5 月撰写了 50 多个印张的手稿，标题为《政治经济学批判大纲（草稿）》，这是马克思为创作《资本论》而形成的经济学手稿，也称为《1857—1858 年经济学手稿》。在手稿中，马克思发现并研究了资本主义生产方式的经济细胞——商品，明确了商品的价值和使用价值分别来源于抽象劳动和具体劳动，明确了劳动具有二重性，从而为理解政治

---

① 《马克思恩格斯文集》第 4 卷，人民出版社 2009 年版，第 535—536 页。

经济学找到了钥匙。把价值理论运用于资本主义经济关系的分析，确定资本自身内部可以区分为不变资本与可变资本，解决了资本主义的剥削现实与劳动价值论的矛盾，创立了完备的剩余价值学说。在这部手稿的基础上，马克思开始撰写《政治经济学批判》一书，打算分册出版，但只在 1859 年出版了《政治经济学批判。第一分册》。

根据马克思的研究计划，打算写六个分册，（1）资本；（2）土地所有权；（3）雇佣劳动；（4）国家；（5）对外贸易；（6）世界市场。从写作提纲来看，马克思的写作计划非常庞大，几乎囊括了资本主义社会生活的一切领域，从资本主义社会的经济社会结构到其上层建筑和意识形态，而且超越了民族国家的界限，涉及世界经济体系的国际分工、国家交换、世界市场等众多领域。实际上，直到这时马克思仅仅完成了第一分册"资本"中的"商品""货币"等内容，而在这一分册还计划研究"资本的竞争""信用""股份资本"等内容。随着研究的不断深入，马克思逐渐调整了研究计划。

从 1861 年 8 月到 1863 年 7 月，马克思着手撰写第二分册"资本一般"，包括"资本的生产过程""资本的流通过程""两者的统一或资本和利润、利息"，分析"货币转化为资本""绝对剩余价值""相对剩余价值"等问题，实际上这些研究内容构成了《资本论》第一卷的主要内容。这时马克思所写的手稿远远超出了这些内容，对资产阶级政治经济学"剩余价值理论"的历史批判反而成为这一时期手稿的主要内容，这些内容后来成为《资本论》第四卷的来源。这一时期的手稿被称为《1861—1863 年经济学手稿》。

马克思在 1862 年年底将他的著作名称由《政治经济学批判》改为《资本论》，并在 1863 年下半年开始了新的写作，这一时期形成了《1863—1865 年经济学手稿》，这部手稿基本形成了《资本论》的雏形。结构形式如下：

第一册：资本的生产过程

第二册：资本的流通过程

第三册：总过程的各种形式

第四册：理论史

对比之前的研究计划，虽然研究范围缩小了很多，但是主题却非常明确，聚焦于他之前计划研究的"资本一般"，但是围绕这个主题就可以将其他计划写作的内容穿插进去，使得政治经济学批判具有了理想的、完备的表达形式。

从 1850 年到 1865 年前后，马克思用时 15 年在多次更新撰写手稿的基础上最终确立了《资本论》的撰写提纲，在众多社会经济运行现象中找到基点，通过对它的分析构建起资本主义经济运行的逻辑大厦，这个过程是一个漫长艰辛的探索过程，需要掌握占有大量的经济学理论和现实经济活动材料，然后进行逻辑概括和理论提升，因而这个漫长的学术探索过程也是身心、毅力经受严峻考验的过程，更是不畏艰辛勇于超越的过程。

马克思不是专业研究人员、大学教授，他是"无业者""零散打工者"，除了要供养一家人之外还需要从事革命活动的开支，在这样的条件下要做到集中精力进行科学研究，其困难程度可见一斑。实际上，在撰写《资本论》的过程中，马克思及其家人遭遇了贫困、疾病甚至是死亡的严重威胁。

1849 年 8 月底，当马克思流亡到伦敦时，可以用"一无所有"来形容。原有的财产都被马克思投入到了《新莱茵报》的创办中，而马克思向来就不是一个合格的商人，当革命失败后他变得一贫如洗。实际上，19 世纪 50 年代是马克思最为困难的时期，刚过而立之年的他无论是学术研究还是家庭生活等方面都面临着前所未有的压力。马克思最初的专业是法律，后来转到哲学，参加工作后从事报纸编辑工作，而如今他要从事经济学研究，从后来发展的情况看他取得了巨大的成功，但是在这项工作开始之时所面临的挑战是巨大的，从头开始从事一个全新的领域无论如何都需要巨大的勇气和坚韧不拔的恒心。但是当他认定了这项工作的巨大价值后就义无反顾地坚持下来，逐渐积累并不断深入，直到达到学术巅峰。正如他本人所说的那样："但是在科学的入口处，正像在地狱的入口处一样，必须提出这样的要求：这里必须根绝一切犹豫；这里任何怯懦都无济于事。"①

　　在学术研究奠基之初的岁月里，马克思的家庭生活面临着巨大的压力。从 1844 年到 1855 年，马克思和燕妮先后生育了 6 个孩子，最后只有燕妮、劳拉和爱琳娜长大成人，其余的孩子都是在 1850 年到 1855 年马克思移居伦敦的这段时间里夭亡的，其中长子埃德加尔病逝时已经 8 岁了，主要原因就是贫困加疾病导致的，如果当时有宽敞卫生的居住条件，有良好的营养医疗，事情也不至于这么糟糕。这一时期他们一家过的是流浪者的生活，居住在狭小肮脏的出租房里，即便这样也还入不敷出。

　　马克思并非不会挣钱，而是他不愿意放弃自己的事业去"发家致富"。从《莱茵报》时期开始，如果马克思肯向政府当局妥协，哪怕是一点点妥协，他也不会成为流落伦敦的无国籍人员，实际上，每次他都选择了最为艰辛的革命道路，选择了站在资本主义的对立面，对其进行批判并立志要将其推翻。毫无疑问这将是一场艰苦卓绝的斗争，为了赢得这场斗争注定要失去很多。马克思选择为《纽约每日论坛报》撰稿赚取稿费，投稿中有大量的关于经济事件的内容，这促使他去熟悉政治经济科学范围以外的实际的细节，对于他的写作是有益处的，但这势必影响到他的研究工作，关键是稿酬极为有限。1859 年 2 月在致约瑟夫·魏德迈的信中，马克思说："近两年来，我的情况不是好了，而是坏了。一方面，可尊敬的《论坛报》由于危机把我的收入减少了一半，尽管它在繁荣时期从来没有给我增加一个分尼；另一方面，由于需要抽出许多时间来研究我的政治经济学（下面再详谈），不得不拒绝（虽然很不乐意）人们在伦敦和维也纳向我提出的收入极其可观的建议。但是我必须不惜任何代价走向自己的目标，不允许资产阶级社会把我变成制造金钱的机器。"②

　　但是生活总要继续下去，在马克思与贫困作斗争的过程中，他从两

---

　　① 《马克思恩格斯全集》第 31 卷，人民出版社 1998 年版，第 415 页。
　　② 《马克思恩格斯全集》第 29 卷，人民出版社 1972 年版，第 550—551 页。

个方面得到了支援，一是家里的支援，另一个就是恩格斯的资助。无论是燕妮家里还是马克思自己家里，都有着优越的经济条件，亲戚的资助往往能使他们渡过难关。1863 年，马克思母亲去世，给他留下了一笔遗产，这笔钱使他们一家摆脱了各种债务的纠缠，还换了一所宽敞、光线充足的大房子。①

恩格斯作为马克思的战友给予马克思无私的资助，但这个问题却有需要澄清的地方。其一，在马克思定居伦敦的早期，恩格斯的资助是有限的，因为他本人刚到父亲的公司，也仅仅是普通职员，他自己的收入有限。其二，马克思接受恩格斯的资助也是为了解燃眉之急，而不是赖以为生。马克思本人也在尽力赚钱养家糊口，比如他曾为《纽约每日论坛报》撰写稿子获得有限的报酬。不可否认，恩格斯对马克思的资助无私而巨大。有学者研究认为，以 20 世纪 70 年代中后期的货币价值计算，恩格斯为马克思和他的家庭提供的资助超过 10 万英镑。② 当马克思几乎要断粮而手头上的工作又无法停下来时就只得求助于恩格斯，因为写作时尤其是创作大部头文稿时，必须连续数月甚至更长时间不能间断。马克思在写给恩格斯的信中表达了深深的歉意，他这样写道："坦白地向你说，我的良心经常像被梦魇压着一样感到沉重，因为你主要是为了我才把你的卓越才能浪费在经商上面，使之荒废，而且还要分担我的一切琐碎的苦恼。"③

马克思写作《资本论》时遭遇的另外的敌人就是病痛。长时间的静坐沉思，甚至通宵达旦的工作，严重地损害了马克思的健康。从中年时期开始，马克思的身体就出现了各种各样的病症，到了老年以后这种状况不断加剧。马克思肝病复发，也是他长期辛苦研究的后果。当时他长时间待在大英博物馆里，每天花费十个小时研究政治经济学。后来，马

---

① ［法］罗伯尔－让·龙格：《我的外曾祖父卡尔·马克思》，李渚青译，新华出版社1982 年版，第 132—139 页。

② ［英］戴维·麦克莱伦：《恩格斯传》，臧峰宇译，中国人民大学出版社 2017 年版，第96 页。

③ 《马克思恩格斯文集》第 10 卷，人民出版社 2009 年版，第 256 页。

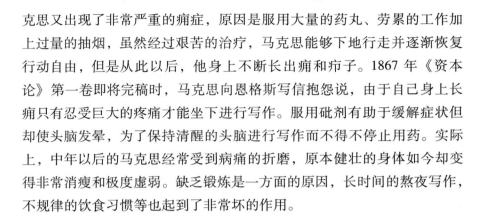

克思又出现了非常严重的痈症，原因是服用大量的药丸、劳累的工作加上过量的抽烟，虽然经过艰苦的治疗，马克思能够下地行走并逐渐恢复行动自由，但是从此以后，他身上不断长出痈和疖子。1867 年《资本论》第一卷即将完稿时，马克思向恩格斯写信抱怨说，由于自己身上长痈只有忍受巨大的疼痛才能坐下进行写作。服用砒剂有助于缓解症状但却使头脑发晕，为了保持清醒的头脑进行写作而不得不停止用药。实际上，中年以后的马克思经常受到病痛的折磨，原本健壮的身体如今却变得非常消瘦和极度虚弱。缺乏锻炼是一方面的原因，长时间的熬夜写作，不规律的饮食习惯等也起到了非常坏的作用。

第二节　《资本论》对历史唯物主义的发展

作为经济学著作，《资本论》的研究对象是物质生产，研究社会财富的生产、交换、分配等问题，但是它与其他经济学著作最大的不同在于，它是站在特定历史阶段即资本主义制度下来研究经济问题，它要揭示的是"资本主义生产方式以及和它相适应的生产关系和交换关系"。一方面，从生产关系的总体研究资本主义的生产和再生产，首先研究雇佣劳动同产业资本之间的关系，这是资本主义社会第一级的即基本的、原始的、占主导地位的生产关系，然后再研究商业资本、借贷资本、土地所有制等，这是资本主义社会第二级的即派生出来的、非原生的生产关系；另一方面，从历史的联系、运动和发展过程中揭示资本主义生产方式的历史过渡性，不仅研究资本的现代史，而且还研究资本的原始积累过程和未来发展趋势，从中揭示出资本主义生产方式产生、发展和必然灭亡的全过程。《资本论》虽然以资本主义社会生产方式为特定研究对象，科学解决了资本主义经济运行规律问题，但是它的研究内容和结论具有一般性意义，实现了对历史唯物主义的创新发展。

一　对资本主义社会进行解剖

在《资本论》第一卷中，劳动二重性、剩余价值和工资范畴体现为

"崭新的因素"，集中体现了马克思实现政治经济学科学革命的基本特征和思想特色。《资本论》第一卷研究了"资本的生产过程"，揭示了资本家发财致富的秘密所在。之前很多学者在批判资本主义时是从道德谴责的角度出发的，将其称为欺骗、盗窃、掠夺等，而马克思从更为深刻的经济分析的角度进行批判。马克思从进一步发展完善劳动价值学说开始，逐步剖析资本主义生产的内在逻辑。

马克思解剖资本主义社会的切入点是商品。商品是资本主义经济的细胞，商品关系中已经潜在地存在着资本主义经济关系一切矛盾的萌芽。商品作为一种用来交换的劳动产品具有价值和使用价值二因素，商品的使用价值取决于其物质结构，是一种自然属性；而商品的价值则取决于其社会交换关系，是一种社会属性。作为商品的二因素，使用价值与价值既统一于商品又彼此矛盾，使用价值是价值的物质基础，而价值是使用价值的社会体现，商品生产者必须让渡使用价值才能获得价值，购买者必须支付价值才能获得使用价值，显然，任何商品的使用价值和价值最终是要分离的，这个过程也就是商品交换的过程。

英国古典政治经济学已经揭示出商品的价值取决于生产它们所消耗的社会劳动，价值量的大小取决于劳动时间，在这一基础之上，马克思创立了"劳动价值论"，揭示出来的劳动的二重性成为"理解政治经济学的枢纽"。商品是由劳动创造出来的，"既然商品是二重物——使用价值和交换价值，那么，体现在商品中的劳动也必然具有二重性，而像斯密、李嘉图等人那样只是单纯地分析劳动本身，就必然处处都碰到不能解释的现象。实际上，对问题的批判性理解的全部秘密就在于此"①。正是循着商品的二因素，马克思认为劳动也区分为具体劳动和抽象劳动，具体劳动创造商品的使用价值，而抽象劳动创造商品的价值，抽象劳动是凝结在商品中的无差别的人类劳动，抽象劳动及其创造的价值是商品进行等价交换的基础和标准。

生产使用价值的劳动是不以社会形态为转移的人类生存条件，而劳

---

① 《马克思恩格斯文集》第 10 卷，人民出版社 2009 年版，第 276 页。

动表现为价值，体现着某个特殊的社会形态，它是商品生产条件下社会总劳动借以实现自身分配和调节的特殊方式。"产品交换者实际关心的问题，首先是他用自己的产品能换取多少别人的产品，就是说，产品按什么样的比例交换。当这些比例由于习惯而逐渐达到一定的稳固性时，它们就好像是由劳动产品的本性产生的。例如，一吨铁和两盎司金的价值相等，就像一磅金和一磅铁虽然有不同的物理属性和化学属性，但是重量相等一样。实际上，劳动产品的价值性质，只是通过劳动产品表现为价值量才确定下来。价值量不以交换者的意志、设想和活动为转移而不断地变动着。在交换者看来，他们本身的社会运动具有物的运动形式。不是他们控制这一运动，而是他们受这一运动控制。要有充分发达的商品生产，才能从经验本身得出科学的认识，理解到彼此独立进行的，但作为自然形成的社会分工部分而互相全面依赖的私人劳动，不断地被化为它们的社会的比例尺度，这是因为在私人劳动产品的偶然的不断变动的交换比例中，生产这些产品的社会必要劳动时间作为起调节作用的自然规律强制地为自己开辟道路，就像房屋倒在人的头上时重力定律强制地为自己开辟道路一样。因此，价值量由劳动时间决定是一个隐藏在商品相对价值的表面运动后面的秘密。这个秘密的发现，消除了劳动产品的价值量纯粹是偶然决定的这种假象，但是决没有消除价值量的决定所采取的物的形式。"①

　　某一商品的价值并不取决于生产这一商品的劳动量即劳动时间，而是取决于生产这种商品的社会必要劳动时间，那么社会必要劳动时间又是如何确定的呢？马克思认为某种商品的社会必要劳动时间是在商品生产和交换过程中自发形成的，这种形成的趋势不以人的意志为转移，商品价值的生成是物质属性的生产过程和社会属性的交换过程的有机统一。劳动创造价值是在商品经济尤其是资本主义经济关系中的特定表达，价值所体现的是商品交换过程中展现出来的人的抽象劳动，至于商品的物质属性、劳动的具体形式则不再属于考虑范畴，因为这些因素对应的是

---

① 《马克思恩格斯文集》第5卷，人民出版社2009年版，第92—93页。

商品的使用价值。当把劳动区分为抽象劳动和具体劳动之后，也就能够明确商品价值的源泉所在，即是劳动。

劳动创造价值是在商品交换的经济关系中实现的，即劳动力本身成为商品并作为一种要素投入到社会生产过程中创造出价值。劳动力商品化是资本主义生产的前提条件，资本家以等价交换的方式向工人购买劳动力，劳动力作为商品亦具有使用价值和价值，资本家支付了劳动力的价值获得了它的使用价值，劳动力的使用价值就是劳动，而劳动又能够创造价值，这就为资本家发家致富即实现价值增殖创造了条件。在马克思看来，在资本主义生产中，"并不是简单的买者和简单的卖者彼此对立，而是资本家和工人在流通领域中，在市场上作为买者和卖者互相对立。他们作为资本家和工人的关系，是他们作为买者和卖者的关系的前提。这种关系不同于其他商品出卖者的关系，它不是简单地从商品本身的性质中产生出来的关系……相反，这是生产过程本身互相联系的各要素的分离，以及这些要素的一直达到彼此人格化的相互独立化，借助于这种分离和独立化，货币作为对象化劳动的一般形式变成劳动能力的买者，即交换价值的从而财富的活源泉的买者。从交换价值方面来看，现实的财富是货币；从使用价值方面来看，现实的财富是生活资料和生产资料；它作为一种人格，同工人，同财富的可能性，即同作为另一种人格的劳动能力相对立"①。

劳动二重性是马克思经济学体系的"枢纽"，它对于理解商品二因素、劳动力商品化、劳动过程和价值增殖过程以及剩余价值的生产形式等具有重要意义。剩余价值是马克思政治经济学的核心范畴，是马克思一生的两大科学发现之一，也是与其他经济学流派的根本区别所在。也正是在前面这些概念的基础上，马克思对工资这一基本的经济术语进行了重新阐释，工资并不能直接反映出劳动力价值和价格，只是劳动力价值和价格的转化形式，它所反映的是资本主义社会的经济关系和阶级关系。资产阶级在市场领域标榜等价交换，在政治领域强调自由平等，但

① 《马克思恩格斯文集》第 8 卷，人民出版社 2009 年版，第 495—496 页。

是工资问题却深刻揭露了其中的欺骗性和虚伪性。

劳动过程在资本家的支配下进行，它不仅要完成工人工资部分价值的创造，而且要创造出更多的价值，这多出来的部分就是被资本家无偿占有的剩余价值。资本家通过占有剩余价值不断积累资本扩大生产，从而能够以更大规模、更快速度生产更多的剩余价值。"资本关系作为一种通过延长劳动时间来榨取剩余劳动的强制关系，——这种强制关系并不是建立在任何人身统治关系和人身依附关系之上的，而是单纯从不同经济职能中产生出来的，——是两种方式所共有的，但是特殊资本主义生产方式还有榨取剩余价值的其他方式。然而在某种现有劳动方式的基础上，就是说，在劳动生产力的一定发展和适应于这种生产力的劳动方式的基础上，剩余价值只有通过延长劳动时间才能生产出来，从而只有以绝对剩余价值的方式才能生产出来。因此，与这种生产剩余价值的唯一形式相适应的是劳动对资本的形式上的从属。"① 剩余价值的生产是建立在工人对资本家的经济依附关系基础之上的，它体现了生产关系决定了的社会地位，体现了资本对转化为商品的劳动力的统治性。马克思对资本主义的批判远不只是对资本家剥削、自私、贪婪的批判，而是对这一时代生产关系的本质揭示，他认为是资本决定并形成了人格化的资本家，而不是资本家的人格决定资本属性。

当然，马克思对待资本的态度是客观公正的，他并不只是谴责资本对工人的剥削，而是也充分肯定了资本的社会进步性。"资本的文明面之一是，它榨取这种剩余劳动的方式和条件，同以前的奴隶制、农奴制等形式相比，都更有利于生产力的发展，有利于社会关系的发展，有利于更高级的新形态的各种要素的创造。因此，资本一方面会导致这样一个阶段，在这个阶段上，社会上的一部分人靠牺牲另一部分人来强制和垄断社会发展（包括这种发展的物质方面和精神方面的利益）的现象将会消灭；另一方面，这个阶段又会为这样一些关系创造出物质手段和萌芽，这些关系在一个更高级的社会形式中，使这种剩余劳动能够同物质劳动

---

① 《马克思恩格斯全集》第 49 卷，人民出版社 1982 年版，第 81 页。

一般所占用的时间的更大的节制结合在一起。"① 资本在产生一系列社会问题的同时，也在孕育着新的社会形态的萌芽，它自身实现着自我否定的辩证发展。

马克思强调，资本家只是资本的人格化，资本以及资本家都是资本主义生产关系的产物，若要消灭资本家对工人的剥削，就必须消灭资本，而要消灭资本，就必须改变资本主义所有制。他写道："在第一个行为中，在资本和劳动的交换中，劳动作为劳动，作为自为存在的劳动，必然表现为工人。同样在这里，在第二个过程中，资本本身表现为自为存在的价值，即所谓独立自在的价值（这一点在货币中只是表现为倾向）。然而，自为存在的资本就是资本家。诚然，社会主义者说：我们需要的是资本，而不是资本家。在这种情况下，资本被看作纯粹的物，而不是被看作生产关系，这种生产关系的自身反映恰恰就是资本家。我当然可以使资本同单个资本家分开，而且资本可以转移到另一个资本家手里。然而资本家失去了资本也就失去了作为资本家的属性。可见，资本诚然可以脱离单个资本家，但不能脱离那种与工人本身相对立的资本家本身。"②

二　关于社会结构的理论

从世界历史的角度分析，马克思认为资本主义达到了前所未有的发展高峰，代表着人类文明的巨大成就，这是对资本主义生产方式的充分肯定。在《资本论》中，马克思将资本主义生产方式当作理论对象加以研究和阐释。《资本论》对于生产方式的表达与阐述通常与其他具体的"方式"结合在一起，生产方式是以诸如交换方式、流通方式、消费方式等表现出来的。当然，生产方式还表现为具体的机器工业生产方式，以及各个产业部门的生产方式。"对于由必要劳动转化为剩余劳动而生产剩余价值来说，资本占有历史上遗留下来的或者说现存形态的劳动过程，

---

① 《马克思恩格斯文集》第 7 卷，人民出版社 2009 年版，第 927—928 页。
② 《马克思恩格斯全集》第 46 卷（上册），人民出版社 1979 年版，第 262 页。

并且只延长它的持续时间，就绝对不够了。它必须变革劳动过程的技术条件和社会条件，从而变革生产方式本身，以提高劳动生产力，通过提高劳动生产力来降低劳动力的价值，从而缩短再生产劳动力价值所必要的工作日部分。"①

在马克思看来，生产方式是生产力和生产关系的有机统一，生产方式中既包括劳动者和生产资料等实体性要素，也包括实现劳动者和生产资料有机结合的组织方式，资本主义所有制本质上是一种生产的组织方式。"不论生产的社会的形式如何，劳动者和生产资料始终是生产的因素。但是，二者在彼此分离的情况下只在可能性上是生产因素。凡要进行生产，它们就必须结合起来。实行这种结合的特殊方式和方法，使社会结构区分为各个不同的经济时期。在当前考察的场合，自由工人和他的生产资料的分离，是既定的出发点，并且我们已经看到，二者在资本家手中是怎样和在什么条件下结合起来的——就是作为他的资本的生产的存在方式结合起来的。因此，形成商品的人的要素和物的要素这样结合起来一同进入的现实过程，即生产过程，本身就成为资本的一种职能，成为资本主义的生产过程。"② 在资本主义生产方式中，资本家的存在是必不可少的，它是实现个体劳动向社会劳动转化的组织者、监督者，只是这个过程同时也伴随着资本家对工人剩余劳动的无偿占有。在《资本论》第一卷的"协作""分工和工厂手工业"以及"机器和大工业"等章节中，马克思阐明了资本家的双重职能，他们一方面是生产的组织者，另一方面又是劳动力的剥削者。

资本主义生产方式与封建生产方式有着重大差别，尤其表现在对剩余价值的占有与劳动过程的结合程度方面。在资本主义生产方式中，剩余价值的获取同劳动在时间和空间上是一致的，是同步发生的过程；在封建生产方式中，地主对农民的剥削则是一种超经济的统治奴役的封建关系形式。在马克思看来，劳动过程和剩余劳动过程的不一致性必然造

①　《马克思恩格斯文集》第 5 卷，人民出版社 2009 年版，第 366 页。
②　《马克思恩格斯文集》第 6 卷，人民出版社 2009 年版，第 44 页。

成"超经济的强制"的干预，只有在这种情况下，剩余劳动才能够实现。但是劳动过程与剩余劳动过程的一致并不意味着工人不再受奴役，并不能说他们已经获得了自由，而是传统的人身依附性奴役关系转化为了经济物质性奴役。在"商品的拜物教性质及其秘密"一节中，马克思以商品拜物教来形容在资本主义生产方式中物物交换关系占据主导地位，劳动力转化为商品从而成为资本的附庸。"商品形式的奥秘不过在于：商品形式在人们面前把人们本身劳动的社会性质反映成劳动产品本身的物的性质，反映成这些物的天然的社会属性，从而把生产者同总劳动的社会关系反映成存在于生产者之外的物与物之间的社会关系。由于这种转换，劳动产品成了商品，成了可感觉而又超感觉的物或社会的物。……商品形式和它借以得到表现的劳动产品的价值关系，是同劳动产品的物理性质以及由此产生的物的关系完全无关的。这只是人们自己的一定的社会关系，但它在人们面前采取了物与物的关系的虚幻形式。因此，要找一个比喻，我们就得逃到宗教世界的幻境中去。在那里，人脑的产物表现为赋有生命的、彼此发生关系并同人发生关系的独立存在的东西。在商品世界里，人手的产物也是这样。我把这叫做拜物教。劳动产品一旦作为商品来生产，就带上拜物教性质，因此拜物教是同商品生产分不开的。"①

劳动产品作为商品在交换中显示出来的价值关系，根本不是物的属性和关系的表达，而是人们在商品生产中进行合作的社会关系的体现。在资本主义社会中，人们在他们生活的社会生产中发生的基本关系，在事后以颠倒的形式使参与者将其看作物的关系，最终导致他们受自己的劳动产品的统治。商品、货币、资本和雇佣劳动等都以拜物教的形式，对工人产生奴役和压迫。所以资本主义的自由与平等只是商品、货币和资本的自由和平等，资本主义生产方式中的货币制度和交换价值是其自由和平等制度的本质。资本和货币持有者"在衣袋里装着自己的社会权利和自己同社会的联系"，而"自由的工人"只是意味着他能够自由地

---

① 《马克思恩格斯文集》第5卷，人民出版社2009年版，第89—90页。

支配自己的劳动力，具体表现为自由地出售劳动力这个商品，事实上工人出售劳动力只是形式上的自由，因为他不得不出售。一旦离开商品生产和商品交换领域，工人和资本、货币持有者之间的关系就不再平等。"一离开这个简单流通领域或商品交换领域，——庸俗的自由贸易论者用来判断资本和雇佣劳动的社会的那些观点、概念和标准就是从这个领域得出的，——就会看到，我们的剧中人的面貌已经起了某些变化。原来的货币占有者作为资本家，昂首前行；劳动力占有者作为他的工人，尾随于后。一个笑容满面，雄心勃勃；一个战战兢兢，畏缩不前，像在市场上出卖了自己的皮一样，只有一个前途——让人家来鞣。"① 马克思认为在资本主义生产方式的人权问题上，"平等地剥削劳动力，是资本的首要的人权"②。

在马克思看来，社会结构中占据主导地位的是生产方式的结构，它决定了社会观念结构、社会价值结构和社会阶级结构等，生产方式的决定性影响并不是简单直线式的，而是复杂经济社会活动的产物。当然，唯物史观的视野并未仅仅停留在资本主义社会内部，而是从一般人类社会发展规律的高度来辨析问题，来讨论生产方式演变过程中的决定性因素，这个决定性因素便是生产力。

在《资本论》中，马克思对生产力概念进行了深入研究和精确表述。他认为只有把社会关系归结为生产关系，把生产关系归结为生产力的高度，才能把社会形态的发展看作自然历史过程。"劳动生产力处于低级发展阶段，与此相应，人们在物质生活生产过程内部的关系，即他们彼此之间以及他们同自然之间的关系是很狭隘的。这种实际的狭隘性，观念地反映在古代的自然宗教和民间宗教中。只有当实际日常生活的关系，在人们面前表现为人与人之间和人与自然之间极明白而合理的关系的时候，现实世界的宗教反映才会消失。只有当社会生活过程即物质生产过程的形态，作为自由联合的人的产物，处于人的有意识有计划的控

---

① 《马克思恩格斯文集》第5卷，人民出版社2009年版，第205页。
② 《马克思恩格斯文集》第5卷，人民出版社2009年版，第338页。

制之下的时候，它才会把自己的神秘的纱幕揭掉。但是，这需要有一定的社会物质基础或一系列物质生存条件，而这些条件本身又是长期的、痛苦的发展史的自然产物。"① 物质生产力的客观实在性是马克思考察人类社会的基础，也是唯物史观与各种唯心史观的本质区别所在，将社会结构建立在物质性生产基础之上是探讨其他社会问题的前提。

在任何社会形态中，生产力始终都是具体劳动的生产力，它取决于工人劳动操作的平均熟练程度，科学技术的发展水平和它在生产中的应用的程度，生产过程的规划和管理，生产资料应用的规模和效能，以及自然资源条件等。其中生产资料尤其是劳动资料具有决定性作用，"各种经济时代的区别，不在于生产什么，而在于怎样生产，用什么劳动资料生产。劳动资料不仅是人类劳动力发展的测量器，而且是劳动借以进行的社会关系的指示器"② 。此外，马克思还看到了管理和科学对于生产力而言意义重大，生产力受生产社会化程度和整个社会分工的制约，生产资料所有制是一切生产关系的基础，具有决定性作用，生产关系决定分配关系、交换关系和消费关系等。在生产关系总体系问题上，马克思不仅提出了包括生产、交换、分配和消费等方面的狭义体系，而且结合资本主义生产过程、流通过程和总过程中复杂关系的系统阐述，提供了具体的分析范例。

三 关于历史过程的学说

马克思在《雇佣劳动与资本》中强调"社会"是生产关系的总和，古代社会、封建社会和资产阶级社会都是这样的"社会"，是人类历史发展中的一个特殊阶段。"社会形态"的概念最早出现在《路易·波拿巴的雾月十八日》中，马克思以"社会形态"来描述历史表明人类社会由不同的阶段构成。马克思恩格斯的社会形态理论是关于人类社会历史过程的学说，它具有明确的科学的向度，他们把物质生产活动作为整个

---

① 《马克思恩格斯文集》第 5 卷，人民出版社 2009 年版，第 97 页。
② 《马克思恩格斯文集》第 5 卷，人民出版社 2009 年版，第 210 页。

社会研究的出发点和落脚点，社会形态的发展是生产力与生产关系、经济基础和上层建筑矛盾运动的必然结果。在社会基本矛盾运动过程中，社会形态呈现出了一种"自然历史发展过程"性，成为一个不断发展变化的历史过程。马克思提出："人们借以进行生产、消费和交换的经济形式是暂时的和历史性的形式。随着新的生产力的获得，人们便改变自己的生产方式，而随着生产方式的改变，他们便改变所有不过是这一特定生产方式的必然关系的经济关系。"① 社会形态并非永恒的而是不断发展变化的。

在《〈政治经济学批判〉序言》中，马克思正是在详细阐述历史唯物主义基本原理的基础上，以生产方式为划分标准对社会形态进行了划分。"大体说来，亚细亚的、古希腊罗马的、封建的和现代资产阶级的生产方式可以看做是经济的社会形态演进的几个时代。资产阶级的生产关系是社会生产过程的最后一个对抗形式，这里所说的对抗，不是指个人的对抗，而是指从个人的社会生活条件中生长出来的对抗；但是，在资产阶级社会的胎胞里发展的生产力，同时又创造着解决这种对抗的物质条件。因此，人类社会的史前时期就以这种社会形态而告终。"② 这种提法基本奠定了社会历史进程四种经济形态学说，即历史上存在过并依次更替的四种经济形态，包括亚细亚的、古代的、封建的和现代资产阶级的生产方式。其中亚细亚社会是指从原始公社中解体出来的所有制形式。1868 年 3 月，马克思在看了当时人类学家毛勒（前巴伐利亚国家枢密官，当时曾以希腊摄政王之一的身份出现，他是远在乌尔卡尔特之前最早揭露俄国的人之一，曾详尽论证了土地私有制只是后来才产生的）对于德国的马尔克、乡村等制度的研究后，认为毛勒的研究证明了他自己之前关于"亚细亚"是人类社会的原始形态的观点，他给恩格斯写信说："我提出的欧洲各地的亚细亚的或印度的所有制形式都是原始形式，这个观点在这里（虽然毛勒对此毫无所知）再次得到了证实。"③

---

① 《马克思恩格斯选集》第 4 卷，人民出版社 2012 年版，第 410 页。
② 《马克思恩格斯选集》第 2 卷，人民出版社 2012 年版，第 3 页。
③ 《马克思恩格斯全集》第 32 卷，人民出版社 1974 年版，第 43 页。

在《资本论》中，马克思将亚细亚的生产方式描述为"古老的社会生产机体""共同体"等，"在古亚细亚的、古代的等等生产方式下，产品转化为商品，从而人作为商品生产者而存在的现象，处于从属地位，但是共同体越是走向没落阶段，这种现象就越是重要。真正的商业民族只存在于古代世界的空隙中，就像伊壁鸠鲁的神只存在于世界的空隙中，或者犹太人只存在于波兰社会的缝隙中一样。这些古老的社会生产有机体比资产阶级的社会生产有机体简单明了得多，但它们或者以个人尚未成熟，尚未脱掉同其他人的自然血缘联系的脐带为基础，或者以直接的统治和服从的关系为基础。它们存在的条件是：劳动生产力处于低级发展阶段，与此相应，人们在物质生活生产过程内部的关系，即他们彼此之间以及他们同自然之间的关系是很狭隘的"①。四种经济形态学说在逐渐发展过程中，形成了今天广为接受的五种社会形态理论，即原始社会、奴隶社会、封建社会、资本主义社会、社会主义社会（共产主义社会）。

马克思在《资本论》中从物质生产方式、主体活动的性质、主体之间的关系演变和个性发展这三个既相互区别又内在统一的角度透视社会历史，还相应地提出了两大历史分期、三大社会形态的历史分期学说。

马克思主义哲学探求人类社会的一般发展规律，这就需要从整体上系统把握世界和透视历史。马克思提出了"人类社会的史前时期"和"真正的人类历史时期"的分期理论，前者包括资本主义和前资本主义社会，后者指共产主义社会。在马克思看来，人类社会存在阶级对立和阶级压迫时就不能称为"人类社会"，因此，他将其称为史前时期。人类社会史前时期因为人在社会上受外界因素的制约和控制，根本无法实现人的真正自由。真正的人类历史时期实现了人的自由发展，社会化的人作为联合起来的生产者，消除了自然力量和社会力量对人的控制。

在《资本论》第三卷中，马克思以自由为尺度，将社会划分为必然王国和自由王国，必然王国存在于人类生活的此岸，而自由王国则存在于人类生活的彼岸，马克思认为这两个王国的对立实质上是"劳动时间

① 《马克思恩格斯文集》第5卷，人民出版社2009年版，第97页。

和自由时间"的对立。随着生产力的发展，人们已经能够在进行必要的劳动生产的状况下，拥有一定的自由时间，但是在资本主义社会，资本家总是将工人的剩余劳动时间占为己有，工人原本可以在自己的自由时间中从事科学、艺术、社会管理等活动，但是现在却不得不为资本家工作，这就是处于"必然王国"之中。而"自由王国"是指，人们在进行完物质资料生产之后，可以自由支配自己的时间，不再像必然王国那样是物支配人，而是人自由地支配物。"事实上，自由王国只是在必要性和外在目的规定要做的劳动终止的地方才开始；因而按照事物的本性来说，它存在于真正物质生产领域的彼岸。像野蛮人为了满足自己的需要，为了维持和再生产自己的生命，必须与自然搏斗一样，文明人也必须这样做；而且在一切社会形式中，在一切可能的生产方式中，他都必须这样做。这个自然必然性的王国会随着人的发展而扩大，因为需要会扩大；但是，满足这种需要的生产力同时也会扩大。这个领域内的自由只能是：社会化的人，联合起来的生产者，将合理地调节他们和自然之间的物质变换，把它置于他们的共同控制之下，而不让它作为一种盲目的力量来统治自己；靠消耗最小的力量，在最无愧于和最适合于他们的人类本性的条件下来进行这种物质变换。但是，这个领域始终是一个必然王国。在这个必然王国的彼岸，作为目的本身的人类能力的发挥，真正的自由王国，就开始了。但是，这个自由王国只有建立在必然王国的基础上，才能繁荣起来。工作日的缩短是根本条件。"① 在马克思看来，必然王国与自由王国并不是截然对立的两种状态，而是有机联系的整体，必然王国是自由王国的前期阶段和必要基础，它为人的自由的实现创造了必要的物质条件，而这种物质条件被整个社会以更为科学合理的方式组织起来，从而克服了必然性的限制。在自由王国之中，人类能力的发展成为人本身的目的，社会中的物质生产与交换建立在"最适合于人类本性的条件下"。

马克思在《1857—1858 年经济学手稿》中提出了人的发展三阶段理

---

① 《马克思恩格斯文集》第 7 卷，人民出版社 2009 年版，第 928—929 页。

论："人的依赖关系（起初完全是自然发生的），是最初的社会形式，在这种形式下，人的生产能力只是在狭小的范围内和孤立的地点上发展着。以物的依赖性为基础的人的独立性，是第二大形式，在这种形式下，才形成普遍的社会物质变换、全面的关系、多方面的需要以及全面的能力的体系。建立在个人全面发展和他们共同的、社会的生产能力成为从属于他们的社会财富这一基础上的自由个性，是第三个阶段。第二个阶段为第三个阶段创造条件。"①

在第一阶段，由于生产力水平低下，人们生产的产品基本能够自给自足，整个社会不存在交换，基本属于自然经济的时代，同时，人与人之间的人身依赖关系在社会中处于主导地位。第二阶段相较于第一阶段实现了生产力的发展进步，人的自由和独立性也有了很大的提高，但是在这个阶段人还无法实现真正的独立，还处在"物的依赖性"的条件下。在《资本论》中，马克思着重表达的思想就是作为"物"的商品、货币和资本对人的奴役和统治，劳动者以劳动力的形式转化为了商品，成为物质生产体系的有机组成部分。人类社会终究要摆脱物的依赖性，发展到第三个阶段，即人的个性得到全面发展的阶段。"一旦直接形式的劳动不再是财富的巨大源泉，劳动时间就不再是，而且必然不再是财富的尺度，因而交换价值也不再是使用价值的尺度。群众的剩余劳动不再是发展一般财富的条件，同样，少数人的非劳动不再是发展人类头脑的一般能力的条件。于是，以交换价值为基础的生产便会崩溃，直接的物质生产过程本身也就摆脱了贫困和对抗性的形式。个性得到自由发展，因此，并不是为了获得剩余劳动而缩减必要劳动时间，而是直接把社会必要劳动缩减到最低限度，那时，与此相适应，由于给所有的人腾出了时间和创造了手段，个人会在艺术、科学等等方面得到发展。"② 人不再受各种物的奴役，相反，各种物质条件成为人自由发展的基础，人们都能够实现各尽所能、各取所需。

---

① 《马克思恩格斯文集》第 8 卷，人民出版社 2009 年版，第 52 页。
② 《马克思恩格斯全集》第 46 卷（下册），人民出版社 1980 年版，第 218—219 页。

根据人的依赖关系状况，可以得出三种社会形态理论，即人类社会经历了人对人的依赖阶段，人对物的依赖阶段和自由人的联合体阶段。资本主义社会之前的历史阶段，是人对人的直接依赖关系，可以称作自然的共同体。商品经济的发展瓦解了人们的直接依赖关系，但是与此同时，新形成的资本主义生产方式造成人们之间普遍的物化关系。进入共产主义社会将会形成自由人的联合体。

其实以上三种分类方法并不矛盾，而是互相补充，体现了从经济基础通过人的活动到主体内部关系这样依次上升的三个层次的内容，有机地构成了历史发展过程理论的完备体系。不应该将其割裂和对立起来，将任何一方面加以绝对化都会产生错误。

任何一种分期都表明资本主义不是人类社会的最高级形态，它只是历史发展过程中的一个阶段，人类历史经历这个阶段之后会走向更高级社会形态。资本主义的出现有其自身的历史使命，即发展生产力并随之创造人的全面的社会关系，为过渡到更高级的社会形态创造条件。资本主义生产方式在促进生产力快速发展的同时，却又由于生产目的局限性与之发生冲突，最终必然因矛盾尖锐化而走向解体。

四　政治经济学批判的科学方法论

唯物辩证法是马克思恩格斯哲学思想的灵魂，他们在告别黑格尔唯心主义哲学时，将其辩证法思想合理继承和保留了下来，并最终实现了社会历史观的根本转变。历史唯物主义包含着丰富的辩证法思想，《德意志意识形态》《共产党宣言》等作品中蕴含着丰富的辩证法思想，只是并未进行明确阐述。随着对政治经济问题研究的深入，马克思对辩证法也重视起来，因为经济学领域的研究并不像哲学领域那样，在批判黑格尔哲学等旧哲学的过程中就使辩证法得到了合理展现，而经济学领域需要重新树立辩证法的重要地位。

在《1857—1858年经济学手稿》中马克思明确了自己研究资本主义社会的一般方法，是一般与个别的结合，并实现对个别的深入而又具有广泛联系特征的研究。

劳动这个例子确切地表明，哪怕是最抽象的范畴，虽然正是由于它们的抽象而适用于一切时代，但是就这个抽象的规定性本身来说，同样是历史关系的产物，而且只有对于这些关系并在这些关系之内才具有充分的意义。

资产阶级社会是历史上最发达的和最复杂的生产组织。因此，那些表现它的各种关系的范畴以及对于它的结构的理解，同时也能使我们透视一切已经覆灭的社会形式的结构和生产关系。资产阶级社会借这些社会形式的残片和因素建立起来，其中一部分是还未克服的遗物，继续在这里存留着，一部分原来只是征兆的东西，发展到具有充分意义，等等。人体解剖对于猴体解剖是一把钥匙。反过来说，低等动物身上表露的高等动物的征兆，只有在高等动物本身已被认识之后才能理解。因此，资产阶级经济为古代经济等等提供了钥匙。但是，决不是象那些抹杀一切历史差别、把一切社会形式都看成资产阶级社会形式的经济学家所理解的那样。人们认识了地租，就能理解代役租、什一税等等。但是不应当把它们等同起来。

在研究经济范畴的发展时，正如在研究任何历史科学、社会科学时一样，应当时刻把握住：无论在现实中或在头脑中，主体——这里是现代资产阶级社会——都是既定的；因而范畴表现这个一定社会即这个主体的存在形式、存在规定、常常只是个别的侧面；因此，这个一定社会在科学上也决不是在把它当作这样一个社会来谈论的时候才开始存在的。这必须把握住，因为这对于分篇直接具有决定的意义。

资本是资产阶级社会的支配一切的经济权力。它必须成为起点又成为终点，必须放在土地所有制之前来说明。分别考察了两者之后，必须考察它们的相互关系。

因此，把经济范畴按它们在历史上起决定作用的先后次序来排列是不行的，错误的。它们的次序倒是由它们在现代资产阶级社会中的相互关系决定的，这种关系同表现出来的它们的自然次序或者符合历史发展的次序恰好相反。问题不在于各种经济关系在不同社会形式的相继更替的序列中在历史上占有什么地位，更不在于它们在"观念上"（蒲鲁东）（在历史运动的一个模糊表象中）的次序。而在于它们在现代资产阶级社会内部的结构。

　　显然，应当这样来分篇：（1）一般的抽象的规定，因此它们或多或少属于一切社会形式，不过是在上面所阐述的意义上。（2）形成资产阶级社会内部结构并且成为基本阶级的依据的范畴。资本、雇佣劳动、土地所有制。它们的相互关系。城市和乡村。三大社会阶级。它们之间的交换。流通。信用事业（私人信用）。（3）资产阶级社会在国家形式上的概括。就它本身来考察。"非生产"阶级。税。国债。公共信用。人口。殖民地。向外国移民。（4）生产的国际关系。国际分工。国际交换。输出和输入。汇率。（5）世界市场和危机。①

　　马克思将辩证法的历史观念与政治经济学批判结合起来，在重新确定资本生成的真实秩序的基础上，对其进行深刻批判，而不像自由主义经济学家将资本看作永恒的概念并对其进行颂扬。马克思写道："事情仿佛是这样：在资本家那里，必定已经产生这样一种积累（出现在［雇佣］劳动之前而又不是由［雇佣］劳动所产生的积累），它使资本家能够驱使工人劳动，维持他们的活动能力，把他们作为活的劳动能力维持下去。然后，这种不依赖于劳动的、不是由劳动完成的资本的行为，就从资本的起源史中被搬到现代来，变成资本的现实性和它的作用、它的自我形成的一个要素。最后，就由此得出资本对他人劳动的果实有永恒权利的结论，或者不如说，从简单而'公正的'等价物交换的规律中引伸出资本的赢利方式。"②

　　1858年1月14日，马克思在给恩格斯的信中写道："我又把黑格尔

---

① 《马克思恩格斯全集》第46卷（上册），人民出版社1979年版，第43—46页。
② 《马克思恩格斯全集》第46卷（上册），人民出版社1979年版，第506—507页。

的《逻辑学》浏览了一遍，这在材料加工的方法上帮了我很大的忙。如果以后再有功夫做这类工作的话，我很愿意用两三个印张把黑格尔所发现、但同时又加以神秘化的方法中所存在的合理的东西阐述一番，使一般人都能够理解。"① 到 1868 年他在给狄慈根的信中又提到这一点："一旦我卸下经济负担，我就要写《辩证法》。辩证法的真正规律在黑格尔那里已经有了，自然是具有神秘的形式。必须把它们从这种形式中解放出来……"② 但是马克思直到去世也未能写出这样的著作，他所留下的辩证法是《资本论》的辩证法。

《资本论》是马克思将唯物辩证法应用于政治经济学的研究而产生的伟大成果。马克思借鉴黑格尔的《逻辑学》中的辩证法，对他所收集到的大量的经济学材料进行科学的加工。在 1873 年出版的《资本论》第二版跋中，马克思详细阐述了自己的辩证法与黑格尔的辩证法的关系，以及他对辩证法的根本看法。

　　当然，在形式上，叙述方法必须与研究方法不同。研究必须充分地占有材料，分析它的各种发展形式，探寻这些形式的内在联系。只有这项工作完成以后，现实的运动才能适当地叙述出来。这点一旦做到，材料的生命一旦在观念上反映出来，呈现在我们面前的就好像是一个先验的结构了。

　　我的辩证方法，从根本上来说，不仅和黑格尔的辩证方法不同，而且和它截然相反。在黑格尔看来，思维过程，即甚至被他在观念这一名称下转化为独立主体的思维过程，是现实事物的创造主，而现实事物只是思维过程的外部表现。我的看法则相反，观念的东西不外是移入人的头脑并在人的头脑中改造过的物质的东西而已。

　　将近 30 年以前，当黑格尔辩证法还很流行的时候，我就批判过黑格尔辩证法的神秘方面。但是，正当我写《资本论》第一卷时，

① 《马克思恩格斯全集》第 29 卷，人民出版社 1972 年版，第 250 页。
② 《马克思恩格斯全集》第 32 卷，人民出版社 1974 年版，第 535 页。

今天在德国知识界发号施令的、愤懑的、自负的、平庸的模仿者们，却已高兴地像莱辛时代大胆的莫泽斯·门德尔松对待斯宾诺莎那样对待黑格尔，即把他当做一条"死狗"了。因此，我公开承认我是这位大思想家的学生，并且在关于价值理论的一章中，有些地方我甚至卖弄起黑格尔特有的表达方式。辩证法在黑格尔手中神秘化了，但这决没有妨碍他第一个全面地有意识地叙述了辩证法的一般运动形式。在他那里，辩证法是倒立着的。必须把它倒过来，以便发现神秘外壳中的合理内核。

　　辩证法，在其神秘形式上，成了德国的时髦东西，因为它似乎使现存事物显得光彩。辩证法，在其合理形态上，引起资产阶级及其空论主义的代言人的恼怒和恐怖，因为辩证法在对现存事物的肯定的理解中同时包含对现存事物的否定的理解，即对现存事物的必然灭亡的理解；辩证法对每一种既成的形式都是从不断的运动中，因而也是从它的暂时性方面去理解；辩证法不崇拜任何东西，按其本质来说，它是批判的和革命的。①

　　让人感到惋惜的是，马克思关于辩证法的集中论述也仅限于此，他并没有如他自己曾设想的那样写出辩证法专论。马克思逝世后，恩格斯在给拉甫罗夫的信（1883 年 4 月 2 日）中说道："特别使我感兴趣的是他早就想写成的辩证法大纲。"② 由马克思主笔完成的辩证法大纲该是什么样子呢？这让人无限期待，然而遗憾的是，清算黑格尔的《逻辑学》，揭示唯物主义辩证法这项工作，马克思最终未能完成。

　　关于辩证法，首先要认识到它是一种客观辩证，是客观世界的存在状态和运行方式，客观辩证法势必要转化成为人的认识方式，成为人们用思维掌握世界的基本遵循，因此它又是认识论和逻辑学，即是说辩证法、认识论和逻辑学是统一的。辩证法揭示了客观世界普遍联系和不断

---

① 《马克思恩格斯文集》第 5 卷，人民出版社 2009 年版，第 21—22 页。
② 《马克思恩格斯全集》第 36 卷，人民出版社 1975 年版，第 3 页。"他"指马克思。

发展的运动规律，事物的运动规律决定了人们认识事物的方法路径，即人们应该按照客观事物状态进行认识，从这个角度而言辩证法与认识论应该是统一的。当认识以科学理论的形式出现时就转化为了逻辑学，逻辑学是关于认识的学说，由认识过程中所形成的一系列的概念、判断和推理构成。当认识活动遵循辩证法时，逐渐形成的认识成果就是辩证逻辑，进而言之，辩证逻辑不是关于思维的外在形式的学说，而是关于"一切物质的、自然的和精神的事物"的发展规律的学说。辩证法转化为逻辑学需要掌握事物的内在本质，需要思维完整深刻地再现客观事物的整体，并以完备的具体的形式再现，它自然也就可以成为指导主体进一步实践的指南。《资本论》的出发点是劳动产品即商品，重点研究的对象是社会生产方式，通过对实际材料的深入研究和真正掌握，然后在思维中再现出来资本主义社会的基本规律。《资本论》不是某种思维形式的学说，而是关于资本主义社会发生、发展和必然灭亡的规律的学说。

在现实中，资本主义生产方式经历了从简单到复杂，从胚胎状态到成熟状态的发展过程，而反映这种现实发展过程的思维运动，也必须沿着从抽象上升到具体的路线进行。资本主义社会作为认识对象是现实存在的具体总体，具有多样性和复杂性特征，这就需要深入事物内部揭示出资本主义社会的本质及其运动规律，而不能停留于表面现象，然后在思维中再现这一社会的完整形态。这种认识只有运用辩证逻辑才能实现。概念本身并不是一成不变的，而是按照一定规律发展转化，并反映出事物本身的发展变化。在辩证逻辑的概念系统中，各个概念范畴之间呈现出递进和迭代关系，较低级概念范畴是高级概念范畴的基础，在增加丰富和具体内容的基础上不断演进，体现了从抽象上升到具体的行进路径。

《资本论》的结构体现了庞大严密的经济范畴体系，各个范畴之间具有严格的逻辑顺序，不可颠倒和改动，这个逻辑顺序来自于资本主义生产方式的历史发展和内部现实机构，是客观事实的逻辑反映。首先从分析商品开始，然后才能到分析货币，然后再到分析资本。商品、货币和资本之间拥有严格的逻辑顺序，但是这种顺序并不是主观决定的，而是来自于资本主义生产方式发展的客观事实。"商品，作为资产阶级财富的元素形式，曾经是我们的出发点，是资本产生的前提。"① 商品在资本主义社会之前就已经存在，它成为资本主义生产的历史前提又发展成为资本主义社会财富的一般形式，所以对资本主义生产方式进行研究必须以商品为起点。找到"商品"这个起点，是马克思从事政治经济学研究的重大发现，可以与道尔顿发现原子、施莱登和施旺发现细胞相媲美。马克思自己曾说："以货币形式为完成形态的价值形式，是极无内容和极其简单的。然而，两千多年来人类智慧对这种形式进行探讨的努力，并未得到什么结果，而对更有内容和更复杂的形式的分析，却至少已接近于成功。为什么会这样呢？因为已经发育的身体比身体的细胞容易研究些。并且，分析经济形式，既不能用显微镜，也不能用化学试剂。二者都必须用抽象力来代替。而对资产阶级社会说来，劳动产品的商品形式，或者商品的价值形式，就是经济的细胞形式。"②

　　商品及其内部矛盾运动过程推动了整个资本主义生产方式的发生、发展，并使其表现为不以人的意志为转移的自然历史过程。在这个过程中，商品自身所包含的简单矛盾逐渐发展成为资本主义社会的复杂矛盾体系。商品本身价值和使用价值的对立统一在社会交换过程中转化成为商品和货币的对立统一，当商品以货币的形式表现出来时就具有了更为丰富、更为多样化的规定和联系。货币作为必要的手段和媒介实现了商品的交换和流通，买和卖开始分裂为两个独立的因素，为买而卖和为卖而买都成为合理的经济活动。当货币被用来购买劳动力时就转化为了资本，形成了同雇佣劳动、工资和剩余价值等概念之间的关系。而资本的本质在于不断剥削工人创造的剩余价值，这必然导致资本的积累。而资本的积累是通过扩大再生产实现的，这又离不开资本的流通过程。《资本论》第二卷的内容就是按照这样的逻辑展开的，从资本的形态变化和循环到资本的周转，再到社会总资本的再生产与流通。在《资本论》第三卷中，马克思开始将资本运动作为整体过程加以考察，详细讨论资本的

① 《马克思恩格斯全集》第 49 卷，人民出版社 1982 年版，第 4 页。
② 《马克思恩格斯文集》第 5 卷，人民出版社 2009 年版，第 7—8 页。

各种具体形式，讨论生产价格、平均利润、利息、地租这些在资本主义社会中现实存在的经济关系和与之相适应的范畴。

马克思所用的是一种科学抽象的方法，这种方法是一种基本的哲学方法，从事物的现象入手探寻掌握其本质，这个本质不是去掉特殊性的抽象一般，而是反映事物差异的特殊本质。《资本论》第一卷《资本的生产过程》论述的就是一种理想状态的资本，它不是某种具体的资本，也不考虑资本流通能否实现等问题，而是一种"纯粹形态"的抽象的研究方法，通过建立高度抽象的理想模型更方便地研究资本的本质。《资本论》第二卷《资本的流通过程》成为资本运行的特殊环节，流通过程既是资本本质的外在表现，也是资本成为现实资本的前提条件。"在第一册中，我们只是在为理解第二阶段即资本的生产过程所必要的范围内，对第一阶段和第三阶段进行过研究。因此，资本在不同阶段所具有的不同形式，它在反复循环中时而采取时而抛弃的不同形式，在那里没有加以考虑。现在它们就成为研究的直接对象了。"① 《资本论》第二卷的研究开始详细考虑资本运动的各种属性，如货币资本、生产资本和商品资本、固定资本和流动资本、不变资本和可变资本、社会总资本等，只是这些资本属于特殊性范畴，还不是具体的形式。《资本论》第三卷《资本主义生产的总过程》开始研究资本的个别环节，正如马克思所说："它不能是对于这个统一的一般的考察。相反地，这一册要揭示和说明资本运动过程作为整体考察时所产生的各种具体形式。资本在其现实运动中就是以这些具体形式互相对立的，对这些具体形式来说，资本在直接生产过程中采取的形态和在流通过程中采取的形态，只是表现为特殊的要素。因此，我们在本册中将阐明的资本的各种形态，同资本在社会表面上，在各种资本的互相作用中，在竞争中，以及在生产当事人自己的通常意识中所表现出来的形式，是一步一步地接近了。"② 《资本论》第三卷实现了对资本主义运动在社会层面、主观层面表现的考察，实现了抽象的

① 《马克思恩格斯文集》第6卷，人民出版社2009年版，第32页。
② 《马克思恩格斯文集》第7卷，人民出版社2009年版，第29—30页。

本质规定性到具体的全面规定性的升华，达到了许多规定的综合和多样性的统一。

经过一系列科学方法的运用，《资本论》实现了历史与逻辑相统一。历史与逻辑相统一，一方面是逻辑必须以历史为基础，是历史决定逻辑而不是相反；另一方面，历史又必须在逻辑中进行加工和改造，舍弃那些偶然的、无关紧要的东西，以前后一贯的理论表达出来。从商品到货币再到资本以及剩余价值和资本积累，与历史发展过程相吻合。而这个历史过程之所以能够以清晰易懂的方式表达出来，就是因为它经过了逻辑凝练而不是众多社会现象的简单堆砌。

第三节　政治经济学批判的理论与现实意义

马克思去世后，恩格斯曾这样评价马克思："马克思首先是一个革命家。他毕生的真正使命，就是以这种或那种方式参加推翻资本主义社会及其所建立的国家设施的事业，参加现代无产阶级的解放事业，正是他第一次使现代无产阶级意识到自身的地位和需要，意识到自身解放的条件。斗争是他的生命要素。很少有人像他那样满腔热情、坚韧不拔和卓有成效地进行斗争。"① 马克思是伟大的革命导师。他发现了唯物史观，然后以其为"手术刀"对资本主义社会进行解剖，发现了剩余价值学说，并得出了资本主义必然过渡到共产主义的结论。而这一切主要是在政治经济学批判即《资本论》中完成的。《资本论》的创作目的是为了推翻资本主义制度，它以"科学求证"的方式实现这一目的，其严密的理论逻辑和巨大的科学力量使人无法反驳、深信不疑。

一　政治经济学批判为马克思主义奠定科学基础

毛泽东在《实践论》中指出："在很长的历史时期内，大家对于社会的历史只能限于片面的了解，这一方面是由于剥削阶级的偏见经常歪

---

① 《马克思恩格斯选集》第3卷，人民出版社2012年版，第1003页。

曲社会的历史，另方面，则由于生产规模的狭小，限制了人们的眼界。人们能够对于社会历史的发展作全面的历史的了解，把对于社会的认识变成了科学，这只是到了伴随巨大生产力——大工业而出现近代无产阶级的时候，这就是马克思主义的科学。"① 马克思主义是一个完整的科学理论体系，其科学性体现在众多方面，但是马克思所进行的政治经济学研究尤其是《资本论》的撰写处于基础性地位。与其他学者对资本主义的批判不同，马克思的批判是一种科学性批判，立足于社会现实的政治经济，这个过程是进行科学研究和现实批判的有机统一，因此它更为深刻和彻底。《资本论》诞生后产生了广泛影响，被誉为工人阶级的"圣经"。

19 世纪30—40 年代，在法国工人运动中，出现了各种小资产阶级的或空想的社会主义和共产主义者，他们怀着善良的愿望，对资本主义进行了道德批判，渴望建立人人平等的共产主义社会，但是由于不能正确认识社会历史现象，他们的社会主义学说只能是无谓的空谈。马克思当然不接受这样的空谈，但是他当时掌握的法律、哲学和历史等专业知识并不足以对空想思潮进行彻底批判。他自己曾说："在善良的'前进'愿望大大超过实际知识的当时，在《莱茵报》上可以听到法国社会主义和共产主义的带着微弱哲学色彩的回声。我曾表示反对这种肤浅言论，但是同时在和奥格斯堡《总汇报》的一次争论中坦率承认，我以往的研究还不容许我对法兰西思潮的内容本身妄加评判。"② 对马克思而言，关注现实物质利益问题与创立唯物史观是一个统一的过程，只是在进一步深入研究资本主义经济问题之前他已经形成了科学的社会历史观，而这个科学的社会历史观需要在资本主义社会进行论证和进一步发展，所以政治经济学批判始终是与历史唯物主义紧密联系在一起的。从某种意义上而言，政治经济学批判是历史唯物主义在资本主义时代的有机内容，是历史唯物主义基本原理的具体体现。

---

① 《毛泽东选集》第 1 卷，人民出版社 1991 年版，第 283—284 页。
② 《马克思恩格斯文集》第 2 卷，人民出版社 2009 年版，第 588—589 页。

　　资产阶级走上历史舞台并逐渐成为统治阶级之后，便抛弃了之前与人民大众的联盟，成为单纯的统治剥削阶级，当工人运动兴起之后，它就竭力为自己的统治剥削地位进行辩护，资产阶级经济学也随之走向庸俗。"资产阶级在法国和英国夺得了政权。从那时起，阶级斗争在实践方面和理论方面采取了日益鲜明的和带有威胁性的形式。它敲响了科学的资产阶级经济学的丧钟。现在问题不再是这个或那个原理是否正确，而是它对资本有利还是有害，方便还是不方便，违背警章还是不违背警章。无私的研究让位于豢养的文丐的争斗，不偏不倚的科学探讨让位于辩护士的坏心恶意。"① 资产阶级只会拼命地维护资本主义私有制，而不会从科学公正的立场揭示这一经济制度的本质。所以，马克思从事政治经济学研究的目的"就是揭示现代社会的经济运动规律"，然后用这个规律武装无产阶级，使其懂得自己的历史使命，认清自己是资本主义制度的掘墓人。实际上《资本论》确实是在理论方面给了资产阶级一个使它永远翻不了身的打击，因为资本主义经济过程的"内部联系一旦被了解，相信现存制度的永恒必要性的一切理论信仰，还在现存制度实际崩溃以前就会破灭"②。

　　《资本论》显然是达到了客观论证经济规律的结果。其一是通过对客观经济过程的具体分析来揭示规律。在揭示剩余价值规律时，并不是在作具体分析之前就简单地作个概括、下个定义、明确内涵，而是通过对资本主义生产过程、流通过程和生产总过程的逐级深入分析，使其条理清晰地自然呈现出来。在对生产过程的分析中阐明剩余价值的产生，在对流通过程的分析中阐明剩余价值的实现，通过对生产总过程的分析，阐明剩余价值在各个资本主义剥削集团之间的分配。通过对资本主义运动各环节和总过程的分析，使剩余价值规律逐步清晰地展现出来，读者可以在逐级推进的研究过程中深刻认知剩余价值规律的本质特征。同样，对价值规律的研究也是如此。从第一卷首章就已经开始研究，经过对生

---

　　① 《马克思恩格斯文集》第 5 卷，人民出版社 2009 年版，第 17 页。
　　② 《马克思恩格斯全集》第 32 卷，人民出版社 1974 年版，第 542 页。

产过程、流通过程和生产总过程的分析，价值规律作为商品经济基本规律的面貌越来越清晰，它的盲目的自发的强制作用表现得越来越充分。虽然马克思在《资本论》第一卷已经明确价值规律就是"价值由劳动时间决定这同一规律"，但是社会必要劳动时间的第二种含义，是在第三卷第六篇中明确阐述的。"事实上价值规律所影响的不是个别商品或物品，而总是各个特殊的因分工而互相独立的社会生产领域的总产品；因此，不仅在每个商品上只使用必要的劳动时间，而且在社会总劳动时间中，也只把必要的比例量使用在不同类的商品上。……可见，只有当全部产品是按必要的比例生产时，它们才能卖出去。社会劳动时间可分别用在各个特殊生产领域的份额的这个数量界限，不过是价值规律本身进一步展开的表现，虽然必要劳动时间在这里包含着另一种意义。为了满足社会需要，只有如许多的劳动时间才是必要的。"① 显然，价值规律的论证是贯穿在对资本主义经济全过程的分析中的。

其二是通过揭示一系列经济范畴论证经济规律。各种经济范畴是生产关系的具体体现，因而对生产关系发展规律的论证首先需要揭示出这些经济范畴并进行深入研究。价值规律通过交换价值、价值、社会必要劳动时间、价值量、个别价值、货币、价格、平均价格等一系列范畴表现出来，每个范畴都有自身的含义，它们的出现为价值规律增加了新的规定性，从而使价值规律更为具体和丰满。剩余价值也是通过一系列范畴展现出来的，从最初的一般的、抽象的范畴，如超额剩余价值、绝对剩余价值、相对剩余价值和剩余价值率等，到剩余价值的转化形式即接近现实生活的一些范畴，如利润、超额利润、平均利润等，更接近经济生活的更为具体的范畴，如产业利润、商业利润、利息、地租、绝对地租、级差地租等。剩余价值规律的作用和特点经过从抽象到具体、从简单到复杂、从质到量的经济范畴的运动过程得到了完整展示。通过对一系列经济范畴的揭示来论证经济规律，是唯物辩证法的独特体现，它以概念范畴的方式构建了经济规律的具体实现，而且充分展现了经济发展

---

① 《马克思恩格斯文集》第 7 卷，人民出版社 2009 年版，第 716—717 页。

的历史过程性特征。马克思曾指出:"科学的任务正是在于阐明价值规律是如何实现的。所以,如果想一开头就'说明'一切表面上和规律矛盾的现象,那就必须在科学之前把科学提供出来。李嘉图的错误恰好是,他在论价值的第一章里就把尚待阐明的所有一切范畴都预定为已知的,以便证明它们和价值规律的一致性。"① 显然,古典经济学派的杰出代表李嘉图并没有真正掌握唯物辩证法的精髓。

其三是联系生产力和上层建筑来论证经济规律。《资本论》以资本主义生产关系为研究对象,以此来揭示资本主义制度的本质及其发展趋势。但是生产关系与生产力和上层建筑等众多因素之间存在相互影响、相互作用的关系,马克思从历史唯物主义基本原理出发,对生产关系进行了更全面的研究和解读。例如,马克思在分析相对剩余价值的产生时,就极为详细地分析简单协作、工场手工业和机器大生产等内容,通过对这三个阶段的分析使相对剩余价值产生脉络清晰地呈现出来。又如,为了更深刻地揭示原始积累与资本主义生产关系的关系,马克思举了自 15世纪末以来惩治被剥夺者的血腥立法等上层建筑服务经济活动的实例。列宁曾评价说:"《资本论》的骨骼就是如此。可是全部问题在于马克思并不以这个骨骼为满足,并不仅以通常意义的'经济理论'为限;虽然他完全用生产关系来说明该社会形态的构成和发展,但又随时随地探究与这种生产关系相适应的上层建筑,使骨骼有血有肉。"②

在《资本论》中,马克思以辩证唯物主义和历史唯物主义为世界观和方法论,坚持历史方法和逻辑方法相统一,对资本主义经济过程进行了深入解析,从而深刻掌握了资本主义社会制度的本质规律,科学论证了"两个必然"的正确性,使他所追求实现的共产主义理想得到了科学论证。

二 《资本论》仍然是正确认识当下资本主义社会的锐利武器

时过境迁,从 1867 年《资本论》第一卷出版到现在,已经超过了一

---

① 《马克思恩格斯全集》第 32 卷,人民出版社 1974 年版,第 541 页。
② 《列宁选集》第 1 卷,人民出版社 2012 年版,第 9 页。

个半世纪，那个时代的经典是否已经过时，资本主义社会不断发展变化是否已经逃脱了《资本论》对其进行的宣判？

任何伟大的作品都是时代的产物，正如《孙子兵法》是孙武对春秋时期战争的总结，《战争论》反映的是资产阶级革命时期尤其是拿破仑战争的战争本质，《资本论》是马克思在19世纪对蓬勃发展的资本主义的深入解读，从这个角度而言，任何伟大的作品都具有时代局限性。但是这并不能否定伟大作品对后世所具有的重大价值，因为达到哲学高度的作品通常抓住了事物的本质，探寻到了事物的内在规律，而本质规律通常是超时代的甚至是恒久的，比如从春秋时期到近代再到当代，战争形式虽然发生了重大变化，但是战争的本质规律却依然如旧，《孙子兵法》《战争论》中的重要论断对于今天的战争依然具有指导意义。《资本论》对资本主义社会进行的是本质规律的研究，虽然一百多年以来资本主义社会经济运行出现了新情况，但是其基本经济制度和社会结构并没有根本性的变化，坚持生产资料资本主义私人占有进而导致社会分裂出两大阶级的社会状况依然如故，可以预见，只要资本主义还存在，这种状况就不会有根本改变，因此只要资本主义还存在，《资本论》就不会过时。

《资本论》是否过时与资本主义社会发展状况良好并不具有必然联系，我们强调《资本论》没有过时并不意味着资本主义就不能继续发展，实际上，正是《资本论》的存在鞭策督促了资本主义不断改进。《资本论》出版以来，世界范围内工人运动蓬勃发展，工人斗争迫使资产阶级在社会建设、民生福利等方面作出了重大改进；资本家们从马克思的学说中吸取到了科学营养，用于社会建设，通过改进生产关系又进一步促进了生产力的发展。所以，直到今天资本主义依然表现出了强大的生命力，在苏联解体、东欧剧变、世界社会主义运动陷入低潮的背景下更显得生机勃勃。但是资本主义的生产方式却与马克思的时代并无不同，马克思对资本主义生产方式本质的揭示依然正确。

在《资本论》第三卷第五十一章"分配关系和生产关系"里，马克思将资本主义生产方式的特征概括为两点：第一，资本主义生产方式是商品生产最发达的生产方式，一切劳动产品都是商品，甚至连工人的劳动力也成了商品；第二，生产的直接目的和决定动机是生产剩余价值。正是这样的特征决定了资本主义社会与之前阶级社会的重大区别，资本家作为统治阶级与奴隶主阶级和地主阶级的阶级统治有重大区别，他们的权威来自于作为生产的领导者和统治者而担任的社会职能。"尽管在资本主义生产的基础上，对于直接生产者大众来说，他们的生产的社会性质是以实行严格管理的权威的形式，并且是以劳动过程的完全按等级组织的社会机制的形式出现的，——这种权威的承担者，只是作为同劳动相对立的劳动条件的人格化，而不是像在以前的各种生产形式中那样，是作为政治的统治者或神权政体的统治者得到这种权威的，——但是，在这种权威的承担者中间，在只是作为商品占有者互相对立的资本家本身中间，占统治地位的却是极端无政府状态，在这种状态中，生产的社会联系只是表现为对于个人随意性起压倒作用的自然规律。"①

"只是由于劳动采取雇佣劳动的形式，生产资料采取资本的形式这样的前提——也就是说，只是由于这两个基本的生产要素采取这种独特的社会形式——，价值（产品）的一部分才表现为剩余价值，这个剩余价值才表现为利润（地租），表现为资本家的赢利，表现为可供支配的、归他所有的追加的财富。但也只是由于一部分价值这样表现为他的利润，用来扩大再生产并构成一部分利润的追加生产资料，才表现为新的追加资本，并且整个再生产过程的扩大，才表现为资本主义的积累过程。"②

资本主义社会是建立在商品生产并通过商品生产追求剩余价值的生产方式基础之上的，这种生产方式决定了人们在社会中的经济地位并由之形成了社会地位，生成了与之相适应的道德、法律、文化和各种意识形态。当然，马克思重点批判的不是上层建筑的东西，也不是

① 《马克思恩格斯文集》第 7 卷，人民出版社 2009 年版，第 997—998 页。
② 《马克思恩格斯文集》第 7 卷，人民出版社 2009 年版，第 998 页。

决定经济基础的物质性生产力，而是决定上层建筑的经济基础的东西，这种表现为经济制度的生产关系是特定历史条件下的物质生产力决定的，具有时代性、局限性，马克思所要做的就是深刻揭露这种生产关系的时代性和局限性。"就劳动过程只是人和自然之间的单纯过程来说，劳动过程的简单要素是这个过程的一切社会发展形式所共有的。但劳动过程的每个一定的历史形式，都会进一步发展这个过程的物质基础和社会形式。这个一定的历史形式达到一定的成熟阶段就会被抛弃，并让位给较高级的形式。分配关系，从而与之相适应的生产关系的一定的历史形式，同生产力，即生产能力及其要素的发展这两个方面之间的矛盾和对立一旦有了广度和深度，就表明这样的危机时刻已经到来。这时，在生产的物质发展和它的社会形式之间就发生冲突。"① 分配关系的历史性质就是生产关系的历史性质，而生产关系同生产力的矛盾运动又反映出生产关系不过是特定时代的历史形式，资本主义生产关系及其社会制度并不是永恒的。

现实表明，《资本论》所作的分析和得出的结论在今天依然正确，资本主义社会依然存在生产社会化与生产资料资本主义私有制之间的矛盾，依然存在劳资冲突、两极分化和经济危机，金融危机和债务危机只不过是经济危机新的表现形式而已。一部作品穿透和解构了一种社会形态，非学术大师而不可为也，这也充分证明《资本论》是一部伟大的哲学作品。

2008 年，金融危机席卷全球，英国《泰晤士报》报道说，金融危机使西方人突然重视马克思的《资本论》了。在德国，随着损失惨重的商业人士努力寻找这场金融危机的根源，德文版的《资本论》开始热销。一名出版社经理说："马克思再一次成为了时髦。我们又有了对这场金融危机感到恼火的新一代读者，他们认识到新自由主义最终证明是一个虚假的梦。"② 德国柏林自由大学教授埃尔玛·阿尔法特说："这场危机爆

---

① 《马克思恩格斯文集》第 7 卷，人民出版社 2009 年版，第 1000 页。
② 吴易风：《西方"重新发现"马克思述评》，《政治经济学评论》2014 年第 2 期。

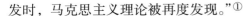

发时，马克思主义理论被再度发现。"①

2018 年在马克思诞辰 200 周年之际，国外的一些媒体纷纷发表文章进行纪念。英国《经济学人》杂志刊文称，马克思是一位伟大的思想家和作家，他的一些思想和理论在当下社会依然闪耀着光辉，具有重要意义。例如，全球化和虚拟经济的崛起使资本主义似乎更加失去控制，这一论断显示出马克思对资本主义发展的预见性。

法国《欧洲时报》文章称，很多马克思总结出的社会发展趋势都得到了充分的证实，例如关于资本集中的发展趋势：随着科技的发展，世界上出现了不少大型企业，如谷歌、脸书、亚马逊等，这些企业彻底渗透进每个人的生活中，在一定程度上削弱了政府的力量，企业间破坏性的竞争使得任何严肃的条例（例如关于环境变化或税收的条例）变得难以实现。美国《纽约时报》发表题为《生日快乐，卡尔·马克思，您是对的》的文章称，马克思留给人类的精神遗产显得愈加鲜活和珍贵，其对资本主义的解读得到了无数学者的认可和赞赏。法国哲学家阿兰·巴迪欧曾在一次会议上表示，当今社会，受过教育的人几乎都会认同马克思的基本理论，他在全球的影响力之深远，是任何哲学家都难以企及的。

法国经济学家皮凯蒂在他的《21 世纪资本论》中曾经这样描述资本："广义来说，资本的回报通常含有真正创业劳动（经济发展完全不可或缺的动力）、纯粹运气（在正确的时间以合理价格购买了升值潜力很大的资产）以及恶意盗窃的因素，这些都融合在一起难以分割。财富积累是受更多因素影响的结果，其任意性要远远超过继承财富的任意性。资本回报从本质上讲就具有波动性和不确定性，资本可以产生收益（也会产生亏损），这些损益可能动辄就相当于几十年的工资收入。在财富排行榜的顶端，这种效应会更加极端。资本总是如此无情。在阿列克谢·托尔斯泰的小说《芙蓉》（1926 年）中，作者就描述了资本主义的残暴与恐怖。1917 年，圣彼得堡的会计西蒙·诺左洛夫袭击了好心收留他的古董商并抢了一笔财富，这位古董商的致富秘诀就是用超低价格从那些

---

① 吴易风：《西方"重新发现"马克思述评》，《政治经济学评论》2014 年第 2 期。

在革命中流亡的贵族手里购买古董。诺左洛夫把抢来的钱投资在朋友开的莫斯科地下赌场里，在短短半年时间内将自己的财富扩大为原来的10倍。诺左洛夫是卑鄙无耻的小人，他深信财富和德行之间毫无关系：有时财产来源于偷窃，随后资本的收益会轻易将最初的罪恶洗白。"①

这段论述揭示出的是资本主义原始积累发生时的状况，但实际上它所描述的状况并不仅仅发生在资本主义原始积累阶段，而是贯穿于资本主义经济运行的全过程。马克思主张在历史形成的社会经济关系中分析人的经济行为，人的经济行为包括人的行为目标和行为方式，是以历史地形成的既定社会经济关系为前提的。马克思认为："我决不用玫瑰色描绘资本家和地主的面貌。不过这里涉及的人，只是经济范畴的人格化，是一定的阶级关系和利益的承担者。我的观点是把经济的社会形态的发展理解为一种自然史的过程。不管个人在主观上怎样超脱各种关系，他在社会意义上总是这些关系的产物。同其他任何观点比起来，我的观点是更不能要个人对这些关系负责的。"②

人们可以从道德的角度对资本家的行为进行指责，但是问题的实质并不在于个人道德品质的好坏，资本的本性决定了人的行为方式，而按照资本增殖逻辑活动的人成为资本的人格化，即资本家。问题的严重性就在于，如果社会成员只是看到资本家的道德问题，而不从资本的深刻根源查找问题，那么他们中的任何人也都可能成为资本的化身，他们所憎恶的是别人对社会财富的占有，所追求的是剥夺别人而实现自我。现实情况是，即便西方世界不断对资本主义社会进行自我批判和反思，并盛赞马克思的睿智和深刻，但是他们对马克思及其学说的认知远未达到马克思主义者应有的高度，也没有从改变社会制度的角度付诸实践，而是沉迷在资本主义所创造的繁华中难以自拔。如果不能将马克思主义的社会理想落实到社会现实实践中，就不是真正的马克思主义者，即便是对马克思的学说推崇备至也难以掌握其精髓，也难以实现社会形态的变

① ［法］托马斯·皮凯蒂：《21世纪资本论》，巴曙松、陈剑、余江、周大昕、李清彬、汤铎铎译，中信出版社2014年版，第460—461页。
② 《马克思恩格斯文集》第5卷，人民出版社2009年版，第10页。

革，也就无法从根本上解决资本主义社会的弊病。

人们通常会提出疑问：资本主义社会何时会灭亡？在可以看到的历史场景中，资本主义丝毫没有要灭亡的迹象啊。历史唯物主义是一种宏观历史理论，它所揭示的是人类社会发展的一般规律，以数百年甚至是上千年为时间单位，因此，一两个世纪可能也无法彰显出发展规律的明确走向，作为以数十年为生命周期的人自然很难切身感知到历史的进程。马克思从理论上揭示出资本主义社会的未来走向，提出"两个必然"并在其基础上进一步阐述了"两个绝不会"，这就为人们正确理解社会未来发展指明了方向。然而，人类社会的发展尤其是社会形态的更替作为自然历史过程的实现，仍然需要主体能动性的发挥，需要社会中现实的人的积极的目的性活动方能实现，正如社会的发展是无数劳动者在创造性实践中实现的一样，社会形态的更替更应该是无数人协调一致努力拼搏的结果。

唯物史观的基本观点是社会存在决定社会意识，区别出物质生产力与社会意识形态，进而认为社会变革的力量不应该在意识中去寻找，而应该在物质性活动的矛盾中、从社会生产力和生产关系之间现存的冲突中去寻找。但是无论如何却不能把物质活动简单理解为无主体性的物质运动，这是只见物而不见人的旧唯物主义的观点。任何时代的生产力都体现为现实的、具体的人的改造自然的物质性力量，都是主体性力量，都体现了主体的主观意志，生产力的生成就是人的主体性因素转化为了一种物质性力量。生产力自身的发展进步固然体现为一种客观性，但是它本身却是主体的建构，体现了主体性意志和意图，是主体在自然界之中客观实践的产物。正是因为人的永无止境的生产实践促成了生产力永不停息的发展，而生产力又带动了人类社会的发展演变，实现了由低级向高级的不断发展进步。那么到底是什么因素推动人不断提升改造自然的能力？回答这一问题就又回到了唯物史观的逻辑起点之上，即现实的人的生存，"全部人类历史的第一个前提无疑是有生命的个人的存在"①，

---

① 《马克思恩格斯文集》第 1 卷，人民出版社 2009 年版，第 519 页。

人的客观现实需求驱动人不断改造自然并在这个过程中逐步提升生产力。从物质性力量的主体性角度就能够合理解释恩格斯社会发展合力论的方向性问题，即便个体目的千差万别，但是最终都体现为通过生产力改造自然界的物质性活动，进而转变为推动社会形态更替的原动力。

美国学者埃尔斯特认为共产主义的到来需要两个条件，第一是生产力达到共产主义所需要的水平，第二是工人必须掌握政权以建立共产主义生产关系。关于第二点他认为："一方面，工人们必须有机会行使权力，即统治阶级必须不能通过武力来压迫他们；另一方面，他们必须想要获得权力。最后一个方面又可以进一步分为两个条件：工人必须受到挫折或对他们在资本主义中的生活感到不快；他们必须相信共产主义是一种可行的、更优越的选择。"① 实际上，贫富差距等问题势必导致人们对现实社会的"不快"，当人对现实不满时势必提出自己的理想，理想以观念的形式对现实进行否定，它通过人的具体的现实的物质性活动改变现存世界，使现实符合理想。但是，正如奴隶在很长一段时间不能认识自己奴隶的身份不过是社会生产关系套在自己身上的枷锁一样，资本主义社会中的普通工人也会在很长一段时间无法认清自己所受的资本的束缚与奴役，资本主义若要实现社会形态的更替，仅有物质生产力的巨大发展仍然是不够的，必不可少的条件是普通工人的真正觉醒，追求并实现真正的自由。

三 《资本论》为社会主义市场经济建设提供理论指导

《资本论》深刻解剖了资本主义生产关系，从而对这一社会制度进行了无情的"死亡"宣判，它对社会主义制度的形成与发展意义重大。然而，对于社会主义国家而言，《资本论》的意义和价值并不仅限于对资本主义必然灭亡的论证，它对商品、市场和资本的深刻批判应该成为处于社会主义初级阶段的国家的重要借鉴。

---

① ［美］乔恩·埃尔斯特：《理解马克思》，何怀远等译，中国人民大学出版社2016年版，第509页。

　　《资本论》是一座有着丰富理论和智慧资源的宝藏，社会主义市场经济遇到的一些问题都可以从中寻找答案和导向。从物质资料生产和再生产过程来看，《资本论》中关于资本流通的理论可以适用于社会主义市场经济。资本主义经济过程是生产剩余价值的过程与物质资料生产和再生产的有机统一，虽然社会主义市场经济的本质不在于生产剩余价值，它实现的价值增殖不再是以剩余价值的形式出现和分配，而是成为社会全体成员共有财富的增长，但是它同样是一个物质资料生产和再生产的过程。社会主义生产的产品仍然以商品的形式存在，商品的生产、流通与销售必须以实现盈利为目的，这一点与资本主义生产并无不同，因此，马克思在《资本论》中所阐述的流通原理同样适用于社会主义市场经济。如资本流通实现着从货币到商品、从商品到货币的形式转化；企业内部的循环包括购买、生产和销售三个阶段，循环全过程包括生产时间和流通时间之和；企业生产要素按照价值周转方式可以区分为固定资本和流动资本；社会再生产的关键在于社会总产品的实现问题，只有两大部类按照比例协调发展才能实现扩大再生产等。

　　《资本论》中专门研究了信用关系，这固然是要通过"借贷资本""利息""企业主收入"等经济范畴来揭露借贷资本家和职能资本家共同剥削工人所创造的剩余价值的事实，也可以认为马克思在19世纪中后期已经敏锐地察觉到了信用关系将对未来经济发展产生重要影响。信用是在商品生产和货币流通条件下，以商品赊销或货币借贷的形式体现的一种经济关系，是以偿还为条件的价值的特殊运动形式。[①] 从历史上来看，经济的社会化程度反映了生产力发展水平，商品经济发展到市场经济阶段已经开始在世界范围内进行交往，人们的经济行为势必要摆脱商品物质形态的限制而达到信用经济形态，信用经济是社会化程度极高的一种经济形式。从另外的角度而言，信用经济节约了流通费用和流通时间，也是一种节约高效的经济形式。以信用为杠杆可以将社会上分散的、临时闲置的生产资料和消费性收入聚集起来，实现生产规模和效率的提升

---

　　① 李成勋：《〈资本论〉基本原理求索》，社会科学文献出版社2018年版，第170页。

进而产生较大的经济效益。"只要信用突然停止，只有现金支付才有效，危机显然就会发生，对支付手段的激烈追求必然会出现。"① 然而信用并非就毫无弊端，在信用关系基础上发展出来的虚拟经济可能孕育着严重的经济危机，信用危机将会危及整个社会再生产过程。虚拟资本对加速资本循环和周转，实现资本转移等具有积极意义，但是它也可能造成虚假繁荣，成为投机活动者的牟利工具，大量资本留滞在证券交易领域，资本失去了其生产职能而导致社会资源分配不合理。当虚拟资本逃脱信用制度的有效控制和必要监管时，就会因过度膨胀而出现泡沫经济并引发连锁反应，直至导致经济危机。在社会主义市场经济中，同样存在信用关系和虚拟资本的流通，自然需要借鉴资本主义社会的经验教训，共产党人需要在坚持马克思主义基本原理的基础上创造形成新的理论体系，以有效应对各种各样的经济问题。

马克思对资本主义政治经济学的批判论证了资本主义生产关系的历史性，揭示了它自身存在无法克服的顽疾固症，这种揭示也表明了一个社会形态的核心所在，即社会生产方式尤其是社会生产关系是各种社会关系的决定性因素，从批判的角度而言是要破除资本主义的经济制度，但是在这之后在新的社会形态自然要建立新型的生产关系和各种具体的经济制度。这个问题当然不是马克思恩格斯重点关照的问题，因为他们并没有看到新社会形态的出现，但却是社会主义国家的共产党人要着力解决的重大而紧迫的任务，因为这个任务是事关全局、决定社会主义事业兴衰成败的决定性因素。马克思所指向的社会关键问题就是共产党人需要认真研究解决的核心问题，他研究问题的立场、观点和方法同样是共产党人必须掌握的。

如果从社会形态更替的角度来看，政治经济学批判是历史唯物主义的有机组成部分。从进行政治经济学批判的目的来看，它无非是证实历史唯物主义所揭示出来的社会一般规律而已，以从资本主义社会形态向共产主义形态过渡为具体实例来证明这一科学理论的正确性。更为重要的是，政

---

① 《马克思恩格斯文集》第 7 卷，人民出版社 2009 年版，第 555 页。

治经济学批判的具体内容，就是历史唯物主义理论体系中更为基本的、详细的内容。历史唯物主义从生产力与生产关系的矛盾运动中解释社会制度变迁。生产力决定生产关系及社会经济制度，社会制度尤其是经济制度发生变革的重要原因都归结为生产力的发展，以生产资料所有制为基础确定整个社会经济制度的性质。在所有的社会关系中生产关系处于支配性地位，而生产关系中生产资料所有制具有主导性作用，它决定了分配、交换和消费以及人们在社会中的地位。一直以来，人们对历史唯物主义理论的理解通常停留在生产力与生产关系、经济基础与上层建筑两对矛盾运动的分析上，对这两对矛盾的深刻内涵和详细内容关注研究不够。难道历史唯物主义仅仅就是这样高度抽象概括的理论吗，难道马克思没有就其唯物史观展开进一步的深入研究吗？当然不是。实际上，《〈政治经济学批判〉序言》并不仅仅阐述了政治经济学研究的立场、观点和方法，它还深刻揭示出了研究的目的，即深化历史唯物主义内容体系的研究，揭示出物质性生产力及其决定的生产关系的具体表现和运行方式。在历史唯物主义视阈下，任何社会形态都有相应的生产方式，而特定生产方式的具体内容就是历史唯物主义的有机组成部分，《资本论》对资本主义生产方式尤其是经济关系的研究就是历史唯物主义的本体内容。

从这个角度而言，马克思恩格斯的学说就是一种历史唯物主义学说，它固然包括马克思主义哲学、马克思主义政治经济学、科学社会主义理论等具体内容，但是这些内容并不是相互分割而独立的，而是历史唯物主义理论主线贯穿下的有机整体。随着时代的发展和社会的进步，人们需要解答各种新的社会现实问题，这些问题仍然需要被纳入到历史唯物主义理论的视阈之下进行研究。当然，历史唯物主义理论是一种哲学理论，需要借鉴其他哲学社会科学的概念、命题，正如政治经济学借鉴了众多经济学范畴一样，历史唯物主义理论需要展开具体的科学的分析研究，正是在这个过程中历史唯物主义理论才不断丰满完善，不断发展壮大为一个独立健全的科学理论体系。马克思在有生之年将历史唯物主义理论发展到了政治经济学批判的高峰，后世的马克思主义者结合自己的历史实践不断实现理论的创新与发展，正是在解决社会实际问题的过程中，历史唯物主义理论才展现出了蓬勃的生命力。

正如习近平总书记所讲的那样："从《共产党宣言》发表到今天，170 年过去了，人类社会发生了翻天覆地的变化，但马克思主义所阐述的一般原理整个来说仍然是完全正确的。"① "中国共产党是用马克思主义武装起来的政党，马克思主义是中国共产党人理想信念的灵魂。"② 马克思主义为美好的社会理想奠定了坚实的理论基础，使社会主义事业成为人们的价值目标和自觉追求。马克思主义开辟了一个超越资本主义的新时代。

---

① 《习近平谈治国理政》第 3 卷，外文出版社 2020 年版，第 75 页。
② 《习近平谈治国理政》第 3 卷，外文出版社 2020 年版，第 74 页。

第六章

马克思主义哲学的完备化系统化

马克思主义哲学是在批判旧世界建设新世界的过程中创立的，从 19 世纪 40 年代中期创立以来主要以唯物史观的形态出现，指导工人运动并对资本主义生产方式进行批判。到了 19 世纪 70 年代，由于现实斗争的需要和科学理论内在发展的需求，马克思主义哲学开始向完备化系统化发展，诞生了辩证唯物主义自然观、科学观，马克思主义哲学的基本观点、功能价值以及历史地位等得到阐述，形成了完整的包含辩证唯物主义和历史唯物主义的马克思主义哲学体系。

第一节　辩证唯物主义自然观的系统确立

哲学世界观包括自然观、社会史观等内容，由于解答现实社会问题的需要，马克思主义哲学最初主要集中于社会史观方面的阐述，以唯物史观的发现为诞生标志，并通过具体的革命实践和政治经济学批判不断验证、丰富和发展。相比较而言，在自然观、科学观等方面的研究相对薄弱，当然，自然观的研究需要以自然科学成就为基础，马克思主义自然观、科学观的形成必须有自然科学发现作为支撑。19 世纪一系列重大科学发现为辩证唯物主义自然观的诞生奠定了自然科学基础。在这些科学发现的基础上恩格斯进行了哲学概括和总结，创立了辩证唯物主义自然观。由于马克思一直忙于从事政治经济学批判，创立辩证唯物主义自然观的任务主要是由恩格斯完成的。

马克思恩格斯作为思想家、社会革命家对自然科学也格外关注并进行了认真研究。正如恩格斯在马克思去世后所总结的那样："在马克思看来，科学是一种在历史上起推动作用的、革命的力量。任何一门理论科学中的每一个新发现——它的实际应用也许还根本无法预见——都使马克思感到衷心喜悦，而当他看到那种对工业、对一般历史发展立即产生革命性影响的发现的时候，他的喜悦就非同寻常了。例如，他曾经密切注视电学方面各种发现的进展情况，不久以前，他还密切注视马塞尔·德普勒的发现。"① 进入 19 世纪，自然科学在各个领域不断实现重大突破，20 年代维勒实现了人工合成尿素，30 年代施莱登、施旺提出细胞学说，40 年代迈尔、焦耳等发现能量守恒定律，50 年代达尔文发表《物种起源》揭示了生物进化规律，60 年代门捷列夫发现元素周期律。马克思恩格斯对这些自然科学的进步格外关注。马克思恩格斯一直密切关注达尔文在生物学领域的研究，1859 年《物种起源》发表后他们立即研究了这一作品。有机化学在当时发展迅速，化学家肖莱马是马克思恩格斯的好朋友，他们经常向他请教研讨专业的化学问题。1867 年，马克思在读过著名化学家霍夫曼的《现代化学通论》之后，建议恩格斯也读读这本书。恩格斯回信说："霍夫曼的书已经读过。这种比较新的化学理论，虽然有种种缺点，但是比起以前的原子理论来是一大进步。作为物质的能独立存在的最小部分的分子，是一个完全合理的范畴，如黑格尔所说的，是在分割的无穷系列中的一个'关节点'，它并不结束这个系列，而是规定质的差别。从前被描写成可分性的极限的原子，现在只不过是一种关系，虽然霍夫曼先生自己时时刻刻都在回到旧观念中去，说什么存在着真正不可分割的原子。总起来看，这部书中所证实的化学的进步的确是极其巨大的，肖莱马说，这种革命还每天都在进行，所以人们每天都可以期待新的变革。"②

  1869 年恩格斯彻底转让了公司股份并于次年迁居伦敦，这时恩格斯已经年近半百，他毅然决定进行系统的自然科学研究。恩格斯后来回忆

---

① 《马克思恩格斯文集》第 3 卷，人民出版社 2009 年版，第 602 页。
② 《马克思恩格斯全集》第 31 卷，人民出版社 1972 年版，第 309 页。

他这段经历时曾谈到他研究自然科学的目的，他说："马克思和我，可以说是唯一把自觉的辩证法从德国唯心主义哲学中拯救出来并运用于唯物主义的自然观和历史观的人。可是要确立辩证的同时又是唯物主义的自然观，需要具备数学和自然科学的知识。马克思是精通数学的，可是对于自然科学，我们只能作零星的、时停时续的、片断的研究。因此，当我退出商界并移居伦敦，从而有时间进行研究的时候，我尽可能地使自己在数学和自然科学方面来一次彻底的——像李比希所说的——'脱毛'，八年当中，我把大部分时间用在这上面。"① 显然，恩格斯之所以决心系统地学习和研究自然科学，广泛涉猎研究物理学、化学、生物学、天文学、地学、数学以及其他一些科学，就是为了确立完整的辩证唯物主义自然观。

从 1869 年到 1883 年马克思去世，其间恩格斯大约用两年时间撰写了《反杜林论》，除此以外主要从事自然辩证法研究，马克思去世后他又放下了自然辩证法研究，开始整理《资本论》手稿并负责出版了第二卷、第三卷，直到他逝世也未能完成自然辩证法的创作，留给后人的只是一些手稿。"《自然辩证法》的写作可分为两个主要时期：从计划写作这部著作到完成《反杜林论》（1873 年初—1878 年中）；从《反杜林论》完成到马克思病逝前（1878 年夏—1882 年夏）。在前一个时期，恩格斯几乎完成了所有的札记和有关问题的细节的研究，还写了一篇较完整的论文《导言》。在后一时期，恩格斯拟定了未来著作的具体计划，写完了几乎所有的论文。"② 恩格斯将《自然辩证法》材料分为四束：《辩证法和自然科学》《自然研究和辩证法》《自然辩证法》《数学和自然科学。各种札记》。《自然辩证法》是恩格斯具有代表性的哲学著作，它包括 10 篇论文、169 篇札记和片段、2 个计划草案。

整个自然界到底是什么样的，是人们致力于不断探索的问题。关于这个问题，自然科学家以经验实证的方法在局部领域进行深入研究，随

---

① 《马克思恩格斯文集》第 9 卷，人民出版社 2009 年版，第 13 页。
② 恩格斯：《自然辩证法》，人民出版社 2015 年版，"编者引言"第 5—6 页。

着科学的不断进步人们对世界及其运动规律的认识也越来越深刻。但是某种科学的进步并不能直接转化为科学的世界观，即对世界局部的认识并不等于对整个世界的科学认识，若要形成科学的自然观、世界观必须具有哲学思维。正如恩格斯所说："自然科学家尽管可以采取他们所愿意采取的态度，他们还得受哲学的支配。问题只在于：他们是愿意受某种蹩脚的时髦哲学的支配，还是愿意受某种建立在通晓思维历史及其成就的基础上的理论思维形式的支配。"① 自然科学家经验实证的研究方法总是容易使其陷入狭隘的经验主义，而不能从整体上以辩证的观点认识世界。恩格斯通过对黑格尔辩证法的吸收和改造，确立了唯物辩证法作为自然科学的方法论基础，使辩证法成为整个自然科学研究中的一般研究方法。

一　物质及其存在形式

物质及其存在形式的问题是确立辩证唯物主义自然观的首要的和基本的问题。唯心主义自然观否定物质世界的客观实在性，古代朴素唯物主义只能以某种固定的形态来解释物质世界。恩格斯针对当时经验主义和形而上学的错误观点，第一次阐明了辩证唯物主义的物质范畴。其一，坚持一般与个别的辩证关系原理，不能对哲学的物质概念作狭隘经验主义的理解。"物、物质无非是各种物的总和，而这个概念就是从这一总和中抽象出来的"②。"的确，据说我们也不知道什么是物质和运动！当然不知道，因为物质本身和运动本身还没有人看到过或以其他方式体验过；只有现实地存在着的各种物和运动形式才能看到或体验到。物、物质无非是各种物的总和，而这个概念就是从这一总和中抽象出来的，运动本身无非是一切感官可感知的运动形式的总和；'物质'和'运动'这样的词无非是简称，我们就用这种简称把感官可感知的许多不同的事物依照其共同的属性概括起来。因此，只有研究单个的物和单个的运动形式，

---

① 《马克思恩格斯文集》第 9 卷，人民出版社 2009 年版，第 460 页。
② 《马克思恩格斯选集》第 3 卷，人民出版社 2012 年版，第 939 页。

才能认识物质和运动，而我们通过认识单个的物和单个的运动形式，也就相应地认识物质本身和运动本身。"① 人们所能感知和认识的物质和运动都只是具体的表现形式，而物质和运动本身也只能通过这些形式才能认识，显然，恩格斯所认识和把握的是哲学的物质和运动，不是自然科学家们所研究的具体的物质和运动，它所依赖的是人的理性思维，实现的是对客观世界本质规律的掌握。

其二，把物质归结为某种不可分割的最小微粒是一种形而上学的观点。恩格斯认为，物质在质上绝对同一的理论是一种反辩证法的形而上学理论，他根据霍夫曼的化学分子理论推断出原子是可分割的，并且进一步认为物质无限可分。这种分割不是机械分割，而是连续性和非连续性的统一。

其三，运动是物质的存在方式。针对机械唯物论割裂物质和运动进而把运动归结为外力作用的观点，恩格斯认为运动本身就是物质的存在方式，不存在不运动的物质，也不存在脱离物质的运动。19 世纪下半叶，电学已经取得了重大发展，但是仍然存在理论难题难以解决，电作为一种特殊运动形式的本质规律尚未揭示出来。既然物质与运动不可分割，机械运动与物体相连，物理运动与分子相连，化学运动与原子相连，生命运动与蛋白质相连，那么，电这种特殊的运动形式也一定具有特殊的物质基础。恩格斯对什么是电运动的真正物质基础发出了疑问，这其实也就指明了人们需要寻找电运动形式的物质承担者，1897 年，恩格斯去世的两年后，英国物理学家汤姆逊发现了电子，证实了恩格斯的科学预言。"运动，就它被理解为物质的存在方式、物质的固有属性这一最一般的意义来说，涵盖宇宙中发生的一切变化和过程，从单纯的位置变动直到思维。"② 运动作为一种存在方式不能理解为某种单纯的形式，而是囊括了宇宙中发生的一切变化和过程，从单纯的位置变化到思维运行。运动的绝对性并不排斥静止和平衡，运动与静止相互依赖、相互渗透、

---

① 《马克思恩格斯文集》第 9 卷，人民出版社 2009 年版，第 500—501 页。
② 《马克思恩格斯选集》第 3 卷，人民出版社 2012 年版，第 951 页。

相互包含，二者是辩证统一的。

其四，时间和空间是物质运动的基本形式。永恒运动的物质必须以时间和空间作为自己的形式，时空与物质不可分离，没有脱离时空而存在的物质，另外，时空与物质紧密联系而存在，"物质的这两种存在形式离开了物质当然都是无，都是仅仅存在于我们头脑之中的空洞的观念、抽象"①。时空具有无限性，无限性本身是一种矛盾。无限不存在于有限之外，而存在于有限之中，通过有限而存在。

在批驳杜林关于世界统一于存在的观点时，恩格斯进一步明确了世界统一于物质。存在并不是对一切对象的共同的或非共同特征的描述，它反而是将这种特性予以排除，是一个统一性的称谓而已。"世界的统一性并不在于它的存在，尽管世界的存在是它的统一性的前提，因为世界必须先存在，然后才能是统一的。在我们的视野的范围之外，存在甚至完全是一个悬而未决的问题。世界的真正的统一性在于它的物质性，而这种物质性不是由魔术师的三两句话所证明的，而是由哲学和自然科学的长期的和持续的发展所证明的。"② 就表述上而言，"存在"与"物质"并没有太大的区别，其本质区别在于其所包含的具体内容，存在是主体性的人对外界的统一称谓，而物质则是人们对客观世界科学探索后的认识成果，物质是独立于意识的客观存在，是世界统一性的具体体现。恩格斯曾详细地描述了人起源于自然界，从而把人、人的思维和人类社会也最终统一于物质。"也许经过了多少万年，才形成了进一步发展的条件，这种没有形态的蛋白质由于形成核和膜而得以产生第一个细胞。而随着这第一个细胞的产生，也就有了整个有机界的形态发展的基础；我们根据古生物学档案的完整类比材料可以假定，最初发展出来的是无数种无细胞的和有细胞的原生生物，其中只有加拿大假原生物留传了下来；在这些原生生物中，有一些逐渐分化为最初的植物，另一些则分化为最初的动物。从最初的动物中，主要由于进一步的分化而发展出了动物的

① 《马克思恩格斯文集》第 9 卷，人民出版社 2009 年版，第 500 页。
② 《马克思恩格斯文集》第 9 卷，人民出版社 2009 年版，第 47 页。

无数的纲、目、科、属、种，最后发展出神经系统获得最充分发展的那种形态，即脊椎动物的形态，而在这些脊椎动物中，最后又发展出这样一种脊椎动物，在它身上自然界获得了自我意识，这就是人。"①

二　自然界的辩证本性

自发的唯物主义通常只能看到客观存在的世界，却无法理解这个世界的历史过程性。1755 年，康德发表《宇宙发展史概论》提出了星云假说，继而提出了潮汐摩擦使地球自转变慢和太阳系毁灭的潮汐假说，星云假说宣布了太阳系的起源，而潮汐假说宣布了太阳系的毁灭。形而上学的自然观被打破了，人们开始从运动、变化和发展的过程来认识自然界。在接下来的一个世纪里，关于物质世界发展的本来的辩证法，即以物质世界的不断运动、不断发展、普遍联系、相互转化等为基本内容的辩证法的自然观，在许多自然科学学科发展中初步呈现出来。正是在充分研究自然科学的基础上，黑格尔对自然科学进行了新的哲学概括并撰写出自然哲学著作，建立起庞大的唯心主义辩证法的哲学体系。恩格斯对黑格尔的唯心主义哲学进行了批判，他指出："旧的自然哲学，特别是在黑格尔的形式中，具有这样的缺陷：它不承认自然界有时间上的发展，不承认'先后'，只承认'并列'。这种观点，一方面是由黑格尔体系本身造成的，这个体系认为只是'精神'才有历史的不断发展，另一方面，也是由当时自然科学的总的状况造成的。"②

恩格斯认为，自然界的一切归根到底是辩证地而不是形而上学地发生的，而且这个辩证法是自然界自身就存在的，人们需要从自然界中找出来加以阐发。正是揭示物质世界本质规律的各门自然科学的最新成就，正是各门科学中所揭示的物质世界的本来的辩证法，为马克思主义哲学奠定了最广泛的一般自然科学基础。从天体演化到地质演变，从化学运动到生命运动，从无机物到有机物，从低等生物到高等动物，整个世界

---

① 《马克思恩格斯文集》第 9 卷，人民出版社 2009 年版，第 420—421 页。
② 《马克思恩格斯文集》第 9 卷，人民出版社 2009 年版，第 14—15 页。

都处在不断运动、发展、生成、灭亡的过程中。"整个自然界，从最小的东西到最大的东西，从沙粒到太阳，从原生生物到人，都处于永恒的产生和消逝中，处于不断的流动中，处于不息的运动和变化中。"① 在充分借鉴自然科学最新发现成果的基础之上，自然界中的辩证法原则被揭示出来，"一切僵硬的东西溶解了，一切固定的东西消散了，一切被当做永恒存在的特殊的东西变成了转瞬即逝的东西，整个自然界被证明是在永恒的流动和循环中运动着"②。整个世界是普遍联系和运动发展的，而从联系和运动的观点出发，就必然承认自然界的矛盾性。矛盾客观地存在于事物自身及其发展过程之中，没有矛盾就没有客观自然界，坚持矛盾的观点就是坚持对立统一的观点。马克思曾用常量与变量、微分与积分的关系来阐明对立统一规律，恩格斯更是经常引用 19 世纪自然科学中的新例证来阐述唯物辩证法的规律和范畴。恩格斯用吸引和排斥、同化和异化、阴电和阳电、化合和分解等概念，阐述了对立统一规律在整个自然界中的客观普遍性及其在各种物质运动形式中的特殊表现。

自然界中的变化体现为从量变到质变和从质变到量变的过程。在《自然辩证法》的一些论文和论文札记中，恩格斯引用自然科学的例证来阐述量变质变规律。如氮具有五种不同的氧化物形式，分别是 NO、N_2O、NO_2、N_2O_3、N_2O_5，这五种氮的氧化物由于 N 元素和 O 元素的原子数量的差异，从而在质上就出现了极大的不同。N_2O 是一种无色的气体，可以致人精神失常、狂笑不止，被人们称为"笑气"；N_2O_5 在标准状态下是一种结晶状固体，被人们称为"无水硝酸"。这几种物质虽然组成元素完全相同，但是元素的量的差异变化，导致物质的巨大差异。相似的例子在化学领域比比皆是，如各种碳水化合物同样是组成元素量的差异导致了物的性质的不同。"在自然界中，质的变化——在每一个别场合都是按照各自的严格确定的方式进行的——只有通过物质或运动（所谓能）的量的增加或减少才能发生。"同时，"没有物质或运动的增加或减

---

① 《马克思恩格斯文集》第 9 卷，人民出版社 2009 年版，第 418 页。
② 《马克思恩格斯文集》第 9 卷，人民出版社 2009 年版，第 418 页。

少，即没有有关物体的量的变化，是不可能改变这个物体的质的"。①

质变以量变为前提，当量达到一定程度就会发生质变，物质由分子构成但具有不同于分子的质，分子由原子构成其质也不同于原子。渐进论否认自然界有飞跃，就是不了解事物变化是量变和质变的统一。19 世纪初，鸭嘴兽的标本第一次从澳洲送往伦敦，一些生物学家对这种非禽非兽的"怪物"深感惶恐，因为它是能哺乳的禽，又是能下蛋的兽。当恩格斯深入研究达尔文的生物进化论之后，对生物界的发展有了更为深刻的认知，世界上不仅有既下蛋又哺乳的鸭嘴兽，而且还有用肺呼吸的鱼，古生物史上还有四足鸟。其实，这些奇怪生物的存在就揭示出生物界乃至整个自然界的发展都是一个渐变与突变相统一的过程。"自然界是检验辩证法的试金石，而且我们必须说，现代自然科学为这种检验提供了极其丰富的、与日俱增的材料，并从而证明了，自然界的一切归根到底是辩证地而不是形而上学地发生的。"②

否定之否定规律揭示了事物的发展过程及本质，揭示了事物发展是前进性与曲折性的统一。恩格斯认为否定之否定是一个非常简单的、每日都在发生的过程，无论是植物、动物的生长和繁殖还是无机界的地质演化都存在否定之否定。辩证的否定是事物自身引起的自我否定，是事物联系和发展的环节。"如果一颗大麦粒得到它所需要的正常的条件，落到适宜的土壤里，那么它在温度和湿度的影响下就发生特有的变化：发芽；而麦粒本身就消失了，被否定了，代替它的是从它生长起来的植物，即麦粒的否定。而这种植物的生命的正常进程是怎样的呢？它生长，开花，结实，最后又产生大麦粒，大麦粒一成熟，植株就渐渐死去，它本身被否定了。作为这一否定的否定的结果，我们又有了原来的大麦粒，但不是一粒，而是加了 10 倍、20 倍、30 倍。"③ 否定之否定广泛存在于自然界之中，它不仅发生于有机界，如植物界和动物界，而且还发生于无机界，如地质演化不是简单的循环往复而是新的发展。当然，任何事

---

① 《马克思恩格斯文集》第 9 卷，人民出版社 2009 年版，第 464 页。
② 《马克思恩格斯文集》第 9 卷，人民出版社 2009 年版，第 25 页。
③ 《马克思恩格斯文集》第 9 卷，人民出版社 2009 年版，第 143 页。

物的否定都具有特殊性，都具有特殊的否定形式。否定不是简单地说不，或宣布某一事物的灭亡，或者用任何一种方法将其消灭掉，否定之否定过程都充满了各自独特的否定方式，只有深入研究这些特殊的否定方式，才是真正掌握了自然界中的辩证法。

在《〈反杜林论〉旧序。论辩证法》一文中，恩格斯形象地描绘了当时德国一些思想家和科学家由于蔑视辩证法而受到惩罚："可是正当自然过程的辩证性质以不可抗拒的力量迫使人们承认它，因而只有辩证法能够帮助自然科学战胜理论困难的时候，人们却把辩证法同黑格尔派一起抛进大海，因而又无可奈何地陷入旧的形而上学。从此以后，在公众当中流行起来的一方面是叔本华的、尔后甚至是哈特曼的迎合庸人的浅薄思想，另一方面是福格特和毕希纳之流的庸俗的巡回传教士的唯物主义。在大学里，各种各样的折中主义互相展开竞争，不过在一点上它们是一致的，这就是它们全都是由过时哲学的十足的残渣拼凑而成的，并且全都同样地是形而上学的。在古典哲学的各种残余中，只有某种新康德主义得以幸存，这种新康德主义的最终结论就是永远不可知的自在之物，也就是康德哲学中最不值得保存下来的部分。最终的结果就是理论思维现在处处表现出杂乱无章。"① 在总结德国哲学和科学发展的教训的基础上，恩格斯对人们提出了振聋发聩的告诫："一个民族要想站在科学的最高峰，就一刻也不能没有理论思维。"②

三 自然科学的逻辑方法

自然辩证法是客观辩证法和主观辩证法的统一，它不仅要揭示自然界的辩证本性，而且要为自然科学研究奠定科学的方法论基础。

19 世纪很多自然科学家都坚持经验主义哲学传统，认为只有感觉到的才是真实的，针对这种情况，恩格斯认为，任何自然科学都不能仅仅以经验归纳为基础，而必须有理论思维和逻辑推演。人们观察获得的经

---

① 《马克思恩格斯文集》第 9 卷，人民出版社 2009 年版，第 437—438 页。
② 《马克思恩格斯文集》第 9 卷，人民出版社 2009 年版，第 437 页。

验都不可能是纯粹经验，对对象的描述也不可能是纯客观的，经验的东西都势必会渗入理性和观念的东西，而且自然科学是要揭示事物发展的内部联系和本质规律，因此必须运用逻辑方法。

这里的逻辑方法不是形式逻辑而是辩证逻辑。亚里士多德最先创立了形式逻辑，从三段式演绎推理到近代以经验归纳为特点的分析方法，形式逻辑体现了思维的确定性以及推理的有效性，但是形式逻辑仅注重于思维形式而不研究具体的思维内容，将推理形式固定化格式化而导致思维方式僵化甚至是形而上学化。辩证逻辑不仅研究思维形式而且研究思维内容，如果说形式逻辑是对知性思维的研究，那么辩证逻辑就是辩证的理性思维，是以辩证唯物主义世界观为基础的主客观辩证法的统一，是辩证法、逻辑学和认识论的统一。辩证逻辑的三条基本原则：其一是主观认识以客观世界为基础，主观辩证法必须以客观辩证法为基础，人的主观认识能够能动地反映客观世界；其二是逻辑和历史相统一，逻辑符合事物本身发展的历史，思维发展历史中一切重要范畴的历史发展和它们个别思想家头脑中的发展相一致；其三是抽象和具体的统一，认识过程是从具体到抽象，然后再从抽象上升到具体，前一个具体是感性具体，是人对具体事物的混沌的表象，后一个具体是思维具体。

辩证逻辑不是证明的工具而是探求新知识的方法。"辩证逻辑和旧的纯粹的形式逻辑相反，不像后者那样只满足于把思维运动的各种形式，即各种不同的判断形式和推理形式列举出来并且毫无联系地并列起来。相反，辩证逻辑由此及彼地推导出这些形式，不是把它们并列起来，而是使它们互相从属，从低级形式发展出高级形式。"① 辩证逻辑不仅要从思维形式方面揭示概念、判断和推理的辩证性，而且要从理论内部揭示真理的辩证性；不仅要从微观角度阐明个别科学结论的形成过程，而且要从宏观角度阐明科学理论体系的确立过程。

科学理论内容具有辩证性，即真理是绝对性和相对性的统一。恩格斯从思维本性和认识主体的角度考察人类认识能力的内在矛盾。"人的思

① 《马克思恩格斯文集》第 9 卷，人民出版社 2009 年版，第 487 页。

维是至上的，同样又是不至上的，它的认识能力是无限的，同样又是有限的。按它的本性、使命、可能和历史的终极目的来说，是至上的和无限的；按它的个别实现情况和每次的现实来说，又是不至上的和有限的。"① 人的认识活动只能是具体历史条件下对特定领域的认识，从这个角度而言人的认识当然是有限的，然而人的认识活动是从个别到一般、从有限中找到无限、从暂时中找到永恒并将其固定起来，从这个角度而言人的认识又是无限的。就个体而言，他所能认知的世界和取得的认识成果当然是有限的，但是人的思维作为无数人的个人思维而存在，表现为随社会发展而生生不息的群体性思维，由无限多的个体思维所组成的思维就能够进行绝对的思维认识活动。从全人类而言，人的思维性质是绝对的，但是这个绝对性是在有限思维着的个人中实现的，这个矛盾在无止境的人类进化更迭中和人的无止境认识过程中得以解决。

科学理论形成的重要形式是假说。19 世纪惠威尔和穆勒所提出的科学分类原则非常具有影响力，认为数学是纯粹演绎的科学，而其他自然科学则是归纳科学，并将归纳与演绎两种逻辑方法对立起来。恩格斯反对这种简单粗暴的划分方式，认为人的全部认识活动是沿着一条错综复杂的曲线发展的，在科学理论形成过程中不仅感性经验和理性思维互相渗透，实验手段和逻辑方法相互补充，归纳与演绎、分析和综合交织在一起，甚至是非理性因素如合理的幻想也在发挥着作用。恩格斯特别重视假说的作用，指出："只要自然科学运用思维，它的发展形式就是假说。一个新的事实一旦被观察到，先前对同一类事实采用的说明方式便不能再用了。从这一刻起，需要使用新的说明方式——最初仅仅以有限数量的事实和观察为基础。进一步的观察材料会使这些假说纯化，排除一些，修正一些，直到最后以纯粹的形态形成定律。如果要等待材料纯化到足以形成定律为止，那就等于要在此以前中止运用思维的研究，而那样一来，就永远都不会形成什么定律了。"② 在恩格斯看来，假说是推

① 《马克思恩格斯文集》第 9 卷，人民出版社 2009 年版，第 92 页。
② 《马克思恩格斯文集》第 9 卷，人民出版社 2009 年版，第 493 页。

动科学发展的重要思维形式，是科学进步的重要阶梯和巨大杠杆。

实践是科学认识的基础和检验真理的标准。恩格斯认为实践既是经验的来源，也是理性范畴和逻辑方法的基础。在从科学假说确立为科学理论的过程中，实践是根本的检验标准，即实践的验证是检验认识是否具有真理性的标准。恩格斯举例说明，哥白尼的太阳系学说在数百年来一直是假说，只有当勒维烈依据这一学说推算出海王星的位置，然后加勒又发现了海王星，哥白尼的学说才被证实为真理。这样的案例在科学史上屡见不鲜，后来 20 世纪相对论的真理性同样是通过天体观测进行确认的。更为重要的是恩格斯不仅将实践作为自然科学理论的检验标准，而且将这个标准引入到人类社会历史活动之中。

关于对自然科学研究的考察，恩格斯采取了一种更为广阔的视角，将其作为一种实践形式纳入到了整个社会历史发展进程中。1894 年 1 月，恩格斯在致瓦·博尔吉乌斯的信中，特别强调了科学依赖于技术生产的思想。他说："如果象您所断言的，技术在很大程度上依赖于科学状况，那末科学却在更大的程度上依赖于技术的状况和需要。社会一旦有技术上的需要，则这种需要就会比十所大学更能把科学推向前进。……在德国，可惜人们写科学史时已惯于把科学看做是从天上掉下来的。"①他从社会历史发展的高度，考察了自然科学与生产技术、社会需要和社会革命等方面的关系，全面揭示了自然科学的发展动力和社会功能，为马克思主义科学观的形成奠定了基础。

自然辩证法虽然以研究客观辩证法尤其是自然科学发展中的辩证法为主，但它是主观辩证法与客观辩证法的统一，是自然辩证法与历史唯物论的统一，是主体改造客观世界与改造主观世界的统一，在这个过程中，主体的思维认知能力和水平会随着认知自然界而改变，人类社会历史发展也因此而改变。"自然科学和哲学一样，直到今天还全然忽视人的活动对人的思维的影响；它们在一方面只知道自然界，在另一方面又只知道思想。但是，人的思维的最本质的和最切近的基础，正是人所引起的自然界的变

---

① 《马克思恩格斯全集》第 39 卷，人民出版社 1974 年版，第 198—199 页。

化，而不仅仅是自然界本身；人在怎样的程度上学会改变自然界，人的智力就在怎样的程度上发展起来。因此，自然主义的历史观，如德雷帕和其他一些自然科学家或多或少持有的这种历史观是片面的，它认为只是自然界作用于人，只是自然条件到处决定人的历史发展，它忘记了人也反作用于自然界，改变自然界，为自己创造新的生存条件。"①

第二节　在统一世界观基础上对马克思主义的系统阐述

马克思恩格斯创立马克思主义哲学时，似乎未曾考虑过要建立某种完备的哲学体系，他们着重思考的是用哲学改造世界，显而易见的是马克思主义哲学以及整个马克思主义理论学说具有统一的世界观和方法论，具有内在的完备的体系。

马克思在致斐·拉萨尔的一封信（1858年5月31日）中谈到自己在博士论文中对伊壁鸠鲁的研究时指出："十八年前我曾对容易理解得多的哲学家——伊壁鸠鲁进行过类似的工作，也就是说，根据一些残篇阐述了整个体系。不过，我确信这个体系，赫拉克利特的体系也是这样，在伊壁鸠鲁的著作中只是'自在地'存在，而不是作为自觉的体系存在。即使在那些赋予自己的著作以系统的形式的哲学家如象斯宾诺莎那里，他的体系的实际的内部结构同他自觉地提出的体系所采用的形式是完全不同的。"② 马克思认为伊壁鸠鲁哲学体系的不完整并不是因为著作残缺，而是内在原因所致，是因为其体系本身不够完整，即便是晚近的如斯宾诺莎那样的著作保存完整的哲学也是因为自身体系的缺陷而不完整。

黑格尔认为："哲学若没有体系，就不能成为科学。没有体系的哲学理论，只能表示个人主观的特殊心情，它的内容必定是带偶然性的。"③

① 《马克思恩格斯文集》第9卷，人民出版社2009年版，第483—484页。
② 《马克思恩格斯全集》第29卷，人民出版社1972年版，第540页。
③ ［德］黑格尔：《小逻辑》，贺麟译，商务印书馆1980年版，第56页。

马克思主义哲学的体系性只能从世界观和方法论的角度进行认知，根本的立场和方法是辩证唯物主义和历史唯物主义，一以贯之的目标是改变人类社会。从建立完备形式的角度而言，《反杜林论》的撰写标志着马克思主义完整体系的科学表达。恩格斯在撰写《自然辩证法》期间，在1876 年 5 月到 1878 年 6 月曾中断了两年多时间，在这段时间里针对杜林的错误理论进行批判反驳，撰写出了《反杜林论》。

一　《反杜林论》是马克思主义的百科全书

欧根·杜林是德国折衷主义哲学家、庸俗经济学家和小资产阶级社会主义者。曾任柏林大学历史、哲学和国民经济学私人讲师，1877 年因公开揭露大学中的学阀统治而被解聘，后来主要从事私人著述活动。《资本论》第一卷出版后，杜林曾发表书评，打破了官方经济学界对该书的"沉默抵制"，但却攻击《资本论》没有"显著的独特性"，充其量不过是李嘉图的老生常谈。杜林一直以社会主义改革家的身份自居，以研究经济问题起家，关注社会现实问题并以批判时局为己任，他抨击过德国的专制制度，发表过维护巴黎公社活动家的言论，因此获得了民主斗士的声誉，在青年学生、工人和知识分子中颇具影响力。

从 1871 年到 1875 年，杜林先后出版了一系列作品，其中包括《国民经济学和社会主义批判史》《国民经济学和社会经济学教程，兼论财政政策的基本问题》《哲学教程——严格科学的世界观和人生观》等，推销其哲学思想和社会理论，吹嘘自己已经对哲学、经济学和社会主义理论进行了全面变革，提供了最后的、终极的真理，在工人运动中产生了较大的负面影响。不仅伯恩施坦、莫斯特等人成了杜林的积极追随者，就连倍倍尔也一度受其影响。李卜克内西曾致信恩格斯，请他在《人民国家报》上反击杜林，并将该报拒绝发表的吹捧杜林的文章寄给了恩格斯。

正如马克思在写给左尔格的信中指出的那样："几十年来我们做了许多工作、花了许多精力才把空想社会主义，即对未来社会结构的一整套幻想从德国工人的头脑中清除出去，从而使他们在理论上（因而也在实践上）比法国人和英国人优越，但是，现在这些东西又流行起来"①。鉴于杜林思想对 1875 年成立的德国社会主义工人党造成的危害，马克思恩格斯经过沟通之后，决定反击杜林。由于这时马克思忙于自己的政治经济学研究，责任自然落到了恩格斯肩上。事实上，恩格斯也是最为合适的人选，是他与马克思一起创立的马克思主义，对于这一学说体系是最为熟稔的，更关键的是恩格斯轻快简明的文风适合撰写论战性文章。恩格斯给马克思写信说："你说得倒好。你可以躺在暖和的床上，研究具体的俄国土地关系和一般的地租，没有什么事情打搅你。我却不得不坐硬板凳，喝冷酒，突然又把一切都搁下来去收拾无聊的杜林。但是，既然我已卷入一场没完没了的论战，那也只好这样了；否则我是得不到安宁的。"②

1876 年 9 月至 1877 年 1 月，恩格斯完成了第一编的写作。这一编以《欧根·杜林先生在哲学中实行的变革》为题，以一组论文的形式陆续发表于 1877 年 1 至 5 月的《前进报》上。1877 年 6 至 12 月，撰写完成第二编。马克思撰写了第十章的初稿，恩格斯作了删节和修改。第二编的标题为《欧根·杜林先生在政治经济学中实行的变革》，发表于 1877 年 7 至 12 月《前进报》的学术附刊和附刊上。1878 年上半年完成了第三编的撰写，以《欧根·杜林先生在社会主义中实行的变革》为题发表于 1878 年 5 至 7 月的《前进报》附刊上。

后来，这三编书稿分别出版了单行本。1878 年 7 月，在莱比锡出版了《反杜林论》第一版，标题是《欧根·杜林先生在科学中实行的变革。哲学·政治经济学·社会主义》。1886 年该书第二版在苏黎世出版。1894 年经过修订的第三版在斯图加特出版。第二、三版直接使用了《欧根·杜林先生在科学中实行的变革》的标题，恩格斯为这三个版本撰写了序言。《反杜林论》作为《欧根·杜林先生在科学中实行的变革》的

---

① 《马克思恩格斯文集》第 10 卷，人民出版社 2009 年版，第 421 页。
② 《马克思恩格斯文集》第 10 卷，人民出版社 2009 年版，第 414 页。

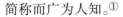

简称而广为人知。①

这里首先需要说明的是，杜林主义之所以能够在工人政党中传播开来，是因为它具有一定的欺骗性。

其一，它有明确的理论体系，我们姑且不论这个体系是否科学、是否具有严密的逻辑结构，但是杜林显然尽力在让自己的理论体系化、明晰化。

其二，杜林主义具有明确的现实指向，正如伯恩施坦所说的那样，杜林用比马克思的著作容易懂得多的语言与形式来叙述社会主义，用其他任何人所不及的科学的激进主义补充了马克思的学说。

客观而言，马克思主义的创立是一个不断完善发展的过程，马克思恩格斯并没有打算创立完备的理论体系，他们只是在解决现实问题、批判现实世界的过程中阐述自己的观点、立场和方法，马克思长期从事政治经济学批判，注重的是理论的深刻性与严密性，这就难免会产生现实感不足的问题。杜林主义等机会主义的泛起就说明马克思主义若要在工人运动中产生更为广泛的影响，需要进一步完备化、通俗化。事实上，恩格斯撰写《反杜林论》就是完成了马克思主义完备化的历史任务，与其直接目的即给予杜林主义毁灭性打击相比，《反杜林论》建设、发展和传播马克思主义的价值更为重大。正如恩格斯自己所评价的那样："消极的批判成了积极的批判；论战转变成对马克思和我所主张的辩证方法和共产主义世界观的比较连贯的阐述"②。1880年恩格斯抽取《反杜林论》中的部分章节改写为单独的小册子《空想社会主义和科学社会主义》，1882年改为《社会主义从空想到科学的发展》，该书先后被翻译为多种文字并广泛传播，成为科学社会主义的入门著作。

《反杜林论》不仅第一次全面概述了新的自然观、历史观和唯物辩证法等马克思主义哲学的基本内容，更重要的是它揭示了辩证唯物主义是马克思主义全部学说的世界观和方法论，进一步发展了辩证唯物主义和历史唯物主义。

---

① 参见恩格斯《反杜林论》，中共中央马克思恩格斯列宁斯大林著作编译局编译，人民出版社2018年版，编者引言。
② 《马克思恩格斯文集》第9卷，人民出版社2009年版，第11页。

二 科学社会主义必须建立在科学世界观的基础之上

杜林主义从本质上而言就是空想社会主义的借尸还魂，而空想社会主义与科学社会主义的本质区别就在于世界观不同。任何空想社会主义，不管主观上如何激进，其世界观都是唯心主义的和形而上学的，总是脱离现实地诉诸某种先验的永恒原则或者抽象的人道主义伦理要求，对社会现实进行批判，对未来却又陷入幻想。杜林对马克思主义的挑战，就是想用正义、自由、平等和博爱等现代神话取代唯物主义。恩格斯指出，科学社会主义必须建立在科学世界观的基础之上，而科学世界观的诞生在于唯物史观和剩余价值学说的发现，正是有了科学的世界观，才能找到一切社会变迁和政治变革的终极根源，这个终极根源不应当在人们的头脑中、在人们对永恒的真理和正义的认识中去寻找，而应当在生产方式的变更中去寻找；不应当在相关的时代的哲学中去寻找，而应当在时代的经济学中去寻找。"生产以及随生产而来的产品交换是一切社会制度的基础；在每个历史地出现的社会中，产品分配以及和它相伴随的社会之划分为阶级或等级，是由生产什么、怎样生产以及怎样交换产品来决定的。所以，一切社会变迁和政治变革的终极原因，不应当到人们的头脑中，到人们对永恒的真理和正义的日益增进的认识中去寻找，而应当到生产方式和交换方式的变更中去寻找；不应当到有关时代的哲学中去寻找，而应当到有关时代的经济中去寻找。对现存社会制度的不合理性和不公平、对'理性化为无稽，幸福变成苦痛'的日益觉醒的认识，只是一种征兆，表示在生产方法和交换形式中已经不知不觉地发生了变化，适合于早先的经济条件的社会制度已经不再同这些变化相适应了。同时这还说明，用来消除已经发现的弊病的手段，也必然以或多或少发展了的形式存在于已经发生变化的生产关系本身中。这些手段不应当从头脑中发明出来，而应当通过头脑从生产的现成物质事实中发现出来。"①

没有历史唯物主义的立场、观点和方法，空想社会主义者就无法掌握

---

① 《马克思恩格斯文集》第9卷，人民出版社2009年版，第283—284页。

资本主义生产方式的本质规律，自然也就无法从批判现实中找到未来发展的方式，反而会将资本主义生产方式及其创造的文明成果当作坏东西一起抛弃掉，进而言之，不掌握资本主义生产方式及其经济运行规律，自然也就发现不了无产阶级，也就找不到推翻旧世界、建设新世界的现实力量。

恩格斯深入考察了人类认识史和哲学发展史，阐述了马克思主义哲学变革和唯物辩证法的产生，提出"现代唯物主义本质上都是辩证的"，不仅坚持自然观上的辩证思维方法，而且主张历史观上以辩证的思维方法为前提。马克思恩格斯以坚持唯物主义的方式拯救和继承了黑格尔哲学中的辩证法的思维方式，并将其运用于人类社会历史的研究，发现了人类社会发展规律，创立了唯物史观。历史唯物主义、辩证唯物主义和唯物主义辩证法本质上是一致的，唯物主义与辩证法的统一、辩证唯物主义与历史唯物主义的统一、唯物辩证的自然观与历史观的统一是马克思主义哲学的本质特征。

在此基础上，恩格斯系统阐述了唯物史观的基本原理："以往的全部历史，都是阶级斗争的历史；这些互相斗争的社会阶级在任何时候都是生产关系和交换关系的产物，一句话，都是自己时代的经济关系的产物；因而每一时代的社会经济结构形成现实基础，每一个历史时期的由法的设施和政治设施以及宗教的、哲学的和其他的观念形式所构成的全部上层建筑，归根到底都应由这个基础来说明。这样一来，唯心主义从它的最后的避难所即历史观中被驱逐出去了"①。对社会的批判必须建立在对这一社会形态生产方式批判的基础之上，正确揭示资本主义劳动是无偿占有工人剩余价值的批判是对资本主义最为有力的批判。

正是唯物史观和剩余价值学说的发现使社会主义从空想变成科学。恩格斯审视了以往的社会主义理论的局限和唯心史观的错误，认为它们与唯物史观是根本不相容的。他们无法正确认识资本主义生产方式的物质经济事实，即便是无情揭露批判了资本主义剥削的罪恶，却无法明确揭示出这种剥削的深刻根源和本质规律，这样他们既不能科学解释这个

---

① 《马克思恩格斯文集》第9卷，人民出版社2009年版，第29页。

生产方式，当然也无法正确对待这个生产方式，只能简单地将其当作坏东西抛弃掉。唯物史观首先强调要立足于社会现实尤其是立足于社会物质生产方式来剖析社会，找到其发展演变的根本规律并掌握运用这种规律，进而能动地改造社会。显然，认识和改造社会的前提条件是树立科学的世界观和历史观。马克思恩格斯通过政治经济学批判找到了资本主义的命脉所在，科学揭示出资本主义生产方式的历史联系性、历史必然性和历史局限性，明确了资产阶级必然灭亡和无产阶级必然胜利的历史趋势。他们认为："社会主义现在已经不再被看做某个天才头脑的偶然发现，而被看做两个历史地产生的阶级即无产阶级和资产阶级之间斗争的必然产物。它的任务不再是构想出一个尽可能完善的社会制度，而是研究必然产生这两个阶级及其相互斗争的那种历史的经济的过程；并在由此造成的经济状况中找出解决冲突的手段。"①

实际上，杜林根本无法与空想社会主义者相提并论，当社会生产尚未达到一定发展水平时，只能依靠理性而无法从现实中找到答案的空想社会主义思想是那个时代的伟大畅想，但是到了19世纪下半叶科学社会主义已经诞生的情况下，杜林仍然依靠头脑孕育"最后真理"，构思出新的社会制度的"标准"体系，就只能算是庸俗、拙劣的模仿者，他的社会主义观点进一步庸俗化了，成为极具迷惑性有百害而无一利的错误理论。从根本上而言，杜林社会主义思想的错误根源在于其"新哲学体系"，他的哲学思想不过是旧哲学的翻版，其方法论是先验形而上学的思维方法，并直接导致唯心史观和反历史唯物主义观点。现实的社会历史被他抽象为了简单的要素，他提出了"两个人的模式"，即最简单的社会至少是由两个人组成的，并以此推论解决一切社会问题的基本模式。这显然是主观设定的社会和历史。

三　暴力问题的系统观点

人类社会从诞生的那天起，似乎就与政治权力、暴力有着不可分割

---

① 《马克思恩格斯文集》第9卷，人民出版社2009年版，第388页。

的联系。千百年来，人类社会仿佛就是在政治暴力的推动导演下变化发展的。历史上形形色色的改革、革命、起义及朝代更迭等，似乎都是暴力的产物。在唯物史观形成之前，历史在人们心中，往往是某种政治事件的编纂集，大事件的集合。杜林等人自以为是的、自以为十分独特的观点不过是一种历史唯心主义。"把重大政治历史事件看做历史上起决定作用的东西的这种观念，像历史编纂学本身一样已经很古老了，并且主要是由于这种观念的存在，保留下来的关于各国人民的发展的材料竟如此之少，而这种发展正是在这个喧嚣的舞台背后悄悄地进行的，并且起着真正的推动作用。"[1] 并不是历史重大事件、重要历史人物决定了历史，而是以人民为主体的劳动者和具体的生产方式在决定着历史的发展。

恩格斯认为，暴力仅仅是手段，相反地，经济利益才是目的。目的比手段要具有大得多的基础性。同样，在历史上，经济关系也比政治关系具有大得多的基础性。恩格斯用历史事实驳斥了杜林的荒谬观念，指出杜林把全部关系弄颠倒了。"私有财产在历史上的出现，决不是掠夺和暴力的结果。"[2] 私有财产最早出现在古代文明民族自然形成的公社。随着生产力的发展，劳动产品出现富余，公社内部逐渐发展出各种商品形式。原始的自发的分工逐渐被各种交换所排挤，公社成员的财产状况变得不再平等。旧的土地公有制逐步瓦解。现代资本主义也是在生产和交换的过程中产生的。在这个过程中，暴力没有起到任何作用，暴力可以改变财产占有状况，但是并不能创造私有制。"私有财产的形成，到处都是由于生产关系和交换关系发生变化，都是为了提高生产和促进交换——因而都是由于经济的原因。在这里，暴力没有起任何作用。显然，在掠夺者能够占有他人的财物以前，私有财产的制度必须是已经存在了；因此，暴力虽然可以改变占有状况，但是不能创造私有财产本身。"[3]

恩格斯进一步从理论层面分析了阶级的分化。"所有权和劳动的分离，成了似乎是一个以它们的同一性为出发点的规律的必然结果。换句

---

[1] 《马克思恩格斯文集》第 9 卷，人民出版社 2009 年版，第 166 页。
[2] 《马克思恩格斯文集》第 9 卷，人民出版社 2009 年版，第 169 页。
[3] 《马克思恩格斯文集》第 9 卷，人民出版社 2009 年版，第 169—170 页。

话说，即使我们排除任何掠夺、任何暴力行为和任何欺骗的可能性，即使假定一切私有财产起初都基于占有者自己的劳动，而且在往后的全部进程中，都只是相等的价值和相等的价值进行交换，那么，在生产和交换的进一步发展中也必然要产生现代资本主义的生产方式，生产资料和生活资料必然被一个人数很少的阶级所垄断，而另一个构成人口绝大多数的阶级必然沦为一无所有的无产者，必然出现狂热生产和商业危机的周期交替，出现整个现在的生产无政府状态。全部过程都由纯经济的原因来说明，而根本不需要用掠夺、暴力、国家或任何政治干预来说明。'基于暴力的所有制'，在这里，原来也不过是用来掩饰对真实的事物进程毫不了解的一句大话。"① 是经济发展决定了暴力，而不是暴力决定了私有制和阶级。

恩格斯通过总结现代资产阶级革命的历史指出，如果政治状态是经济状况的决定性原因，那么现代资产阶级就不可能在反对封建制度的斗争中发展起来，而应当是封建制度自愿生产的宠儿。历史事实揭示出，实际情形正好相反，是经济状况决定政治状态。资产阶级是在反封建制度的斗争中发展起来的。无论是英国的光荣革命，还是法国的大革命，都不是按照杜林的原则使经济状况适应政治状态——事实上在很长一段时间内，王权和贵族正是枉费心机地这么做的——而是把陈腐的政治废物抛开，形成促进新的经济状况存在并发展的政治状态。

政治暴力不仅是为经济服务的，而且作为手段本身也依赖于经济情况。"暴力的胜利是以武器的生产为基础的，而武器的生产又是以整个生产为基础，因而是以'经济力量'，以'经济状况'，以可供暴力支配的物质手段为基础的。"② 恩格斯以现代大国崛起的现实历史说明，现代化的"船坚炮利"无论是装备、编成、编制、战术和战略，还是人员的素质构成，都更依赖于经济前提，而天才统帅的影响最多只限于使战斗的方式适合于新的武器和新的战士。恩格斯通过美国"独立战争"和普法

---

① 《马克思恩格斯文集》第 9 卷，人民出版社 2009 年版，第 170—171 页。
② 《马克思恩格斯文集》第 9 卷，人民出版社 2009 年版，第 173—174 页。

战争等军事实践进一步指出：“军队的全部组织和作战方式以及与之有关的胜负，取决于物质的即经济的条件：取决于人和武器这两种材料，也就是取决于居民的质和量以及技术。”① 在马克思恩格斯看来，暴力有具体的体现形式，那就是军队，包括军队的人员和武器装备等。正如恩格斯在 19 世纪 70 年代所讲的，“目前，暴力是陆军和海军”②。暴力是一个概括性的哲学概念，包含着丰富的内容，如军队、武器以及具体的作战方式方法等。

1857 年，恩格斯为《美国新百科全书》写了关于“军队”的条目，在条目的第一句话里他就给军队下了经典的定义：“军队是国家为了进攻或防御而维持的有组织的武装集团”③。这一表述就概括了军队的性质、任务和特点。军队是国家机器的重要组成部分，军队是有阶级性的，是阶级的军队。军队是有组织的武装集团。军队这一基本特点，正是由军队的性质和任务所决定的。没有组织，没有武装，就不能形成集团，也就不能称其为军队。军队的阶级性从外部规定了军队产生发展的逻辑，军队的组织性则充分体现了军队建设发展的内部逻辑。在军队建设发展的过程中，占据主导支配地位的是内部逻辑，但是阶级属性对军队人员构成、作战实施同样具有重大影响。在军队组织构成中，武器是重要而基础的元素。恩格斯在 1853 年至 1856 年评论克里木战争时反复强调了武器对作战方式的决定作用：由于步兵装备了射程远、精度高的线膛枪，导致战术发生重大变化，即散兵线战术代替了纵队。进而在《反杜林论》中得出这样的结论：“一旦技术上的进步可以用于军事目的并且已经用于军事目的的，它们便立刻几乎强制地，而且往往是违反指挥官的意志而引起作战方式上的改变甚至变革。”④

在作战方式发生变化的基础上，军队组织形式、军事训练甚至军事文化等军事领域将会发生全方位的根本变革。正如马克思所指出的：“随

---

① 《马克思恩格斯文集》第 9 卷，人民出版社 2009 年版，第 178 页。
② 《马克思恩格斯文集》第 9 卷，人民出版社 2009 年版，第 174 页。
③ 《马克思恩格斯全集》第 14 卷，人民出版社 1964 年版，第 5 页。
④ 《马克思恩格斯文集》第 9 卷，人民出版社 2009 年版，第 179 页。

着新作战工具即射击火器的发明，军队的整个内部组织就必然改变了，各个人借以组成军队并能作为军队行动的那些关系就改变了，各个军队相互间的关系也发生了变化。"① 这种改变是一个互动的过程，技术变革引起组织形态的改变，而组织形态的改变又促进了技术创新的实现。军事技术变革引起作战方式变化，进而对作战力量编成、指挥机构体制产生影响，人们不得不围绕新型军事技术建立新形态的军事组织，建设新型态的军事暴力。在军事领域，恩格斯充分揭示了科学技术第一战斗力的属性，并且深刻阐述了科学技术和军工生产对社会经济的依赖性，认为"在任何地方和任何时候，都是经济条件和经济上的权力手段帮助'暴力'取得胜利，没有它们，暴力就不成其为暴力"②。他在详细考察海上军舰的发展历程之后看到，在进攻与防御矛盾运动的推动下，军舰变得越来越庞大，越来越昂贵，军舰是现代大工业的产物和样板，是浪费大量金钱的水上工厂。恩格斯最后得出结论："暴力本身的'本原的东西'是什么呢？是经济力量，是支配大工业这一权力手段。以现代军舰为基础的海上政治暴力，表明它自己完全不是'直接的'，而正是借助于经济力量，即冶金术的高度发展、对熟练技术人员和丰富的煤矿的支配。"③

在《反杜林论》政治经济学编第四章"暴力论（续完）"中，恩格斯更深层次地批判了杜林的暴力论思想，以丰富的历史知识科学辩证地说明了阶级和统治关系产生的两种现实途径，阐述了"暴力的社会基础在于阶级关系"这一历史唯物主义思想。杜林认为暴力造成奴役，是原罪，是绝对的坏事。恩格斯针对杜林的"暴力消极论"，提出暴力的能动作用同样是不容忽视的。暴力，"是每一个孕育着新社会的旧社会的助产婆；它是社会运动借以为自己开辟道路并摧毁僵化的垂死的政治形式的工具"④。在社会历史发展过程中，没落的阶级并不会主动退出历史舞

① 《马克思恩格斯全集》第6卷，人民出版社1961年版，第487页。
② 《马克思恩格斯文集》第9卷，人民出版社2009年版，第179页。
③ 《马克思恩格斯文集》第9卷，人民出版社2009年版，第181页。
④ 《马克思恩格斯文集》第9卷，人民出版社2009年版，第191—192页。

台，而是会抓住最后一根救命稻草垂死挣扎，先进的阶级必须通过暴力革命的手段才能将没落阶级和各种残余势力涤荡干净，进而为生产力的发展开辟出光明的道路。马克思主义特别强调，无产阶级和资产阶级之间具有不可调和的对抗性，无产阶级必须通过暴力革命的手段，打碎资产阶级国家机器，建立无产阶级专政，才能消灭资本主义生产方式及其附随的意识形态，为新的社会形态的建立和生产力的进一步发展开辟道路。实施暴力革命，是无产阶级获得解放、以无产阶级专政代替资产阶级专政的一般原则。但暴力的能动性、伟大作用力，根本上是以无条件地为其经济现实服务——这样的"被动"为前提的。马克思恩格斯并不是暴力至上论者，他们肯定暴力在社会历史发展中的作用是基于社会基本规律前提之下的，暴力行动能否卓有成效，恰恰取决于它能否自觉顺应社会经济发展趋势，自觉代表、认同先进主体的根本利益。

第三节　恩格斯晚年对马克思主义哲学的创新发展

马克思去世后，恩格斯独自承担起了捍卫马克思主义，指导和支持国际工人运动的重任。他不仅出版、再版和翻译了自己和马克思的众多著作，而且还通过为这些著作撰写导言、序言和跋，通过同各国政党领袖、社会主义活动者、革命者、知识分子和普通工人进行书信交流等方式，进一步传播发展马克思主义。在《路德维希·费尔巴哈和德国古典哲学的终结》（简称《费尔巴哈论》）和一系列书信等作品中，系统阐述了马克思主义哲学与德国古典哲学的关系，围绕哲学基本问题阐述了自己的立场观点，并全面澄清了关于历史唯物主义的错误认识。这个过程也是马克思主义哲学进一步完备化、系统化的过程。

一　马克思主义哲学和德国古典哲学的关系

随着马克思主义的广泛传播，其影响力也越来越大，一些资产阶级哲学家指责马克思主义哲学是对黑格尔和费尔巴哈哲学的直接继承和简单拼接，实际上，很多学者并不真正理解黑格尔辩证法和费尔巴哈唯物主义的本质，真正的"时代精神的精华"反而被弄成了低劣庸俗的唯心主义和折衷主义。

1885 年，丹麦哥本哈根大学教授卡·施达克出版了《路德维希·费尔巴哈》一书，书中对费尔巴哈哲学的基本性质作了错误的解释，认为费尔巴哈是一个唯心主义者，马克思主义哲学唯物思想的直接来源被看作是唯心主义，这个问题就需要认真分析对待了。德国社会民主党《新时代》杂志编辑部建议恩格斯撰写书评对该书进行评论，于是恩格斯撰写了《费尔巴哈论》，系统阐明了马克思主义哲学与黑格尔哲学、费尔巴哈哲学的关系，并对当时的错误观念予以抨击。

实际上，恩格斯之所以在整理马克思《资本论》手稿的繁重工作中专门抽时间撰写这部著作，有着更为深刻的原因。从根本目的上而言，《费尔巴哈论》的撰写是为了回击各种思潮对马克思主义的攻击，并正确引导工人阶级革命斗争的发展方向而写作的。到 19 世纪后期时，马克思主义已经获得了广泛传播，与此同时它也成为资产阶级和各种非马克思主义流派极力攻击和诋毁的目标。由于德国古典哲学特别是黑格尔和费尔巴哈哲学是马克思主义哲学的直接理论来源，因此，他们通过歪曲和曲解德国古典哲学来否定和攻击马克思主义。在德国，新康德主义抛弃了康德哲学中的唯物主义因素，将唯心主义和不可知论过分夸大，企图以伦理社会主义理论来取代马克思主义的历史唯物主义和社会革命理论。在英国、瑞典、丹麦等国家，新黑格尔主义用矛盾调和思想来解释黑格尔的辩证法，理性主义被抛弃，取而代之的是主观唯心主义和神秘主义，进而用黑格尔的伦理学说和国家学说来维护资产阶级的反动统治。另外，他们将马克思主义哲学贬低为是黑格尔唯心辩证法和费尔巴哈机械唯物主义哲学的简单拼接，这就从根本上否定了马克思主义哲学所实现的哲学世界观的伟大革命，抹杀了无产阶级与资产阶级世界观的根本区别，这势必对工人运动产生破坏性影响。

任何一个学说理论都不可能是完美无缺的，它需要随着时代的变化而不断发展完善，这种完善既体现在理论内部结构的完善，也体现在随着外部世界的需求而不断地创新发展。马克思主义是顺应工人运动而诞生的革命性理论，它需要与革命实践紧密结合在一起，同时还要与资产阶级和其他各种社会主义思想进行斗争，这个过程本质上也属于马克思主义创新发展的过程。

马克思主义哲学是时代的产物，它在对黑格尔辩证法和费尔巴哈唯物论进行深入的分析、批判和改造后对其加以吸收运用，但它本身是崭新的世界观和方法论，是在不断总结和深化历史科学和自然科学新成就、新知识的基础上形成的。

黑格尔的辩证法具有革命性、批判性，但与此同时也体现出了保守性和辩护性。比如黑格尔提出："凡是现实的都是合乎理性的，凡是合乎理性的都是现实的。"① 从字面上理解，这显然是把现存的一切神圣化，从哲学上为现存制度辩护。但是黑格尔并不认为一切现存的都无条件地是现实的，现实性仅仅属于那种同时是必然的东西。这个国家只有在它是必然的时候才是合乎理性的，才是同理性相符合的。在黑格尔看来，现实性绝不是某种社会状态或政治状态在所有世代所具有的属性。在发展过程中，以前一切现实的东西都会成为不现实的，都会丧失自己的合理性、必然性，丧失自己存在的权利；一种新的富有生命力的未来的东西就会代替正在衰亡的现实的东西。现实的都是合乎理性的这个命题就转变为了"凡是现存的，都一定要灭亡"。但是黑格尔并没有直接得出这个结论，所以他的哲学始终处于摇摆地位，具有明显的二重性特征。这根源于它唯心主义的本质特征，其辩证法始终是绝对理念的辩证法，而不是现实世界的辩证法，现实世界终究无法实现彻底的革命。

恩格斯认为，黑格尔哲学真正的革命意义在于，它彻底否定了关于人的思维和行动的结果都具有最终性质的看法。哲学当然要认识真理，但是真理并不是现成的、一经发现就必须熟读死记的教条，而是在科学的长期历史发展中不断深化的、从低级向高级上升的认识。"历史同认识一样，永远不会在人类的一种完美的理想状态中最终结束；完美的社会、完美的'国家'是只有在幻想中才能存在的东西；相反，一切依次更替

① 《马克思恩格斯选集》第 4 卷，人民出版社 2012 年版，第 221 页。

的历史状态都只是人类社会由低级到高级的无穷发展进程中的暂时阶段。每一个阶段都是必然的，因此，对它发生的那个时代和那些条件说来，都有它存在的理由；但是对它自己内部逐渐发展起来的新的、更高的条件来说，它就变成过时的和没有存在的理由了；它不得不让位于更高的阶段，而这个更高的阶段也要走向衰落和灭亡。"① 辩证哲学体现出了彻底的革命立场，它推翻了一切关于最终的绝对真理和与之相应的绝对的人类状态的观念，"在它面前，不存在任何最终的东西、绝对的东西、神圣的东西；它指出所有一切事物的暂时性；在它面前，除了生成和灭亡的不断过程、无止境地由低级上升到高级的不断过程，什么都不存在。它本身就是这个过程在思维着的头脑中的反映"②。

费尔巴哈批判了唯心主义并重新回到了唯物主义立场，认为"自然界是不依赖任何哲学而存在的；它是我们人类（本身就是自然界的产物）赖以生长的基础；在自然界和人以外不存在任何东西，我们的宗教幻想所创造出来的那些最高存在物只是我们自己的本质的虚幻反映。魔法被破除了；'体系'被炸开并被抛在一旁了，矛盾既然仅仅是存在于想象之中，也就解决了"③。费尔巴哈的唯物主义的观点深刻影响了马克思恩格斯，给深陷黑格尔唯心主义而极度苦恼的他们送来了走向新的理论形态的阶梯。费尔巴哈强调"物质不是精神的产物，而精神本身只是物质的最高产物。"④ 恩格斯评价费尔巴哈唯物主义为纯粹的唯物主义。费尔巴哈将哲学的立足点从抽象的观念转向感性存在的人，是最值得重视的观点。但是费尔巴哈抛弃了黑格尔的辩证法，这就决定了它自身具有无法克服的局限性，它与18世纪的唯物主义并没有本质的区别，已有的缺陷在它这里依然存在。如用纯粹机械的原理解释一切现象的机械性，对世界联系与发展运动的过程性视而不见的形而上学性，尤其是社会历史领域的唯心主义。现实丰富的人在他那里退化成为孤立抽象的人的本

---

① 《马克思恩格斯文集》第4卷，人民出版社2009年版，第270页。
② 《马克思恩格斯文集》第4卷，人民出版社2009年版，第270页。
③ 《马克思恩格斯文集》第4卷，人民出版社2009年版，第275页。
④ 《马克思恩格斯文集》第4卷，人民出版社2009年版，第281页。

质，他无法从丰富的社会交往活动中研究人及人类社会历史。因此，他的唯物主义仅仅是半截子唯物主义，在社会历史领域又重新沦落为唯心主义。

费尔巴哈曾用生理学和心理学代替机械力学作为自己的科学基础，希望在唯物主义基础上更进一步，但是始终未能脱离形而上学和唯心史观的藩篱。唯物主义若要超越旧的形态而成为科学形态的辩证唯物主义，必须与丰富的社会实践紧密结合在一起，吸取科学理论发现、社会经济运动规律等思想养分，而这些却是费尔巴哈哲学所缺乏的。由于反动统治阶级的限制和迫害，费尔巴哈不得不离开大学，在穷乡僻壤中处于孤陋寡闻的状态，不仅无法获知自然科学的最新进展，也脱离了现实的政治斗争实践，这就直接导致了费尔巴哈的唯物主义哲学失去了现实的根基，仍然停留于旧唯物主义哲学水平而未能前进一步。

马克思恩格斯对黑格尔和费尔巴哈的哲学进行批判改造，创立了崭新的世界观和方法论。其一，吸收了费尔巴哈的唯物主义思想，将唯物主义彻底贯彻到了包括社会生活在内的一切领域；其二，吸收了黑格尔的辩证法思想，把辩证法置于唯物主义基础之上，创立了唯物辩证法的自然观、历史观和认识论；其三，辩证唯物主义和历史唯物主义世界观和方法论广泛应用于无产阶级革命斗争之中，使马克思主义哲学成为无产阶级解放斗争的认识工具和实践指南。

二　关于哲学基本问题的论述

在《费尔巴哈论》第二章，恩格斯就明确提出："全部哲学，特别是近代哲学的重大的基本问题，是思维和存在的关系问题。"[①] 这是在总结哲学历史的基础上明确提出的哲学基本问题。远古时代，人们所思考的灵魂对肉体、对外部关系的问题，所体现的就是哲学的基本问题。到了中世纪，思维和存在的关系在宗教掩埋之下，以曲折、隐晦的方式展现出来，经院哲学内部唯名论和唯实论围绕一般与个别的关系展开的斗

---

① 《马克思恩格斯文集》第 4 卷，人民出版社 2009 年版，第 277 页。

争所反映的就是思维与存在的关系。到了近代，思维对存在、精神对自然界的关系被清晰地表达出来，什么是最为根本的，是精神还是自然界？显然，哲学基本问题是人类哲学思想上一直存在着的核心问题，虽然黑格尔在《哲学史讲演录》中曾经提到过"近代哲学的基本问题"，海涅也曾经提出过这个问题，但是他们都没有对这个问题进行系统阐述，更没有站在唯物主义立场上阐述哲学基本问题的基本内容和深刻内涵，是恩格斯首先对这一问题进行深刻论述的。

哲学基本问题的第一个方面，是思维和存在、精神和物质何者为第一性的问题，根据对这一问题的回答可以区分出唯物主义和唯心主义，认为物质是本原的，属于唯物主义，认为精神是本原的，属于唯心主义。"除此之外，唯心主义和唯物主义这两个用语本来没有任何别的意思，它们在这里也不是在别的意义上使用的。"① 唯物与唯心仅仅在世界观问题上是尖锐对立的，即在强调世界本原的问题上才有意义，如果过分扩展它们的含义就必然造成错误、制造混乱。施达克将费尔巴哈哲学思想中追求理想信念看作唯心主义，把唯物主义理解为贪吃、酗酒、肉欲等一切龌龊行为，显然是根本没有正确理解唯物主义和唯心主义的内涵。

世界观是人们对世界本原的反映，它的正确性源自于人的认识对世界本身的正确反映，也就是说，世界本来是什么直接决定了世界观的科学性。显然，世界本身是物质性的，物质是世界的本原，因此唯物主义应该更接近"事实的真相"。但是为什么会有唯心主义呢，难道唯心主义者不知道在他之外存在一个客观而冰冷的世界吗？作为哲学史发展的必然，唯心主义又绝不能被简单地归结为"荒诞的体系"或"胡说"。列宁在《谈谈辩证法问题》一文中有着深刻的论述：

> 从粗陋的、简单的、形而上学的唯物主义的观点看来，哲学唯心主义不过是胡说。相反地，从辩证唯物主义的观点看来，哲学唯心主义是把认识的某一特征、某一方面、某一侧面，片面地、夸大

---

① 《马克思恩格斯文集》第 4 卷，人民出版社 2009 年版，第 278 页。

地、überschwengliches（狄慈根）发展（膨胀、扩大）为脱离了物质、脱离了自然的、神化了的绝对。唯心主义就是僧侣主义。这是对的。但（"更确切些"和"除此而外"）哲学唯心主义是经过人的无限复杂的（辩证的）认识的一个成分而通向僧侣主义的道路。

人的认识不是直线（也就是说，不是沿着直线进行的），而是无限地近似于一串圆圈、近似于螺旋的曲线。这一曲线的任何一个片断、碎片、小段都能被变成（被片面地变成）独立的完整的直线，而这条直线能把人们（如果只见树木不见森林的话）引到泥坑里去，引到僧侣主义那里去（在那里统治阶级的阶级利益就会把它巩固起来）。直线性和片面性，死板和僵化，主观主义和主观盲目性就是唯心主义的认识论根源。而僧侣主义（＝哲学唯心主义）当然有认识论的根源，它不是没有根基的，它无疑是一朵无实花，然而却是生长在活生生的、结果实的、真实的、强大的、全能的、客观的、绝对的人类认识这棵活树上的一朵无实花。①

唯心主义是认识主体在逻辑上将物质世界衍生出来的思想观念前置了。从存在论的角度而言，自然界先于人类而存在自然也就先于意识而存在，因而世界的本原是物质而不是意识；从认识论的角度来看，人的大脑只是思维工具，对意识进行加工，意识的内容来自于客观世界，外部的客观世界才是意识的源泉。思想观念对客观事物的描述，遵循经验对象之间在时间序列中的先后顺序，这便是"时间顺序"。然而，认识活动中思想观念对客观事物的建构并不完全按照事物经历的顺序进行反映，而是会打破既有的时间顺序建立起新的"逻辑顺序"。从本质上而言，"逻辑顺序"是对"时间顺序"的建构、补充和完善，它不应该违反甚至是颠覆"时间顺序"，但是唯心主义者却不恰当地过度发挥思维的主动性，用主观意识重构了世界的"逻辑顺序"。于是，原本处于派生地位的因素会被放置到本原的地位，而原本是本原的因素也可能成为

---

① 《列宁选集》第 2 卷，人民出版社 2012 年版，第 560 页。

派生的因素。

根据视为本原性的东西的不同，唯心主义可以区分为客观唯心主义和主观唯心主义。客观唯心主义把一般、类绝对化，使概念变成了客观的、独立的实体。其实，概念作为事物一般属性的反映，是人们用以认识事物本质的手段或途径，它并不等同于事物的本质。主观唯心主义则是走向了另一个极端，它将认识活动本身与认识的对象混为一谈。主观唯心主义认为感觉是一切认识的起点，这当然是对的，但是它却进一步断言一切认识的内容只是感觉，这当然就是错误的了。主观唯心主义不承认有独立于个别的一般，这具有合理性，但是它却把包含在个别中的一般也排斥掉了，这也是错误的。

哲学基本问题的第二个方面，是思维和存在的同一性问题，即世界是否可知的问题。恩格斯指出："思维和存在的关系问题还有另一个方面：我们关于我们周围世界的思想对这个世界本身的关系是怎样的？我们的思维能不能认识现实世界？我们能不能在我们关于现实世界的表象和概念中正确地反映现实？用哲学的语言来说，这个问题叫做思维和存在的同一性问题"①。凡是断定思维和存在具有同一性的就是可知论，相反，就是不可知论。在哲学史上，大部分哲学家都认为思维和存在具有同一性，是可知论者。即便都是可知论，唯物主义可知论与唯心主义可知论也有着较大的差异，前者是从唯物主义一元论出发的，而后者则是从唯心主义一元论出发的。恩格斯认为康德和休谟是不可知论的代表人物，他们否认世界的可知性，至少否认最终认识世界的可能性。

人并不能完全认识客观世界，也不能一劳永逸地把握事物的本质，如何就说人能够认识世界呢？哲学史上，机械唯物论的认识论属于反映论，坚持从物到思想的认识路线，但是它将认识过程理解为直观的、消极的镜面反射，并不能真正揭示人类认识世界的真实状况。唯心主义先验论虽然走的是一条错误的认识路线，但是却将辩证法引入认识过程之中，就认识的细节上而言反而比旧唯物主义更加接近认识的客观过程本

---

① 《马克思恩格斯文集》第 4 卷，人民出版社 2009 年版，第 278 页。

身。这里需要将实践观和辩证法引入认识论，人对世界的认识是在实践过程中实现的，人的认识成果会随着实践的深入而不断深化，只要人类社会实践活动不停止，人就能够不断认识未知的世界。推动哲学思想不断发展的真正的力量，就是人类的实践。"在从笛卡儿到黑格尔和从霍布斯到费尔巴哈这一长时期内，推动哲学家前进的，决不像他们所想象的那样，只是纯粹思想的力量。恰恰相反，真正推动他们前进的，主要是自然科学和工业的强大而日益迅猛的进步。"① 辩证唯物主义可知论当然不是直观的反映论，而是主张在与客观世界交互作用中实现认识的深化，这个认识过程是前进而曲折的过程，是经历反复甚至倒退而最终实现的过程。

三　对私有制、阶级和国家的起源问题的研究

1884 年恩格斯出版了《家庭、私有制和国家的起源》（简称《起源》），通过系统研究原始社会进一步丰富和发展了唯物史观。原始社会是人类社会的一个历史阶段，唯物史观必须经过这一阶段的检验和论证才是一个完整的科学理论，如果缺少了对原始社会历史的分析，历史唯物主义就是不全面的，仅仅限于阶级社会的历史，不仅没有科学揭示阶级和阶级社会的起源，也无法揭示阶级社会发生、发展和灭亡的全过程。因此，将唯物史观拓展到原始社会史的研究，通过揭示原始社会的本质和规律进而阐明私有制、阶级和国家的起源问题，直接关系到唯物史观普遍性和科学性的确证。

从 1853 年开始，马克思对俄国、塞尔维亚和西班牙等地的农村公社、德国的马尔克等进行了广泛研究，其中 19 世纪 50 年代末的《政治经济学批判大纲》中的"资本主义以前的生产形式"和 19 世纪 80 年代初的《路易斯·亨·摩尔根〈古代社会〉一书摘要》是关于人类学的两次大规模的系统研究。19 世纪 70 年代以后，以《古代社会》为代表的系列成果的问世，表明关于原始社会生产技术、婚姻家庭、氏族部落等

---

① 《马克思恩格斯文集》第 4 卷，人民出版社 2009 年版，第 280 页。

重大问题的研究已经逐步完善，这为系统深入研究原始社会史提供了条件。美国人类学家摩尔根在《古代社会》一书中，以他自己的方式发现了唯物主义历史观，通过对比野蛮时代和文明时代，在主要观点上得出了与马克思相同的结果。摩尔根的研究得到了马克思的高度重视，因为它将唯物史观的研究拓展到了人类社会的史前时期，为此马克思撰写了关于《古代社会》一书的大量摘要、批语和补充材料。马克思去世后，恩格斯对其遗稿进行了整理和完善，认为有必要进一步论证和发展唯物主义历史观。在这样的背景下，恩格斯撰写了《起源》一书。

在《起源》中恩格斯从"两种生产"理论展开论述。"根据唯物主义观点，历史中的决定性因素，归根结底是直接生活的生产和再生产。但是，生产本身又有两种。一方面是生活资料即食物、衣服、住房以及为此所必需的工具的生产；另一方面是人自身的生产，即种的繁衍。一定历史时代和一定地区内的人们生活于其下的社会制度，受着两种生产的制约：一方面受劳动的发展阶段的制约，另一方面受家庭的发展阶段的制约。"① 在不同的历史阶段两种生产的地位和作用是不同的，在生产力极端低下的原始社会中，人自身的生产以及由此而形成的血缘亲属关系对社会制度起着决定作用，而物质生产只是起到了次要的决定作用。随着生产力的发展，劳动产品数量不断增多，社会物质财富的数量不断增加，物质生产逐渐从次要地位上升到主要地位，开始成为决定社会历史的根本力量，而人自身生产的决定作用则下降到次要的地位。随后，随着生产力的发展开始出现私有制和阶级，"以血族团体为基础的旧社会，由于新形成的各社会阶级的冲突而被炸毁；代之而起的是组成为国家的新社会，而国家的基层单位已经不是血族团体，而是地区团体了。在这种社会中，家庭制度完全受所有制的支配，阶级对立和阶级斗争从此自由开展起来，这种阶级对立和阶级斗争构成了直到今日的全部成文史的内容"②。从社会最为基础的物质生活的生产来分析人类社会发展的

---

① 《马克思恩格斯文集》第4卷，人民出版社2009年版，第15—16页。
② 《马克思恩格斯文集》第4卷，人民出版社2009年版，第16页。

演变，符合人类社会发展的客观事实，也捕捉到了社会发展的根本性矛盾，进而揭示出了原始社会诞生发展直至解体的一般规律。

马克思恩格斯指出"全部人类历史的第一个前提无疑是有生命的个人的存在"，既明确了人类社会建立于现实具体的个人的基础之上，也明确了人及人类社会首先是一种物质性存在。人通过劳动改造自然从中获取维持自身生存的物质资料，这种改造自然的能力即生产力，而在具体的社会生产过程中结成了人与人之间的社会关系即生产关系。生产力与生产关系是社会生产的两个侧面，前者是物质性的生产内容，而后者是生产的组织形式，二者之间的关系是内容决定形式，形式反作用于内容。

当人改造自然的能力极为低下之时，人的劳动产品只能维持自身生存，人与人之间的生产关系只能是平等互助，因为额外的剥夺将会导致灭亡。然而随着生产力的逐步提升，使人的劳动力能够生产出超过维持劳动力所必需的产品，也就为一个人占有其他人的劳动产品提供了前提，也就为"所有制"的出现奠定了基础。"第一次社会大分工，在使劳动生产率提高，从而使财富增加并且使生产领域扩大的同时，在既定的总的历史条件下，必然地带来了奴隶制。从第一次社会大分工中，也就产生了第一次社会大分裂，分裂为两个阶级：主人和奴隶、剥削者和被剥削者。"[1] 在《德意志意识形态》中，马克思恩格斯就认为生产力的提升表现为社会分工的出现，"一个民族的生产力发展的水平，最明显地表现于该民族分工的发展程度。任何新的生产力，只要它不是迄今已知的生产力单纯的量的扩大（例如，开垦土地），都会引起分工的进一步发展"[2]。从另外的角度而言，正是社会分工提升了生产力水平。生产领域的"自然差别"提出了社会分工的现实需求。社会分工本质上是根据社会需要将社会总劳动分配于从事各种具体生产职能，对各种资源要素进行合理分配，最终形成完整合理的社会生产体系。

社会分工首先是一种技术性分工，体现劳动形式的分化，即人们从

---

① 《马克思恩格斯文集》第4卷，人民出版社2009年版，第180页。
② 《马克思恩格斯选集》第1卷，人民出版社2012年版，第147页。

事于固定的部门和行业，专一生产某种社会产品。分工将社会总劳动分解为具体部门和行业内的专业性独立化劳动，变成独立商品生产者的私事，并通过交换活动成为经济联系和实现利益的中介手段。技术性分工使劳动分化为不同的劳动领域和部门，通过专业化的组织方式，使人的劳动在广度和深度上获得越来越大的发展，通过提高个体专业知识和技能，推动人的创造力的发展，这必然提升社会生产力的水平。

社会分工必然体现为社会性分工，体现为生产关系的调整和变革。"分工的各个不同发展阶段，同时也就是所有制的各种不同形式。这就是说，分工的每一个阶段还决定个人在劳动材料、劳动工具和劳动产品方面的相互关系。"① 分工破坏了生产和占有的共同性，随着劳动条件、劳动工具的具体分配，个人占有成为支配性规则，劳动创造出来的财富开始在私有者手中积累，于是开始出现了所有制，即少数人占有社会财富的状况。从根本上而言，"分工使精神活动和物质活动、享受和劳动、生产和消费由不同的个人来分担这种情况不仅成为可能，而且成为现实"②。正是从生产关系角度而言，"分工和私有制是相等的表达方式，对同一事情，一个是就活动而言，另一个是就活动的产品而言"③。因此，社会分工是私有制产生的物质根源，因为分工而导致了对生产资料的私人占有，同时因分工而必然导致出现商品交换，而商品交换的发展就在社会上形成了众多的私有生产者。从另外的角度而言，分工的形式代表了生产力发展的水平，决定了私有制的具体形式。

分工的程度决定了私有制的不同表现形式，或者说私有制随着分工进程而不断演变。人类历史上曾经出现过三次大分工，第一次是农业和畜牧业的分工，发生于野蛮时代中期，经过这次分工，社会第一次分化为两个阶级；第二次是手工业和农业的分工，氏族制度和原始公有制解体，个体家庭和私有制逐渐成为社会的基础；第三次是商品流通从生产过程中独立出来，这次分工标志着社会进入了文明时代，这一时期从奴

① 《马克思恩格斯选集》第1卷，人民出版社2012年版，第148页。
② 《马克思恩格斯选集》第1卷，人民出版社2012年版，第162—163页。
③ 《马克思恩格斯选集》第1卷，人民出版社2012年版，第163页。

隶社会开始。在恩格斯看来："国家是文明社会的概括，它在一切典型的时期毫无例外地都是统治阶级的国家，并且在一切场合在本质上都是镇压被压迫被剥削阶级的机器。"① "由于文明时代的基础是一个阶级对另一个阶级的剥削，所以它的全部发展都是在经常的矛盾中进行的。生产的每一进步，同时也就是被压迫阶级即大多数人的生活状况的一个退步。对一些人是好事，对另一些人必然是坏事，一个阶级的任何新的解放，必然是对另一个阶级的新的压迫。"② 阶级是一个历史范畴，也是一个经济范畴，阶级产生于生产资料私有制，而生产资料私有制是社会生产力发展的产物，因此，阶级也是社会物质生产的必然产物，历史唯物主义从私有制的起源着手，深刻把握住了人类社会发展的基本规律，从而对社会形态的演变作出了明确的判断。

私有制作为社会分工的产物一直遵循从低级到高级的逐步发展，体现了财富制度对生产力的聚集作用，但是这个演变过程终究会达到一种饱和程度，即达到私有制的终极状态，资本主义私有制。"只有随着大工业的发展才有可能消灭私有制。"③ 资本主义大工业生产创造了前所未有的生产力水平，但是也创造出了众多的"没有财产的"人，这就为建立新的所有制形式创造了条件。"正像工场手工业在一定发展阶段上曾经同封建的生产秩序发生冲突一样，大工业现在已经同代替封建生产秩序的资产阶级生产秩序相冲突了。被这种秩序、被资本主义生产方式的狭隘范围所束缚的大工业，一方面使全体广大人民群众越来越无产阶级化，另一方面生产出越来越多的没有销路的产品。生产过剩和大众的贫困，两者互为因果，这就是大工业所陷入的荒谬的矛盾，这个矛盾必然要求通过改变生产方式来使生产力摆脱桎梏。"④ 生产力和生产关系的矛盾运动所构成的生产方式是社会发展的决定力量，这一根本矛盾的解决决定了阶级对立的解决，是社会生产力的发展最终促使了资本主义的灭亡。

---

① 《马克思恩格斯文集》第4卷，人民出版社2009年版，第195页。
② 《马克思恩格斯文集》第4卷，人民出版社2009年版，第196—197页。
③ 《马克思恩格斯选集》第1卷，人民出版社2012年版，第184页。
④ 《马克思恩格斯文集》第4卷，人民出版社2009年版，第305—306页。

四 关于经济基础与上层建筑及其相互关系的阐释

唯物史观是马克思主义哲学的核心内容之一，是掌握人类历史发展规律的钥匙，但是对其掌握和运用却并不容易。19 世纪 90 年代，德国社会民主党内的"青年派"主要由年轻大学生和编辑等组成，他们并没有真正掌握唯物史观，反而将其作为标签贴到各种事物上去，把唯物史观庸俗化、教条化。就连德国社会民主党的领导人、老党员也对唯物史观的实质内容理解不透彻，导致思想混乱路线不坚定。与此同时，资产阶级社会学家保尔·巴尔特对唯物史观进行歪曲和攻击，歪曲唯物史观强调物质生产方式以及经济基础对社会发展的决定性作用，说马克思把"经济"发展当成在历史中唯一起作用的因素，攻击唯物史观是"技术经济史观""经济唯物主义""社会静力学"。

客观而言，在唯物史观创立过程中，为了将唯心主义从最后一个避难所——社会历史领域中驱逐出去，强调经济基础对上层建筑的决定性作用是必要的，但是这也就会让人产生"矫枉过正"的错觉，实际上，在某些情景中论述上层建筑的反作用是不够的。这难免会成为资产阶级学者的攻击口实。在这样的背景下，恩格斯写了"关于历史唯物主义的通信"，重新阐发了经济基础和上层建筑在历史发展中的作用原理，尤其是论述了上层建筑对经济基础的巨大反作用，驳斥了资产阶级学者和庸俗马克思主义者对历史唯物主义的歪曲甚至是伪造，捍卫和发展了马克思主义哲学基本原理。

恩格斯认为经济基础是与现实生产力以及自然条件、人口因素等密切相关的统一的经济有机体。强调经济关系对人类社会及其多方面发展具有归根到底的决定作用，但是这种决定作用不是唯一的，也不能理解为单向的。"并不像人们有时不加思考地想象的那样是经济状况自动发生作用，而是人们自己创造自己的历史，但他们是在既定的、制约着他们的环境中，是在现有的现实关系的基础上进行创造的，在这些现实关系中，经济关系不管受到其他关系——政治的和意识形态的——多大影响，归根到底还是具有决定意义的，它构成一条贯穿始终的、唯一有助于理解的红线。"① 经济关系的决定作用是由人参与和实现的，没有人的有意识、有目的的活动，任何社会规律的作用都是一句空话，可以说经济关系的决定作用实现于人的自觉能动的活动中。从社会革命角度而言，社会形态的更替不能归结于经济增长，而应该发挥工人的主观能动性，制定正确的路线和政策，自觉地组织开展革命斗争。

恩格斯提出历史合力的思想。人们创造历史并没有共同的意志和计划，也不是在孤立的时间和地点进行创造，而是不同个人、不同阶级、不同国家和民族不断相互作用进行创造的。"历史是这样创造的：最终的结果总是从许多单个的意志的相互冲突中产生出来的，而其中每一个意志，又是由于许多特殊的生活条件，才成为它所成为的那样。这样就有无数互相交错的力量，有无数个力的平行四边形，由此就产生出一个合力，即历史结果，而这个结果又可以看做一个作为整体的、不自觉地和不自主地起着作用的力量的产物。"② 历史发展中的合力思想具有深刻的内涵，它反映出社会发展过程的复杂性，在社会发展过程中起推动性作用的是包括人的主观意志在内的各种因素，但是在复杂的现象背后却存在着不以人的主观意志为转移的客观规律，人们应该认识并掌握这个规律来指导自身的活动。

上层建筑取决于经济基础是就根本意义上而言的，它自身具有一定的独立性，有其自身发展的历史和逻辑。1890 年在致约瑟夫·布洛赫的信中，恩格斯写道："根据唯物史观，历史过程中的决定性因素归根到底是现实生活的生产和再生产。无论马克思或我都从来没有肯定过比这更多的东西。如果有人在这里加以歪曲，说经济因素是唯一决定性的因素，那么他就是把这个命题变成毫无内容的、抽象的、荒诞无稽的空话。"③ 实际上，在现实生活中，经济基础与上层建筑互为因果，它们的地位和作用在不断相互作用中相互转化。上层建筑发展进步同样会对经济基础起到牵引促进的作用。无产阶级作为革命主体要提高自己斗争的自觉性、

---

① 《马克思恩格斯选集》第 4 卷，人民出版社 2012 年版，第 649 页。
② 《马克思恩格斯选集》第 4 卷，人民出版社 2012 年版，第 605 页。
③ 《马克思恩格斯选集》第 4 卷，人民出版社 2012 年版，第 604 页。

主动性，通过变革上层建筑推动经济基础变革最终实现社会形态的发展。

　　死亡，是每个人的最终结局，伟人也不例外。"从生命起始与终结的意义上讲，伟人的死和伟人的生一样，其实也是很平凡的。不平凡的是生与死之间的那段生命的历程，当事人面对死亡的态度，以及历史对这场生命运动的回声。"① 1883 年和 1895 年，马克思恩格斯先后辞世，他们给后人留下了无比宝贵的科学理论，后世的马克思主义者需要掌握这一科学理论武器，沿着革命导师的足迹，继续完成他们未竟的事业。

---

① 　陈林：《恩格斯传》，天地出版社 2017 年版，第 327 页。

第七章

19 世纪末 20 世纪初马克思主义
哲学在欧洲的传播和发展

马克思主义哲学创立后，经过不断传播和发展，影响力与日俱增。正如马克思在青年时期所设想的那样，要使哲学世界化和世界哲学化，马克思主义哲学创立以后就以突出的实践特征逐步深刻地影响和改变现实世界。首先接过马克思主义大旗的是马克思恩格斯的学生们，他们深谙马克思恩格斯及其学说理论并凭借自己深厚的学术素养对其进行传播和发展，成为马克思主义哲学发展的重要环节。

第一节　第二国际马克思主义者在
理论上的继承与捍卫

19 世纪 80 年代以来，各国工人运动蓬勃发展，马克思主义与工人运动的结合，促进了各国工人政党的建立和发展。"到 1889 年，已建立工人政党的国家达到 14 个，即德、法、美、英、比利时、丹麦、荷兰、意大利、奥地利、挪威、瑞典、瑞士、西班牙、匈牙利。此外，俄国在1883 年由普列汉诺夫领导建立了劳动解放社。"① 1889 年 7 月，来自世界各国的工人政党在巴黎召开"国际社会主义者代表大会"，讨论国际劳工立法和工人阶级的政治、经济斗争任务，这次大会标志着第二国际的建立。第二国际以马克思主义为指导思想，推动了国际工人运动的发展，

---

① 刘宗绪主编：《世界近代史》，北京师范大学出版社 2004 年版，第 343 页。

第二国际的领导人和理论家们继承了马克思恩格斯的理论，并在工人运动中和与修正主义的斗争中实现了创新发展。

一 马克思恩格斯的学生和继承者们

19 世纪 80 年代，马克思主义开始在欧洲广泛传播开来，这从这一时期发表的有关马克思主义创始人的著作数量上就可以反映出来。在 1883 年以前，著作总数是 24 篇，而在 1883—1904 年数量是 280 篇，尤其是 1895—1904 年数量达到 214 篇。① 马克思主义的广泛传播得益于马克思恩格斯的继承者们的不懈努力，主要的代表有保尔·拉法格、安东尼奥·拉布里奥拉、弗兰茨·梅林、卡尔·考茨基、格·瓦·普列汉诺夫等，这些人对于马克思恩格斯的学说都是极为熟稔的，他们都有机会接受马克思恩格斯的当面教导，而且自己又擅长理论研究工作，他们对于马克思主义的传播和发展作出了自己的贡献。考茨基等人同时也是第二国际的领导人或主要代表，所以他们也统称为第二国际马克思主义者。

表 7－1　　　　　　　　　　第二国际主要代表②

姓名	国家	出生（时间、地域、家庭）	原来的职业（学说）	转向马克思主义的时间与地点	备注
拉法格	法国	1842 年，圣地亚哥（古巴）种植园主	医生	1872—1880 年英国伦敦	马克思的二女婿
拉布里奥拉	意大利	1843 年，卡西诺（坎帕尼亚）地主	大学教授，黑格尔哲学家	19 世纪 90 年代初意大利罗马	
梅林	德国	1846 年，施拉威（波美拉尼亚）容克地主	新闻宣传工作	1891 年德国斯图加特	
考茨基	德国	1854 年，布拉格（波西米亚）画家	社会达尔文主义者	1884 年英国伦敦	帮助恩格斯整理《资本论》手稿
普列汉诺夫	俄国	1856 年，坦波夫（俄国中部）地主	民粹主义者	1881 年瑞士日内瓦	

① 孙伯鍨、侯惠勤主编：《马克思主义哲学的历史和现状》上卷，南京大学出版社 2004 年版，第 354 页。
② 孙伯鍨、侯惠勤主编：《马克思主义哲学的历史和现状》上卷，南京大学出版社 2004 年版，第 355 页。

　　第二国际马克思主义者基本都出生于19世纪40—50年代，在70—90年代时转向马克思主义，是第二国际的组织者和重要活动家，是与修正主义坚决斗争的正统的马克思主义者。需要指出的是，与后来的列宁从一开始所接受和信仰的就是马克思主义不同，第二国际的学者们很多是"半路出家"的马克思主义者，在掌握历史唯物主义之前就已经拥有自己的社会历史观点，甚至已经是某一领域的知名学者了。

　　考茨基在接受马克思主义以前就形成了社会达尔文主义的哲学世界观，而且他还发表了一系列论著来阐述社会达尔文主义。正如他自己所说，他所研究的首先是达尔文，然后才是马克思，首先是物种的生存斗争，后来才是阶级斗争。考茨基尤其强调马克思主义的科学性，将历史唯物主义看作纯粹的科学，而科学社会主义是建立于纯粹科学之上的应用科学。人类社会规律无非是自然发展规律的自然继续。社会是"带有特殊规律的自然界的特殊部分，而这些规律，如果愿意的话，可以成为自然规律，因为就其实质而言，前者同后者没有任何差别"①。显然，考茨基的思想带有明显的达尔文进化论的色彩。

　　拉布里奥拉曾经是著名的黑格尔哲学家，发表过多种具有影响力的哲学著作。与第二国际的很多理论家将历史唯物主义看作是一种考察事物的社会学或经验科学不同，拉布里奥拉明确反对将历史唯物主义与社会科学和经验科学混为一谈，而是将历史唯物主义定位为实践哲学，当作一种批判的方法。历史唯物主义这种历史辩证法，不是从外部转向事物的主观批判，而是对那种包含在事物本身内部的自我批判的发现。他认为，正是"从主观思想的批判（这是从外部考察事物并以为批判本身能够对事物进行纠正的批判）到对自我批判（这是社会在本身的内在发展过程中对自身进行的批判）的理解的过渡中"，体现了马克思"从黑格尔唯心主义哲学中吸取的历史辩证法"。②

---

　　①　［苏］斯·布赖奥维奇：《卡尔·考茨基及其观点的演变》，李兴汉、姜汉章、陈联璧译，东方出版社1986年版，第83页。

　　②　［意］安·拉布里奥拉：《关于历史唯物主义》，杨启潾、孙魁、朱中龙译，人民出版社1984年版，第54页。

梅林长期从事新闻宣传工作，是资产阶级民主派报刊的著名政论家。梅林把继承马克思主义看作高于一切的任务，他说："我将投身于科学研究工作那极大的快乐之中，这样我可以不受会议和报纸稿子的干扰，更加热忱地继续整理我的伟大导师马克思恩格斯和拉萨尔生前的著作。对于他们的遗产，在某些并非不重要的方面，我会比现在活着的任何其他人处理得更好。这个任务高于我，也高于党。"① 他在这段自白中表达了对马克思恩格斯的崇敬之情，但是将拉萨尔提到了同样的高度，这也折射出他的思想中掺杂着非马克思主义的东西。

普列汉诺夫早年是民粹主义者，后来转变为马克思主义者，是最早在俄国和欧洲传播马克思主义的思想家。在普列汉诺夫看来，"马克思主义是一个完整的世界观。简单说来，这是现代唯物主义，也就是现今发展到最高阶段的世界观"②。他认为马克思恩格斯的哲学不仅是唯物主义的哲学，而且是辩证的唯物主义，是现今发展到最高阶段的世界观。普列汉诺夫反对用诸如经济唯物主义等名称称谓马克思的世界观，认为马克思从来没有自称为经济唯物主义者，除了用"现代唯物主义""新唯物主义"称谓外，他更多的时候称之为"辩证唯物主义"。

第二国际马克思主义者都是优秀的理论工作者，有着深厚的理论素养和学术功底，他们的加入壮大了马克思主义的队伍，这对于马克思主义的传播和发展是大有裨益的；但另一方面他们的哲学信念中难免掺杂着非马克思主义的东西，尽管他们已经尽力进行了决裂和清算。事实上，旧的哲学信念残余始终不易根除，考茨基的社会达尔文主义，梅林的拉萨尔主义，拉法格的蒲鲁东主义，普列汉诺夫的民粹派观点都一定程度上存在。考茨基在第一次世界大战爆发后站在了无产阶级革命的对立面，普列汉诺夫转移到孟什维克立场上，究其深刻根源就在于哲学世界观的沦陷。

---

① 孙伯鍨、侯惠勤主编：《马克思主义哲学的历史和现状》上卷，南京大学出版社 2004 年版，第 365 页。

② 《普列汉诺夫哲学著作选集》第 3 卷，生活·读书·新知三联书店 1962 年版，第 134 页。

二　继承传播马克思恩格斯的学说

我们需要还原的历史真相是，马克思主义是在与各种社会思想的激烈交锋中确立指导地位的。在马克思主义诞生以前各国工人运动就已经存在，而且因历史文化差异各个国家民族的工人运动表现出不同特点，马克思主义诞生后并没有立即在各个国家工人运动中处于支配地位，而是一个逐渐扩大影响的过程，在这个过程中第二国际的马克思主义者发挥了重要作用。

马克思主义若要与工人运动结合起来，最先需要解决的是大众化问题，即让工人们能够阅读理解、掌握运用马克思主义理论。马克思主义传播过程中首先遇到的是语言问题。马克思的手稿采用多种文字撰写，其中德文占60%，英文占30%，法文占5%，另外还有希腊文、意大利文和拉丁文等文稿，如《共产党宣言》《资本论》等主要作品原文为德文。[①] 语言障碍成为限制马克思主义传播的重要因素。正是第二国际马克思主义者率先将马克思恩格斯的主要作品翻译成自己国家的母语版本。普列汉诺夫在1881年年底开始把《共产党宣言》翻译成俄文，并推动"劳动解放社"把翻译马克思恩格斯著作作为主要任务，在19世纪80年代翻译和出版了一系列作品，对于马克思主义在俄国的传播作出了重大贡献，这为后来俄国建立布尔什维克党乃至发动十月革命走上社会主义道路奠定了思想理论基础。1884年考茨基将《哲学的贫困》由法文译为德文。1902年梅林主编出版了四卷本的科学社会主义奠基人的早期作品，其中就包括马克思恩格斯发表在《莱茵报》《德法年鉴》《新莱茵报》《德法报》上的文章，还有《神圣家族》，填补了马克思恩格斯早期作品出版的空白。只是梅林在这部作品中错误地把拉萨尔和马克思恩格斯并称为科学社会主义三大奠基人。

为了使马克思主义更好地掌握群众，第二国际马克思主义者在马

---

① 孙伯鍨、侯惠勤主编：《马克思主义哲学的历史和现状》上卷，南京大学出版社2004年版，第367页。

克思主义通俗化大众化方面做了一系列工作，开展了出版马克思恩格斯主要著作的普及版或注释版等工作。恩格斯在晚年将自己无法完成整理的《资本论》第四卷交付给考茨基处理，考茨基整理后以《剩余价值学说史》为题进行出版。1914年考茨基出版了《资本论》第一卷的普及本，普列汉诺夫对恩格斯的《路德维希·费尔巴哈和德国古典哲学的终结》添加了注释，梅林也为自己编辑出版的马克思恩格斯遗著增加了导言、注释等。考茨基撰写的《卡尔·马克思的经济学说》就是一本新的、通俗的、简短的阐述剩余价值理论的著作，这本书得到了恩格斯的充分肯定。拉布里奥拉撰写的《纪念〈共产党宣言〉》深入浅出地介绍了《共产党宣言》的重要思想。梅林花费25年时间在收集整理详细资料的基础上写出了《马克思传》，生动再现了马克思的思想历程和革命生涯。①

作为马克思主义理论家，考茨基等人对历史唯物主义思想及与之相关的科学社会主义问题进行了深入研究。当时修正主义、机会主义及各种资产阶级思想流派把历史唯物主义污蔑为"宿命论"，急需对"如何认识历史发展中的主观因素"，"如何定位无产阶级和人民群众积极的革命活动"等问题进行深入的理论阐释。围绕这一主题出现了丰硕成果，有考茨基的《爱尔福特纲领解说》（1892年），梅林的《论历史唯物主义》（1893年），普列汉诺夫的《论一元论历史观的发展》（1895年），拉布里奥拉的《关于历史唯物主义》（1896年），拉法格的《卡尔·马克思的经济决定论》（1909年）等，这些作品后来被翻译为多国文字，对马克思主义的传播起到了重大作用。毛泽东就曾说，在他最初接触到的马克思主义著作中，就有考茨基的《阶级斗争》，即《爱尔福特纲领解说》的中译本。第二国际理论家们为宣传马克思主义作出了艰辛努力和卓越贡献，正因为如此，有学者评价第二国际时期是马克思主义的黄金时代。

---

① 孙伯鍨、侯惠勤主编：《马克思主义哲学的历史和现状》上卷，南京大学出版社2004年版，第370页。

　　马克思主义在形成过程中势必经过理论的对象化和现实的抽象化，前者是理论经过实践不断转化为现实，后者是现实中丰富的实践经过思想加工而不断转化为理论。第二国际的马克思主义者们不仅在理论的对象化方面作出了卓越贡献，而且通过对实践的凝练总结进一步发展了马克思主义理论。

　　第二国际的理论家们都无一例外地重视对历史唯物主义的研究，他们的大量作品都围绕历史唯物主义展开阐释和研究，而且尤其重视历史唯物主义的方法论意义。他们认为捍卫马克思主义的主要阵地关键在于维护历史唯物主义的主导地位，同时将历史唯物主义的方法论拓展到其他领域，尤其是马克思恩格斯从未涉及的领域。考茨基明确指出："沿着马克思和恩格斯给我们指出的道路前进！在我看来，可以预见的时间内只能通过进一步专门化的研究，通过填补理论上的空白，通过改进现有的方法去取得理论上的进步。"① 考茨基运用历史唯物主义方法研究了伦理学问题和经济学中的土地问题。在《土地问题》中，他分析了农业在资本主义生产方式下所发生的重大变化，探索揭示出农业发展的规律，为无产阶级政党制订农业政策提供了理论依据。梅林在代表性作品《莱辛传奇》《美学探索》中，创造性地将历史唯物主义运用到文学史和美学的研究中，受到了恩格斯的好评。普列汉诺夫将历史唯物主义运用于研究美学和文艺评论，为后人留下了举世闻名的《没有地址的信》和大量关于文艺评论的文章，丰富和发展了马克思主义美学思想和文艺理论。

　　他们在研究历史唯物主义的过程中，补充了马克思恩格斯相对论述不充分的内容，从结构上完善了马克思主义理论体系。比如，意识形态的结构及各种意识形态具体形式的形成和发展规律，上层建筑的相对独立性及其和经济基础的辩证关系，个人及主观能动性在历史发展中的作用等。此时《德意志意识形态》并未公开发表，唯物史观关于经济基础

---

　　① 中共中央马克思恩格斯列宁斯大林著作编译局国际共运史研究室编：《德国社会民主党关于伯恩施坦问题的争论》，生活·读书·新知三联书店1981年版，第333页。

决定上层建筑的论断总让人产生"经济决定论"的误解，意识形态如何决定于经济基础确实需要进行深入研究。他们把社会心理的分析引入马克思主义的理论体系，认为社会心理是介于社会现实基础与道德、艺术等意识形态之间的中间环节，包括情感、意志、愿望和本能以及无意识的东西。对意识形态的结构与层次进行区分，由于对经济基础的依赖和密切程度不同，意识形态表现出层次性。拉布里奥拉将艺术、宗教和科学与国家、法、道德等区别开来，普列汉诺夫把哲学和艺术列入上层建筑的最高级序列，把政治、法律列入第一级序列，把科学和道德列入第二级序列。这就说明，意识形态归根结底是由经济关系的发展来决定的，但是在具体历史条件下，何种意识形态居于何种地位需要具体问题具体分析。

任何意识形态的形成都是复杂的历史过程，马克思主义所揭示的是基本原理，但是历史现实却具有非常丰富的内涵，第二国际的学者们在研究具体意识形态演变形成方面作出了突出贡献。考茨基对早期基督教的形成进行了很有创见的研究，并得出了不同于恩格斯的结论。梅林通过对德意志国家和德国古典文学形成和发展的研究，揭示出资本主义发展的需要是促成德国国家统一的根本原因，而海德、席勒和歌德等人的优秀作品是德国资产阶级解放愿望在思想艺术上的表现。

另外，第二国际的理论工作者们不断总结马克思主义发展的历史规律，在具体发展过程中补充和完善了理论体系。马克思主义发展到这一时期，已经有足够的时间跨度对其发展过程进行规律性研究，这也是与资产阶级学者进行斗争的现实需要，因为只有揭示马克思主义发展的本质规律才能真正展示其科学价值。这一时期先后出版了《社会主义史》（由考茨基、拉法格、梅林等发起编撰），《马克思及其历史意义》（考茨基），《唯物主义史论丛》（普列汉诺夫），《德国社会民主党史》（梅林），等等。[1] 另外第二国际的马克思主义者还在美学、语言文学、伦理

---

[1]　孙伯鍨、侯惠勤主编：《马克思主义哲学的历史和现状》上卷，南京大学出版社 2004 年版，第 386 页。

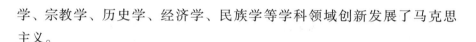

学、宗教学、历史学、经济学、民族学等学科领域创新发展了马克思主义。

总之，第二国际的马克思主义者作为马克思恩格斯的学识渊博、富有个性的学生和继承者被载入史册，他们对于马克思主义的传播和发展作出了自己应有的贡献。

三　与修正主义的斗争

第二国际创立的时代背景是，资本主义快速发展并在经济政治领域实现繁荣稳定，资产阶级社会学家将这一时期称为"资本主义的新时代"。与第一国际时期的"风暴和革命"特点不同，第二国际时期尤其是从其成立到1905年的俄国革命前的这一时期，明显带有"和平"的性质。这一时期，资本主义从自由发展向垄断过渡，托拉斯、卡特尔等垄断组织在改变资本主义经济结构的同时也深刻改变着其政治结构，资产阶级在国家中的政治统治权力得到加强，民族主义思想进一步强化，阶级对抗的矛盾被社会的繁荣和国家的整体利益冲淡。

伴随着资本主义的发展，无产阶级逐渐发展壮大，通过斗争运动工人的生存境遇得到了一定改善。同时，由于第二次工业革命的发生，资产阶级更注重对相对剩余价值的剥削，对工人的科学文化素质要求相对更高了，而工资水平也明显提高了。以工资水平相对较低的德国为例，工人的工资中平均支出25%来缴房租，25%—30%购买食物，在满足基本需求以外，还有45%—50%的结余。法国也是工资较低的国家，但是在19世纪末其工资也比法兰西第二帝国时期提高了近70%。英美两国的工资更明显高于德法两国。[①] 而且随着各国自由改革的实行，工人阶级长期以来争取的政治权利也得到了一定程度的实现。

资本主义的和平景象使得资产阶级和无产阶级之间的矛盾暂时得以缓解，要不要通过暴力革命推翻资产阶级统治被一些人打上了问号。工人境遇的改善主要是通过合法斗争而不是暴力革命取得的，无产阶级与

---

① 刘宗绪主编：《世界近代史》，北京师范大学出版社2004年版，第341页。

资产阶级似乎能够和谐共生。与此同时，社会政治、法律、思想的因素开始在工人阶级中发展壮大，并表现出了重要的影响作用，这与人们一直所理解的历史唯物主义强调经济因素出现了偏差，实践和理论上的矛盾导致诘难和批判马克思主义的观点屡屡出现。正如拉布里奥拉在思考这一问题时所说的那样：“前些年激烈的、活生生的、有些早熟的希望——那些对过于精细的细节和轮廓的期待——现在正遇到最复杂的经济关系和最难以理解的错综复杂的政治世界。”①

革命的堡垒首先在内部产生了裂痕。第二国际的主导思想是马克思主义，但是实证主义、社会进化论思想在不断侵蚀着人们的思想，很多人都无法正确理解马克思主义的思想精髓，有的在经济决定论形式下把无产阶级革命理解为一种进化论模式，有的认为社会改良是实现社会变革的决定性手段，从而过度依赖于工会斗争和工人罢工而放弃武装革命。最为典型的背叛者是德国人伯恩施坦。

伯恩施坦曾向马克思恩格斯求教，深得恩格斯的器重。1881 年经倍倍尔推荐，伯恩施坦担任《社会民主党人报》的主编，到 1890 年该报停刊，伯恩施坦发挥自己的才智为办好这份党的机关报付出了辛勤劳动，获得了“马克思主义理论家”的好名声。巧合的是，该报编辑部在 1888 年从苏黎世迁往伦敦，在接下来的三年时间里，伯恩施坦居住在伦敦，从而有机会与恩格斯保持频繁的交往，这种交往增强了他在马克思主义理论研究领域和国际社会主义运动中的影响。

伯恩施坦是一位合格的“密切关注时代趋势的观察家”②，他似乎能够更敏锐地察觉 19 世纪末资本主义经济发展所带来的繁荣景象给马克思主义带来的挑战，于是本着“实事求是”的精神探求事实的真正原因和连带关系。从最初进行马克思主义的学习与宣传，到后来逐渐以马克思主义修正者自居，伯恩施坦实际上是背叛了马克思主义。在

---

① ［英］恩斯特·拉克劳、查特尔·墨菲：《领导权与社会主义的策略——走向激进民主政治》，尹树广、鉴传今译，黑龙江人民出版社 2003 年版，第 15 页。

② ［英］戴维·麦克莱伦：《马克思以后的马克思主义》，李智译，中国人民大学出版社 2008 年版，第 23 页。

伯恩施坦看来，最终目的并不算什么，运动就是一切。"运动就是一切，最终目的是微不足道的"这一说法，成了概括伯恩施坦理论观点和思想方法的名言。

伯恩施坦充分重视民主的重要性，认为民主既是手段又是目的，是实现社会主义的手段，同时也是社会主义的本质内容。在伯恩施坦看来，资本主义并不需要通过暴力进行摧毁，它自身具有自我更生能力，通过发展资本主义民主就可以和平长入社会主义。因此，伯恩施坦主张社会民主党人应该积极地发展资本主义，以达到实现社会主义的目的。伯恩施坦将无产阶级的革命理论改造成了社会改良理论，正如他自己所说的那样："我实际上只是社会改革家。我不相信颠覆，政治性质的暴力冲突是与我不相干的，而社会革命只能通过改良，也就是说只能一点一点地推行。"[1] 他明确表达了自己的改良取向："我根本无法相信终极目的，因此也不能相信社会主义的最终目的。但是我坚决地相信社会主义运动，相信工人阶级的向前迈进，他们一定会通过把社会从商人地主寡头政治的统治领域改变成真正的民主制度（它的一切部门都是受工作和创造的人们的利益指引的）而一步一步地实现自己的解放。"[2] 伯恩施坦对资本主义的妥协投降，对社会主义的抛弃，也最终体现为对马克思主义的全面怀疑和对主要理论的否定。

他驳斥马克思对于资本主义即将灭亡的预测，主张与资产阶级合作逐步实现社会主义，认为尽管资本主义工业生产的集中过程很显著，但并没有成为普遍现象，而且资本的所有权变得更加分散了。他这么做的根本原因在于资本主义所发生的重大变化深刻动摇了他的马克思主义信仰，进而抛弃了社会主义理想。总之，伯恩施坦全面否定马克思主义学说，并走向了工人阶级的对立面，彻底站在资产阶级的立场之上。伯恩施坦修正主义的出现绝不是偶然的，也不是某个民族国家特有的现象。它同资本主义发展到帝国主义阶段从而出现新的社会状况紧密相连，德

---

① 殷叙彝编：《伯恩施坦文选》，人民出版社 2008 年版，第 104 页。
② 殷叙彝编：《伯恩施坦文选》，人民出版社 2008 年版，第 137 页。

国有伯恩施坦，法国则出现了"米勒兰事件"，英国和俄国同样出现了类似的问题。

考茨基作为第二国际的领导人也充分认识到社会现实所发生的重大变化，并与修正主义进行了坚决斗争，批判了伯恩施坦等人的错误观点，但是他的斗争却只局限于理论层面，在处理实际问题时总是表现出妥协性。他在《伯恩施坦和社会民主党的纲领》中强调："一个党派如果从一开始就声明它只能以反对党的地位进行有益的活动，它只追求力量，而不追求政权，那末它就会自行瘫痪，失掉人民群众的一切信任。"① 因此，每一个党派都必须有一个最终目标，即自己社会实践活动的最终目标。针对伯恩施坦的《社会主义的前提和社会民主党的任务》，罗莎·卢森堡撰写了《社会改良还是革命?》，针锋相对地对改良主义进行了批判。普列汉诺夫从 1898 年撰写《论所谓马克思主义的危机》开始，先后撰写了《伯恩施坦与唯物主义》《唯物主义还是康德主义》等大量作品，从哲学方面进行批判。

客观而言，考茨基等人所开展的斗争是远远不够的，所谓修正主义已经不再属于马克思主义，与其斗争已经不再属于党内观点分歧，而应该是不同阶级之间的斗争了。修正主义者实际上已经被垄断资产阶级收买，退化成为贵族工人阶级，他们的目的已经不再是维护工人阶级的利益，而是消解工人阶级的革命意志，为资本主义唱颂歌。但是考茨基等人却没有认识到问题的严重性，只是把修正主义看成是资产阶级、小资产阶级思想对党的一般渗透的产物，是暂时的情绪，可能会转瞬即逝。从根源上而言，这种斗争态度实际上是对国际工人运动斗争严峻形势认识不够的表现，也可以理解为在资本主义长期发展过程中逐渐淡化了革命信念的一种表现，修正主义者彻底走向了革命的对立面，考茨基等第二国际领导人的革命立场也出现了松动。

---

① 中共中央马克思恩格斯列宁斯大林著作编译局资料室编：《考茨基言论》，生活·读书·新知三联书店 1973 年版，第 45 页。

第二节　第二国际马克思主义者对工人运动的指导

马克思主义是指导无产阶级革命运动的理论学说，它的生命力和巨大价值必须体现在伟大的革命斗争之中，体现在对现实社会的革命性改造之中。第二国际本身是一个工人运动组织，第二国际的理论家们首先是各国工人运动的领导人，他们当然也清楚自己作为马克思主义者应该承担的历史责任，并且也身体力行地进行了伟大的革命斗争实践。但是经过穿透历史迷雾的分析，在他们身上最为显著的是理论家的标签，作为革命家和工人运动领袖的身份并不如前者那么显赫，第二国际并未完成马克思主义实现社会形态变革的历史使命。

一　利用理论指导工人运动

考茨基等人作为第二国际领导人在指导各国工人运动中发挥了重要的作用，他们运用历史唯物主义的原理和方法，揭示和阐释了本国发展的具体历史过程和目前的社会性质，为工人阶级及其政党的革命活动确立了科学的指导思想，并参与指导各国工人阶级政党革命纲领的制定。

第二国际马克思主义者充分重视工人阶级政党的领导作用，认为创建工人阶级政党是解放事业成败的关键。工人阶级政党之所以重要，是因为它能够为革命斗争指明正确的方向，而它之所以具有预见性是因为掌握了马克思主义，并用它去教育和武装全体工人群众。这里就出现了问题，马克思主义和工人运动是什么关系？如果马克思主义是工人运动自发产生的，那就用不着党去教育了，如果工人运动不能自发产生，那么马克思主义为什么是工人阶级的世界观呢？

考茨基认为，尽管科学社会主义理论学说和工人的阶级斗争都根源于资本主义经济关系，但两者是并列产生的，不能将一个看作是另一个的产物。从工人阶级的斗争来看，工人运动产生社会主义本能，但是使这种本能变成明白的意识所需要的理论知识无法从工人阶级中产生出来，因为工人阶级并不具备产生这种认识所必需的全部条件。科学社会主义只有在全面的体系化的科学知识基础上才能产生出来，实际上，形成科学理论的代表人物恰恰来自于资产阶级知识分子，由此可见，先进的科学社会主义理论及相关的意识形态是一种从外面灌输给无产阶级的东西，并不是随着这个阶级的斗争自发产生的。从另外的角度而言，如果这个学说不交给无产阶级群众，这些理论就始终是一些平常的理论，这就需要群众与理论的结合，而结合的纽带就是工人阶级政党。考茨基的观点为列宁所接受并加以发展。

为了将马克思主义理论作为意大利社会党的理论基础，拉布里奥拉同屠拉蒂等人产生了严重冲突，后者借口团结各种不同派别而在指导思想上进行妥协，拉布里奥拉则主张进行坚决的斗争。拉法格批评了那些不想将马克思主义同社会主义联系起来的错误观点，他认为不做马克思主义者，就不能成为一个真正的社会主义者，与法国工人党中的温和派、可能派进行了坚决斗争。实际上，没有思想上的统一，仅以现实利益为标准的党派根本不具有战斗力，自然也无法真正实现自己的社会目标。在考茨基的努力下，德国社会民主党制定出了《爱尔福特纲领》，这是该党第一步完全肃清拉萨尔主义的马克思主义纲领，为各国工人阶级政党制定纲领提供了模板，确立了马克思主义在工人政党中的指导地位，对于指导工人运动具有重大的意义。

在指导工人运动取得显著成就的同时，也存在一些尖锐复杂的矛盾问题，在处理这些问题时，考茨基等人却表现出了软弱性的一面。法国的"米勒兰事件"是指法国社会党右翼领袖米勒兰加入资产阶级政府内阁一事。法国社会党在领导工人运动中取得了一定的胜利，但是在这个过程中领导人们逐渐丧失了革命立场，开始醉心于议会斗争的革命方式，甚至被资产阶级同化和俘虏。1898年法国政府遭遇严重的政治危机，为了克服危机便寻求同法国社会党合作，以缓解与民众的矛盾。显然，资产阶级寻求合作的目的并不是改变自身，社会党人若同意合作实际上就意味着自身的妥协和放弃。正是在这样的背景下，法国组建新内阁时，吸收社会党人米勒兰入阁担任工商业部长。一同入阁的还有屠杀巴黎公社的刽子手加利费，他担任军事部长。米勒兰入阁事件在法国和国际社会主义者之间引起了激烈争论，反对入阁者认为米勒兰放弃了无产阶级对资产阶级的斗争，转变为了镇压工人运动的工具；入阁派则积极为这一行为辩护，鼓吹社会主义者参加资产阶级政权可以改变其性质，实现和平过渡到社会主义。拉法格针对法国工人政党中的修正主义派、饶勒斯派以及加入反动政府的米勒兰派展开了不妥协斗争，但是这并不能从根本上改变事态的状况。围绕这个问题，法国工人政党组织先后三次举行代表大会进行讨论，最终却因意见不统一而分裂为两派。1900 年，第二国际第五次代表大会对这一事件进行定性处理，考茨基提出了妥协性决议，认为在一定条件下社会党人可以采取入阁这个策略，但这不是夺取政权的正确途径。这实际上迁就了改良主义并为修正主义者打开了方便之门。①

马克思主义与工人运动结合，并最终实现社会主义的目的必须通过建立无产阶级政党方能达到，而第二国际并不是严格意义上的独立的无产阶级政党。"第二国际一开始采取较为松散的国际联合形式，这固然有利于团结尽可能多的队伍，但是这种无组织、无纪律性的方式也使得第二国际缺乏必要的行动能力和应变能力。特别是在第二国际后期，当战争危机日益临近，客观上要求无产阶级迅速采取有力行动的时候，这种松散组织形式的弱点就愈发明显。"② 由于缺乏严格的组织性、纪律性，第二国际中自然会存在不同的意见和主张，在革命行动中和重大历史关头难以统一思想行动，自然无法取得革命的成功。

二　与资产阶级的斗争陷入教条主义

第二国际时期是资本主义和平发展和无产阶级革命准备时期，由于专注于合法地宣传和动员群众导致了对暴力革命的忽视。无产阶级专政并未被当作马克思主义政权的主要标志。综合来看，第二国际领导人始

---

① 参见孙伯鍨、侯惠勤主编《马克思主义哲学的历史和现状》上卷，南京大学出版社 2004 年版，第 393 页。

② 孙来斌、刘军主编：《20 世纪马克思主义发展史》（第二卷　19 世纪末至十月革命前马克思主义的发展），中国人民大学出版社 2019 年版，第 567 页。

终未能突破之前马克思恩格斯在世时所确立的革命行动纲领，以一种"萧规曹随"的方式指导工人运动，但是时代发展汹涌向前，无产阶级革命形势在日新月异地发展，考茨基等人却没有能够在新的历史条件下将马克思主义向前发展，在历史潮流中不进则退，马克思主义在他们手中反而成为教条。

考茨基在革命策略的理论论证上都与左派持相同的观点，但是一旦涉及实际问题，就会提出与右派相似的主张，他总是过度依赖合法的斗争方式，他的这种做法实际上将革命的胜利推向遥遥无期的未来。比如，考茨基一直声称拥护群众罢工的斗争策略，但是一旦涉及具体的罢工行动时，他就会为罢工行动附加上一连串的先决条件，认为只有全体工人都参与、所有民众都感到不满、政府软弱等这些条件都具备时，群众罢工才能取得胜利。正如有学者评价的那样，在考茨基那里，"群众罢工从来只是一种防卫武器，只是在工人阶级所享有的民主权利遭到侵犯时才使用的最好手段"①。考茨基本人始终坚持的是走社会革命的道路，但是他始终认为社会革命是社会生产力发展到一定水平的必然结果，而革命领导者和革命群众只能顺应这一历史潮流，不应该过度"干扰""影响"这一历史进程。他认为："社会民主党是一个革命的政党，但不是一个举行革命的政党。我们知道，我们的目的只有通过革命才能达到；但是我们也同样知道，我们不能举行这个革命，正像我们的敌人不能阻止这个革命一样。"并进一步指出："我们根本没有想到要举行或准备革命。既然我们不能按照自己的意愿举行革命，所以我们也就无从谈起革命将在什么时候和什么条件下到来，以及革命将要采取什么形式实现。"② 由于资本主义展现出了繁荣的景象，考茨基由此而得出了悲观的结论："最近几十年来，政府是无限地加强了，而推翻政府的可能性，即革命的可能性，看来却被推到无限遥远的未来。"③

---

① ［英］戴维·麦克莱伦：《马克思以后的马克思主义》，李智译，中国人民大学出版社2008年版，第29页。

② 王学东编：《考茨基文选》，人民出版社2008年版，第234页。

③ 王学东编：《考茨基文选》，人民出版社2008年版，第258页。

19 世纪末 20 世纪初，资本主义发展进入新的历史阶段，开始由自由竞争阶段过渡到垄断竞争阶段，社会经济形态的变化势必会引起社会政治和观念结构的变化，但是考茨基等人却对垄断资本主义的本质及其所带来的一系列社会影响重视不够、研究不够，在他们看来，"帝国主义"只不过是马克思恩格斯分析过的工业垄断资本主义具备了侵略掠夺政策的新特征而已。不能深刻认识时代的变化直接导致在变化的时代中难以有所作为。以至于当列宁就革命形势给出正确判断，主张将帝国主义战争转化为革命战争时，考茨基、普列汉诺夫等人反而被吓坏了，认为这样的理论和行动违反了马克思主义并极力地加以反对。考茨基始终认为："在资本主义还没有发展到足以使大多数人倒向社会主义以前，在任何国家建立社会主义的时机都是不成熟的；如果在条件不成熟的情况下就企图建立社会主义，那么这种尝试就必然会导致背叛民主主义的恶果，使社会主义堕落成为布朗基主义的暴政。"①考茨基等人认为自己才是真正的马克思主义者，继承了马克思恩格斯的衣钵，列宁等人则是违背了马克思主义。但事实是，考茨基对马克思主义的理解陷入了教条主义。列宁曾这样评价他："不要忘记，考茨基是一个几乎能把马克思著作背得出来的人；从考茨基的一切著作来看，在他的书桌或脑袋里一定有许多小抽屉，把马克思所写的一切东西放得井井有条，引用起来极其方便"②。

这里要指出的是，考茨基等人不应该在列宁领导十月革命时跳出来进行反对，作为一个马克思主义者应该明白，各国具体的国情决定了革命斗争方式的差异，不能用一种模式裁剪各国丰富的实践。当年巴黎公社起义时，马克思在起义前并不主张立即通过暴力取得政权，因为革命的社会条件尚不成熟，但是当起义爆发后马克思就予以全力支持，甚至在革命失败后还积极救助流亡伦敦的革命者，这才是一个无产阶级革命家对待革命应有的态度。反观考茨基的言行，则尽失革

---

① ［英］G. D. H. 柯尔：《社会主义思想史》（第三卷上册），何瑞丰译，商务印书馆 1981 年版，第 281 页。
② 《列宁选集》第 3 卷，人民出版社 2012 年版，第 592 页。

命家的应有风度,当一个马克思主义者失去革命性时也就意味着他不再是马克思主义者了。

当然,也有学者对比后来列宁所作的一系列创新和发展,尤其是领导俄国十月革命将科学社会主义理论转化为了成功的实践,以此来指责考茨基等人在时代转换中"贻误战机"。其实这种指责是毫无理由的。考茨基等人所在国的社会经济文化状况决定了他们领导工人运动的路线方式,也培养和造就了他们本人以及所领导工人队伍的革命斗争能力素质,他们擅长以和平方式通过议会斗争达成目的,这就必然决定了他们不擅长领导组建武装力量进行暴力革命。所以即便是帝国主义战争导致国内国际出现尖锐的社会矛盾,他们也无法加以利用和转化,因为从一开始这些领导人及其领导的工人政党就缺少暴力革命的基因。

考茨基等人强调议会斗争、主张逐步实现社会革命,与伯恩施坦的修正主义有什么区别呢?虽然一些学者甚至考茨基本人也认为他们最终在实际后果上差别并不明显,如麦克莱伦认为:"从许多方面讲,伯恩施坦与考茨基都处于同一个世界。不论他们在无产阶级孤立的问题上有多大的分歧,他们都完全投身于议会策略中"①。考茨基本人论述与伯恩施坦的关系时指出:"我们两人各自保持其理论上的特色,但在我们的实际行动上,我们这时几乎总是一致。"② 但是从本质上而言,考茨基与伯恩施坦并不相同,考茨基始终都是一位马克思主义者,始终是一位社会革命家,他绝不会与德意志帝国的统治者妥协和结盟,只是在如何实现社会革命的途径上,考茨基陷入了改良主义的泥潭并最终与修正主义者殊途同归。考茨基熟知马克思的学说,但是却并没有掌握马克思唯物辩证法的精髓,他把马克思的学说当成了教条理论,无法与现实有机结合起来,以至于使马克思主义成了脱离群众实践的学说理论,不仅革命事业

① [英]戴维·麦克莱伦:《马克思以后的马克思主义》,李智译,中国人民大学出版社2008年版,第33页。
② [德]卡尔·考茨基:《一个马克思主义者的成长》,叶至译,生活·读书·新知三联书店1973年版,第28—29页。

无法取得成功，自己最终也沦落到与修正主义者相似的田地。

　　1914年8月，第一次世界大战全面爆发，大多数国家的社会主义政党背叛了第二国际巴塞尔代表大会制定的革命原则，抛弃了无产阶级的国际主义义务，以"保卫祖国""保卫国内和平"为借口，支持甚至投身于本国资产阶级政府从事帝国主义战争。第二国际中的右派彻底堕落为公开的社会沙文主义者，即便是所谓的"中派"也表现出转变为社会沙文主义者的趋势，成为具有侵略性的民族主义者。沙文主义最初得名于18世纪末19世纪初法国士兵沙文狂热地拥护拿破仑的侵略扩张政策，社会沙文主义则是指打着社会主义的旗帜，以保卫祖国的名义，支持本国资产阶级发动参与侵略性的殖民战争。列宁在《第二国际的破产》中说："所谓社会沙文主义，我们是指肯定在当前这场帝国主义战争中保卫祖国的思想，为社会党人在这场战争中同'自己'国家的资产阶级和政府实行联合作辩护，拒绝宣传和支持无产阶级反对'自己'国家的资产阶级的革命行动，等等。十分明显，社会沙文主义的基本思想政治内容同机会主义的基本原则是完全一致的。它们属于同一种思潮。社会沙文主义是机会主义在1914—1915年的战争环境中的产物。机会主义的主要内容就是阶级合作的思想。战争使这种思想发展到了顶点，并且把在促成这种思想的一般的因素和起因中又加进了一系列特殊的因素和起因，用特殊的威胁和暴力迫使普通的分散的群众同资产阶级实行合作。这种情况自然使拥护机会主义的人增多，这种情况也充分说明为什么许多昨天的激进派倒向这个阵营。"① 列宁深刻指出："第二国际（1889—1914年）大多数领袖背叛社会主义，意味着这个国际在思想上政治上的破产。"②

三　第二国际理论家哲学世界观的天然缺陷

　　第二国际理论家的马克思主义理论素养不可谓不深，这些理论家们

---

① 《列宁选集》第2卷，人民出版社2012年版，第489页。
② 《列宁全集》第26卷，人民出版社2017年版，第2页。

在研究、阐释和发展马克思主义理论方面作出了杰出贡献，然而，在推进马克思主义与工人运动结合上，在适应时代发展要求推动马克思主义创新发展上却体现出了较大的局限性，这固然具有时代的客观原因，但深层原因是因为他们的哲学世界观存在缺陷。

对于马克思主义尤其是马克思主义哲学的掌握一定要从树立科学哲学世界观开始，马克思恩格斯正是从转变哲学世界观开始创立的马克思主义，如果不能真正掌握科学的哲学世界观就会出现对马克思主义片面甚至是错误的理解，比如在理解马克思主义科学性的时候将其等同于经验科学，把历史唯物主义绝对化，把辩证法混同于具体的社会科学方法等。其实，无论何时，如果不深入掌握马克思主义哲学的世界观和方法论，就总会产生一定程度的认识偏差。考茨基等人属于"半路出家"，他们并没有经历马克思恩格斯那样的哲学世界观涅槃重生的过程，而是"有选择"地接受马克思主义学说，这必然导致他们在整体理解上存在不足。

其一，对重塑哲学世界观的忽视。他们并没有真正理解马克思恩格斯所实现的哲学革命，不能真正把握马克思主义哲学对费尔巴哈唯物主义哲学的真正超越所在。在哲学基本问题上，考茨基认为马克思与费尔巴哈是一致的，即认为不是人们的意识决定人们的存在，而是人们的存在决定人们的意识，仅仅停留在一般唯物主义哲学的认识水平。梅林、普列汉诺夫和拉法格等人也没有认识到马克思的哲学与旧哲学之间的本质区别。拉法格在《马克思的唯物主义和康德的唯心主义》一文中说："拉波波特说，康德同马克思主义毫无关系，这是对的；但黑格尔也同样如此，尽管马克思和恩格斯在他们充满战斗激情的青年时代曾是黑格尔左派。但这以后，他们批评了和扬弃了黑格尔，正如恩格斯所承认的，他们归附了 18 世纪的法国唯物主义。用马克思的话说，他们把倒立着的黑格尔辩证法倒过来，然后加以借鉴。"[①] 马

---

① 中共中央马克思恩格斯列宁斯大林著作编译局国际共运史研究室编：《拉法格文选》（下卷），人民出版社 1985 年版，第 208 页。

克思的哲学不是一般的唯物主义哲学，是超越旧唯物主义的辩证唯物主义哲学，这就需要正确区分辩证唯物主义与旧唯物主义之间的差别，如果不能正确认识辩证唯物主义，自己的世界观就仍然停留于旧唯物主义哲学世界观的层次。

其二，实践概念的普遍缺失。马克思的哲学世界观之所以能够超越旧唯物主义哲学，根本原因在于突出了实践的地位，从人的实践的活动的角度理解人、世界和人与世界的关系。第二国际理论家们对实践显然是关注不够的，从而没有真正把握马克思哲学这一本质特征。旧哲学的主题是抽象的物质、精神或者二者之间的对立关系，而马克思将人的活动本身作为哲学研究对象，物质活动和精神活动内在地统一于人的具体活动之中，显然，马克思将人的具体活动即实践提高到了前所未有的高度。他主张将事物、现实、感性等当作人的感性活动，当作实践，从主体方面去理解，并进而提出物质实践的概念。强调实践，实际上也就真正确立了人的主体性地位，从而在唯物主义基础上突显了人的主观能动性，精神不单单是物质的派生物，而是能够反作用于物质从而对其产生重大影响的因素，如此一来，人就不再是物质世界中的受动者，而成为社会发展的主导者。马克思的哲学强调实践的地位和作用，从而为其变革世界奠定了哲学基础，如果不能正确认识这种实践性特征，势必会影响到对人与外部世界关系的判断，影响到人的革命性作用的发挥。即便是梅林、普列汉诺夫这样被誉为第二国际时期对马克思主义哲学最主要、最有权威的阐释者，也对实践重视不够，由于缺少了对实践的深刻认知，他们的革命理论和革命活动在世界观上便存在先天的缺陷，这种缺陷的影响是致命的。

其三，对唯物辩证法的误解。马克思的辩证法来源于黑格尔的辩证法，但是它与黑格尔的辩证法有着本质区别，正确认识二者的区别是理解唯物辩证法的基本前提。第二国际理论家们虽然认识到了辩证法的重要性，但是却难以掌握唯物辩证法的实质，普列汉诺夫就认为马克思恩格斯完全采纳了黑格尔的辩证法。考茨基强调他的辩证法与恩格斯在《反杜林论》中所阐述的辩证法并不完全一致，他认为自己的辩证法更接近黑格尔的辩证法。如果不能正确理解马克思辩证法与黑格尔辩证法的区别，也就无法正确理解马克思辩证法的能动的积极的革命性，马克思的辩证法被退化成一种研究历史的原则和方法，这不仅是对马克思辩证法的误读，甚至尚未达到黑格尔辩证法的高度。

马克思主义哲学最为核心的方法原则就是唯物辩证法，这一方法来自于客观世界，是辩证法、认识论和逻辑学的有机统一，只有掌握了唯物辩证法才能真正掌握马克思主义哲学，进而实现对社会历史规律的掌握和运用。如果不掌握辩证法，在复杂多变的现实世界中就无法积极应对，就容易将马克思主义当作教条来理解，无法真正实现改变现实世界的目的。普列汉诺夫作为俄国第一代马克思主义传播者算得上是最能深刻理解马克思主义哲学的学者了，但对辩证法的认识仍然存在缺陷，对辩证法的普遍性认识不足。列宁曾这样批判他："普列汉诺夫关于哲学（辩证法）大约写了近 1000 页（别尔托夫 + 反对波格丹诺夫 + 反对康德主义者 + 基本问题等等、等等）。其中关于大逻辑，关于它、它的思想（即作为哲学科学的辩证法本身）却没有说什么!!"① 在列宁看来，尽管普列汉诺夫以别尔托夫为笔名发表了关于辩证法的作品，对马克思主义基本问题进行阐述，对波格丹诺夫和新康德主义进行了批判，但是他对辩证法本身却并没有什么解释。对于普列汉诺夫而言，无论是在理论上还是行动上辩证法都处于缺失状态，尽管他一再批判资产阶级强加于马克思主义的"宿命论"，但自身却或多或少地存在着经济唯物主义倾向，难以真正发挥认识中的主观能动性作用和革命活动中的主观因素的作用，当时代发生急剧变化时，就无法跟上时代步伐并将革命活动推向前进。如果脱离了时代的发展，马克思主义也就失去了鲜活的生命力，最终连已有的历史唯物主义世界观的阵地也被迫放弃了，这样的马克思主义者不仅无法担负起进一步发展马克思主义的历史使命，甚至会背离马克思主义。

---

① 《列宁全集》第 55 卷，人民出版社 2017 年版，第 236 页。

第三节 西方马克思主义者对马克思主义哲学的发展与重释

20 世纪初，西方资本主义开始进入帝国主义阶段，并爆发了帝国主义国家瓜分世界殖民地的第一次世界大战，为无产阶级革命取得胜利创造了有利条件。在此过程中，俄国率先取得了革命的胜利，在俄国的影响下，德国、匈牙利、意大利等国于 1920 年前后也相继爆发了革命。俄国经过十月革命建立了世界上第一个苏维埃共和国，国际共产主义运动取得了历史性突破。但是德国、匈牙利、意大利等国家举行武装起义并没有像俄国那样取得胜利，这就促使这些国家的共产党人总结经验教训，对马克思主义进行理论和实践的探索，第一代西方马克思主义就是在这样的背景下诞生的。

卢卡奇是匈牙利著名的哲学家和文学批评家，是当代影响最大、争议最多的马克思主义评论家和哲学家之一。1918 年加入匈牙利共产党并积极投身革命，革命失败后移居维也纳主办左派刊物《共产主义》，1923 年出版《历史与阶级意识——关于马克思主义辩证法的研究》阐述了对马克思主义新的理解，该书被誉为西方马克思主义的开山之作。

葛兰西是国际工人运动的杰出战士，马克思主义理论家，意大利共产党的领导人。他同法西斯主义、机会主义和改良主义进行了坚决斗争，后被意大利法西斯政府逮捕，受尽迫害。葛兰西在狱中写出了大量作品，其中就包括代表作《狱中札记》。由于在特殊的环境下获取资料较为困难，而且为了逃避狱吏的检查，在语言表达上又不得不故意曲折晦涩，因此，葛兰西作品对正统派的批判无论是内容上还是形式上都要稍逊一筹。

柯尔施于 1920 年加入德国共产党，撰写了阐发马克思主义基本思想的宣传性小册子《唯物史观原理》《马克思主义的精华》《〈哥达纲领批判〉导言》等，由于发表的《马克思主义和哲学》中的思想与列宁哲学不一致而受到了德国社会民主党、德国共产党和第三国际的批判，1926年被开除出德国共产党，后来专注于马克思主义理论的研究工作，但是对马克思主义的态度逐渐发生了根本性变化。柯尔施一生经历了从马克思主义者到反对列宁主义的"马克思主义者"，再到实际的反马克思主义者的转变。

虽然都被称为西方马克思主义者，第一代西方马克思主义者与后来的西方马克思主义者并不完全相同，卢卡奇等人都是共产党人，都以马克思主义为信仰。虽然柯尔施被开除党籍并逐渐走向反马克思主义境地，但是广受批评并被看作是西方马克思主义奠基之作的《马克思主义和哲学》发表于1923年，是在他被开除党籍之前。他们与修正主义者有着本质的区别，因为修正主义者已经背离了马克思主义基本原则，根本就不再属于马克思主义者了。他们与后来的法兰克福学派、人道主义者也不相同，虽然人们倾向于将其统称为西方马克思主义，但其实法兰克福学派等已经脱离了社会革命的基本立场，自然也不再属于马克思主义。

一　西方马克思主义者对正统马克思主义者的批判

革命之所以在落后的俄国而不是发达的西欧国家取得胜利，最直接的解释是这些国家缺乏无产阶级革命意识，而卢卡奇、柯尔施、葛兰西等人则将这个问题归咎于第二国际马克思主义理论的错误统治。他们强调，第二国际理论家对马克思主义的"庸俗化"理解，完全脱离了无产阶级的革命实践，造成了马克思主义理论与实践的断裂。

卢卡奇认为，马克思的方法是一种"唯物主义辩证法"，一种"革命的辩证法"，总体的观点是唯物辩证法的核心。"不是经济动机在历史解释中的首要地位，而是总体的观点，使马克思主义同资产阶级科学有决定性的区别。总体范畴，整体对各个部分的全面的、决定性的统治地位，是马克思取自黑格尔并独创性地改造成为一门全新科学的基础的方法的本质。""无产阶级科学的彻底革命性不仅仅在于它以革命的内容同资产阶级社会相对立，而且首先在于方法本身的革命本质。总体范畴的统治地位，是科学中的革命原则的支柱。"① 卢卡奇认为马克思的辩证法是一种旨在将社会作为总体来认识的方法，但是在第二国际的庸俗马克思主义者那里，辩证方法却被取消了，随之而来的是，总体对各个环节在方法论上的优越性也被取消了。

在卢卡奇看来，马克思的总体性方法是一种理论与实践相统一的方法。这不仅关系到理论能否"掌握群众"从而"变为物质力量"，而且关系到如何发现"理论和掌握群众的方法中那些把理论、把辩证法变为革命工具的环节和规定性"②。在他看来，理论"无非是革命过程本身的思想表现"，"只有当意识的生产成为历史过程为达到自己的目的……所必须采取的决定性步骤时；只有当理论的历史作用在于使这一步骤成为实际可能时；只有当出现一个阶级要维护自己的权利就必须正确认识社会这样的历史局面时；只有当这个阶级认识自身就意味着认识整个社会时，只有因此这个阶级既是认识的主体，又是认识的客体，而且按这种方式，理论直接而充分地影响到社会的变革过程时"，才能实现"理论与实践的统一"，发挥"理论的革命作用"。③ 辩证法的中心问题在于改变现实，辩证唯物主义和历史唯物主义的方法与无产阶级的实践的革命的活动密不可分，体现在社会的同一的发展过程之中，具体体现在无产阶级的斗争活动中。卢卡奇将理论看作是无产阶级革命实践的一个环节，理论与实践的统一是在主体与客体辩证关系中实现的一种"动态的"或"流动的"统一。如果背离了辩证法，也就肢解了理论与实践的统一，也就不可能正确处理事实与现实之间的关系。

柯尔施在批判正统马克思主义者的实证主义倾向时，同样强调理论和实践之间具有不可割断的相互联系，这一点是"马克思的唯物主义的

---

① ［匈］卢卡奇：《历史与阶级意识——关于马克思主义辩证法的研究》，杜章智、任立、燕宏远译，商务印书馆 2004 年版，第 77 页。

② ［匈］卢卡奇：《历史与阶级意识——关于马克思主义辩证法的研究》，杜章智、任立、燕宏远译，商务印书馆 2004 年版，第 48 页。

③ ［匈］卢卡奇：《历史与阶级意识——关于马克思主义辩证法的研究》，杜章智、任立、燕宏远译，商务印书馆 2004 年版，第 49 页。

第一个共产主义类型的最独特的标志"①。这一标志性特征贯穿于马克思思想发展的始终，马克思从未用纯粹的思想理论取代过革命意志的实践。柯尔施尖锐地指出："给予理论以一种在历史的客观运动之外独立存在的权利"，既不是唯物主义的做法，也违反了黑格尔的辩证法原则，只不过是"马克思的支持者和追随者们"的实证主义倾向的做法。② 即便正统的马克思主义者承认历史唯物主义的理论和方法，但是在他们那里，"在理论上以辩证的方式，在实践上以革命的方式理解的唯物史观"，却成为"孤立的、自发的各个知识分支"，成为"脱离革命实践的科学上的目标的纯理论考察"，直至最终出现这样的认知，"科学社会主义是一些纯粹的科学观察，与政治的或其他阶级斗争实践没有任何直接的联系"。③ 如此一来，原本改变世界的革命理论，就退化为社会学知识、启发式原则，也就不再保持原初的革命性，革命问题对于这些马克思主义者已经不再是现实世界的问题了，而是退却到了遥远的和最终相当模糊的未来。

葛兰西将第二国际时期的马克思主义分为三种，即正统趋向、思辨哲学和实践哲学。思辨哲学滑向了唯心主义阵营，将马克思主义与新康德主义以及其他非唯物主义哲学联结起来。正统趋向虽然坚持唯物主义立场，但是却滑到了庸俗唯物主义立场上。葛兰西推崇沿着拉布里奥拉的实践哲学方向诠释马克思主义，并对庸俗唯物主义进行了严厉批判。庸俗唯物主义坚持客观主义，具有机械论和宿命论的倾向，他们的基本信条是相信外部世界是客观现实的。在庸俗唯物主义那里，"客观性"观念是指一种"存在于人之外的客观性"，即使作为主体的人并不存在，某种实在也会存在，这种看似极为彻底的唯物主义最终却导向了神秘主义。葛兰西认为："我们只是在同人的关系中认识实在，而既然人是历史

---

① 〔德〕卡尔·柯尔施：《马克思主义和哲学》，王南湜、荣新海译，重庆出版社1989年版，第13页。

② 〔德〕卡尔·柯尔施：《马克思主义和哲学》，王南湜、荣新海译，重庆出版社1989年版，第25页。

③ 〔德〕卡尔·柯尔施：《马克思主义和哲学》，王南湜、荣新海译，重庆出版社1989年版，第25页。

的生成，认识和实在也是一种生成，客观性也是如此。"①"东"和"西"这两个方向性的概念不过是一种历史—文化的构造，它们之所以会出现不过是人和文明发展的产物而已。葛兰西认为："客观的总是指'人类的客观'，它意味着正好同'历史的主观'相符合，这就是说，'客观的'意味着'普遍地主观的'，人客观地认知，这是在对于被历史地统一在一个单个的文化体系中的整个人类来说知识是实在的范围内来说的。"②绝对的客观主义必然在实践上导致机械决定论和历史宿命论。

葛兰西曾形象地描述机械决定论为"意识形态上的芳香"，能够达到使人"麻醉的效果"。机械决定论势必造成严重的消极后果，它"毫不动摇地确信历史发展具有在性质上与自然规律相同的客观规律，不仅如此，它的基础也是相信事物的结局具有与宗教信仰相同的命定的不可避免性。由于认为将来产生有利的条件是历史的不可避免的，由于具备这些条件会神秘地发生复兴现象，所以为了根据一定计划去创造这些条件而有意识地采取的行动不仅是无益的，而且甚至是有害的"③。机械决定论实际上是一种弱的哲学，不过是处于弱势地位的从属阶级无力改变社会秩序的"一种宗教般的信念"和"一种强心剂式的心理补偿"。当在斗争中失败时，他们就会以机械决定论进行自我安慰，认为历史潮流终归会实现自己的目的。葛兰西认为他们的现实的意识，被穿上了"一种信仰历史的某种合理性和信仰原始的和经验形式的热情的目的论的外衣，这种目的论是作为前定和神意等忏悔的宗教教义的替代品而出现的"④。机械决定论转变成为一种思虑周详而融贯的哲学，并最终转变成为消极性、白痴般自满的原因。对于这种倾向，人们应当把它"当作原始的幼稚病来加以驳斥"，在实践中则应"以具体的政治和历史著作的作者马克思的真正的证言来加以抨击"⑤。

---

① ［意］葛兰西：《实践哲学》，徐崇温译，重庆出版社 1990 年版，第 135 页。
② ［意］葛兰西：《实践哲学》，徐崇温译，重庆出版社 1990 年版，第 139—140 页。
③ ［意］安东尼奥·葛兰西：《狱中札记》，葆煦译，人民出版社 1983 年版，第 141—142 页。
④ ［意］葛兰西：《实践哲学》，徐崇温译，重庆出版社 1990 年版，第 18 页。
⑤ ［意］葛兰西：《实践哲学》，徐崇温译，重庆出版社 1990 年版，第 97 页。

在葛兰西看来，无论是庸俗马克思主义的机械决定论，还是实证主义方法，都从根本上忽视了马克思哲学中的批判精神和革命本质，也就看不到人的能动性和实践活动的创造性，恢复人的主体地位，恢复马克思哲学中的革命本质和批判精神是一个重大而紧迫的时代课题。麦克莱伦曾这样评价葛兰西："与第二国际宿命论的马克思主义形成鲜明对照的是，葛兰西恢复了马克思主义思想中主观的、具有创造性的发明。"① 葛兰西与卢卡奇和柯尔施在强调革命的主观前提方面是高度一致的，他们都充分重视文化和意识形态在社会主义改造中的重要作用，要求对人们的观念领域进行积极的介入。这更可以看作是这些马克思主义者对发达的资本主义国家为什么没有取得革命成功的原因的深刻的反省，他们这一代的马克思主义者仍然抱着实现马克思社会理想的坚定信念，仍然在为之不懈奋斗。

二　西方马克思主义者的理论局限性

西方马克思主义第一代代表人物中，卢卡奇是匈牙利共产党的理论家，柯尔施是德国共产党人，葛兰西是意大利共产党的缔造者。他们都深受俄国十月革命的影响，并从本民族无产阶级解放道路出发来解读马克思主义，由于具体国情及革命实践的差异，这些国家无法完全照搬列宁主义，由于几乎处于同一时间段内，他们根本没有将列宁主义本土化的时间，而不得不立足于本国实际进行理论与实践探索。实际上他们走的是反"正统"，即与第二国际马克思主义相区别的道路，这种道路又与俄国实践不同。卢卡奇、葛兰西和柯尔施等人深受俄国十月革命的影响，在这场伟大革命实践中，他们看到了正统马克思主义者所强调的历史唯物主义严密科学理论的不足，历史发展虽然有其内在客观规律性，但是并不是所有国家、民族都会以同一形式发展演变，无产阶级革命具有多样性。不能用马克思主义历史观对历史

---

① ［英］戴维·麦克莱伦：《马克思以后的马克思主义》，李智译，中国人民大学出版社2008年版，第184页。

进行线性描述，而应该基于总体性对主客体相互作用方式进行研究。只是西方马克思主义者在强调历史辩证法的同时逐渐丧失了历史唯物主义的立场，寻求方法上的"中介"时，陷入了所谓"超越"二元对立的唯心主义泥潭。

卢卡奇试图证明马克思主义是一种历史辩证法，即在主客体关系中突出强调人的主体性，是一种革命的具有批判内核的方法。卢卡奇注意到第二国际理论家们忽视了马克思与黑格尔哲学之间的联系，便着力架设二者之间的桥梁，重提被遗忘了的意识的能动作用，但是却走上了一条矫枉过正的道路。在《历史与阶级意识——关于马克思主义辩证法的研究》中，卢卡奇在马克思的"语境"中把活动的主体由黑格尔的"绝对精神"变成了具体的无产阶级，而与其一起发生转变的是，黑格尔的精神的活动性变成了人的能动性；黑格尔的思维与存在的同一性由抽象的、现成的东西变成了同一个现实的和历史的辩证过程的环节；黑格尔的否定之否定的辩证过程，在他那里也由绝对精神的历史转变成了人类历史的异化以及异化扬弃的辩证过程。从本质上而言，卢卡奇的历史主体与黑格尔的绝对精神并无原则上的不同，他的历史主体即作为"同一的主体—客体"的无产阶级与绝对精神一样，具有无限的能动性。而这与马克思的"现实的个人"的有限主体有着本质的区别，显然，在批判第二国际的同时，卢卡奇等人也偏离了马克思的哲学，这种偏离直接导致理想性与现实性之间界限的模糊，主体能动性超越了客观规律性所允许的范畴，看似强调人的主体能动性，实际上却危及了主体能动性的发挥，脱离客观现实规律的积极能动的主体并不能实现改变世界的目标。葛兰西则直接将马克思主义称为实践哲学，其本质在于人对客观现实的创造，实践成为马克思主义哲学"统一的中心"，甚至取消了唯物主义的基础地位。在资本主义世界仍然不断发展的历史背景下，落后的俄国率先取得了无产阶级革命的胜利，如何才能使本国的革命早日成功，如何才能确保自己掌握的是正统的马克思主义？卢卡奇等人确实进行了艰辛的探索，但是他们恰恰没有掌握马克思主义的精髓，而出现了认识的偏差。

卢卡奇的《历史与阶级意识——关于马克思主义辩证法的研究》中的第一篇文献就是"什么是正统马克思主义?"列宁领导的十月革命以现实的胜利取得了对第二国际正统马克思主义的胜利,在卢卡奇、柯尔施看来这是对马克思主义正统理论的胜利,葛兰西甚至认为是"反对《资本论》的胜利","布尔什维克拒绝了马克思,他们的明确活动证明了历史唯物主义的规则并不像可能被想象的和已经被想象的那样僵硬"。① 这里要强调的是,不是马克思和他的学说"僵硬"而是葛兰西等人并未真正理解马克思主义,是他们把马克思主义理解成了"僵硬"的学说。当然他们按照自己意志对马克思主义进行"修正"时,实际上也就开始偏离马克思主义了。

俄国十月革命之所以能够成功,就在于列宁主义真正吸收继承了马克思主义世界观和方法论的精髓,并在新的历史条件下成功发展应用,列宁主义恰恰不是对马克思主义的否定而是新形态的呈现。柯尔施当然不明白这一点,当他批判第二国际的僵化时也批评了列宁的哲学思想,这也就折射出他根本的哲学立场存在问题。柯尔施将马克思主义划分为三个阶段,② 第一阶段(1843—1848 年)的马克思主义是一种"活的总体性",即统一于实践的社会革命理论;第二阶段(1848年—20 世纪初)的马克思主义弱化为一种理论而存在发展,特别是第二国际"正统马克思主义者"将其弱化为一种教条性的机械理论;第三阶段从 1900 年开始,列宁等人将马克思主义从禁锢传统中解放出来,马克思主义恢复了作为无产阶级斗争的理论,注意力从资本主义社会的经济规律转移到了工人阶级主观活动上来。但是柯尔施认为列宁所作远远不够,没有彻底克服第二国际的教条主义,没有把马克思主义推进到他所赞同的"新理论"中去,因而不能构成满足今天需要的革命的无产阶级哲学。他所说的新理论就是强调意识能动作用的批判的历史理论。

---

① [意]葛兰西:《实践哲学》,徐崇温译,重庆出版社 1990 年版,第 170—171 页。
② 吴元梁主编:《马克思主义哲学形态的演变》下卷,中国社会科学出版社 2010 年版,第 477 页。

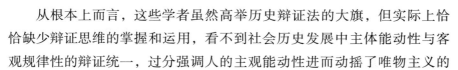

从根本上而言，这些学者虽然高举历史辩证法的大旗，但实际上恰恰缺少辩证思维的掌握和运用，看不到社会历史发展中主体能动性与客观规律性的辩证统一，过分强调人的主观能动性进而动摇了唯物主义的基本立场，到后来甚至背离了马克思主义。

在发达资本主义环境中，西方马克思主义从历史辩证法入手对资本主义进行批判并对无产阶级解放进行探索，具有时代的合理性。他们所研究的诸如文化霸权理论和意识形态批判问题等，对于拓展马克思主义哲学内容起到了积极作用。但是他们在马克思主义世界观和认识论基本立场上的模糊态度，使其成为消极和积极因素、正确与错误倾向混合构成的历史性理论，一些学者在这个杂烩中进行曲解和发挥，使得所谓的西方马克思主义已经不再是马克思主义，这恐怕是卢卡奇和葛兰西最初无法设想也不愿看到的。卢卡奇在发表《历史与阶级意识——关于马克思主义辩证法的研究》之后，一生都在与自己的错误认识进行清算，他始终认为自己是真正的、坚定的马克思主义者，也反对人们将其看作西方马克思主义者。

三　人道主义马克思主义和科学主义马克思主义的背离

第一代西方马克思主义学者具有浓厚的人道主义气息，而这种特征被其身后的西方马克思主义者进一步强化。正如有学者评价的那样："如果说在20世纪上半叶，致力于把马克思主义人道主义化的思潮在'西方马克思主义'内部是'独占鳌头'，那么到了20世纪下半叶在'西方马克思主义'内部则出现了致力于把马克思主义人道主义化的思潮和把马克思主义科学主义化的思潮'两刃相割'的局面。"①

弗洛伊德主义的马克思主义是弗洛伊德主义与马克思主义的杂糅。奥地利的威廉·赖希首先提倡将弗洛伊德的精神分析学说同马克思主义结合起来，法兰克福学派的马尔库塞和弗洛姆等人就其结合方式进

---

① 陈学明：《20世纪西方马克思主义哲学历程》第3卷，天津人民出版社2013年版，第1页。

行了更为深入的探索。马尔库塞在《爱欲与文明》一书中，改造了弗洛伊德的心理结构理论，并将其与马克思关于人的本质概念嫁接在一起，论证了建立一种无压抑文明社会的可能性。存在主义的马克思主义致力于将存在主义与马克思主义结合起来，用存在主义的学说思想"补充"马克思主义。存在主义的马克思主义的不同流派具有不同的学术取向，列斐伏尔的日常生活批判理论主张从马克思主义走向存在主义，他在《日常生活批判》一书中系统地解读了马克思的异化思想，并据此探讨了现代社会日常生活中的异化问题。在现代社会中，异化无处不在，存在于日常生活的各个方面。存在主义者着力于对日常生活的批判而否定了社会阶级斗争和革命的基本任务。梅洛－庞蒂和萨特注重用存在主义融合马克思主义。他们主张历史活动充满偶然性，个人在现实的历史境遇中所遇到的，并不是命运和决定论，而是向他开放着的种种可能性、不确定性，认为马克思主义是同存在主义一样突出人的意识作用的非决定论。

阿尔都塞作为结构主义的马克思主义的创立者和主要理论阐释者，是推动马克思主义科学主义化的代表人物，他在《保卫马克思》《读〈资本论〉》等作品中对结构主义的马克思主义进行了系统和独特的研究。此外，德拉·沃尔佩的"新实证主义的马克思主义"和 20 世纪 70 年代开始出现的以柯亨、埃尔斯特和罗默为代表的"分析的马克思主义"也都属于科学主义化马克思主义的学说。马克思主义人道主义化和马克思主义科学主义化两种思潮分歧较大，各有各的论题和主张，在"什么是马克思主义、怎样对待马克思主义"的根本问题上存在分歧，具体表现为以下四个方面："一是关于马克思主义本质特征是'批判'还是科学的问题，二是马克思主义是'人道主义'还是'反人道主义'的问题，三是真正体现马克思思想的是马克思的早期著作还是晚期著作的问题，四是马克思主义哲学是对黑格尔理论的反动还是继承的问题"①。其实，之所以存在这些分歧是因

---

① 顾海良编著：《20 世纪马克思主义发展史》（第一卷　20 世纪马克思主义发展史概论），中国人民大学出版社 2020 年版，第 377 页。

为西方马克思主义已经偏离了辩证唯物主义和历史唯物主义的世界观和方法论，他们都是站在自己的立场上对马克思主义进行审视和分析，并以马克思主义为旗帜为自己的学说"正名"，因此他们学说的分歧与其说是关于马克思主义的分歧，不如说是自身学说之间的分歧。

第八章

列宁主义对马克思主义哲学的捍卫与发展

俄国在 1861 年废除农奴制之后，资本主义获得迅速发展，社会政治经济结构处于深刻变化之中，迅速向现代化工业国家转变，到 19 世纪末开始进入帝国主义阶段。这一时期，在俄国各种先进的学说理论开始广泛传播，先进的革命阶级及其政党开始出现。但是由于改革的不彻底性，沙皇专制制度并没有改变，大量的封建残余依然阻碍着社会的发展。一方面是追求革命解放的进步力量，另一方面是落后、腐朽的反动力量。帝国主义的所有矛盾在俄国尖锐突显，使它成为世界帝国主义统治链条中的一个薄弱环节。马克思主义作为进步力量的代表在俄国传播开来之后，就成为一面旗帜，不同思想派别的革命力量迅速聚集在马克思主义旗帜之下，推动俄国革命向前发展。在革命实践中马克思主义得到了检验和发展，最终形成了列宁主义，列宁主义是俄国革命的正确指导理论，是马克思主义与俄国革命实践有机结合后的新形态。

第一节　列宁早期对马克思主义哲学的捍卫和发展

1870 年 4 月 22 日，列宁出生于辛比尔斯克市，父亲乌里扬诺夫是辛比尔斯克省国民教育总监，获世袭贵族称号。列宁与 5 个兄弟姐妹自小受到了良好的家庭教育，先后都走上了革命的道路，可惜的是，1886 年父亲因脑溢血突然去世，未能看到子女们所取得的成就。哥哥亚历山大在大学期间因为参加民意党组织暗杀沙皇亚历山大三世的活动而被绞死。姐姐安娜是俄共（布）著名活动家和革命家，曾多次遭到沙皇政府的逮

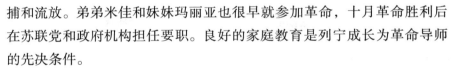

捕和流放。弟弟米佳和妹妹玛丽亚也很早就参加革命，十月革命胜利后在苏联党和政府机构担任要职。良好的家庭教育是列宁成长为革命导师的先决条件。

1887 年哥哥亚历山大因为参与刺杀沙皇事件而被处死时，列宁只有17 岁，丧失亲人的巨大伤痛使列宁几乎崩溃，但是也给他的心灵造成巨大震撼，是什么驱使哥哥宁可舍弃生命也要一往无前。列宁在哥哥留下的书籍手稿中找到了答案，亚历山大写道："我总是用这样的尺度来衡量一个人：他是否牢固地树立了某种关于新的、更好的制度的社会理想，他的信念有多少根据和进步意义，他对实现这个信念做出了多大努力和自我牺牲。"① 笔记本上的这段话清晰地表明了亚历山大的革命志向。哥哥的言行促使年少的列宁深入思考现实社会制度黑暗、人民生活贫穷落后的根源问题，推动他逐渐走上革命的道路。但是列宁没有沿袭哥哥的老路，如果以暴力手段对付专制者，即便是刺杀了一个专制者，仍然还会有更多专制者冒出来，只有建立新的社会制度，才能彻底消灭专制、压迫和剥削。年少的列宁已经有了自己的思考和判断，最终走上了一条以马克思主义为指导的革命道路。

一　树立科学的世界观和方法论

1887 年列宁开始在喀山大学读书，在大学期间他成为积极的革命分子、学生运动领袖，一方面他积极参加到学生运动中抨击沙皇当局，另一方面积极学习理论知识，从而为自己的革命生涯奠定了坚实的理论基础。由于参加要求废除反动的学校章程运动，列宁被开除出喀山大学，流放到科库什基诺村，并在这里度过了一年的时光。他自己回忆这段经历时说："我发狠地读书，从清早一直读到夜晚。我读完了大学课程，盘算着能很快允许我回大学。我还读了各种文艺小说，特别酷爱涅克拉索夫的诗歌，我还和姐姐比赛，看谁读得快，背得多。但是，我读得最多的还是当时刊登在《现代人》《祖国纪事》《欧洲通报》等杂志上的文

① 季正矩：《列宁传》，天地出版社 2017 年版，第 22 页。

章。……由于读了车尔尼雪夫斯基的文章，我开始接触哲学上的唯物主义问题。正是他最先向我指出了黑格尔在哲学思想发展中的作用，辩证法的概念就发端于黑格尔。了解了黑格尔的辩证方法，再去掌握马克思的辩证法就容易得多了。"①

列宁受车尼尔雪夫斯基的影响很大，后者作为俄国唯物主义传统的杰出代表，使列宁"第一次接触到哲学唯物主义"，并初步掌握了辩证法的概念，为接受马克思主义奠定了良好的基础。从时间维度而言，列宁的成长岁月正好是马克思主义广泛传播的年代，俄国与西欧国家相比虽然较为落后，但是在马克思主义传播方面反倒走在了前面。《资本论》最早的外文版本就是俄文版，1872 年俄文译本在圣彼得堡出版并顺利通过沙皇检查委员会的检查，第一次印刷的 3000 册很快就销售一空。1888 年列宁在喀山时就开始研读《资本论》，在接下来的几年时间里，他又重新研读了德文版的《资本论》，并对照德文版对俄文版做了校订，还写下了大量读书笔记。此外，列宁认真研究了《哲学的贫困》《反杜林论》《神圣家族》《家庭、私有制和国家的起源》等作品，还把《共产党宣言》译成俄文。

就当时的俄国而言，革命思想中影响较大且具有广泛社会基础的是革命民粹主义，但是列宁却能够正确对待民粹主义，在对其深入研究的基础上进行清理和批判。针对民粹派对马克思主义的攻击，列宁在 1894 年撰写了《什么是"人民之友"以及他们如何攻击社会民主党人?》予以反击，向人们介绍什么是马克思主义，揭露民粹主义资本主义小市民思想的本质。列宁深谙马克思研究社会历史的世界观和方法论，他认为："马克思否认的正是这种思想：经济生活规律，不管是应用于现在或过去，都是一样的。恰恰相反，每个历史时期都有它自己的规律。经济生活呈现出的现象和生物学的其他领域的发展史颇相类似。旧经济学家不懂得经济规律的性质，他们把经济规律同物理学定律和化学定律相比拟。更深刻的分析证明，各种社会有机体像动植物有机体一样，彼此根本不

---

① 季正矩:《列宁传》，天地出版社 2017 年版，第 31 页。

同。马克思认为自己的任务是根据这种观点来研究资本主义的经济组织，因而极其科学地表述了对经济生活的任何准确的研究所应抱的目的。这种研究的科学价值在于阐明支配着一定社会有机体的产生、生存、发展和死亡以及为另一更高的有机体所代替的特殊规律（历史规律）。"①

米海洛夫斯基教条式地曲解马克思主义，认为马克思主义者对未来的预见是按照严格科学的训条进行衡量，马克思主义者所信仰的是抽象的历史公式，固化而不可变，列宁认为这种观点是对马克思主义者的最陈腐最庸俗的责难，这种责难前人已经用来攻击过马克思主义者，但是丝毫不能产生任何实际效果。列宁对待马克思主义从来不是将它当作教条，而是行动的指南，以它为指导来解决俄国的现实问题。"从来没有一个马克思主义者在什么地方论证过：俄国'应当有'资本主义，'因为'西欧已经有了资本主义，等等。从来没有一个马克思主义者认为马克思的理论是一种必须普遍遵守的历史哲学公式，是一种超出了对某种社会经济形态的说明的东西。……从来没有一个马克思主义者不是根据理论符合一定的即俄国的社会经济关系的现实和历史这一点，而是根据别的什么来论证自己的社会民主主义观点的，而且他们也不能根据别的什么来论证自己的这种观点，因为'马克思主义'的创始人马克思自己就十分明确地说过对理论的这种要求，并且以此作为全部学说的基础。"②

较早就开始研究传播马克思主义的普列汉诺夫尚且深受民粹思想的影响，尚处于青年时期的列宁却能以科学的态度予以批判，从这个角度而言，列宁才是"真正"的马克思主义者，即便他对马克思恩格斯的学说掌握尚不全面，但是已经初步掌握了科学的世界观和方法论，这才是马克思主义的本质所在。实际上，列宁所处的社会历史条件已经发生了很大变化，马克思恩格斯不可能就自己身后的俄国革命给出任何建议，但是列宁的理论与实践却又与马克思主义高度一致，这就是科学理论的魅力所在。

---

① 《列宁选集》第1卷，人民出版社2012年版，第34页。
② 《列宁选集》第1卷，人民出版社2012年版，第58页。

　　这个科学理论首先是辩证唯物主义世界观。列宁曾说："如果把马克思在《资本论》和其他著作中的一些哲学言论考察一下，那么你们就会看到一个始终不变的主旨：坚持唯物主义，轻蔑地嘲笑一切模糊问题的伎俩、一切糊涂观念和一切向唯心主义的退却。"① 从其成名作《什么是"人民之友"以及他们如何攻击社会民主党人?》到 1922 年所写的《论战斗唯物主义的意义》，列宁从来没有脱离唯物主义立场。列宁对马克思主义的研究从来都不是孤立的学院式的理论研究，与马克思恩格斯一样，他的理论研究从来都没有脱离过具体的社会历史状况，他所作的理论阐发都是应现实需求而作。"马克思主义者从马克思的理论中，无疑地只是借用了宝贵的方法，没有这种方法，就不能阐明社会关系，所以他们在评判自己对社会关系的估计时，完全不是以抽象公式之类的胡说为标准，而是以这种估计是否正确和是否同现实相符合为标准的。"② 正因为有这样的科学世界观，他才能总是立足于实际开展革命斗争活动，没有主观幻想和臆测，总是通过发挥主观能动性来改造世界。

　　科学理论的第二个方面就是唯物主义辩证法。毫无疑问，列宁是一位辩证法大师，他既能看到客观世界自身的规律性，也能够发现人改造世界的主观能动性，能够科学分析社会存在与社会意识之间的关系，强调辩证法与唯物论的有机结合。列宁认为："马克思和恩格斯称之为辩证方法（它与形而上学方法相反）的，不是别的，正是社会学中的科学方法，这个方法把社会看做处在不断发展中的活的机体（而不是机械地结合起来因而可以把各种社会要素随便配搭起来的一种什么东西），要研究这个机体，就必须客观地分析组成该社会形态的生产关系，研究该社会形态的活动规律和发展规律。"③ 用辩证方法观察、分析社会现象时，突出的是联系和发展的特征，从社会阶级构成、具体经济关系等来揭示社会形态变化规律，明确发展趋势。

　　列宁认为，唯物史观承认社会历史发展中的决定论，但是仅仅证明

---

① 《列宁选集》第 2 卷，人民出版社 2012 年版，第 229 页。
② 《列宁选集》第 1 卷，人民出版社 2012 年版，第 60 页。
③ 《列宁选集》第 1 卷，人民出版社 2012 年版，第 32 页。

历史过程的必然性还不等于唯物史观。在唯物主义暂且还只从唯一的一个方面把现实看作是不依赖于人的感性活动的客体，即只从直观的角度而不是从实践的角度来看待历史时，就不可能创立科学的历史理论。这一看法充分证明了列宁所具有的辩证立场，实际上，很多人包括第二国际的一些人都不能正确认识唯物史观这一科学理论的科学性，将其与自然科学理论相等同，从而陷入了"经济决定论"的窠臼。社会历史领域的科学理论不能脱离人及其实践而单独求证，它应该是人发挥主观能动性基础上的合目的性与合规律性的辩证统一。如此一来，唯物史观就不再是一般的空洞而又无所不适的铁律，而成为具体历史情景下现实的人的实践，社会历史的必然性就可以理解为一定阶级按照自己利益改造客观世界的革命活动。通过对唯物史观的辩证解读，列宁实现了理论与实践的有机统一，他的理论是关于革命实践的科学理论，而他的革命实践是在科学理论指导下的积极能动的主体实践，科学的哲学世界观与方法论为列宁的革命生涯奠定了基础、指明了方向。

二 马克思主义的宣传与教育

在列宁的早期革命生涯中，研究宣传马克思主义是其主要的工作内容，这一工作主要是通过撰写文稿和创办刊物开展的。他在 1894 年发表的《什么是"人民之友"以及他们如何攻击社会民主党人?》中，深刻地阐述了历史唯物主义和唯物辩证法的基本原理，强调要深入研究俄国的具体经济关系等。1895 年恩格斯逝世，列宁深情写下了《弗里德里希·恩格斯》一文，对恩格斯的一生和他与马克思一起开创的伟大事业进行了总结和评价。1895 年 12 月秘密创办了《工人事业报》，但是在创刊号付印时却被当局查封，列宁因此而被捕并被判处流放三年的刑罚。列宁在狱中也没有放弃斗争，依然积极撰写传单和秘密文件，指导外界的工人运动，在这期间还留下了"吃墨水瓶"的故事。

在被流放的后半期，列宁就如何开展革命斗争进行了深入严谨的思考，决定应该从创办全国性的报纸着手，通过报纸宣传马克思主义指导国内革命运动。在《我们的纲领》中，列宁非常明确地指出："没有革命理论，就不会有坚强的社会党，因为革命理论能使一切社会党人团结起来，他们从革命理论中能取得一切信念，他们能运用革命理论来确定斗争方法和活动方式；维护这个具有起码理解力的人都认为是正确的理论，反对毫无根据的攻击，反对败坏这个理论的企图，这决不等于敌视任何批评。我们决不把马克思的理论看做某种一成不变的和神圣不可侵犯的东西；恰恰相反，我们深信：它只是给一种科学奠定了基础，社会党人如果不愿落后于实际生活，就应当在各方面把这门科学推向前进。我们认为，对于俄国社会党人来说，尤其需要独立地探讨马克思的理论，因为它所提供的只是总的指导原理，而这些原理的应用具体地说，在英国不同于法国，在法国不同于德国，在德国又不同于俄国。"① 强调俄国革命必须坚持以马克思主义为指导，没有革命的理论，就不会有坚强的社会党。在如何坚持科学的理论上，列宁是有着深刻的思考的，他主张以俄国的具体国情为基础来应用理论。

1900 年 12 月，《火星报》在莱比锡首次面世，后来出版地辗转欧洲其他地方。列宁对《火星报》倾注了大量心血，不仅亲自撰写文章，而且还身体力行地从事报纸编辑工作，另外还设计出将报纸运送回国的方案和路线。通过《火星报》的发行培养了一大批党的坚强骨干，逐渐汇聚形成了一支强大的坚信马克思主义的革命力量。在《火星报》时期，列宁最著名的著作就是《怎么办？（我们运动中的迫切问题)》，无产阶级政党建设思想是该书的重要内容。当时俄国存在将马克思主义庸俗化的现象，列宁对其进行了尖锐批评："科学社会主义已经不再是完整的革命理论，而变成了人们'自由地'把德国各种新教科书里的液体掺进去的大杂烩；'阶级斗争'的口号不是推动人们向前去从事日益广泛、日益有力的活动，却成了安慰人心的手段，因为据说'经济斗争是同政治斗争不可分割地联系在一起的'；政党的观念不是号召人们去建立战斗的革命家组织，而是去替某种'革命的文牍主义'和玩弄'民主'形式的

---

① 《列宁选集》第 1 卷，人民出版社 2012 年版，第 274—275 页。

儿戏作辩护。"[①] 列宁认为俄国应该尽快结束思想上的分歧和组织上的混乱，建立一个坚强团结的马克思主义政党，这就是对俄国社会民主党人面临的"怎么办"问题的回答。早在 1883 年普列汉诺夫参与创办了俄国第一个马克思主义团体——"劳动解放社"，该组织的主要任务是出版宣传马克思恩格斯的著作以及各种介绍马克思主义的杂志和文集，甚至还拟定了建立俄国社会民主党的两个纲领草案。但是普列汉诺夫的建党思想始终停留于社会民主党的水平，无非就是欧洲工人政党的翻版而已，而欧洲发达资本主义国家的革命斗争实践证明，这样的工人政党根本无法完成实现社会主义的历史任务。列宁从一开始就认清了这个问题，在其早期革命活动中就在思考建设无产阶级政党即共产党的事项了，并为实现自己的党建目标进行了不懈努力，一方面创办报刊进行正面宣传引导，另一方面与普列汉诺夫和孟什维克进行坚决斗争。

从 1900 年年底到 1903 年 9 月，除领导和编辑《火星报》和《曙光》杂志外，列宁还撰写了近百篇文章。有的直接在《火星报》或《曙光》上发表，有的则是通过《火星报》编辑部以专刊、小册子的形式出版，还有的以"俄国社会民主工党国外同盟"出版的小册子形式面世。由于普列汉诺夫的妥协，同时出于团结孟什维克派同志的考虑，列宁退出了《火星报》的编辑领导工作，但之后又先后为《前进报》《无产者报》《新生活报》以及《浪潮报》《回声报》撰稿或从事编辑领导工作。通过在报纸上发表文章或者出版著作，列宁就一系列现实问题阐述自己的从而也是马克思主义的立场、观点和方法，这对于俄国革命而言意义重大。由于列宁极富成效的研究宣传工作，俄国社会革命开始逐步走到欧洲国家前列。

三　正确揭示俄国革命的性质和道路

对革命性质的判断自然会反映到一系列斗争策略上，当列宁主张无产阶级在俄国革命活动中必须承担领导责任时，也就意味着必须有一个

---

① 《列宁选集》第 1 卷，人民出版社 2012 年版，第 457 页。

坚强的无产阶级政党实施领导。在马克思主义发展史上，将革命理论转化为革命实践的过程中，建立无产阶级政党是至关重要的环节，只有依靠一支坚强的政党，革命理论才能转化为现实的力量。列宁主张建立一个集中的、组织严密的、纪律严明的无产阶级政党，并进一步提出了建立马克思主义政党必须遵守的基本原则。他着重指出："无产阶级在争取政权的斗争中，除了组织，没有别的武器。无产阶级被资产阶级世界中居于统治地位的无政府竞争所分散，被那种为资本的强迫劳动所压抑，总是被抛到赤贫、粗野和退化的'底层'，它所以能够成为而且必然会成为不可战胜的力量，就是因为它根据马克思主义原则形成的思想一致是用组织的物质统一来巩固的，这个组织把千百万劳动者团结成一支工人阶级的大军。"① 在此之前，欧洲各个国家虽然都成立了工人政党，但是很多社会民主党并不能算是严格意义上的共产党，而且深受机会主义的影响。

在 1903 年召开的俄国社会民主工党第二次代表大会上，列宁就旗帜鲜明地强调要建立一个集中统一、有坚强战斗力、组织纪律严格的革命的无产阶级政党。这次代表大会通过了党的纲领和组织章程，确立了由列宁等经过斗争锻炼的职业革命家所组成的党的领导核心。

在《进一步，退两步》中列宁对第二次代表大会加强党的建设给予了高度评价："我们第一次摆脱了小组自由散漫和革命庸俗观念的传统，把几十个极不相同的集团结合在一起，这些集团过去往往是彼此极端敌对，彼此只是由思想力量联系起来的，它们准备（在原则上准备）为了我们第一次实际创立起来的伟大整体——党而牺牲所有一切集团的特点和集团的独立性。可是，在政治上，牺牲并不是轻易作出的，而是经过战斗作出的。由于取消组织而引起的战斗，不可避免地成了异常残酷的战斗。公开的自由斗争的清风变成了狂风。这阵狂风扫除了——扫除得太好了！——所有一切小组的利益、情感和传统的残余，第一次创立了

---

① 《列宁选集》第 1 卷，人民出版社 2012 年版，第 526 页。

真正党的领导机构。"① 并且明确提出要求："我们应当坚持斗争，鄙弃那些庸俗的小组争吵的方法，尽一切可能来保卫用极大精力建立起来的全俄一切社会民主党人的统一的党内联系，力求通过顽强而有步骤的工作使全体党员特别是工人充分地自觉地了解党员义务，了解第二次党代表大会上的斗争，了解我们的分歧的一切原因和演变，了解机会主义的严重危害性：机会主义在组织工作方面也像在我们的纲领和我们的策略方面一样无能为力地屈从于资产阶级心理，一样不加批判地接受资产阶级民主派的观点，一样削弱无产阶级的阶级斗争的武器。"② 在列宁的组织领导下，布尔什维克成为真正的共产党，因此列宁的建党学说无疑是具有开创性的。事实上，正是因为建立了极具战斗力的布尔什维克政党，才能在后来的革命斗争中取得最终的胜利。

1905 年 1 月，彼得堡爆发工人大罢工，引发流血冲突事件，最终演变成波及全俄的革命斗争活动。对于这场革命性质的认识以及无产阶级在革命活动中的定位直接决定了俄国革命的发展方向。从根本属性上而言，这是一场反封建反专制的斗争，应该属于资产阶级革命范畴，于是普列汉诺夫和孟什维克认为资产阶级革命应由资产阶级完成，社会主义力量的介入并不能使历史产生跳跃，所以对之持观望的态度。

列宁在《社会民主党在民主革命中的两种策略》一书中，阐明了布尔什维克对待革命的策略路线，从而也就为俄国革命斗争奠定了策略基础。

第一，无产阶级在民主革命中必须坚持领导权。虽然俄国革命具有资产阶级性质，但是它不同于西欧过去的资产阶级革命。它发生在帝国主义时代；是全体工人阶级和全民农民参加的人民革命，而不是上层革命；俄国资产阶级在封建军事统治下具有软弱性，决定了它不能成为民主革命的领导者。"马克思主义教导无产者不要避开资产阶级革命，不要对资产阶级革命漠不关心，不要把革命中的领导权交给资产阶级，相反地，要尽最大的努力参加革命，最坚决地为彻底的无产阶级民主主义、

---

① 《列宁选集》第 1 卷，人民出版社 2012 年版，第 524 页。
② 《列宁选集》第 1 卷，人民出版社 2012 年版，第 526 页。

为把革命进行到底而奋斗。我们不能跳出俄国革命的资产阶级民主的范围，但是我们能够大大扩展这个范围，我们能够而且应当在这个范围内为无产阶级的利益而奋斗，为无产阶级当前的需要、为争取条件积蓄无产阶级的力量以便将来取得完全胜利而奋斗。"① "革命的结局将取决于工人阶级是成为在攻击专制制度方面强大有力但在政治上软弱无力的资产阶级助手，还是成为人民革命的领导者。"② 列宁主张，社会民主党要制定正确的策略决议，要坚持马克思主义原则来领导无产阶级积极进行革命，并掌握领导权。

第二，无产阶级在民主革命中必须有巩固的工农联盟。孤立资产阶级，同农民结成巩固的联盟，将有助于无产阶级掌握革命领导权。列宁明确提出要在革命中占据主动性："革命将教会我们，将教会人民群众，这是毫无疑问的。但是对一个战斗着的政党来说，现在的问题是我们能不能教会革命一些东西？我们能不能利用我们的社会民主主义学说的正确性，利用我们同无产阶级这个唯一彻底革命的阶级的联系，来给革命刻上无产阶级的标记，把革命引导到真正彻底的胜利，不是口头上的而是事实上的胜利，麻痹民主派资产阶级的不稳定性、不彻底性和叛卖性？"③ 在对待资产阶级的问题上要灵活处理，列宁强调在民主主义革命阶段，对资产阶级并不能实施专政，只能实行彻底的和完全的民主主义，把一切落后性的、奴役性的因素连根铲除。这种胜利是必需的，无论是对俄国还是全世界未来的发展都具有重大的意义。

第三，人民武装起义是取得民主革命胜利的重要手段。只有用暴力的手段才能制服反动阶级的暴力。在革命的方法手段上，列宁强调要依靠武装群众，发动起义，而不是依靠某种"合法的""和平的方法"建立起来的机关进行"合法"斗争。"首先让无情的斗争来解决选择道路的问题吧。如果我们不利用群众这种盛大节日的活力及其革命热情来为直接而坚决的道路无情地奋不顾身地斗争，我们就会成为背叛革命和出

---

① 《列宁选集》第 1 卷，人民出版社 2012 年版，第 558 页。
② 《列宁选集》第 1 卷，人民出版社 2012 年版，第 529 页。
③ 《列宁选集》第 1 卷，人民出版社 2012 年版，第 528 页。

卖革命的人。让资产阶级的机会主义者们心惊胆战地去考虑将来的反动吧。工人既不会为反动势力要实行恐怖手段的思想所吓倒，也不会为资产阶级要退出的思想所吓倒。工人并不期待做交易，并不乞求小恩小惠，他们力求无情地粉碎反动势力，即实现无产阶级和农民的革命民主专政。"① 在革命道路的选择上，列宁也充分预料到了暴力革命势必要遭受更多的危险和损失，而且革命民主专政的任务要比"持极端反对派态度"和"单纯议会斗争"的任务困难千倍、复杂千倍，但社会民主党的工作就是实现无产阶级和农民的革命民主专政。

第四，民主革命胜利后，必须建立工农革命民主专政，以应对反动势力的反扑。列宁深入研究了 1848 年欧洲革命，当时虽然革命产生了两个方面的结果，一方面是人民有了武装并获得了一定的自由权利，另一方面是保存了君主制，成立了大资产阶级领导的政府，但是很快资产阶级政府就与旧普鲁士的贵族和官僚结盟，革命并没有取得最终的胜利。列宁认为："革命是否进行到底，究竟取决于什么呢？取决于直接统治权究竟转到谁的手里：是转到彼特龙凯维奇和罗季切夫之流，即转到康普豪森和汉泽曼之流的手里，还是转到人民，即工人和民主派资产阶级的手里。在前一种场合下，资产阶级拥有政权，而无产阶级有'批评的自由'，有'始终如一地做一个持极端革命反对派态度的政党'的自由。革命一胜利，资产阶级立刻就会和反动势力结成联盟（譬如说，如果彼得堡的工人在和军队进行的巷战中仅仅获得局部的胜利，而让彼特龙凯维奇之流的先生们去成立政府，那么这种情形在俄国也是免不了要发生的）。在后一种场合下就有可能实现革命民主专政，即革命的完全胜利。"② 当人民掌握政权时，不仅能够捍卫革命果实不被资产阶级政府窃取，而且能够将革命继续推向深入，能够将民主主义革命转变为社会主义革命。列宁将资产阶级民主革命与社会主义革命联系起来，认为二者既有区别又相互联系，主客观条件都成熟时前者就可以向后者转化。

---

① 《列宁选集》第 1 卷，人民出版社 2012 年版，第 617 页。
② 《列宁选集》第 1 卷，人民出版社 2012 年版，第 637 页。

四　哲学党性原则的确立

1905 年革命失败后，特别是 1907 年"六三"政变后，反革命的白色恐怖笼罩着全俄国，沙皇政府进一步加强了残酷的暴力统治，革命事业陷入低谷。革命的失利使一些人在政治上出现了反动、背叛和动摇，一些人的思想出现了混乱和倒退，形形色色的唯心主义开始泛滥，在社会上攻击马克思主义成了时髦。资产阶级思想家借机大肆鼓吹"寻神说"，他们宣称革命失败就是"上帝的惩罚"，俄国人民现在的任务就是要将失去的上帝重新"找回来"。而在知识界则出现了一批经验批判主义即马赫主义的狂热信徒。马赫主义是实证论的变种，但却自我标榜为超越了唯物主义和唯心主义的唯一科学的哲学。马赫主义逐步渗透到了社会民主党内部，一些人的哲学世界观和革命立场出现动摇。

马赫主义亦称经验批判主义，以批判经验使经验成为纯经验而得名。认为世界的本质在于感觉的要素，其他的关于世界起源于物质还是意识都是"臆想的""形而上学的"问题。马赫主义本身是经验主义哲学家迎合 19 世纪末 20 世纪初科学革命的产物，射线、电子的发现，普朗克量子假说的提出，狭义相对论的创立等对传统科学观念造成了颠覆性改变。在这样的情况下，马赫不是从更高层次解释科学新发现，而是退回到了主观唯心主义和神秘主义，实际上是对现实的逃避和主观臆断。俄国社会民主党内，波格丹诺夫极力推崇马赫的经验要素论，公开称自己是"经验一元论者"。第二国际的考茨基也对马赫主义持暧昧态度。俄国的革命队伍出现了分化，思想变质者出版著作攻击马克思主义哲学。

1908 年 4 月，为了捍卫唯物主义哲学立场，列宁撰写了《马克思主义和修正主义》一文，他在文中指出："在哲学方面，修正主义跟在资产阶级教授的'科学'的屁股后面跑。……教授们重复神父们已经说过一千遍的、反对哲学唯物主义的滥调，修正主义者就带着傲慢的微笑嘟哝着（同最新出版的手册一字不差），说唯物主义早已被'驳倒'了。教授们轻蔑地把黑格尔视做一条'死狗',耸肩鄙视辩证法,而自己却又宣扬一种比黑格尔唯心主义还要浅薄和庸俗一千倍的唯心主义;修正主义者就跟着他们爬到从哲学上把科学庸俗化的泥潭里面去,用'简单的'(和平静的)'演进'去代替'狡猾的'(和革命的)辩证法。"① 为了进一步批判马赫主义,揭露哲学修正主义对马克思主义的歪曲,捍卫和发展马克思主义哲学,列宁决心认真总结和概括 19 世纪末 20 世纪初自然科学的新成果,对经验批判主义进行批判,撰写了《唯物主义和经验批判主义》。

在撰写文稿之前,列宁专门从日内瓦前往伦敦的英国博物馆查找资料,先后透彻地研究了两百种以上的哲学著作,使得自己的批判更为深刻彻底。第一,列宁在"代绪论"中考察了近代哲学史上唯物主义和唯心主义的斗争,研究揭示出俄国马赫主义者用来攻击唯物主义的论据同当年贝克莱攻击唯物主义的论据并无二致,不同的是贝克莱率直地宣布了自己的唯心主义主张,而马赫等人则具有折衷主义的特征。马赫主义用相对主义的方法来批判机械自然观,尤其是批判牛顿时空观的绝对主义思维方式,但是它在否定旧唯物主义形而上学片面性的同时,却否定了整个物理世界的客观实在性,将整个客观世界归结于人的感觉的"要素的复合",认为"物体是感觉的复合",将世界建立在了人的感觉基础之上,认为整个世界只不过是自己的表象而已。列宁认为:"从这个前提出发,除了自己以外,就不能承认别人的存在,这是最纯粹的唯我论。不管马赫、阿芬那留斯、彼得楚尔特之流怎样宣布他们同唯我论无关,但事实上,如果他们不陷入惊人的逻辑谬误,就不可能摆脱唯我论。"② 马赫主义根本不是什么超越唯心和唯物的新哲学,而是彻底的唯心主义哲学,是贝克莱唯心主义的翻版而已,马赫主义和辩证唯物主义的对立就是哲学史上两条基本哲学路线斗争的继续。

第二,在批判经验批判主义认识论的基础上,阐明了辩证唯物主义

---

① 《列宁选集》第 2 卷,人民出版社 2012 年版,第 3 页。
② 《列宁选集》第 2 卷,人民出版社 2012 年版,第 37 页。

认识论的基本原理。列宁认为，哲学基本问题包括本体论和认识论两个方面，应当把这两个方面的问题统一起来加以阐述。从物到感觉和思想是唯物主义的认识路线，从思想和感觉到物是唯心主义的认识路线，马赫所坚持的就是从思想和感觉到物的唯心主义认识路线。列宁将辩证法引入认识论，进一步发展了恩格斯的反映论思想，提出了三个重要的认识论原则。其一，承认在人的主观意识之外存在着不依赖于主观意识的客观世界，是正确认识世界的前提，"物是不依赖于我们的意识，不依赖于我们的感觉而在我们之外存在着的"①。其二，要承认世界的可知性，要看到事物的现象和本质之间存在着必然的联系，"在现象和自在之物之间决没有而且也不可能有任何原则的差别。差别仅仅存在于已经认识的东西和尚未认识的东西之间"②。其三，作为认识世界的主体的人，要充分发挥自身的能动性，要积极主动地认识世界。"在认识论上和在科学的其他一切领域中一样，我们应该辩证地思考，也就是说，不要以为我们的认识是一成不变的，而要去分析怎样从不知到知，怎样从不完全的不确切的知到比较完全比较确切的知"③。

从认识论的基本原则出发，列宁发展了马克思主义的真理观。真理具有客观性，它是关于客观世界的正确认识。"唯物主义者认为世界比它的显现更丰富、更生动、更多样化，因为科学每向前发展一步，就会发现它的新的方面。唯物主义者认为我们的感觉是唯一的和最终的客观实在的映象，所谓最终的，并不是说客观实在已经被彻底认识了，而是说除了它，没有而且也不能有别的客观实在。这种观点不仅坚决地堵塞了通向一切信仰主义的大门，而且也堵塞了通向教授的经院哲学的大门。这种经院哲学不是把客观实在看做我们感觉的泉源，而是用成套臆造的字眼来'推演出'客观的这一概念，认为客观的就是具有普遍意义的、社会地组织起来的，等等，它不能够而且也往往不愿意把客观真理和关

---

① 《列宁选集》第2卷，人民出版社2012年版，第77页。
② 《列宁选集》第2卷，人民出版社2012年版，第77页。
③ 《列宁选集》第2卷，人民出版社2012年版，第77页。

于鬼神的教义分开。"① 真理是绝对性和相对性的有机统一，任何真理都是相对的，它只是存在于特定境遇中的人们对客观事物本质及其规律的正确认识，但是任何相对真理都包含着绝对性因素，都是通向绝对真理的必要环节，人们正是在掌握各个阶段相对真理的基础上掌握绝对真理的。真理的绝对性和相对性对应于人的思维的至上性和非至上性，由于人的思维具有至上性，所以人可以认识绝对真理，同时由于非至上性的存在决定了特定的认识只是相对真理。"一方面，人的思维的性质必然被看做是绝对的，另一方面，人的思维又是在完全有限地思维着的个人中实现的。这个矛盾只有在至少对我们来说实际上是无止境的人类世代更迭中才能得到解决。从这个意义来说，人的思维是至上的，同样又是不至上的，它的认识能力是无限的，同样又是有限的。按它的本性〈或构造，Anlage〉、使命、可能和历史的终极目的来说，是至上的和无限的；按它的个别实现情况和每次的现实来说，又是不至上的和有限的。"② 列宁认为，科学的发展进步不断给绝对真理增加新的内容，每一个科学原理都具有适用条件性，在有效范围内它是真理，超出了这个范围就转化成为谬误。

列宁主张："生活、实践的观点，应该是认识论的首要的和基本的观点。这种观点必然会导致唯物主义，而把教授的经院哲学的无数臆说一脚踢开。当然，在这里不要忘记：实践标准实质上决不能完全地证实或驳倒人类的任何表象。这个标准也是这样的'不确定'，以便不让人的知识变成'绝对'，同时它又是这样的确定，以便同唯心主义和不可知论的一切变种进行无情的斗争。如果我们的实践所证实的是唯一的、最终的、客观的真理，那么，因此就得承认：坚持唯物主义观点的科学的道路是走向这种真理的唯一的道路。"③ 人的正确认识由实践中产生，并进一步应用于实践接受检验，实践作为检验真理的唯一标准是确定性和不确定的有机统一，唯物主义坚持用实践来检验真理，这是与唯心主义

---

① 《列宁选集》第 2 卷，人民出版社 2012 年版，第 88 页。
② 《列宁选集》第 2 卷，人民出版社 2012 年版，第 93 页。
③ 《列宁选集》第 2 卷，人民出版社 2012 年版，第 103 页。

有着本质区别的，但是特定历史条件下的实践并不总是能够对真理进行检验，实践对真理的检验是一个不断发展和逐渐深入的过程。因此人的认识不应该停滞僵化，而应该随着实践而不断发展进步，在实践过程中得出与客观世界更相符合的真理性认识。

第三，从哲学上总结了 19 世纪末 20 世纪初自然科学的新成果，批判了物理学唯心主义的谬论，明确了物质的哲学概念。由于旧唯物主义物质观存在缺陷，经验批判主义利用物理学的新发现，企图彻底否定唯物主义的物质世界观。针对这种情况，列宁对物质范畴作出了新的概括："物质是标志客观实在的哲学范畴，这种客观实在是人通过感觉感知的，它不依赖于我们的感觉而存在，为我们的感觉所复写、摄影、反映。"① 物质是一种客观实在，而不是具体的自然科学所揭示出来的物质结构和组成元素，这就克服了旧唯物主义的局限性。物质并不是一个独立的概念，它应该与时间和空间及运动一起来标识客观实在性。在揭示世界客观性的基础之上，列宁进一步深入论述自由和必然的关系，认为客观规律性和主观能动性之间是辩证统一的，人的自由建立在对客观规律的掌握运用基础之上，是必然约束下的自由。一旦掌握了自然规律，人就从"盲目必然性"的奴隶转变成为自然界的主人。

第四，揭露马赫主义在社会历史领域中的主观唯心主义本质，批判了波格丹诺夫的社会存在和社会意识的"同一论"。通过考察马赫主义的历史，列宁深刻揭示了马赫主义同康德主义、休谟主义、内在论哲学的联系，从阶级根源、社会根源和思想根源等方面揭露马赫主义属于资产阶级的哲学。针对马赫主义标榜的"无党性""超越性"，列宁强调哲学具有党性原则。到底是辩证唯物主义者还是经验一元论者，这个世界观问题实际上关系到阶级立场问题。正如列宁在书中所讲的："一般唯物主义认为客观真实的存在（物质）不依赖于人类的意识、感觉、经验等等。历史唯物主义认为社会存在不依赖于人类的社会意识。在这两种场合下，意识都不过是存在的反映，至多也只是存在的近似

---

① 《列宁选集》第 2 卷，人民出版社 2012 年版，第 89 页。

正确的（恰当的、十分确切的）反映。在这个由一整块钢铸成的马克思主义哲学中，决不可去掉任何一个基本前提、任何一个重要部分，不然就会离开客观真理，就会落入资产阶级反动谬论的怀抱。"① 在列宁看来，唯物与唯心之争是哲学党性之争，更是阶级立场之争，所以关于世界观和认识论的争论不仅是哲学观点的差异，更是现实政治路线的差异。

哲学思想的产生和发展不能仅仅归结为纯粹精神的、内在逻辑的过程，它是整个社会生活的一个方面，即是说哲学有其现实的社会基础。"在经验批判主义认识论的烦琐语句后面，不能不看到哲学上的党派斗争，这种斗争归根到底表现着现代社会中敌对阶级的倾向和意识形态。最新的哲学像在两千年前一样，也是有党性的。唯物主义和唯心主义按实质来说，是两个斗争着的党派，而这种实质被冒牌学者的新名词或愚蠢的无党性所掩盖。唯心主义不过是信仰主义的一种精巧圆滑的形态，信仰主义全副武装，它拥有庞大的组织，继续不断地影响群众，并利用哲学思想上的最微小的动摇来为自己服务。经验批判主义的客观的、阶级的作用完全是在于替信仰主义者效劳，帮助他们反对一般唯物主义，特别是反对历史唯物主义。"② 唯物和唯心本身就具有党性，秉持哪种观点都必然立足于特定阶级立场之上，也就是哲学党性反映了阶级属性，显然，哲学的斗争总是受阶级斗争的制约。可以认为，贯穿在哲学中的斗争，反映了社会之间不同集团的阶级倾向和意识形态。对于列宁而言，坚持彻底的唯物主义哲学与公开表明自己的无产阶级立场有机统一在一起，而马赫主义以及其他资产阶级哲学都会用华而不实的辞藻为自己的阶级立场打掩护，甚至将自己标榜成是超越阶级的，而实际上他们都是资产阶级的代言人。

《唯物主义和经验批判主义》是列宁的极具代表性的著作，也是马克思主义哲学发展史上的光辉作品，它有力地驳斥了马赫主义者的攻击，

---

① 《列宁选集》第 2 卷，人民出版社 2012 年版，第 221—222 页。
② 《列宁选集》第 2 卷，人民出版社 2012 年版，第 240 页。

阐明了辩证唯物主义和历史唯物主义的科学世界观。这部作品有力地澄清了俄国社会民主党内部的思想混乱，为工人阶级及其政党提供了认识世界和改造世界的有力的思想武器。哲学世界观的确立与改造是一个长期的、需要不断进行的系统工程，需要作为主体的人不断进行思想的自我革命，时时注意保持辩证唯物主义的世界观和方法论，才不至于滑入机械唯物主义和唯心主义的泥潭。

1922 年第 3 期的《在马克思主义旗帜下》发表了列宁的《论战斗唯物主义的意义》一文，明确提出了马克思主义哲学的主要任务：巩固辩证唯物主义哲学与自然科学的联盟，加强科学无神论宣传，创造性地发掘俄国和世界思想史中丰富的哲学遗产。"如果共产党员（以及所有成功地开始了大革命的革命家）以为单靠革命家的手就能完成革命事业，那将是他们最大最危险的错误之一。恰恰相反，要使任何一件重大的革命工作得到成功，就必须懂得，革命家只能起真正富有生命力的先进阶级的先锋队的作用，必须善于实现这一点。先锋队只有当它不脱离自己领导的群众并真正引导全体群众前进时，才能完成其先锋队的任务。在各种活动领域中，不同非共产党员结成联盟，就根本谈不上什么有成效的共产主义建设。"①《论战斗唯物主义的意义》成了哲学向新阶段发展的标志，它再次提醒人们做坚定的唯物主义者并不是一劳永逸的事，共产党的革命事业必须尽全力团结一切可以团结的力量，只有这样才能不断取得新的胜利，唯心主义必然导致脱离群众，最终危害到共产主义事业。

第二节　运用唯物辩证法制定社会主义革命的新理论

1907 年列宁再次被迫流亡国外，直到 1917 年返回俄国指导十月革命，在长达十余年的时间里在多个国家流亡，时刻面临着生命危险，但

---

① 《列宁专题文集　论辩证唯物主义和历史唯物主义》，人民出版社 2009 年版，第 322—323 页。

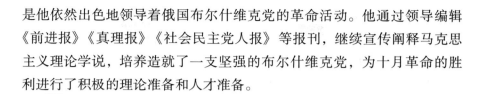

是他依然出色地领导着俄国布尔什维克党的革命活动。他通过领导编辑《前进报》《真理报》《社会民主党人报》等报刊，继续宣传阐释马克思主义理论学说，培养造就了一支坚强的布尔什维克党，为十月革命的胜利进行了积极的理论准备和人才准备。

一　《哲学笔记》对唯物辩证法的探索

1914 年 7 月第一次世界大战爆发，不仅使两个帝国主义集团深陷战争泥潭，多个民族国家包括殖民地半殖民地国家也被卷入其中，各国工人政党关于这场战争的性质的认识以及对待战争的态度出现了分歧。战争爆发后，各交战国社会民主党的机会主义领导集团完全背叛国际工人协作互助原则，公开站在本国政府和资产阶级立场上，打着"保卫祖国"的旗号成为本国政府的帮凶，至此，第二国际已经名存实亡。普列汉诺夫认为，社会主义必须以资本主义迅速发展为基础，俄国的胜利自然会加速国内资本主义的发展，对于社会主义是有利的，反之，俄国失败了自然会阻碍社会主义的到来。考茨基则打着辩证法的旗号，声称大战既有帝国主义性质，也有民族性质，对于统治阶级是帝国主义性质的，对于人民而言则是民族性质的，这实际上是混淆模糊了大战的本质属性，自然也就难以采取正确的应对策略。卢森堡则无法理解事物之间联系与转化的辩证法，她认为帝国主义战争时代，就不再有任何民族战争。

在这场不存在正义一方的帝国主义战争中，各国工人政党到底应该怎么做呢？在残酷现实的战争面前，倘若没有辩证法这个科学的认识工具就无法得出正确的应对策略，实际上，无论是普列汉诺夫、考茨基还是卢森堡都未能真正掌握辩证法。前者把具有革命性质的辩证法偷换成诡辩论和折衷主义，而卢森堡则没有认识到事物在特定条件下可以向对立面进行转化。不掌握辩证法就无法掌握客观世界的发展运动规律，在复杂多变的革命斗争中就难以作出决策并采取正确的应对措施。正是有感于革命斗争的现实需要，列宁对辩证法进行了深入系统研究，写成了《哲学笔记》。"《哲学笔记》的实际文本和思想，只有根据 1914 年至 1916 年时期工人运动及其政党所面临的历史条件和需要才能得到阐明。

第一次世界大战表明，相对'平静的'发展时代已经过去。在新的、急剧变化的条件下，阶级斗争的发展要求在战术上有极大的灵活性，要求在斗争形式上做好准备，以应付最迅速、最意想不到的由一种形式到另一种形式的转变，因而就要求在工人阶级领袖的思维方式上也有这样的灵活性，即在不违背根本的总路线条件下的灵活性。斗争的环境说明有必要深入研究作为唯一科学的思维方式的辩证法。"①

从当时的实际情况来看，第一次世界大战爆发阻碍了列宁与国内之间的联系，对国内革命运动的指导工作被迫中断，使他能集中精力和时间进行哲学研究。另外，列宁当时为撰写《卡尔·马克思》中的两章"哲学唯物主义"和"辩证法"，积累了大量的相关资料，在完成《卡尔·马克思》一文之后，在已有基础上进行了深入研究。出于实际斗争的需要和理论建设的需要，列宁读了近万页的数十种哲学著作，并做了许多带有注释和评论的摘录，还独立写了部分片段，包括著名的《谈谈辩证法问题》《辩证法的要素》等，这些笔记经过整理成为《哲学笔记》的主要内容。

入选《列宁全集》第 55 卷的《哲学笔记》，涵盖了列宁从 1895 年到 1916 年研究马克思主义哲学问题所写的一些摘要、短文、札记和批语。《哲学笔记》涉猎的问题十分广泛，包括唯物辩证法、历史唯物主义、哲学史、自然哲学等方面的问题，但它的中心内容是唯物辩证法。总体来看，《哲学笔记》共包括三个部分的内容，第一部分是摘要和短文，其中包括列宁研读马克思、恩格斯、费尔巴哈、黑格尔、拉萨尔、亚里士多德等相关作品的摘要，如《黑格尔辩证法（逻辑学）的纲要》和《谈谈辩证法问题》。第二部分是关于哲学和自然科学的各种书籍、论文和书评的短篇札记，如对保尔森的《哲学引论》、普伦格的《马克思和黑格尔》、福尔克曼的《自然科学的认识论原理》等著作做的札记。第三部分是列宁在阅读普列汉诺夫、斯切克洛夫、狄慈根等人的著作时

---

① ［苏］马·莫·罗森塔尔主编：《哲学家列宁》，沈真等译，北京出版社 1985 年版，第 87 页。

所写的批注。

《哲学笔记》确立了辩证法的唯物主义基础。马克思扬弃了黑格尔辩证法的主旨，将辩证法的基础从唯心主义改造为唯物主义，列宁则进一步坚持和发展了马克思的基本立场、观点和方法，特别强调辩证法的唯物主义基础。与马克思相似，列宁同样对黑格尔哲学持批判继承的态度。列宁非常重视黑格尔的《逻辑学》一书，在阅读过程中写下了《黑格尔〈逻辑学〉一书摘要》，给予黑格尔辩证法很高的评价。"黑格尔逻辑学的总结和概要、最高成就和实质，就是辩证的方法，——这是绝妙的。还有一点：在黑格尔这部最唯心的著作中，唯心主义最少，唯物主义最多。'矛盾'，然而是事实！"① 黑格尔的绝对理念当然是唯心主义的，但是它在实质上反映的是客观世界的辩证发展过程，也反映了人类认识的辩证过程。列宁非常认同恩格斯的说法，黑格尔的体系是颠倒过来的唯物主义。黑格尔虽然坚持绝对理念的独立运动，但其运动发展不仅不以人类实践为前提，反而认为人类历史是其发展的表现。但是黑格尔在行文中却用一些自然科学的事例说明他的观点，用具体的事例来证明辩证法的观点。列宁指出，黑格尔在逻辑学的正文中只谈抽象的理论，把事实、实例、具体的东西都放到注释中，正如费尔巴哈嘲笑黑格尔把自然界放逐到注释中去了。列宁认为："事物的辩证法创造观念的辩证法，而不是相反。"② 辩证法是从人类实践活动中、从自然界之中凝练出来的，是客观世界自身存在的状态，并不是某种神秘的观念。因此，列宁主张对黑格尔唯心辩证法进行唯物主义改造，将辩证法建立在唯物主义哲学基础之上，"不能原封不动地应用黑格尔的逻辑；不能现成地搬用。要挑选其中逻辑的（认识论的）成分，清除观念的神秘主义：这还要做大量工作"③。列宁采用了与马克思恩格斯一样的方法对黑格尔的辩证法进行了唯物主义"改建"。

《哲学笔记》尝试构建起唯物辩证法的体系。在批判黑格尔辩证法

---

① 《列宁全集》第 55 卷，人民出版社 2017 年版，第 202—203 页。
② 《列宁全集》第 55 卷，人民出版社 2017 年版，第 166 页。
③ 《列宁全集》第 55 卷，人民出版社 2017 年版，第 225 页。

的基础上，列宁初步建立了包括基本内容和内在逻辑结构在内的唯物辩证法体系。辩证法的基本要素包括三条：第一，"来自概念自身的概念的规定［应当从事物的关系和事物的发展去考察事物本身］"①。这与黑格尔唯心主义辩证法有着本质的区别，它强调的是事物的辩证法决定观念辩证法，客观辩证法决定主观辩证法。第二，"事物本身中的矛盾性（自己的他物），一切现象中的矛盾的力量和倾向"②。这是对黑格尔从自身把自己规定为对自己的他者的发挥和改造，目的在于强调事物内在矛盾的基础性地位，是事物内在矛盾决定了事物的性质，内在矛盾运动决定了事物的发展，后来，列宁进一步将对立统一规律规定为唯物辩证法的核心规律。第三，"分析和综合的结合"③。黑格尔将分析与综合的结合作为概念自身演变的根本方法，列宁则把它改造成为认识客观世界的逻辑方法，突出了辩证法的认识论功能。坚持辩证法与认识论的同一，进而实现辩证法、认识论和逻辑学三者的统一，是列宁唯物辩证法体系的一个基本原则。

以这三个基本要素为基础，列宁剖析出了 16 个方面的要素。第一要素包括："（1）考察的客观性（不是实例，不是枝节之论，而是自在之物本身）。（2）这个事物对其他事物的多种多样的关系的全部总和。（3）这个事物（或现象）的发展、它自身的运动、它自身的生命。"④ 这其中的第二个要素又可以引申出第八个要素，即"每个事物（现象等等）的关系不仅是多种多样的，并且是一般的、普遍的"。每个事物（现象、过程等等）是和其他的每个事物联系着的。第二要素包括："（4）这个事物中的内在矛盾的倾向（和方面）。（5）事物（现象等等）是对立面的总和与统一。（6）这些对立面、矛盾的趋向等等的斗争或展开。"⑤ 其中的第五个要素可以引申出第九个要素，即"不仅是对立面的统一，而且是每

---

① 《列宁全集》第 55 卷，人民出版社 2017 年版，第 190 页。
② 《列宁全集》第 55 卷，人民出版社 2017 年版，第 190 页。
③ 《列宁全集》第 55 卷，人民出版社 2017 年版，第 190 页。
④ 《列宁全集》第 55 卷，人民出版社 2017 年版，第 190 页。
⑤ 《列宁全集》第 55 卷，人民出版社 2017 年版，第 190 页。

个规定、质、特征、方面、特性向每个他者〔向自己的对立面?〕的转化"。具体的转化规律包括:"(13)在高级阶段重复低级阶段的某些特征、特性等等,并且(14)仿佛是向旧东西的回复(否定的|否定)。(15)内容对形式以及形式对内容的斗争。抛弃形式、改造内容。(16)从量到质和从质到量的过渡。"① 第三要素包括: "(7)分析和综合的结合,——各个部分的分解和所有这些部分的总和、总计。(10)揭示新的方面、关系等等的无限过程。(11)人对事物、现象、过程等等的认识深化的无限过程,从现象到本质、从不甚深刻的本质到更深刻的本质;(12)从并存到因果性以及从联系和相互依存的一个形式到另一个更深刻更一般的形式。"②

综合辩证法的各种要素,就能够掌握唯物辩证法的基本体系内容。首先是普遍联系原则和发展原则的总特征,其中普遍联系原则体现在第二、八个要素中,而发展原则体现在第三个要素中。其次是唯物辩证法三大规律,即对立统一规律、量变质变规律、否定之否定规律。其中对对立统一规律的论述最为充分,包括了(4)(5)(6)(9)四条。第十六个要素论述的是量变质变规律。列宁非常重视量与质的相互转化,把量变称为"渐进性""进化",把质变称为"飞跃""渐进过程的中断""革命"等。他认为:"辩证的过渡和非辩证的过渡的区别何在?在于飞跃。在于矛盾性。在于渐进过程的中断。在于存在和非存在的统一(同一)。"③ 第十三、十四个要素表达的是否定之否定规律,辩证的否定不是单纯的、任意的否定,而是"作为联系环节、作为发展环节的否定,它保持着肯定的东西,即没有任何动摇,没有任何折中"④。再次是对辩证法的基本范畴进行了论述。第七个要素说明分析与综合,第十一个要素分析现象与本质,第十二个要素分析原因与结果,第十五个要素分析内容与形式。列宁对辩证法范畴的论述,体现了人对事物认识的无限深

---

① 《列宁全集》第55卷,人民出版社2017年版,第191页。
② 《列宁全集》第55卷,人民出版社2017年版,第191页。
③ 《列宁专题文集 论辩证唯物主义和历史唯物主义》,人民出版社2009年版,第144页。
④ 《列宁专题文集 论辩证唯物主义和历史唯物主义》,人民出版社2009年版,第141页。

化的过程，是客观辩证法与主观辩证法的有机统一。

在《谈谈辩证法问题》中列宁深刻阐述了辩证法与认识论的统一关系，将辩证法转化为认识论对于作为主体的人发挥主观能动性来认识和改造世界具有重大的意义。列宁指出："在任何一个命题中，很像在一个'单位'（'细胞'）中一样，都可以（而且应当）发现辩证法一切要素的胚芽，这就表明辩证法本来是人类的全部认识所固有的。而自然科学则向我们揭明（这又是要用任何极简单的实例来揭明）客观自然界也具有同样的性质，揭明个别向一般的转变，偶然向必然的转变，对立面的过渡、转化、相互联系。辩证法也就是（黑格尔和）马克思主义的认识论：正是问题的这一'方面'（这不是问题的一个'方面'，而是问题的实质）普列汉诺夫没有注意到，至于其他的马克思主义者就更不用说了。"① 列宁认为，辩证法是鲜活的、多方面的认识，包含着无数的各式各样观察现实、接近现实的成分，因此它比形而上学哲学具有更加丰富的内容，"而形而上学的唯物主义的根本缺陷就是不能把辩证法应用于反映论，应用于认识的过程和发展"②。从辩证法的角度而言，哲学唯心主义的认识并不像形而上学唯物主义所认为的那样是胡说，"哲学唯心主义是把认识的某一特征、某一方面、某一侧面，片面地、夸大地、überschwengliches（狄慈根）发展（膨胀、扩大）为脱离了物质、脱离了自然的、神化了的绝对"③。通过揭示哲学唯心主义错误的认识论，列宁科学评价了哲学史上的唯物主义与唯心主义的价值功过，他与马克思持相同的观点，旧唯物主义在发挥人的主观能动性方面未必就能达到唯心主义的认识高度，而唯心主义却是把人的主观能动性绝对化了。这就再次为马克思主义者敲响了警钟，如果从辩证唯物主义滑落到庸俗唯物主义是极端有害的。

《哲学笔记》是继《唯物主义和经验批判主义》之后的列宁的另一部重要的哲学著作，它虽然没有加工成为完整的辩证法专著，不少新原

---

① 《列宁专题文集 论辩证唯物主义和历史唯物主义》，人民出版社 2009 年版，第 150—151 页。
② 《列宁专题文集 论辩证唯物主义和历史唯物主义》，人民出版社 2009 年版，第 151 页。
③ 《列宁专题文集 论辩证唯物主义和历史唯物主义》，人民出版社 2009 年版，第 152 页。

理、新观点没能得到详细阐发，但是它将唯物主义辩证法研究向前推进了一大步。有学者这样评价列宁的《哲学笔记》及其以后的作品："从《哲学笔记》开始，一直到列宁逝世，他的著作中没有一本不是充满着辩证法。从《帝国主义论》到《国际的分裂》，从《论民族问题》到《国家与革命》，从著名的《关于工会问题的论战》到他的《遗嘱》，这一点构成了他所有著作中的偏激和低沉的基调"①。马克思自觉地运用辩证法进行政治经济学批判，以资本的逻辑再现了辩证法规律，但是终其一生也未能完成自己撰写辩证法论著的愿望。《哲学笔记》填补了马克思主义哲学中辩证法研究的空白，形成了四个辩证法纲要，并确立了实践辩证法思想，实现了辩证法、逻辑学和认识论的同一。

二　帝国主义理论为社会主义革命奠定理论基础

19 世纪末 20 世纪初，帝国主义首先在英国产生，它的本意是指将广大殖民地同宗主国合并成统一国家并不断扩大国家版图的意图，反映的是殖民国家加强殖民统治的现象。如何分析资本主义出现的新变化，成为当时众多理论家争论的焦点。1902 年，霍布森出版《帝国主义》一书，认为帝国主义产生的经济根源在于国内消费不足，需要到国外进行投资，而对工业垄断并没有太多的考察。1910 年，奥地利学者鲁道夫·希法亭撰写了《金融资本》，研究了资本主义金融资本的新阶段。1914年 9 月，考茨基在《帝国主义》一文中提出"超帝国主义论"，后来又在《民族国家、帝国主义国家和国家联盟》（1915 年）和《两本论述重新学习的书》（1915 年）等作品中进一步发挥了这一理论。他把帝国主义看作是金融资本所采取的与其经济本质并无必然联系的一种"政策"或"方法"，虽然帝国主义武力政策对资本主义的经济发展而言必不可少，但从纯粹经济的观点来看，资本主义不可能再经历一个新的阶段。卢森堡研究帝国主义的角度是资本积累理论，认为当多个资本主义国家

---

① ［美］杜娜叶夫斯卡娅：《马克思主义与自由》，傅小平译，辽宁教育出版社 1998 年版，第 160 页。

在资本积累中出现竞争时就产生了帝国主义，并由此得出结论认为，一旦出现一个垄断组织统治全世界，帝国主义也就会消失。库诺夫把帝国主义看作是一个历史阶段，这是研究方法上的进步，但是他认为直截了当地将帝国主义铲除是"荒谬"的，需要采用改良主义的方法，显然，他的立场是为帝国主义合理性辩护。

早在1905年，列宁便开始使用"帝国主义"概念，在《旅顺口的陷落》一文中提出了"日本帝国主义"一词。第一次世界大战后，列宁开始全面研究帝国主义问题，先后查阅了大量的书籍和论文，摘抄了65万字的读书笔记。1916年1月，列宁应帆船出版社的要求，着手写一部关于帝国主义的著作，在不到7个月的时间里最终完成了《帝国主义是资本主义的最高阶段》（简称《帝国主义论》）一书。列宁在充分借鉴批判霍布森、希法亭、卢森堡、考茨基、库诺夫和布哈林等人的帝国主义理论的基础上完成此书，旨在通过深入地分析帝国主义的经济实质问题，从而准确地"估计现在的战争和现在的政治"。

列宁在序言中写道："我写这本小册子的时候，是考虑到沙皇政府的书报检查的。因此，我不但要极严格地限制自己只作理论上的、特别是经济上的分析，而且在表述关于政治方面的几点必要的意见时，不得不极其谨慎，不得不用暗示的方法，用沙皇政府迫使一切革命者提笔写作'合法'著作时不得不采用的那种伊索式的——可恶的伊索式的——语言。"① 列宁研究帝国主义所使用的方法与马克思在《资本论》中所使用的方法是一致的，马克思从最简单的商品着手分析，揭示资本运行的矛盾与规律，列宁以资本主义自由竞争阶段已经普遍存在的现象即生产集中为出发点，按照历史与逻辑相统一的原则，阐述资本主义矛盾运动规律，完成了对垄断资本主义的分析与建构。

《帝国主义论》包括两篇序言和十章正文。在第一章至第三章中，主要论述金融资本的形成及其在国内的垄断。列宁认为生产中的竞争自然形成集中，集中发展到一定程度形成垄断，而且生产垄断导致银行垄

---

① 《列宁专题文集　论资本主义》，人民出版社2009年版，第98页。

断，促使产生金融资本，金融资本由工业资本和银行资本结合而形成，标志着资本形态发展到新阶段。在第四章至第六章中，主要论述金融资本的向外扩张及其在国际上的垄断。垄断组织形成后将获得垄断利润，由于国内投资市场过于狭小，就必然将过剩资本输出到国外以获得更多的利润，垄断资本家逐渐组成国际性垄断组织，对整个世界进行垄断和瓜分。第七至第十章，进一步详细阐述了帝国主义的内涵，发展到新阶段的资本主义具有更为突出的寄生性和腐朽性，并从整体上说明帝国主义的历史地位。

列宁从生产领域而不是分配和流通领域，进而从生产的内部领域对帝国主义的产生和发展展开研究，研究角度的转换实现了从外在联系到内部联系、从现象深入到本质的转换，这就是运用唯物辩证法对现代帝国主义的分析方法。形而上学发展观在外部寻找运动的动力、源泉、动因，而辩证法则与之相反，深入事物内部寻找其内在源泉。从生产出发就把握住了资本主义的基本矛盾，即社会化大生产和生产资料的私人占有的矛盾。资本主义从自由竞争逐步发展到垄断竞争阶段，到 20 世纪初时，所有发达资本主义国家都有了垄断同盟，并开始资本输出，资本主义发展到了帝国主义阶段。"帝国主义是发展到垄断组织和金融资本的统治已经确立、资本输出具有突出意义、国际托拉斯开始瓜分世界、一些最大的资本主义国家已把世界全部领土瓜分完毕这一阶段的资本主义。"① 资本主义社会基本矛盾逐步拓展到宗主国同殖民地、半殖民地的矛盾，最终也开始造成资本主义国家之间的竞争与掠夺。于是出现了帝国主义国家内部劳动与资本之间、宗主国与殖民地之间、帝国主义国家之间等众多矛盾，这些矛盾相互制约、相互影响而不断激化，它们又加剧了帝国主义内在的、固有的基本矛盾，帝国主义作为资本主义的高级阶段必然会导致战争，最终走向瓦解。在垄断资本主义阶段生产关系发生了部分质变，生产力与生产关系的矛盾日益尖锐，生产社会化程度越来越高，而资本主义私人占有日益严重，矛盾斗争的结果必然推动资本

---

① 《列宁专题文集　论资本主义》，人民出版社 2009 年版，第 176 页。

主义向社会主义过渡。

列宁深刻指出了处于帝国主义阶段的资本主义的寄生性和腐朽性，但是这并不意味着资本主义就停滞不前，恰恰相反，他认为资本主义仍然会快速发展，只是导致社会问题更为突出罢了。"垄断，寡头统治，统治趋向代替了自由趋向，极少数最富强的国家剥削愈来愈多的弱小国家，——这一切产生了帝国主义的这样一些特点，这些特点使人必须说帝国主义是寄生的或腐朽的资本主义。帝国主义的趋势之一，即形成为'食利国'、高利贷国的趋势愈来愈显著，这种国家的资产阶级愈来愈依靠输出资本和'剪息票'为生。如果以为这一腐朽趋势排除了资本主义的迅速发展，那就错了。不，在帝国主义时代，某些工业部门，某些资产阶级阶层，某些国家，不同程度地时而表现出这种趋势，时而又表现出那种趋势。整个说来，资本主义的发展比从前要快得多，但是这种发展不仅一般地更不平衡了，而且这种不平衡还特别表现在某些资本最雄厚的国家（英国）的腐朽上面。"① 资本主义的矛盾是客观的，但它并不会自动灭亡，它的运行只会产生更为严重的问题，而这些问题导致矛盾越来越尖锐突出，直到导致爆发革命运动而彻底消灭帝国主义的资本主义，这其中体现的是一种深刻的主体与客体相统一的历史辩证法思想。

列宁主张要促使帝国主义战争向革命战争的辩证转化。"英德两个金融强盗集团争夺赃物的战争留下的几千万尸体和残废者，以及上述这两个'和约'，空前迅速地唤醒了千百万受资产阶级压迫、蹂躏、欺骗、愚弄的民众。于是，在战争造成的全世界的经济破坏的基础上，世界革命危机日益发展，这个危机不管会经过多么长久而艰苦的周折，最后必将以无产阶级革命和这一革命的胜利而告终。"② 正确认识战争尤其是帝国主义战争的本质，使本国政府在帝国主义战争中遭遇失败，变帝国主义战争为国内战争。资本主义制度的发展在各个国家

---

① 《列宁专题文集　论资本主义》，人民出版社 2009 年版，第 210 页。
② 《列宁专题文集　论资本主义》，人民出版社 2009 年版，第 102—103 页。

是极不平衡的，而且在商品生产下也只能是这样。通过对帝国主义经济特征和历史地位的分析，列宁揭示了帝国主义时代资本主义经济和政治发展不平衡的规律，指出帝国主义是无产阶级社会主义革命的前夜。帝国主义理论为个别国家率先实现无产阶级革命的突破奠定了理论基础。

三 一国胜利论对社会主义革命的指导

教条主义者们认为社会主义的胜利需要等到经济基础发展完善、无产阶级占人口绝大多数时方能实现，也就是形成了完备的革命条件之后，世界上多个国家才能同时发生社会主义革命。考茨基将其称为"纯粹的"革命。第一次世界大战爆发后，考茨基等第二国际机会主义者根本不承认革命趋势的存在，仍然抱守实现社会主义必须要有客观经济前提这一所谓的"金科玉律"，宣称政府从来没有像战争开始时那样强大，政党从来没有像战争开始时那样软弱，认为革命的希望已成幻想。

1915年，列宁在《论欧洲联邦口号》一文中指出："经济和政治发展的不平衡是资本主义的绝对规律。由此就应得出结论：社会主义可能首先在少数甚至在单独一个资本主义国家内获得胜利。这个国家的获得胜利的无产阶级既然剥夺了资本家并在本国组织了社会主义生产，就会奋起同其余的资本主义世界抗衡，把其他国家的被压迫阶级吸引到自己方面来，在这些国家中发动反对资本家的起义，必要时甚至用武力去反对各剥削阶级及其国家。"[1] 1916年8月在《无产阶级革命的军事纲领》一文中，列宁再次强调指出："资本主义的发展在各个国家是极不平衡的。而且在商品生产下也只能是这样。由此得出一个必然的结论：社会主义不能在所有国家内同时获得胜利。它将首先在一个或者几个国家内获得胜利，而其余的国家在一段时间内将仍然是资产阶级的或资产阶级以前的国家。"[2] 列宁认为，如果寄希望于各个国家的无产阶级采取统一

---

① 《列宁专题文集 论社会主义》，人民出版社2009年版，第4页。
② 《列宁专题文集 论社会主义》，人民出版社2009年版，第8页。

联合行动，实质上就是将社会主义革命束之高阁，使其永无实现之日。资本主义的政治经济发展具有不平衡性，在整个资本主义政治经济危机中，各国人民的遭遇及感受程度大不相同，而且各国所具备的革命的主客观条件也有很大差异，因此，很难确定所有国家都能一起发动革命，即便是工业落后的国家只要形成合适的革命形势拥有革命的主观力量就能够率先爆发革命并取得胜利。列宁主张的一国胜利论显然更具现实性和操作性，毕竟各国革命运动是各国民族自己的事，而各民族又有自己独特的背景，世界各国很难做到统一行动。

需要强调指出的是，列宁在一国胜利论的认识上也存在不断深化的过程。直到 1917 年俄国二月革命发生时，列宁认为社会主义革命会率先在西方发达资本主义国家发生，而俄国所进行的是民主主义革命。其实，这个观点仍然体现了马克思恩格斯的"同时发生论"的特征。这里面我们需要探讨一下马克思恩格斯的"同时发生论"的观点。为什么会有"同时发生论"的主张呢？这与马克思恩格斯自身经历和所处时代有关，他们两个人本身就是世界公民，在其革命生涯过程中面对的是各国反动统治阶级，所以他们是从整个资本主义社会来设计革命行动的，即无产阶级与资产阶级的对立，各民族国家的无产阶级应该联合起来，共同努力打碎戴在头上的枷锁。在他们经历过的革命生涯中，也体现出需要联合的趋势，比如 1848 年欧洲革命是欧洲各国资产阶级反封建的统一革命，既然资本主义革命可以是多国的，那么社会主义革命自然也应该是多国性的。另外，巴黎公社是法国巴黎工人一方起义，面对的却是法德反动势力的联合绞杀，从另外的角度来思考，如果多国工人联合起义是不是就会取得理想的革命结果呢。

到了列宁的时代，现实情况已经完全不同了。俄国是与欧洲其他国家截然不同的东方国家，无论历史文化传统还是现实经济政治都存在很大的差异，作为资本主义国家中的"另类"很难与英、德、法等发达资本主义国家形成共同革命的局面。更为根本的是，当共同革命作为一项具体任务摆在各国工人政党面前时——须知马克思恩格斯始终是在理论层面讨论这个问题——就连基本的革命路线与策略都难以达成一致看法，更不要说在具体操作层面执行革命行动了。实际上，当时的英、德、法等国工人政党对于武装革命实现社会主义尚无全面思考与设计，在这种情况下再谈同时革命论何止是不合时宜，简直就是自欺欺人，列宁及其领导的布尔什维克当然不会错失时机，这便有了一国胜利论的提出与实施。

其实马克思恩格斯社会主义革命思想背后隐藏着更为深刻的逻辑，其一是社会生产力的基础性地位，社会形态的更替必须有坚实的生产力基础，是物质生产方式最终决定了社会的形态，所以他们认为率先爆发社会主义革命的是西方发达资本主义国家。其二是社会形态的更替具有多样性特征，马克思在回答俄国女作家查苏利奇关于俄国是否能够不经过资本主义的"卡夫丁峡谷"而进入社会主义的询问时，曾经对社会主义的实现问题进行过深入思考，最终他以历史辩证法的基本立场肯定了俄国进入社会主义社会的多种可能性。这两个方面的深刻逻辑都对列宁产生了深刻的影响，由于第一个方面的影响，列宁即便突破了"同时发生论"的影响，却在很长一段时期内将俄国革命定位在民主主义革命的范畴，认为落后的俄国尚不具备社会主义革命的条件。但是深谙历史辩证法的他，在具体的革命实践过程中却很快突破了生产力范畴的束缚，在具体的革命实践中推动革命形态的转化，在充分发挥历史主体主观能动性的基础上实现了社会形态的更替。

在具体实现胜利的途径上，列宁秉持尊重事实的原则，根据具体情况因地制宜。既然社会主义无法在充分发达的经济基础上建立起来，那么就在资本主义最为薄弱的环节实现突破，通过转变思路为建立社会主义找到了出路。1907 年在第二国际的斯图加特代表大会上，列宁首次提出了利用战争制造危机加速资本主义崩溃的战略设想，后来又在 1914 年 9 月发表的对第一次世界大战的宣言即《战争和俄国社会民主党》中提出"变帝国主义战争为国内战争"这一更为明确的战略设想。并在后续的决策和行动中逐步将设想变为现实，利用帝国主义战争所造成的危机，发动无产阶级革命推翻资本主义制度，建立社会主义并结束战争实现和平。

德国社会民主党左翼领袖罗莎·卢森堡在 1916 年以尤尼乌斯为署名发表了《社会民主党的危机》，文中认为当时欧洲爆发的战争是帝国主义战争，但是却认为"再也不可能有民族战争"，列宁撰写了《论尤尼乌斯的小册子》对前一个观点予以肯定，对后面错误的观点予以批评。列宁认为："反对帝国主义大国的民族战争不仅是可能的和可能性很大，而且是不可避免的、进步的、革命的，诚然，为了取得胜利，或者需要被压迫国家众多居民（我们举例提到的印度和中国就有几亿人口）的共同努力，或者需要国际形势中某些情况特别有利的配合（例如，帝国主义大国由于大伤元气、由于彼此打仗和对抗而无力进行干涉，如此等等），或者需要某一大国的无产阶级同时举行起义反对资产阶级（我们列举的情况中的最后一种对于无产阶级的胜利是最理想和最有利的）。"① 列宁认为各民族国家的无产阶级应该将民族革命引向社会主义革命，战争中各个无产阶级政党不应该再宣布旧的民族纲领，而是要宣布无产阶级国际主义和社会主义的纲领，认为"你们资产者为了掠夺而打仗；我们一切交战国工人向你们宣战，为社会主义而战"②。

列宁在民族革命和世界战争问题上的观点，再次体现了高超的辩证法艺术。在民族革命问题上，列宁秉持了独立的民族自主政策，立足于自身解决本国的革命问题，实现民主主义革命和社会主义革命。但是就世界战争层面而言，又秉持了国际共产主义政策，主张本国革命成功后立即结束战争，对世界其他国家采取和平政策。这与第二国际一些领导人无法区分本民族利益与资产阶级利益关系从而采取错误的战争策略形成了鲜明对比。从根本上而言，列宁抓住了事物发展过程中的主要矛盾，强调要在尖锐复杂的斗争环境中掌握国家政权，然后再推行相关政策包括建立相应的社会制度等。

1917 年俄国爆发的二月革命推翻了沙皇封建专制统治，建立起资产阶级临时政府，但与此同时还存在工农苏维埃政权，这两种不同性质的

---

① 《列宁专题文集 论辩证唯物主义和历史唯物主义》，人民出版社 2009 年版，第 265 页。
② 《列宁专题文集 论辩证唯物主义和历史唯物主义》，人民出版社 2009 年版，第 270—271 页。

政权不可能长久共存，到底何去何从不是理论问题而是实践问题。列宁回国时，在车站欢迎会上喊出了"社会主义革命胜利万岁"的口号，并在接下来制定的《四月提纲》中表达了将民主主义革命转变为社会主义革命的要求。"俄国当前形势的特点是从革命的第一阶段向革命的第二阶段过渡，第一阶段由于无产阶级的觉悟和组织程度不够，政权落到了资产阶级手中，第二阶段则应当使政权转到无产阶级和贫苦农民手中。"①从提纲的内容来看，诸如建立工人农民掌权的苏维埃共和国，废除警察、军队和官吏，没收地主的全部土地，建设全国性的银行等已经具有社会主义属性，这场革命已经成为社会主义革命。

一些理论家反复强调俄国不具备建立社会主义的成熟条件，认为列宁主张的社会主义革命不合时宜。实际上，就当时俄国的革命形势而言，布尔什维克及其领导的苏维埃政权若不将革命向前推进就势必遭遇重大的失败，在当时严峻的斗争形势下要么是持续推进革命要么是被反动势力消灭。

在1918年所创作的《无产阶级革命和叛徒考茨基》中，列宁鲜明指出："马克思主义者作为一个实践家和政治家应当说明，现在只有社会主义叛徒才会拒绝下列任务：阐明无产阶级革命（巴黎公社类型的，苏维埃类型的，或者什么第三种类型的）的必要性，说明作好进行这种革命的准备的必要性，在群众中宣传革命，驳斥反对革命的市侩偏见等等。"②"无产阶级革命家和自由主义者不同的地方就在于，他作为一个理论家应该分析的正是巴黎公社和苏维埃作为国家的新的意义。"③马克思主义是一个崇尚实践的学说，它的真理性或者是理论正确性必须在实践中加以检验才能确定，马克思主义只有与具体的革命活动结合起来才具有生命力，才能不断创新发展。列宁在伟大的实践中探索掌握了马克思主义的真谛，从而把马克思主义发展到了列宁主义阶段。作为革命者列宁及其领导的布尔什维克所经历的革命磨难是考茨基这些理论马克思

---

① 《列宁专题文集　论社会主义》，人民出版社2009年版，第19页。
② 《列宁专题文集　论辩证唯物主义和历史唯物主义》，人民出版社2009年版，第276页。
③ 《列宁专题文集　论辩证唯物主义和历史唯物主义》，人民出版社2009年版，第276页。

主义者无法想象的，他们自然也难以理解社会主义革命的紧迫性和必然性，对于他们而言俄国十月革命破坏了一直以来的理论体系，殊不知十月革命拯救了无数共产党人的性命进而拯救了苏维埃政权，拯救了伟大的共产主义事业。

第三节　社会主义的建立与历史辩证法的探索

通过伟大的十月革命，在俄国建成了世界上第一个无产阶级政权，并逐步建成了第一个社会主义国家，这是马克思主义的伟大胜利，但是新兴政权和新型社会制度的建立势必要经过艰辛探索，也可能会遭遇挫折失败，这就是历史的辩证法。

一　无产阶级民主与专政

在马克思恩格斯那里无产阶级专政仍然停留在理论层面，马克思曾根据巴黎公社的起义经验研究过这个问题，但是到了十月革命时期这个问题成了首要的实践问题。1917 年十月革命前夕列宁写下了《国家与革命：马克思主义关于国家的学说与无产阶级在革命中的任务》（以下简称《国家与革命》）一书，系统表达了关于国家、革命、专政、民主等观点，就无产阶级如何对待资产阶级国家机器、怎样组织自己的国家等进行阐述宣传。当时的第二国际机会主义者对用暴力革命消灭资产阶级国家的观点持否定态度，主张改良主义从而和平过渡到社会主义，这种观点无疑是在否定无产阶级革命和无产阶级专政的合法性。第二国际机会主义者坚持认为，民主共和国是工人阶级取得政治统治的唯一形式，他们"完全赞同为争取'国家政权内部力量对比的变动'而斗争，为'取得议会多数和争取一个主宰政府的全权议会'而斗争"①，但是他们却只相信和依赖于"资产阶级议会制共和国"这种民主共和国的形式。列宁指出："民主共和国是走向无产阶级专政的捷径。因为这样的共和国虽然丝毫没有消除资本的统治，

---

① 《列宁选集》第 3 卷，人民出版社 2012 年版，第 219 页。

因而也丝毫没有消除对群众的压迫和阶级斗争，但是，它必然会使这个斗争扩大、展开、明朗化和尖锐化，以致一旦出现满足被压迫群众的根本利益的可能性，这种可能性就必然通过而且只有通过无产阶级专政即无产阶级对这些群众的领导得到实现。对于整个第二国际来说，这也是马克思主义中'被忘记的言论'，而孟什维克党在俄国 1917 年革命头半年的历史则把这种忘却揭示得再清楚不过了。"①

一是关于国家消亡的问题。列宁完全认同恩格斯关于国家的观点，认为国家是一种从社会中产生出来的、日益与社会相异化的力量，国家、国家政权、官吏和暴力机构等都是凌驾于社会之上并且日益同社会相异化的寄生机体、祸害和废物，必须加以克服和消灭。列宁认为，消灭国家是社会发展的必然趋势，而消灭国家的方式有两种，即暴力革命的方式和自行消亡的方式，对于资产阶级国家必须通过暴力革命的方式加以消灭，而无产阶级国家则需要通过自行消亡的方式进行消灭。"在资本主义下，由于雇佣奴隶制和群众贫困的整个环境，民主制度受到束缚、限制、阉割和弄得残缺不全。因为这个缘故，而且仅仅因为这个缘故，我们政治组织和工会组织内的公职人员是受到了资本主义环境的腐蚀（确切些说，有被腐蚀的趋势），是有变为官僚的趋势，也就是说，是有变为脱离群众、凌驾于群众之上、享有特权的人物的趋势。"② 而进入社会主义社会，人民群众首次成为社会的主人，能够积极自主地参加各种社会活动，能够独立承担管理服务社会的职责，不仅统治阶级不复存在，就连单独的管理者也变得毫无必要。"彻底破坏官僚制的可能性是有保证的，因为社会主义将缩短工作日，使群众能过新的生活，使大多数居民无一例外地人人都来执行'国家职能'，这也就会使任何国家完全消亡。"③ 无产阶级要敢于打破全部旧的国家机器，杜绝官僚制和扩大民主制，并最终消灭国家。

二是关于无产阶级夺取政权的问题。列宁指出："马克思和恩格斯

---

① 《列宁选集》第 3 卷，人民出版社 2012 年版，第 173—174 页。
② 《列宁选集》第 3 卷，人民出版社 2012 年版，第 216 页。
③ 《列宁选集》第 3 卷，人民出版社 2012 年版，第 218 页。

关于暴力革命不可避免的学说是针对资产阶级国家说的。资产阶级国家由无产阶级国家（无产阶级专政）代替，不能通过'自行消亡'，根据一般规律，只能通过暴力革命。"① 列宁的鲜明观点是，无产阶级国家代替资产阶级国家必须通过暴力革命。修正主义者伯恩施坦认为："是合法道路还是革命道路更为有效，关键完全在于措施的性质，在于这些措施与不同的人民阶级和人民习惯的关系"，"在这里大体可以说，革命的道路（始终是在革命暴力的意义上说的）就排除少数特权者在社会进步的道路上设置的障碍来说，工作完成得较快；它的长处在于消极方面"；"根据宪法的立法在这一方面通常是工作得较慢的。它所遵循的通常是妥协的道路，不是废除既得权利，而是赎买既得权利。但是当广大群众的偏见，当他们的狭隘眼界成为社会进步的障碍时，它就比革命强了，而当问题在于创造有持久生命力的经济制度时，它就表现出更大的优越性，换句话说，就是积极的社会政策工作的优越性"；"在立法中，智力在平静时期驾驭感情，在革命中则是感情驾驭智力。但是如果说感情经常是有缺点的指挥者，那么智力就是迟钝的发动机。革命失之于过急的地方，日常立法失之于拖拉。立法作为有计划的暴力起作用，革命则作为自然发生的暴力起作用"。② 考茨基虽然在理论上对伯恩施坦进行了批判，但是在实际斗争中并没有走出议会民主的束缚，放弃了暴力革命的手段，反对俄国的苏维埃政权。十月革命胜利后，围绕是否进行暴力革命的争论，进一步加剧了各国社会民主党的分化和分裂，左派在各国纷纷建立共产党，1919 年俄国布尔什维克党牵头成立了共产国际，即第三国际。1923 年第二国际正式命名为社会主义工人国际，其所属的各国社会党、社会民主党推崇合法斗争、议会斗争的和平路线。"应该说，这种分化和分裂既是一种历史的遗憾，也是一种历史的幸运，现实中的真理和谬误总是历史的、相对的、具体的、有条件的。而在列宁看来，错误本身也是革命的一

---

① 《列宁选集》第 3 卷，人民出版社 2012 年版，第 127 页。
② 殷叙彝编：《伯恩施坦读本》，中央编译出版社 2008 年版，第 352 页。

部分，是革命行动不可避免的，伟大的革命者同样也会犯错误，只有那些逃避革命和放弃革命的行为，才是不可饶恕的错误。"① 列宁所强调的革命是人们对社会乃至整个世界的改造，使之不断优化并最终满足人的生存发展需要，第二国际的机会主义者当然也在进行所谓的"革命"，只是他们的革命终究会遇到瓶颈而无法前进，但是他们自身却始终未能认识到瓶颈的存在，自然也就无法突破瓶颈的限制。

三是关于无产阶级专政的历史地位。1852 年 3 月 5 日，马克思在写给魏德迈的信中提出："阶级斗争必然导致无产阶级专政"；"这个专政不过是达到消灭一切阶级和进入无阶级社会的过渡"。② 在《国家与革命》一书中，列宁对马克思的论点进行了阐释，他提出了"两个必要"，即无产阶级专政对推翻了资产阶级的无产阶级是必要的，无产阶级专政对资本主义和共产主义之间的整个历史时期都是必要的。在列宁看来，无产阶级专政具有利用国家反对资产阶级、反击资产阶级复辟、进行革命战争以及实行和维护民主等任务。"现在，问题的提法已有些不同了：从向着共产主义发展的资本主义社会过渡到共产主义社会，非经过一个'政治上的过渡时期'不可，而这个时期的国家只能是无产阶级的革命专政。"③ 列宁认为，无产阶级必须打破旧国家机器并建立自己的政权，实行无产阶级专政，而且是否真正属于马克思主义就在于是否实行无产阶级专政。"向前发展，即向共产主义发展，必须经过无产阶级专政，不可能走别的道路，因为再没有其他人也没有其他道路能够粉碎剥削者资本家的反抗。"④ 专政就在于对资产阶级实行专政，打碎资产阶级国家机器是工人和农民双方利益所要求的，也是组成工农联盟的阶级基础，同时也是实现民主的前提条件。

列宁认为资产阶级民主残缺不全、虚伪而只供少数富人享乐，它不是绝大多数人的民主，而无产阶级新型国家的民主才是第一次提供了不

---

① 胡兵：《列宁〈国家与革命〉研究读本》，中央编译出版社 2016 年版，第 9 页。
② 《马克思恩格斯选集》第 4 卷，人民出版社 2012 年版，第 426 页。
③ 《列宁专题文集　论社会主义》，人民出版社 2009 年版，第 27 页。
④ 《列宁专题文集　论社会主义》，人民出版社 2009 年版，第 28—29 页。

仅是无产阶级而且是绝大多数人享受的民主。"民主是国家形式，是国家形态的一种。因此，它同任何国家一样，也是有组织有系统地对人们使用暴力，这是一方面。但另一方面，民主意味着在形式上承认公民一律平等，承认大家都有决定国家制度和管理国家的平等权利。而这一点又会产生如下的结果：民主在其发展的某个阶段首先把对资本主义进行革命的阶级——无产阶级团结起来，使他们有可能去打碎、彻底摧毁、彻底铲除资产阶级的（哪怕是共和派资产阶级的）国家机器即常备军、警察和官吏，代之以武装的工人群众（然后是人民普遍参加民兵）这样一种更民主的机器，但这仍然是国家机器。"① 列宁已经明确看到新型社会必须是民主和专政的统一，专政是民主的前提，而民主是专政的目的，这种辩证观点对于处于资本主义国家包围之中的新生社会主义国家具有重要的指导意义。

一直以来人们对专政的理解主要聚焦于对反动势力实施强制措施，这固然没有错，但是不够全面，专政应该是集中统一领导与强大的执行能力，这是共产党战胜强大敌人、捍卫胜利果实的必备能力。"无产阶级专政和资产阶级专政的区别，就在于无产阶级专政是打击占少数的剥削者以利于占多数的被剥削者，其次在于无产阶级专政不仅是由被剥削劳动群众——也是通过个人——来实现的，而且是由正是为了唤起和发动这些群众去从事历史创造活动而建立起来的组织（苏维埃组织就是这种组织）来实现的。"② 在复杂的斗争环境中和凶悍的反动势力面前，任何怯懦、犹豫不决都会葬送革命前程，而共产党的专政能力来自于党的领袖和领导集体，他们掌握马克思主义科学世界观和方法论从而能够有效应对各种艰难险阻。任何政党的特质都与其时代使命和现实环境紧密相关，共产党人的组织领导方式在历史大潮中锻造而成，历史和现实反复证明它的科学性和有效性。

就当时现实的问题而言，通过革命行动推翻反动政府固然重要，但

---

① 《列宁专题文集　论社会主义》，人民出版社 2009 年版，第 40 页。
② 《列宁专题文集　论社会主义》，人民出版社 2009 年版，第 106—107 页。

是如何捍卫新生政权更是重中之重，此前巴黎公社革命成功后很快遭到镇压而失败是极为深刻的教训，列宁在革命前夕研究国家政权建设问题具有重大的现实指导意义。新生苏维埃政权刚建立就面临着叛军的反扑，旧的政治机构如立宪会议期待死灰复燃，孟什维克和社会革命党浑水摸鱼，在混乱的社会革命进程中如果没有统一政党及明确的国家建设理念是无法想象的，列宁领导布尔什维克成功化解了一系列危机，捍卫了新生的苏维埃政权。

十月革命后正确结束对外战争即体现了无产阶级政党高超的专政能力。十月革命胜利后，苏维埃政府颁布《和平法令》并向各交战国提出停战谈判。当时旧政府军队都在杜鹤宁的指挥之下，而杜鹤宁对苏维埃政权的决议置若罔闻拒不执行命令，于是列宁用直达电报与杜鹤宁对话，但是后者态度强硬，于是列宁当即宣布解除杜鹤宁司令职务，任命克雷连柯为最高司令。并在次日凌晨，通过无线电广播号召广大官兵停止战争、争取和平，要求前线各团立即推选代表同敌军进行停战谈判并及时报告谈判结果，同时宣布了杜鹤宁的战争罪行。苏维埃政权的停战主张得到绝大多数官兵的积极响应，最终与德国方面达成协议，在 1917 年 12 月双方实现停战。但是在接下来的谈判中却遇到了难题。苏俄方面主张缔结不割地、不赔款和保证民族自决的全面和约，但是德国方面却并不想实现真正的和平而是希望借和谈谋取利益，他们想让俄国方面付出巨大利益进行媾和。

苏维埃政权的取得依靠的是工农武装力量，布尔什维克并没有自己的正规军事力量，苏维埃政权建立后的正规军事力量都是旧政府的军队，按照原定计划是在结束与德国的战争之后安排旧军队人员复原，这是打碎旧国家机器的措施之一，所以苏维埃政权根本就没有军队对德作战。实际上，当时俄国经济社会已经处于崩溃边缘，国民生产也根本无法再负担战争，正是因为深陷战争泥潭沙皇统治才被推翻，而二月革命建立起来的临时政府也很快倒台。当问题摆在苏维埃政权面前时，列宁作出了正确选择。列宁认为："谁把同德国帝国主义进行的战争称做防御的正义的战争，而实际上却得到英法帝国主义者的支持，并且对人民隐瞒同这些帝国主义者签订的秘密条约，谁才是背叛社会主义。谁一点也不向人民隐瞒，不同帝国主义签订任何秘密条约，只是由于当时没有力量继续作战，才同意签订不利于一个弱国而有利于某个集团的帝国主义者的和约，谁就丝毫没有背叛社会主义。"[1]

针对有人说签订合约就违背了进行革命战争的诺言的质疑，列宁认为，革命党人必须准备革命战争，而且要始终不渝地履行自己的诺言，但是否举行革命并不完全取决于人的主观愿望，还取决于客观条件，"要解决现在能不能立刻进行革命战争的问题，就只能根据实现这一点的物质条件和已经开始的社会主义革命的利益来考虑"[2]。因为缺乏现实的物质基础，当时的苏维埃俄国根本无法击退德国的进攻。其一，大多数士兵疲惫不堪精疲力竭而且无人替换，后勤补给遭到破坏。其二，马匹完全无法使用，炮兵面临着被歼灭的危险。其三，没有力量防卫从里加到雷瓦尔的海岸线，敌人可能从这里突破形成对彼得格勒的攻击。

列宁主张与德国签订合约只是基于实际情况的权宜之计，是建立在决绝抵抗基础之上的无奈之举。1918年2月21日，苏维埃政府发表了列宁起草的《社会主义祖国在危急中!》，向全国人民进行了彻底的战争动员，要求全国动用一切人力物力进行防卫战争；各级苏维埃和革命组织务必保卫每一个阵地，战斗到流尽最后一滴血；彼得格勒、基辅以及新战线沿线所有城镇乡村的工人和农民，都应动员组织起来，在军事专家的指导下挖掘战壕等。

德国以强大的军事实力作后盾不断向俄国施压，最后大兵压境直逼彼得格勒，并且提出了越来越苛刻的合约条件。而在苏俄方面却难以达成统一意见，列宁主张接受德方的一切条件以换取和平建设环境的主张被很多人当作软弱、屈辱。很多人义愤填膺地发誓要将战争进行到底，但发表关于国际共产主义战争的豪言壮语并不能解决实际问题。当德军攻占了俄国大片土地之后，在经过了内部1个多月的争吵之后，列宁的

---

① 《列宁选集》第3卷，人民出版社2012年版，第394页。
② 《列宁选集》第3卷，人民出版社2012年版，第395—396页。

主张得到了采纳，与德国签订了《布列斯特和约》，列宁称之为"不幸的合约"。《布列斯特和约》实质上就是城下之盟，按照条约内容，俄国需交付赔款 60 亿马克，将丧失 100 多万平方千米土地，丧失地区人口约5000 万，还有大量的煤、铁自然资源和工业、铁路等基础设施。[①] 但是，新生的苏维埃政权保住了，并且获得了建设发展的和平环境。

正如列宁自己所说，俄国革命之所以能够顺利取得成功，是因为两大帝国集团之间忙于战争，无暇顾及，使得俄国社会主义革命免遭国际资产阶级的联合围攻和绞杀。在取得政权后应该继续利用这种优势，而不是放弃甚至变优势为劣势。"俄国革命只是利用了国际帝国主义的暂时故障，因为向我们冲来的机车暂时抛了锚，它本来一定会像火车辗碎独轮车那样把我们辗得粉碎，可是它抛了锚，原因是两个强盗集团发生了冲突。当时革命运动到处都在展开，但是在一切帝国主义国家中大都还处在开始阶段。它的发展速度完全不像我国那样。每一个认真考虑过欧洲社会主义革命的经济前提的人都不会不了解，在欧洲开始革命要困难得多，而在我国开始要容易得多，但是要继续下去，却比在欧洲困难。这个客观情况使得我们不得不经历异常艰难、异常急剧的历史转折。"[②]反对和约者只看到了退让、屈辱，却没有看到这么做的目的是为了发展和荣光，是以"空间"换"时间"，把不得已的"媾和"变为养精蓄锐、积蓄力量的手段。

第一次世界大战结束后，苏俄于 1918 年 11 月 13 日宣布废除《布列斯特和约》，取消赔款并收回所有被德国占领的土地。签订《布列斯特和约》是列宁革命外交路线的胜利。它"巧妙地利用了帝国主义之间的矛盾，实行革命妥协的成功策略，使新生的苏维埃政权赢得了'喘息'之机，为组织红军、恢复和发展社会主义经济争取了宝贵时间，为后来粉碎帝国主义的武装干涉和国内反革命叛乱奠定了坚实的基础"[③]。

---

① 季正矩：《列宁传》，天地出版社 2017 年版，第 330 页。
② 《列宁选集》第 3 卷，人民出版社 2012 年版，第 440 页。
③ 《世界现代史》编写组：《世界现代史》（第二版）上册，高等教育出版社 2020 年版，第 79 页。

二 主观因素与客观条件的辩证统一

十月革命胜利后，第二国际的马克思主义者竟然对其合理性产生质疑，其中有普列汉诺夫、孟什维克党人苏汉诺夫和第二国际机会主义者奥托·鲍威尔等人。当然考茨基也不甘落后，认为它不具有社会主义性质，如果硬要把它变成社会主义革命，就如同"一个怀孕的妇女，她疯狂万分地猛跳，为了把它无法忍受的怀孕期缩短并且引起早产"。"这样生下来的孩子，通常是活不成的"。① 考茨基显然是不掌握真正的辩证法的，他不知道革命活动是主观因素和客观条件的辩证统一，即便是客观条件已经非常成熟，倘若没有革命意愿自然不会成功，充分发挥主观能动性就能在条件有限的情况下取得成功。

列宁认为，凡是不以主体的意志和意识为转移的环境都属于客观条件，人、阶级、政党的自觉活动是社会发展中的主观因素。列宁强调，苏汉诺夫等人责难十月革命违背社会发展的"一般规律"，其错误在于"他们根本不相信任何这样的看法：世界历史发展的一般规律，不仅丝毫不排斥个别发展阶段在发展的形式或顺序上表现出特殊性，反而是以此为前提的。他们甚至没有想到，例如，俄国是个介于文明国家和初次被这场战争最终卷入文明之列的整个东方各国即欧洲以外各国之间的国家，所以俄国能够表现出而且势必表现出某些特殊性，这些特殊性当然符合世界发展的总的路线，但却使俄国革命有别于以前西欧各国的革命，而且这些特殊性到了东方国家又会产生某些局部的新东西"②。客观条件不能等同于社会存在，它不仅包括一定的物质前提，即生产力这样的物的因素，还包括社会政治生活的变化甚至是群众意识的变化。人们为了满足自身需要而进行的日常生产活动，本身就是社会发展的客观条件。压迫阶级的阶级统治面临危机难以为继，被压迫阶级遭受苦难无法继续生存等都属于社会革命条件。而人民群众、进步阶级的自觉活动属于主观

---

① ［德］卡尔·考茨基：《无产阶级专政》，叶至译，生活·读书·新知三联书店1963年版，第54页。

② 《列宁专题文集 论社会主义》，人民出版社2009年版，第357—358页。

因素，而那些反动势力的意志、组织性也影响着历史发展进程，也属于主观因素。人民群众创造历史表现为一种客观性力量，但是当人民群众由自发转向自觉，为某一社会目标而主动行动起来后就成为主观因素。

在《怎样组织竞赛？》一文中，列宁指出社会主义第一次造成真正广泛地、大规模地运用竞赛的可能。社会主义使劳动者从被迫劳动转变成为自己劳动，它激发了工人阶级和广大劳动群众的首创精神，使他们自觉投入创造性的伟大事业。"现在最主要的任务之一，也许就是最主要的任务，是尽量广泛地发扬工人以及一切被剥削劳动者在创造性的组织工作中所表现的这种独创精神。无论如何要打破这样一种荒谬的、怪诞的、卑劣的陈腐偏见，似乎只有所谓'上层阶级'，只有富人或者受过富有阶级教育的人，才能管理国家，才能领导社会主义社会的组织建设。"[1] 1917 年十月革命的力量具有不可战胜性，它激发人们破除一切旧的障碍，摧毁腐朽而沉重的枷锁，引领广大劳动者走上独立自主的新生活道路之上。"如果没有来自'老百姓'即工人和劳动农民的实际组织工作者的帮助，没有这些人的领导作用，是绝对不行的。'事在人为'，工人和农民应当把这个真理牢牢记住。他们应当懂得，现在一切都在于实践，现在已经到了这样一个历史关头：理论在变为实践，理论由实践赋予活力，由实践来修正，由实践来检验……要知道，'我的朋友，理论是灰色的，而生活之树是常青的'。"[2] 列宁认为，巴黎公社是一个伟大的榜样，它将来自下面的首创精神、独立性、放手的行动、雄伟的魄力和自愿实行的、与死套公式不相容的集中制互相结合起来。苏维埃还没有放开手脚，还应该更大胆、更主动地去从事工作，通过互相开展竞赛，促进社会生产更加生机勃勃、更加繁荣。

在苏维埃政权建立之后，必须能够有效应对内忧外患的各种挑战，不仅要能够通过革命活动夺取政权和镇压剥削者，而且要能够做到直接着手管理任务，而这项工作是最困难的任务，"因为这是要用新的方式去

---

① 《列宁专题文集　论社会主义》，人民出版社 2009 年版，第 56 页。
② 《列宁专题文集　论社会主义》，人民出版社 2009 年版，第 59—60 页。

建立千百万人生活的最深刻的经济的基础。这也是一项最能收效的任务，因为只有解决（大体上和基本上解决）这项任务以后，才可以说，俄国不仅成了苏维埃共和国，而且成了社会主义共和国"①。革命事业是否成功，取得政权仅仅是个开始，更重要的是要解决一系列的经济社会问题，列宁已经充分认识到了这个问题，并且多次强调要发挥主观能动性，以实现社会主义的伟大事业。"社会主义革命和资产阶级革命的区别就在于：在资产阶级革命时已经存在资本主义关系的现成形式，而苏维埃政权，即无产阶级政权，却没有这样现成的关系，有的仅是那些实际上只包括一小部分高度集中的工业而很少触及农业的最发达的资本主义形式。组织计算，监督各大企业，把全部国家经济机构变成一架大机器，变成一个使亿万人都遵照一个计划工作的经济机体，——这就是落在我们肩上的巨大组织任务。根据目前的劳动条件，这个任务无论如何不能像我们从前解决内战任务那样用高呼'乌拉'的方式来解决。任务本身的性质不允许采用这种解决方式。"②

在《苏维埃政权的当前任务》一文中，列宁阐述了"同资产阶级斗争的新阶段"的问题。由于受社会经济状况的制约，俄国革命与西欧革命规模相比较是相对落后的，但是它所建立的苏维埃政权却是超前的，这个时候应该开始向社会主义过渡。列宁认为，对产品的生产和分配组织开展最严格的全民计算和监督，是重大而紧迫的任务，至于继续向资本进攻并不是当前的主要任务。"如果我们现在想用以前的速度继续剥夺资本，那我们一定会失败，因为我们组织无产阶级的计算和监督的工作显然落后于直接'剥夺剥夺者'的工作，而这是任何一个有头脑的人都看得很清楚的。如果我们现在竭尽全力进行组织计算和监督的工作，我们就能解决这个任务，就能弥补疏忽了的事情，就能赢得我们反资本的整个'战役'。"③ 社会主义革命是一个完整的过渡期，它属于建设发展的过程，这就需要解决好继承和批判的关系，在抛弃资本主义腐朽没落

---

① 《列宁专题文集　论社会主义》，人民出版社 2009 年版，第 83 页。
② 《列宁选集》第 3 卷，人民出版社 2012 年版，第 437—438 页。
③ 《列宁专题文集　论社会主义》，人民出版社 2009 年版，第 86 页。

的同时发扬其科学积极性。列宁的主张是符合唯物辩证法的，一方面主体的能动性得以发挥，另一方面由于主体充分尊重客观规律，其行为势必会取得良好的效果。

列宁主张马克思主义者要能够随着时代的发展而不断增强开展工作的本领，要能够解决现实的问题，要能够创造各种历史机遇促进社会的发展。"必须善于在每个特定时机找出链条上的特殊环节，必须全力抓住这个环节，以便抓住整个链条并切实地准备过渡到下一个环节；而在这里，在历史事变的链条里，各个环节的次序，它们的形式，它们的联接，它们之间的区别，都不像铁匠所制成的普通链条那样简单和粗陋。"① 随着苏维埃政权的建立，列宁所要思考的问题已经更为深入和全面，布尔什维克的中心任务已经从打碎旧世界开始向建设新世界转变，这是一种全新的探索，是马克思恩格斯不曾面临的场域中的新问题，正确解决这些问题既需要非凡的勇气，更需要聪颖的智慧，这个聪颖的智慧就是辩证法的智慧，遵循客观规律而不是"意气用事"。当一些"革命家"因为随机应变、退却、等待、缓慢建设等策略性行动而痛斥忘掉十月革命传统、与资产阶级调和之时，列宁深刻指出："这些可怜的革命家的不幸就在于，连他们中间那些具有世界上最高尚的动机并且绝对忠实于社会主义事业的人都不了解一个落后的、被反动和不幸的战争严重破坏、又远远早于先进国家开始社会主义革命的国家必然要经历的特殊的和特别'不愉快的'状态，都缺乏经受住这个艰难过渡中的艰难时刻的坚毅精神。"② 光辉的表态当然容易，但并不是解决问题的办法，艰辛的探索和无私的付出才能解决实际问题。

从 1918 年到 1920 年，俄国经历了三年艰苦卓绝的国内战争，粉碎了法、美、日等国扼杀社会主义政权的企图。新生的政权在这一时期采取一列的措施，组建红军就是重大措施之一，当红军指挥人才不足时就充分利用旧军官的专业技术，很快就培养出一支极富战斗力的红军。

---

① 《列宁专题文集　论社会主义》，人民出版社 2009 年版，第 112 页。
② 《列宁专题文集　论社会主义》，人民出版社 2009 年版，第 114 页。

1918 年 3 月，托洛茨基被任命为最高军事委员会主席，并担负起了组建红军的重任。组建红军最大的困难是指挥人才的匮乏，如何利用旧军事专家和旧军官是个棘手的难题。在列宁的支持下，托洛茨基大胆利用沙皇军官的经验和技术，将他们放在指挥员的岗位上，同时委派政治委员对他们进行监督管理。据估计，当时红军军队中大约使用了 4 万名这样的军事专家，有效地缓解了军事指挥人才匮乏的状况。列宁将这个行动描述为用已经崩溃的旧制度的残砖剩瓦来建设社会主义，并强调这是一种不可缺少的建筑方法。战争的实践证明，这些旧军官中的大多数人是真诚为新生政权服务的，在国内战争中发挥了重大的作用。①

战时共产主义是积极发挥主观能动性的又一光辉典范。在卫国战争极为危机的时刻，列宁提出了"一切为了前线，一切为了胜利"的口号，把全国的政治、经济、文化生活转入战时轨道，动员国内一切人力、物力、财力保证战时所需。实行了国家零食垄断制和余粮征集制，同时把全部工业企业收归国有，对企业实行统收统支，实行国内贸易国有化和实物配给制。战时共产主义政策最大的历史功绩在于，将有限的资源实现了最大化利用，在后方城市居民最低要求的情况下，保证了前线粮食、武器、弹药、服装的供应，确保了战争的胜利，也就保卫了新生苏维埃政权。针对当时最主要、最尖锐的粮食问题，列宁和苏维埃政府制定的非常经济措施，首先集中在农业和粮食政策方面，实行国家粮食垄断制和余粮征集制。战时共产主义还把全部工业企业没收为国有，对企业实行统收统支。另外还包括商业和供应方面，禁止所有生活必需品的私人买卖，实行国内贸易国有化和实物配给制。在面临生死存亡的战争问题时，战时共产主义政策发挥出了重大的作用，为卫国战争的最后胜利提供了良好保障。

1920 年，布哈林在《过渡时期经济学》一书中说："世界资本主义体系的崩溃，是从最薄弱的、国家资本主义组织最不发达的国民经济体

---

① 季正矩：《列宁传》，天地出版社 2017 年版，第 346—349 页。

系开始的。"① 列宁将"最薄弱的"划了出来并评注："不对：是从'比较薄弱的'体系开始的。没有一定程度的资本主义，我们是什么也办不成的。"② 这一事件反映出，俄国的革命、建设和战争等各项活动都是在尊重客观规律的基础上，充分发挥主观能动性而取得的结果。考茨基等人的攻击在现实的成功面前根本不堪一击，他们是从教条的理论出发，而不是从实际出发，也许这就是他们为什么不能取得社会主义革命胜利的根本原因所在。

三　批判继承与创新发展的有机统一

列宁深刻认识到，无产阶级掌握政权仅仅是革命的开端，若要建设社会主义乃至实现共产主义势必是一个漫长的历史过程。他在许多文章、讲话和演说中特别强调要利用技术专家、特殊人才甚至是资产阶级专家，在社会生产领域应该坚持效益优先，这实际上是对先进的生产管理技术和方法的批判继承。列宁指出："我们没有专家，这是问题的关键，因此必须招到 1000 个精通本行业务的第一流专家，这些专家重视自己的业务，热爱大生产，因为他们知道这意味着技术的进步。有人在这里说，不向资产阶级学习也能够实现社会主义，我认为，这是中非洲居民的心理。我们不能设想，除了建立在庞大的资本主义文化所获得的一切经验教训的基础上的社会主义，还有别的什么社会主义。没有邮电和机器的社会主义，不过是一句空话而已。"③ 列宁是坚定的辩证唯物主义和历史唯物主义者，他的革命与社会建设理论有着坚实的历史唯物主义哲学基础，他固然推崇作为手段的暴力革命，但是在社会发展决定性因素的判断上却始终具有科学的态度和理性的认知。对于新生的社会主义社会，列宁始终将社会经济建设即社会的物质性生产作为首要的问题予以解决，而政治的、观念的因素决不能成为建设的束缚。

在如何建设社会主义的问题上，列宁始终秉承开放的态度，认为社

---

① 《列宁全集》第 60 卷，人民出版社 2017 年版，第 317 页。
② 《列宁全集》第 60 卷，人民出版社 2017 年版，第 317 页。
③ 《列宁全集》第 34 卷，人民出版社 2017 年版，第 252 页。

会主义应该充分借鉴吸收资本主义的长处。列宁充分肯定资本主义进步的历史作用，认为它促进了社会劳动生产力的提高和劳动的社会化，但是资本主义也存在难以克服的危机，由于社会生产受私有制的支配，就出现了资本主义生产相对过剩的危机。社会主义对待资本主义不应该简单地否定和抛弃，而应该秉持批判继承的态度加以合理继承和发展。

对于什么是社会主义的问题，列宁给出的答案简单明了，所谓社会主义无非是苏维埃政权与普鲁士的铁路管理制度、美国的技术和托拉斯组织以及其他各种积极因素的总和而已。"只有当国家实现了电气化，为工业、农业和运输业打下了现代大工业的技术基础的时候，我们才能得到最后的胜利。"[1] 在列宁看来，共产主义的实现必须有电气化的基础。

列宁认为，必须吸收资本主义遗留下来的全部先进文化，吸收全部先进的科学、技术、知识和艺术，没有这些就无法建设共产主义社会。因此不仅要对本国的旧文化采取吸收和创新的态度，而且要向外国的先进文化学习。"没有建筑在现代科学最新成就基础上的大资本主义技术，没有一个使千百万人在产品的生产和分配中严格遵守统一标准的有计划的国家组织，社会主义就无从设想。我们马克思主义者从来都是这么说的，而对那些甚至连这点都不了解的人（无政府主义者和至少半数的左派社会革命党人）是不值得多费唇舌的。"[2] 列宁当然希望具有发达生产力的德国率先取得无产阶级革命的胜利，这样整个世界就能够更轻松地取得社会主义的胜利，但是他并没有将视野局限于向社会主义的德国学习。"如果德国革命迟迟不'诞生'，我们的任务就是要学习德国人的国家资本主义，全力仿效这种国家资本主义，要不惜采用独裁的方法加紧仿效，甚于当年的彼得，他曾不惜用野蛮的斗争手段对付野蛮，以促使野蛮的俄罗斯加紧仿效西欧文化。"[3] 列宁向资本主义制度学习的决心是非常坚决的，根本目的是为了确保社会主义能够生存下去并不断取得良好发展。

列宁和他的战友们创立了一个崭新的社会主义国家，他们会全力以

---

① 《列宁选集》第4卷，人民出版社2012年版，第364页。
② 《列宁选集》第4卷，人民出版社2012年版，第493页。
③ 《列宁专题文集 论社会主义》，人民出版社2009年版，第123—124页。

赴地去建设这个国家，尤其是作为领袖的列宁更是全身心地投入到工作中去。妻子克鲁普斯卡娅曾回忆说：列宁从事的不是一般的紧张工作，而是耗费他的所有精力并使他的神经极度紧张，当时必须克服极大的困难，进行殊死的斗争。列宁在深夜回到房间时，怎么也睡不着，他起来给某个人打电话，下达某些紧急的命令。[①] 新生政权确实有太多的事务需要列宁处理，不仅要领导对敌斗争还要制定建设的方案政策，不仅要关注民众的现实需求还要对党员干部进行教育引导，列宁是大家的工作榜样，更是大家的精神领袖。即便是成为国家领袖，列宁仍然严格要求自己，无论是在饮食还是住宿等方面都不搞特殊化，他的工资甚至不如机关普通工作人员，有时早餐甚至没有面包吃。

一个人的精力终究是有限的，我们不能否认列宁在长期革命斗争生涯中养成了高效、快频的工作方式，但是当取得政权尤其是要保卫建设这个新生政权时工作量就会成指数级增加，而列宁并没有认识到这个问题，仍一如既往地按照自己的方式工作生活，甚至当出现中风病症之后仍然如此。辩证法大师在这个方面却变成了"形而上学者"，没有健康的身体就没有革命的事业，而过度操劳的工作模式又损害了健康的身体，为了自己的祖国奋斗了一生的革命者，直到生命最后时刻都没有放慢自己的奋斗节奏。这让人惋惜，更让人敬佩。

列宁并不仅仅是俄罗斯民族的列宁，他是伟大的共产主义导师，他把共产主义事业带到了历史新高度，并且有这样的能力继续让其沿着正确方向上升，可惜他在 54 岁这一年英年早逝，这是世界共产主义运动的巨大损失。一个经济文化落后的国家建设社会主义需要解决的决不仅仅是外部敌对势力的侵袭干扰问题，同时需要解决自身革命建设问题，尤其是整个民族需要提高共产主义文明素养，这对于苏联共产党而言是更为重要和基础的任务，但从后来苏联解体的历史事实来看，苏共并没有解决好这些问题。

---

① ［苏］根·奥比契金等：《克鲁普斯卡娅传》，王占标、赵连宏、邱桂荣译，人民出版社 1983 年版，第 356 页。

参考文献

一　经典著作

《马克思恩格斯全集》第 1 版，第 1—50 卷，人民出版社。

《马克思恩格斯文集》第 1—10 卷，人民出版社 2009 年版。

《马克思恩格斯选集》第 1—4 卷，人民出版社 2012 年版。

《列宁全集》第 55 卷，人民出版社 2017 年版。

《列宁选集》第 1—4 卷，人民出版社 2012 年版。

《列宁专题文集　论辩证唯物主义和历史唯物主义》，人民出版社 2009 年版。

《列宁专题文集　论资本主义》，人民出版社 2009 年版。

《列宁专题文集　论社会主义》，人民出版社 2009 年版。

《习近平谈治国理政》第 3 卷，外文出版社 2020 年版。

二　其他著作

北京大学马克思主义学院组编：《20 世纪马克思主义发展史》第 1—3 卷，中国人民大学出版社 2019、2020 年版。

北京大学哲学系外国哲学史教研室编译：《十八世纪法国哲学》，商务印书馆 1963 年版。

本书编写组：《马克思恩格斯列宁哲学经典著作导读》，人民出版社 2012 年版。

陈爱萍：《第二国际马克思主义哲学：时代、问题与批判》，中国社会科学出版社 2017 年版。

陈林:《恩格斯传》,天地出版社 2017 年版。

陈学明:《20 世纪西方马克思主义哲学历程》第 3 卷,天津人民出版社 2013 年版。

陈晏清、阎孟伟:《辩证的历史决定论》,中国社会科学出版社 2007 年版。

戴隆斌:《斯大林传》,天地出版社 2017 年版。

方章东:《第二国际思想家若干重大理论争论研究》,中国社会科学出版社 2017 年版。

冯友兰:《中国哲学简史》,北京大学出版社 1996 年版。

高清海:《马克思主义哲学基础》,北京师范大学出版社 2012 年版。

高清海:《找回失去的"哲学自我":哲学创新的生命本性》,北京师范大学出版社 2004 年版。

顾海良:《马克思主义发展史》,中国人民大学出版社 2007 年版。

韩毓海:《卡尔·马克思:纪念版》,人民出版社 2018 年版。

何中华:《重读马克思》,山东人民出版社 2009 年版。

胡兵:《列宁〈国家与革命〉研究读本》,中央编译出版社 2016 年版。

黄枬森:《哲学的科学之路:马克思主义哲学的科学体系研究》,北京师范大学出版社 2005 年版。

黄学胜:《青年马克思与启蒙》,复旦大学出版社 2013 年版。

季正矩:《列宁传》,天地出版社 2017 年版。

李成勋:《〈资本论〉基本原理求索》,社会科学文献出版社 2018 年版。

李泽厚:《哲学纲要》,北京大学出版社 2011 年版。

刘建军:《马克思传》,河北人民出版社 1997 年版。

毛华兵:《走出黑格尔的青年马克思》,中国社会科学出版社 2013 年版。

《普列汉诺夫哲学著作选集》第 3 卷,生活·读书·新知三联书店 1962 年版。

乔丹丹:《继承与创新:恩格斯晚年对马克思主义大众化的历史贡献》,中国社会科学出版社 2019 年版。

孙伯鍨、侯惠勤主编:《马克思主义哲学的历史和现状》上卷,南京大学出版社 2004 年版。

童鹰：《马克思恩格斯与自然科学》，人民出版社 1982 年版。

王学东编：《考茨基文选》，人民出版社 2008 年版。

殷叙彝编：《伯恩施坦读本》，中央编译出版社 2008 年版。

殷叙彝编：《伯恩施坦文选》，人民出版社 2008 年版。

张光明、罗传芳：《马克思传》，天地出版社 2017 年版。

赵家祥、聂锦芳、张立波：《马克思主义哲学教程》，北京大学出版社
  2003 年版。

中共中央马克思恩格斯列宁斯大林著作编译局编：《回忆马克思》，人民
  出版社 2005 年版。

中共中央马克思恩格斯列宁斯大林著作编译局国际共运史研究室编：《德
  国社会民主党关于伯恩施坦问题的争论》，生活·读书·新知三联书店
  1981 年版。

中共中央马克思恩格斯列宁斯大林著作编译局国际共运史研究室编：《拉
  法格文选》（下卷），人民出版社 1985 年版。

中共中央马克思恩格斯列宁斯大林著作编译局资料室编：《考茨基言
  论》，生活·读书·新知三联书店 1973 年版。

朱学平：《从古典共和主义到共产主义——马克思早期政治批判研究
  （1839—1843）》，中国法制出版社 2018 年版。

三　译著

［德］黑格尔：《小逻辑》，贺麟译，商务印书馆 1980 年版。

［德］黑格尔：《哲学史讲演录》第 1、2、4 卷，贺麟、王太庆等译，商
  务印书馆 2009 年版。

［德］卡尔·柯尔施：《马克思主义和哲学》，王南湜、荣新海译，重庆
  出版社 1989 年版。

［德］卡尔·考茨基：《一个马克思主义者的成长》，叶至译，生活·读
  书·新知三联书店 1973 年版。

［德］梅林：《保卫马克思主义》，吉洪译，人民出版社 1982 年版。

［法］路易·阿尔都塞：《保卫马克思》，顾良译，商务印书馆 2010
　　年版。

［法］托马斯·皮凯蒂：《21 世纪资本论》，巴曙松、陈剑、余江、周大
　　昕、李清彬、汤铎铎译，中信出版社 2014 年版。

［古希腊］亚里士多德：《形而上学》，吴寿彭译，商务印书馆 2009
　　年版。

［美］杜娜叶夫斯卡娅：《马克思主义与自由》，傅小平译，辽宁教育出
　　版社 1998 年版。

［美］乔恩·埃尔斯特：《理解马克思》，何怀远等译，中国人民大学出
　　版社 2016 年版。

［南非］达里尔·格雷泽、［英］戴维·M·沃克尔编：《20 世纪的马克
　　思主义——全球导论》，王立胜译，江苏人民出版社 2011 年版。

［日］城塚登：《青年马克思的思想——社会主义思想的创立》，尚晶晶、
　　李成鼎等译校，求实出版社 1988 年版。

［苏］马·莫·罗森塔尔主编：《哲学家列宁》，沈真等译，北京出版社
　　1985 年版。

［苏］斯·布赖奥维奇：《卡尔·考茨基及其观点的演变》，李兴汉、姜
　　汉章、陈联璧译，东方出版社 1986 年版。

［匈］卢卡奇：《历史与阶级意识——关于马克思主义辩证法的研究》，
　　杜章智、任立、燕宏远译，商务印书馆 2004 年版。

［意］安东尼奥·葛兰西：《狱中札记》，葆煦译，人民出版社 1983
　　年版。

［意］安·拉布里奥拉：《关于历史唯物主义》，杨启潾、孙魁、朱中龙
　　译，人民出版社 1984 年版。

［意］葛兰西：《实践哲学》，徐崇温译，重庆出版社 1990 年版。

［英］埃里克·霍布斯鲍姆：《如何改变世界：马克思和马克思主义的传
　　奇》，吕增奎译，中央编译出版社 2014 年版。

［英］戴维·麦克莱伦：《马克思以后的马克思主义》，李智译，中国人
　　民大学出版社 2008 年版。

［英］恩斯特·拉克劳、查特尔·墨菲：《领导权与社会主义的策略——走向激进民主政治》，尹树广、鉴传今译，黑龙江人民出版社 2003 年版。

［英］G. D. H. 柯尔：《社会主义思想史》（第三卷上册），何瑞丰译，商务印书馆 1981 年版。

［英］罗素：《西方哲学史》上册，何兆武、李约瑟译，商务印书馆 2020 年版。

［英］托马斯·莫尔：《乌托邦》，戴镏龄译，商务印书馆 1982 年版。